教育部人文社会科学研究规划基金项目《20 世纪初中国国学研究机构的开山——四川国学院的兴办与影响研究》（项目号 17XJA770001）资助

四川省教育厅人文社会科学重点研究基地地方文化资源保护与开发研究中心资助科研项目(编号:18DFWH-054)

四川师范大学巴蜀文化研究中心学术丛书

魏红翎　著

# 四川国学院史

中华书局

图书在版编目（CIP）数据

四川国学院史/魏红翎著. —北京:中华书局,2020.4
ISBN 978-7-101-14239-6

Ⅰ.四… Ⅱ.魏… Ⅲ.四川大学-校史-研究-民国
Ⅳ.G649.287.11

中国版本图书馆 CIP 数据核字(2019)第 252076 号

| | |
|---|---|
| 书　　名 | 四川国学院史 |
| 著　　者 | 魏红翎 |
| 责任编辑 | 张荣国 |
| 出版发行 | 中华书局 |
| | （北京市丰台区太平桥西里38号　100073） |
| | http://www.zhbc.com.cn |
| | E-mail:zhbc@zhbc.com.cn |
| 印　　刷 | 北京瑞古冠中印刷厂 |
| 版　　次 | 2020 年 4 月北京第 1 版 |
| | 2020 年 4 月北京第 1 次印刷 |
| 规　　格 | 开本/880×1230 毫米　1/32 |
| | 印张 16¼　插页 2　字数 280 千字 |
| 印　　数 | 1-1200 册 |
| 国际书号 | ISBN 978-7-101-14239-6 |
| 定　　价 | 68.00 元 |

目录

Sichuan Guoxue Yuan shi

# 自　序

　　这是我的第一部专著《成都尊经书院史》的姊妹篇。在前书写作过程中，我已经注意到四川存古学堂以及四川国学院的相关资料，但并未将其纳入自己的写作计划。《成都尊经书院史》出版后，社会反响比较好，还获得成都市第十三次哲学社会科学优秀成果二等奖，对于一个初出茅庐的学者而言，这自然是非常大的激励，增添了我从事学术工作的信心。在这过程中，四川省社会科学院的老专家谢桃坊先生也一再鼓励我应一鼓作气继续相关研究，他建议关注四川国学院的历史。

　　不过，对此，我颇有顾虑。因为以我当时的理解，四川国学院由于和存古学堂有着千丝万缕的联系，历来评价不高，其色调是灰暗的，仿佛还散发着陈腐的气息，因而长期乏人问津。《四川大学史稿》中"四川公立国学专门学校"① 一条也印证了我的看法，它说：该校"把存古学堂那套封建气味极浓的东西，

---

　　①　1918 年更名为此。

原封不动地保存下来……是我校五大专门学堂中，科类、校名变更最晚的一个，可见其守旧程度。""国专被称为'封建堡垒'，主要是针对教师而言。"① 对这样一个评价偏负面的所在，我内心是抗拒的，我依然倾向于寻找一个像尊经书院那样熠熠闪光的研究点。

所以，当谢先生再次提及这个话题时，我道出了自己的困惑。他摇着头说："历史研究重在对那一段历史的考察，即便是一个落后的对象，能把它的情况呈现出来，这本身就是有价值的啊！"谢先生是四川国学运动研究的开拓者，他撰写的《四川国学小史》（巴蜀书社，2009 年）是目前为止该领域仅有的专著，先生对于四川国学院是非常熟悉的，因而他这番话让我开始反思自己的选择。

于是，我找来相关书籍、资料一探究竟。渐渐地，我意识到这项研究的意义所在。四川国学院成立于 1912 年（民国元年），是由四川军政府设立的"全省国学机关"，其宗旨在于"提倡国学，发扬国粹"。组成人员多为老派学人，包括吴之英、刘师培、谢无量、廖平、楼黎然、曾学传等。成立后不久，它合并了由前清存古学堂更名而来的国学馆，继续招生办学。而当时，民国临时政府教育部已经颁布《大学令》，明确废除经学科。这无疑令其蒙上了一层厚重的阴影，导致发展困难重重、步履蹒跚，然而在这种情形下，它从未停止办学，直到 1927 年

---

① 四川大学校史编写组：《四川大学史稿》[M]，成都：四川大学出版社，1985 年第 1 版，第 40—41 页。

（民国十六年），与其他四所专门学校联合组成公立四川大学，前后持续 15 年，历时之长，在同时代同类教育机构中极为罕见。

正因为其复杂的历史背景、独特的道路选择，它长期以来被视作"封建堡垒"，少人问津。但是在梳理材料的过程中我也发现，四川国学院还存在一些被忽视的面相：它是 20 世纪初，自国学运动兴起以后，以政府之力设立的第一所大型国学机构，集教学研究功能于一体，在国学发展史上具有相当的意义和价值。它也是民国初年全国第一所大型学术机构①，国学院确立的六项工作任务，涵盖编辑杂志、审定乡土志、续修通志、搜辑乡贤遗书、校订国学参考书、编纂本省光复史等方面，项目之多、范围之广，在当时是绝无仅有的。并且其研究工作体现出鲜明的地域特色，他们在全省开展文献文物的收集整理行动，有力推动了蜀学的复兴。其创办的《四川国学杂志》还是近代四川第一份由高等教育机构出版的学术刊物。另外，在教学方面，他们并非墨守成规，而是不断调整变革，学校数次更名，反复修改学制、科目、课程设置等内容，最后终于名正言顺地成为了新教育体系的一员，培养的学生如向宗鲁、彭云生、杨雁南、蒙文通、李源澄等，都成为蜀学的中坚力量。四川也由此成为那时的国学重镇之一。这些复杂的面相吸引我去进一步追寻历史的真相。

---

① 详见本书第十章。

由于此前的相关研究寥寥①，继续深入探索的工作就有点拓荒的味道了。不过幸运的是国学院的档案基本完整地保存了下来，存放在四川大学档案馆。这套档案共 81 卷，成为这次研究最重要的资料来源。这也是本次研究的特点所在，依托全套档案开展工作，力求通过这些第一手资料重返历史现场。但由于档案资料的特殊性，所有现代工具都与之无缘，只能采用手抄的方式进行收集，这是以档案作为资料进行研究时不得不面对的痛苦。但我别无选择。另外，这批档案虽不涉密，但它属于四川大学的内部资料，没有公开的义务，这也令我颇为紧张。幸而负责这部分档案的陈涛科长、陈玉峰老师给予了我极大的理解和支持，破例向我这个外单位人员开放了档案资源。为了能集中时间收集资料，我把一年的教学工作集中在一个学期里完成了，空出的这学期我就天天到档案馆"上班"，他们不下班，我不离开。日复一日，月复一月，暑去冬来。笔写完了一支又一支，笔记本抄满了一本又一本。这是一段漫长而艰辛的时光，但也不乏乐趣，留下了许多美好回忆。抄写过程中，我感触最深的就是当时国学院负责人极为强烈的档案保存意识，

① 目前所见相关研究有谢桃坊先生的《四川国学小史》（巴蜀书社，2009 年）以及《批评今文经学派——刘师培在四川国学院》〔《成都大学学报》（社会科学版）2008 年第 2 期〕；杨正苞先生的《四川国学院述略》〔《西华大学学报》（哲学社会科学版）2009 年第 1 期〕；张凯的《"今""古"之争：四川国学院时期的廖平与刘师培》〔《四川大学学报》（哲学社会科学版）2009 年第 2 期〕；郭书愚的《官绅合作与学脉传承：民初四川国学研究和教学机构的嬗替进程（1912—1914）》〔《四川大学学报》（哲学社会科学版）2011 年第 5 期〕；郭勇、张丽萍的《四川存古学堂及四川国学学校考略》（《蜀学》2008 年第 3 辑）。

比如档案23卷、24卷收录的是1914年3月至1917年12月国学学校所有的校告,包括放假、考试安排,学生获奖、受处罚等信息一应俱全。而他们在财务方面的档案又堪称完整详尽的范例,以1915年为例,有38卷《本校1911—1915年度预决算》、41卷《1915年各月收支款表》、62卷《请领、报销1915年经费》、67卷《伪省政机关1915年有关财务的来文》,对这年的财政收支情况进行了极其详实的记载,实际上除个别年份外,几乎每年都有类似的卷宗。

为避免遗漏,我还前往成都市档案馆、四川省档案馆调阅资料,不过收获寥寥,这也确认了四川大学保存的这套资料的唯一性、珍贵性,它是真实再现四川地区清末民初教育发展状况的重要资料。之后,我又奔赴成都市图书馆查阅《四川国学杂志》,它们也是百年前的物品了,封面上积着厚厚的灰尘。每次翻开它们,我都有一种穿越历史的恍惚,怀疑自己会不会是这百年来第一个闯入者?

收集资料的过程在旁人看来,也许单调、枯燥、乏味,不过一路走来会发现其中也是酸甜苦辣咸五味杂陈,特别是一些偶然意外的发现所带来的惊喜往往令人难以忘怀。这次我便有这样的幸运。记得是在一个周末的晚上,我在网上漫无目的地翻看老旧报刊,突然一张照片映入眼帘:成都南门外之国学院。我简直不敢相信自己的眼睛,感觉心跳加速,由于时代久远,之前我从来没有想到"国学院"还有照片传世。这张印在1925年《上海画报》上的照片也是目前所见唯一一张该院外景图,虽然略显模糊,但大门前那片荷塘还是让人浮想联翩,似乎依稀可见当年的盛景。后来，我又在张远东、熊泽文编著的《经学大师廖平》一书中找到几张照片，其中1918年同学们与校长廖平在国学院花厅前的合影最为珍贵，时廖平68岁，学生中有蒙文通、彭云生、廖宗泽等。另外，国学院院员释圆乘的生平一直是个谜，谢桃坊先生也多次提及这个问题，然而无论是当时的档案还是时人的论述、回忆录中均不见相关介绍，最后终于在张志哲主编的《中华佛教人物大辞典》中查到相关资料，才弥补了这项空缺，得以在文中对之进行较为全面的论述。每每有这些新发现，都令人兴奋、激动不已，疲劳顿时一扫而光，心中唯有暗暗感激老天对我的眷顾。这次除了抄录的档案、拍摄的照片、收集的当时的报刊以及相关的书籍、论文外，我还摘录了近10万字的资料，为后面的研究提供了相当丰富的素材。

正是在这批材料的基础上，本书对四川国学院的发展历史进行了全面完整的论述，包括国学院的创办演变过程；它与国粹运动的关系；它为适应"壬子癸丑学制"所作的努力与变更；它如何开展国学教学工作；它在学术研究方面的作为；院内师生的基本情况等，并进而对其进行了较为客观公允的评价：四川国学院是20世纪初中国第一座由政府兴办的大型国学教学研究机构，它在国学教育与研究方面做了大量工作，是国学运动初期相关领域的集大成者。在学术研究方面，它推动了国学、蜀学的发展；在教育方面，它完成了传统教育与现代教育体制的接轨，为实现新学制下传统教育的发展提供了思路。

历史首先应求真，这是最重要的。本次研究依然以史料见长，在研究中为了更准确地把握史实，对每一个写入书中的内容都进行了认真核实，有时即便是一个很小的细节，都经过对所见材料反复的对比确认。同时，还特别看重语言表述的准确性，力求精益求精、不留遗憾，不过难免还是会有这样那样的不足、甚至错误，唯恳请各位尊敬的方家、读者不吝赐教。

2018 年 6 月 28 日于蓉城

# 第一章　四川国学院成立

今天我们所说的"国学"这个概念，在中国出现应该是 20 世纪初的事情。之后才有了在中国近现代学术史上具有很大影响力的国学运动的出现，这项运动的余波一直持续到今天。如果我们要追溯在运动初期最早出现的大型学术机构，那么四川国学院是名副其实的开创者。

1912 年四川国学院在成都成立，以"提倡国学，发扬国粹"相号召。它是四川省政府设立的国学机关，负责全省的国学工作。就全国来看，以"国学"命名的大型学术机构，这是第一所；而且以政府之力兴办国学院，这在全国是首创，在整个百年国学运动史上也是非常独特的。

但是因为诸多原因，这段历史几乎被尘封。今天当我们提到国学院时，很多人都认为是从 20 世纪 20 年代才开始出现的，比如北大国学门（1922—1927）、清华国学研究院（1925—1929）等等。因此，有必要重新梳理这段历史，这对于完整全面地认识国学运动的发展历程是有重要价值的。

## 第一节　国学院的创建

在中国近代史上，四川的保路运动可谓惊心动魄，它拉开了波澜壮阔的辛亥革命的序幕。广大川人反抗强权、反抗专制，浴血奋战的斗争精神给国人留下深刻印象。在这场天翻地覆的时代变革中，四川还有一举措在全国可谓独一无二，却少有人知晓、提及。那便是1912年成立的四川国学院。

"国学"一词在中国古已有之，《周礼》记载"乐师掌国学之政，以教国子小舞"，但其意思为学校，和今天所说的"国学"含义相去甚远。实际上，一直到20世纪初，具有近代意义的"国学"概念才开始在汉语中出现①。标志性事件是：1905年邓实、黄节等人在上海正式成立国学保存会，以"研究国学，保存国粹"相号召，并发行《国粹学报》宣传自己的主张②。国学保存会的成立意味着中国国学运动的大幕拉开了。

四川国学院正是在这样一种风潮之下出现的。1911年10月，"大汉四川军政府"设置枢密院作为咨询机关，聘廖平为院长，楼黎然为副院长，下设院士数人③。1912年3月11日，尹

---

① 参见桑兵：《晚清民国的国学研究》［M］，上海：上海古籍出版社，2001年第1版，第2页。

② 郑师渠：《晚清国粹派：文化思想研究》［M］，北京：北京师范大学出版社，1997年第2版，第9页。

③ 廖幼平：《廖季平年谱》［M］，成都：巴蜀书社，1985年第1版，第71页。楼黎然，字廜庵，又名藜然。

昌衡就任全省统一后的第一任"中华民国军政府四川大都督"①，他着手将枢密院改组为国学院，6 月 28 日正式成立四川国学院，院址设在城东三圣街②。

　　成立后颁布的章程显示四川国学院的性质是"全省国学机关"，其宗旨在于"提倡国学，发扬国粹"③。聘请吴之英任院正，刘师培、谢无量为院副，下设院员 7 人④，分别为浙江诸暨楼黎然（原任名山知县，参与辛亥革命者）、温江曾学传、井研廖平、郫县曾瀛（海敖，尊经高材生，丁酉举人，新由云南讲武堂教习归蜀）、资阳李尧勋（冀臣，京师大学堂毕业，参

---

　　① 曾业英，周斌编：《尹昌衡集》第 1 卷，前言 [M]，北京：社会科学文献出版社，2011 年第 1 版，第 3 页。

　　② 何域凡：《存古学堂嬗变记》[G]，四川省政协文史资料委员会编：《四川文史资料集粹》第 4 卷，成都：四川人民出版社，1996 年第 1 版，第 421 页。《国学院国学馆 1912 年下半年合并概算一览表》（1912. 9）[A]，四川公立国学专门学校档案（存于四川大学，下简称国学档），第 5 卷-3，第 15 页。

　　③ 《四川国学院简章》（时间不详）[A]，国学档，第 7 卷-10，第 31 页。

　　④ 据《咨报本院预算并请都督府发交省议会议决及预算一览表》（1912. 8，国学档，第 38 卷-6，第 18 页）记此期薪水支出人员有院正 1 人，院副 2 人，院员 6 人，合计 9 人。之后的《咨送财政司元年下半年概算表暨员册及概算一览表》（1912. 8，国学档，第 38 卷-7，第 25 页）记此期薪水支出人员有院正 1 人，院副 2 人，院员 7 人，新增李尧勋，合计 10 人。这份由国学院呈交省财政司的概算表包含一份附文，其落款为吴之英、刘师培、谢无量。由此推测，建院初期已设有两位院副，即刘师培、谢无量，院员人数则在 8 月中下旬达到 7 位。又据《吴之英先生年谱》：1912 年，吴之英被聘为国学院院正后，荐聘刘师培为院副，下期合并存古学堂，增聘谢无量为院副。参见吴洪武等校注：《吴之英诗文集》[M]，成都：四川大学出版社，2008 年第 1 版，第 534—535 页。而何域凡记载：吴之英任院正，刘师培为院副，下设院员 8 人，将谢无量列于院员之中，应为误记。参见何域凡：《存古学堂嬗变记》[G]，四川省政协文史资料委员会编：《四川文史资料集粹》第 4 卷，成都：四川人民出版社，1996 年第 1 版，第 421 页。另外，《员司一览表》所录 7 名院员有曾培，无释圆乘，余者相同。见《员司一览表》（时间不详）[A]，国学档，第 35 卷-2，第 9 页。

与辛亥革命者）、天全杨赞襄、成都大慈寺住持释圆乘①。11月2日，民政长张培爵又增聘张梦渔、黎尹聪为院员，院员由此达9人②。从院员组成看，既包括辛亥革命参与者，又包括清廷阵营中人③；既有川籍人士，又有外省之人；既含蜀中宿儒，又囊括后起之秀④；既有经学大家，也有高僧大德，其层次的丰富性可见一斑。虽然政见、籍贯、年龄、专长各不相同，但是对于"提倡国学，发扬国粹"的认可，是他们聚于一堂的根源。

国学院的工作包括：一、编辑杂志；二、审定乡土志；三、续修通志；四、搜辑乡贤遗书；五、校订国学参考书；六、编纂本省光复史⑤。内容涵盖史志修订，文献收集、整理，杂志编辑等多方面，范围还是较为广泛的，由此可见国学院实质为一

---

① 何域凡：《存古学堂嬗变记》[G]，四川省政协文史资料委员会编：《四川文史资料集粹》第4卷，成都：四川人民出版社，1996年第1版，第421页。该文记曾瀛为新敏人，李尧勋为资中人，另据《四川省国学学校一览表》(1914.8，国学档，第1卷-15，第43—44页) 记载曾瀛为郫县人，李尧勋为资阳人。

② 《咨送民国二年上半年预算表一本及预算表》(1912.12) [A]，国学档，第38卷-13，第63页。该档案在新增院员薪资栏下附说明："本院院员本仅七人，嗣由民政长张于十一月二日添聘张君梦渔、黎君尹聪为院员。"

③ 1909年，刘师培入端方幕。1911年，四川保路运动爆发，清政府命端方率兵前往镇压，刘氏随行。11月端方在资州被部将所杀，刘师培被拘押，因章太炎搭救得以于12月入成都。万仕国：《刘师培年谱》[M]，扬州：广陵书社，2003年第1版，第172、200、202、204页。

④ 1912年，吴之英55岁，刘师培28岁，谢无量28岁，廖平60岁，曾学传54岁，曾瀛约48岁，李尧勋约35岁，杨赞襄约40岁。均为实际年龄，非虚岁。后面三位由于资料缺少，其年龄根据《四川省国学学校一览表》(1914.8，国学档，第1卷-15，第43—44页) 记载推算。

⑤ 《四川国学院简章》(时间不详) [A]，国学档，第7卷-10，第31页。

所文史研究机构，是四川省政府成立的国学研究基地，负责领导全省的相关工作。

国学院创办的《四川国学杂志》于 1912 年 9 月 20 日出版发行，每月一期，每期刊印千份，"衙署、学堂概行寄赠，所余不过二百册，悉数出售"①，共发行 12 期。1914 年改名为《国学荟编》后继续出版，仍每月一期，面向全国发售，影响很大，直到 1919 年停刊，共发行 51 期。该杂志是当时全国为数不多的几个国学研究学术刊物之一②，后文将专章论述。

国学院收集乡贤文献的工作也逐步推进，几个月内收到文集约 20 部，其中较著名者有：富顺米梅君诗文 2 册，资中魏天春《赋箫楼集》5 册，绵竹杨锐、富顺刘光第手札约 10 件，富顺陈崇哲《八代文章志》4 册，华阳曾彦（女）《妇典》6 册 30 卷，系曾氏手撰，字迹娟秀，颇为难得③。

其他各项工作也都有条不紊地开展起来，如 1912 年 8 月 16 日，国学院致函省教育司请求其清点移交前清末年四川各州县呈送的新编乡土志④；9 月 7 日又递交报告请求将辛亥革命时期

① 《咨送民国二年上半年预算表一本及预算表》（1912.12）［A］，国学档，第 38 卷-13，第 59 页。

② 雷玲：《民国初年的〈四川国学杂志〉》［J］，《文史杂志》，2001 年第 5 期，第 8、9 页。

③ 何域凡：《存古学堂嬗变记》［G］，四川省政协文史资料委员会编：《四川文史资料集粹》第 4 卷，成都：四川人民出版社，1996 年第 1 版，第 421—422 页。

④ 《关于请求教育司移交乡土志的咨文》（1912.8.16）［A］，国学档，第 8 卷-4，第 14—15 页。

一位杰出乡绅的事迹载入史册①。此类事情不一而足。

不过，国学院成立不久，随即发生了一件大事，对其产生了重要影响。

## 第二节　国学院的合并

四川国学院成立不到半年，1912 年 11 月，经省议会决议国学馆并入国学院，馆院合一，由国学院负责办理所有事务②，国学院的规模陡然扩大了许多。要了解这段历史，需要从国学馆的前身——四川存古学堂的发展谈起。

一、从存古学堂到国学馆

四川开办存古学堂显然是受了张之洞的影响。1907 年（光绪三十三年）7 月，湖广总督张之洞在武昌创办存古学堂，一时间各地纷纷效仿。尊经书院高材生、时任湖北候补道员的范溶投牒四川提学使，呈请在成都设立存古学堂以维国学③。此议得

---

① 《关于要求把黄绶事绩列入志乘的报告》（1912. 9. 7）［A］，国学档，第 8 卷-10，第 39—45 页。

② 《关于国学馆改名为国学专修科并入四川国学院的报告》（1912. 11. 1）［A］，国学档，第 6 卷-1，第 1 页。

③ 《关于收集登报四川存古学堂章程的通告（附详稿简章）》（1910. 2. 25）［A］，国学档，第 2 卷-2，第 5 页；《公牍：督宪批湖北试用道范溶等请设存古学堂禀》［N］，《四川官报》，1909 年第 15 期，第 7 页。另据存古学生何域凡回忆，联名禀请还有绵阳陈纬、成都顾印愚、乐山王兆涵等人。参见何域凡：《存古学堂嬗变记》［G］，四川省政协文史资料委员会编：《四川文史资料集粹》第 4 卷，成都：四川人民出版社，1996 年第 1 版，第 417 页。

到川督赵尔巽、学使赵启霖的支持①，1910 年（宣统二年）3 月，四川存古学堂获学部批准开办②。

学堂设在成都城南，以清朝名将昭勇侯杨遇春故宅改建而成③。学部又推荐时在京师译学馆的乐至谢无量（1884—1964）任学堂监督，谢无量当年仅 26 岁，学生年龄则多在 40 左右，每爱以"小谢"称之④。

存古学堂的出现有一个很大的历史背景，即 1906 年（光绪三十二年）丙午科始，"所有乡、会试，各省岁考、科考均一律停止"⑤，标志着科举时代的结束。随之学堂大兴，海外留学渐成风尚，然而在此过程中一批士绅也颇感矛盾：一方面他们承认向东西各国学习是"取长补短，宏济时艰"，但是又叹息"风

① 赵启霖（1859—1935），字芷荪，湖南湘潭人。1892 年（光绪十八年）进士。1909—1910 年任四川提学使，在成都创办存古学堂。据赵启霖著，易孟醇校：《赵启霖集·前言》[M]，长沙：湖南人民出版社，2012 年第 1 版，第 1、5 页；赵启霖著，施明，刘志盛整理：《潕园自述》[M]，《赵潕园集》，长沙：湖南出版社，1992 年第 1 版，第 337—339 页。

② 赵尔巽：《川督奏筹设四川存古学堂折》（1910 年 3 月 24 日）[A]，台北，"国史馆"藏清学部档案，195/139。转引自郭书愚：《四川存古学堂的兴办进程》[J]，《近代史研究》，2008 年第 2 期，第 86 页。

③ 《四川公立国学专门学校章程（附各项规则）》（时间不详）[A]，国学档，第 7 卷-12，第 79 页。又据《四川官报》新闻称：赵启霖学使屡与学绅磋商，择定南门外杨宫保府改建校舍，已于去年（1909 年）腊月竣工。只是该屋原为典押，尚非公有。今年正月，学务公所普通科长龙心梅与杨子敬会商，由学务公所补银 5000 两，合计万金买断。现正筹备招考，大约秋季可以开学。《新闻：本省近事：存古有基》[N]，《四川官报》，1910 年第 2 期，第 71 页。

④ 何域凡：《存古学堂嬗变记》[G]，四川省政协文史资料委员会编：《四川文史资料集粹》第 4 卷，成都：四川人民出版社，1996 年第 1 版，第 418、420 页。

⑤ 商衍鎏：《清代科举考试述录及有关著作》[M]，天津：百花文艺出版社，2004 年第 1 版，第 193 页。

会趋新，后生厌故"，中国文化日渐萎缩，他们担心不及十年，经学教师将难以寻觅，学子更后继无人。同时他们更警惕由此极可能造成的文化消亡，四川提学使赵启霖便直陈：

> 窃以国文盛衰之故，与国力之强弱相因。强国之文，日见其扩张；则弱国之文，日见其消缩。东西各国每务推广其文字之势力，以恢拓其国力。我不亟图维持国学，将输入之文，既有喧宾夺主之患，固有之文，反有礼失求野之时。议者谓文学但取适用，若中国经籍之浩博，文理之渊深，不必汲汲焉专精以从事。不知中国之所以立国，既在文教。若举数千年优美独到之处，任其消蚀，将来更无以动人民思古之念而激志士爱国之心。故普通之文学，以适用为宜；而精诣之文学，尤以保粹为要。既有各种科学之学堂，以增进智识；不可无讲求国学之学堂，以培植本原①。

此处的"文学"实可理解为文化。赵学使显然意识到文化与国家实力之间的消长关系，由此指出在国力衰微之时，主动保护本国文化的必要性、重要性，同时他也很理性，提出的是一种和谐共存的解决方案。文告中传达的思想颇有代表性，体现了清末士绅阶层的一种现状，他们充分理解接受东西各国科学文化的意义与价值，但对于中国固有文化的消亡又忧心忡忡。

正处于这样的焦虑之时，1909年（宣统元年）春，学部颁

----

① 《关于收集登报四川存古学堂章程的通告（附详稿简章）》（1910. 2. 25）[A]，国学档，第2卷-2，第5页。

布《奏分年筹备事宜折（并单）》，明文规定"各省一律设立存古学堂"①，《预备立宪公会报》1909 年第 6 期也全文刊载，可见办理该学堂实为清政府"筹备立宪"的一个有机组成部分。这项政策无疑是把尚方宝剑，极大激励了川省人士兴办存古学堂的信心。他们"闻命恐后"，当年 7 月即设置博士弟子开讲，唯恐"坐失旷代难得之会，终虚邦人士悾悾向道之诚心"②。

建成后的存古学堂当即拟定章程，宣布以保存国学为要旨，具体任务是一方面为中等以上学堂培养充足师资，使其教师不致缺乏，另一方面则培养高质量的学生"升入大学成就通儒"。其课程以理学、经学、史学、词章为主，兼习地理、算学，唯有第六学期增讲教授管理法，以便毕业后充任教员之需，其他各项规章制度都一律按照学部颁布的学堂管理通则办理③。因此学生何域凡认为："（存古学堂）分科设教，犹继尊经（指成都尊经书院，作者按）遗轨，惟制度全照学堂规划，与书院讲学之旧规有异。"④ 应该说，存古学堂名正言顺地设立，多少为忧心国学处境之士绅找到了一条疏解之途。

但是随着辛亥革命的爆发，清帝退位，中国社会进入了一个百废待兴的时代。存古学堂作为前清的遗产，已然显得不合

---

① 《本部章奏：奏分年筹备事宜折（并单）》［N］，《学部官报》，1909 年第 85 期，第 3 页。

② 《四川存古学堂募捐启事》（1909. 7）［A］，国学档，第 2 卷-4，第 12 页。

③ 《关于收集登报四川存古学堂章程的通告（附详稿简章）》（1910. 2. 25）［A］，国学档，第 2 卷-2，第 7 页。

④ 何域凡：《存古学堂嬗变记》［G］，四川省政协文史资料委员会编：《四川文史资料集粹》第 4 卷，成都：四川人民出版社，1996 年第 1 版，第 419 页。

时宜，各地纷纷停办。四川自然也感受到了这种风向，不过它作了另一种选择。1912 年 2 月，四川存古学堂改名"官立国学馆"①，继续办学。

学生分为两类：一类是原存古学堂学生，为本班（也称旧班），三年毕业；然后又新招一批预备班（也称新班）学生，年龄在 15 岁以上 20 岁以下，要求读过经书，文笔清顺者，两年学习结束可升入本班。预备生专治小学。本班以国学为主课，每人分年专治一经，一经毕业，再改治一经，同时兼习史学、词章，在这些主课之外，还设有附课，如算术、法政、经济、世界史、世界地理、博物等②。

国学馆依然特别看重国学课的教学，延请精通经史、擅长文学的教员教授。其教学方法也颇有特点，老师只重点讲授学术门径及条例规则，可以"随时升堂讲演，在馆学生概须听讲"，除此之外，学生其余大部分时间都是自学，"以抄书、点书、写札记及各习一经为主"。本班生主要抄写自己选定的经书、老师规定的古书，预备生则先抄《说文解字》、《白虎通义》、《五经异义》等书。抄写方法有两种，一种是全文抄录，还有就是按照老师的要求，分类摘抄。点校书籍以《史记》、《前汉书》、《后汉书》、《文选》为主，老师会规定每日点校页数。另外学生对自己选定的那门经书尤需进行深入学习。抄点

① 《四川省官立国学馆简明表》（1913. 4. 2）［A］，国学档，第 1 卷-4，第 4 页。《四川国学院附设国学学校旧班新班学生学籍表暨国学学校简章及平面图表册》（1913. 4）［A］，国学档，第 1 卷-6，第 9 页。

② 本段内容采自《国学馆办法简明章程》（1912）［A］，国学档，第 3 卷-1，第 2 页。

阅读书籍期间，凡有疑问、心得都应写成札记，每周需将所抄、点之书以及札记交给老师批阅。如教师发现其中有较为繁难的问题，会让学生在讲堂一起讨论①。

国学馆的机构则扩充为三部分，分别是教科部、印刷部、杂志及讲会部，后两部为新增，较存古学堂时期工作范围明显扩大了。国学馆的主体是教科部，负责教学与考试工作。印刷部即附设的存古书局，计划是将尊经、锦江两书院所有的书板补葺印行。杂志及讲会部即附设的国学会，主要工作是约集通材，实地研究古礼古乐，并定期组织讲演，届时在馆学生及校外学者均可以听讲。国学会还负责将所有会中讲义以及馆内外佳作汇编成杂志，在馆学生如有治经编著之书，条理井然者，也可酌量印刷②。

四川存古学堂通过改名换姓的方式存续了下来，其工作范围还得到了扩展。6月国学院也成立了，这时成都就有了两所性质相近的机构，一是国学院，一是国学馆。

二、馆院合一

这种情况很快受到了当局的关注，9月四川"民政府"来函提议国学院、国学馆合并。其理由有三：一、"全省国学机关，凡隶属国学范围，势应归并办理"，以便统筹规划。二、现正值财政艰难之时，合并后许多款项可以节省，"所省经费当可

---

① 本段内容采自《国学馆简章》（1912）［A］，国学档，第3卷-2，第6页。

② 本段内容据《国学馆办法简明章程》（1912）［A］，国学档，第3卷-1，第2—3页；《四川国学馆中华民国元年预算表册》（1912.6）［A］，国学档，第38卷-11，第43页；《国学馆简章》（1912）［A］，国学档，第3卷-2，第8页。

岁达万元"。三、国学馆、国学院作为教学、研究机构,合并后可以优势互补。如国学院院员可以充任教师,国学馆的书籍可供院员参考等等①。

接到来函,国学院立即召开全院会议商议,很快达成一致,同意合并。因为国学院此时正面临两大难题,首先国学院的研究工作需要大量书籍储备,可"购书巨款,势难猝筹",其次国学院是租房办公,场地狭小,"每年需款颇巨,且不敷办公之用"②。而国学馆是购置杨氏宅第改造而成,无需租金,而且它还保存了成都尊经、锦江两大书院的所有书板。因此国学院认为:"离则两伤,合则两美。事半功倍,孰过于斯?"并由此展望合并后:"院章所定筹办事宜,亦必日生起色。"③

1912年11月1日,经省议会决议通过,国学院、国学馆正式合并,一切事务统由国学院负责办理。国学院迁入城南国学馆旧舍办公④。而国学馆"仅刻一小牌,悬于二门,行文对外则用院名,一般人士,只知有国学院,而不知存古学堂改附于院为国学馆"⑤。

---

① 本段引用均来自《关于向四川民政长报告国学院国学馆合并一事的咨文》(1912. 9. 2)〔A〕,国学档,第5卷-1,第2—3页。

② 《四川国学院国学馆合并条件》(1912. 9)〔A〕,国学档,第5卷-2,第7—8页。

③ 《关于向四川民政长报告国学院国学馆合并一事的咨文》(1912. 9. 2)〔A〕,国学档,第5卷-1,第3页。

④ 《关于国学馆改名为国学专修科并入四川国学院的报告》(1912. 11. 1)〔A〕,国学档,第6卷-1,第1页。

⑤ 何域凡:《存古学堂嬗变记》〔G〕,四川省政协文史资料委员会编:《四川文史资料集粹》第4卷,成都:四川人民出版社,1996年第1版,第422页。

合并后，国学院的宗旨为"研究国学，发扬国粹，沟通古今，切于实用"①，较之之前"提倡国学，发扬国粹"的提法，核心思想没有改变，只是新增了"实用"一条，强调对现实的关照。吴之英仍为院正，原存古学堂监督谢无量与刘师培仍然担任院副②。国学院的工作因为国学馆的加入，也增加一项：附设国学专修科（即国学馆）③。

国学馆的教学工作则基本照旧，由院副刘师培兼任负责人，之前因延聘无款以致教员欠缺的问题现在也得到了解决，"除算学、法学两教员业经订立本年合同，应行依旧延请外，其余各科即由院员热心教育者分门担任，不送薪金，惟酌送夫马费"④。当时吴之英任经学教员，刘师培为经学、词章教员，廖平亦为经学教员，杨赞襄为史学教员，曾学传为理学教员，李尧勋任教育学教员，蒲助孜为算学教员，皆一时之选，实力雄厚⑤。存古书局、国学会仍依旧办理，并计划刊刻国学参考书籍。另外因国学院院员可以使用国学馆丰富的藏书，因而国学院"旧定之图书购置费银即可权作教员夫马费"。同时，所有"杂役人等"

① 《国学院章程》（时间不详）[A]，国学档，第4卷-7，第19页。

② 《就国学馆合并事项告各局、司书》（1912. 11. 2）[A]，国学档，第6卷-2，第5页。

③ 《国学院章程》（时间不详）[A]，国学档，第4卷-7，第19页。

④ 《四川国学院国学馆合并条件》（1912. 9）[A]，国学档，第5卷-2，第7页。

⑤ 《四川省国学院附设国学学校一览表》（1913. 4）[A]，国学档，第1卷-14，第38—40页。另据记载：教员增廖平教五变、四变经学；曾海敖教授地理。何域凡：《存古学堂嬗变记》[G]，四川省政协文史资料委员会编：《四川文史资料集粹》第4卷，成都：四川人民出版社，1996年第1版，第422页。

及"杂支之款悉可合二为一",经费节省许多。总之这次合并取得了理想效果,"事从积极进行,款从消极着手,事增款减,便益良多"①。

通过这次合并,整合了四川的国学资源,合并后的四川国学院兼具教学、研究功能,俨然一所大型的综合学术机构,而且它也是中国近代第一所以"国学"命名并相号召的大型文教机构,在国学运动发展史上,具有开创性的意义。同时它又是政府创办的国学机关,承担领导全省国学工作的任务,这也是全国首创,具有独特性。因此,可以认为四川国学院是 20 世纪初中国国学学术研究机构的开山。

## 第三节　国学院地址及院舍

馆院合并后制定的《国学院章程》指出:"本院即就国学馆原有地址房舍设置。"② 查国学馆位置则在:"(成都)南城外四先生祠。"③ 即存古学堂所在地。

此处原为清道光时期昭勇侯杨遇春(1761—1837)故宅,占地约 14. 24 万平方尺(约 24 亩),房舍共 59 间,前后空地、

--------

　　① 《四川国学院国学馆合并条件》(1912. 9)〔A〕,国学档,第 5 卷-2,第6—8 页。

　　② 《国学院章程》(时间不详)〔A〕,国学档,第 4 卷-7,第 19 页。

　　③ 《四川省官立国学馆简明表》(1913. 4. 2)〔A〕,国学档,第 1 卷-4,第 4 页。

花圃约 10 余亩。光绪年间，杨遇春后人杨永洪欲出售，起初四川布政使王之春准备购下办农事试验场，未果①。"以过大无人承买，又恐卖后被其割裂，有所不忍"，遂将该宅典于学务公所。1909 年，杨永洪呈请学使赵启霖，愿半捐半售以其作为公用②。赵学使遂请示购买该宅院作为存古学堂的校舍，并在此设立四先生祠，得到总督赵尔巽的支持，最终以银 3000 两购得，又设宋代四川著名学者范镇（字景仁）、范祖禹（字淳甫）、张栻（号南轩）、魏了翁（号鹤山）四先生祠于内，借以崇尚宋学并尊蜀贤③。1910 年第 2 期的《四川官报》报道了这则新闻，称："赵提学现于南门外购得杨氏第宅，改建宋代范景仁、范纯甫④、张南轩、魏鹤山四先生祠，使各校士子得于岁时享祀，以生观感……现正鸠工庀材，不久即可落成矣。"⑤ 存古学堂、国学馆皆在此，国学院合并后也搬入此地（图1—1）。其位置在今天的国学巷，后济川中学入驻，将校门改至小天竺街⑥，现

---

① 《四川公立国学专门学校章程（附各项规则）》（时间不详）［A］，国学档，第 7 卷-12，第 56、78 页。本文档记房舍为 59 间，《四川国学院附设国学学校旧班新班学生学籍表暨国学学校简章及平面图表册》（1913. 4）（国学档，第 1 卷-6）中房间数为 76 间，《财政部调查官有并公有财产报告表》（1913. 10. 2）（国学档，第 1 卷-20）记为 72 间。

② 何域凡：《存古学堂嬗变记》［G］，四川省政协文史资料委员会编：《四川文史资料集粹》第 4 卷，成都：四川人民出版社，1996 年第 1 版，第 417 页。

③ 《关于要求把购买成都南城杨家宅院做存古学堂并设四先生祠一事立案登报并抄录详稿的通知》（1910. 2. 25）［A］，国学档，第 2 卷-3，第 10 页。

④ 范祖禹，字淳甫（淳，或作醇、纯，甫或作父）。

⑤ 《新闻：本省近事：四贤立祠》［N］，《四川官报》，1910 年第 2 期，第 69 页。

⑥ 杨正苞：《四川国学院述略》［J］，《西华大学学报》（哲学社会科学版），2009 年第 28 卷第 1 期，第 30 页。

图 1-1　成都南门外之国学院（源自《上海画报》1925 年第 59 期）

为成都市石室锦城外国语学校所在地。

　　时，院正吴之英手书"国学院"三个大字于大门，又撰写门联："斯道也将亡，难得四壁图书，尚谭周孔；后来者可畏，何惜一池芹藻，不借渊云。"①芹藻，喻才学之士，出自《诗·鲁颂·泮水》："思乐泮水，薄采其芹……思乐泮水，薄采其藻。""渊云"则指王褒、扬雄，褒字子渊，雄字子云，皆以赋著称。汉班固《西都赋》云："秦、汉之所极观，渊、云之所颂叹。"对联透露出对传统文化消亡的伤感，同时又对学堂的学生寄予厚望。另据赵启霖晚年回忆，四先生祠堂大门联云："典型在昔，道义为根。"其堂联则为："任五洲学说如许纷庞，沧海

---

　　①　吴之英：《国学院楹联》［M］，吴洪武等校注：《吴之英诗文集》，成都：四川大学出版社，2008 年第 1 版，第 121—122 页。何域凡则记作：斯道也将亡，难得四壁图书，高谈周孔；后来者可畏，何惜一池芹茆，不借渊云。何域凡：《存古学堂嬗变记》［G］，四川省政协文史资料委员会编：《四川文史资料集粹》第 4 卷，成都：四川人民出版社，1996 年第 1 版，第 419 页。

横流，从此诞登道岸；萃两宋名贤以为师法，岷峨万仞，无忘仰止高山。"① 对联揭示了东西学术思想如潮水般滚滚而来的时代特点，也道出了学堂创办者坚守传统学术，以理学为师的理念。

当时院中设有讲堂2间，自修室、寝室共24间，浴室6间，食堂1间，教员室7间，职员室5间，司事室9间，仆役室7间，阅报室1间，会客室2间，藏书室2间，储藏室1间，厨房2间，厕所7间②。

按照现存四川国学院附设国学学校平面图（图1—2），该院为典型的三进四合院的川西庭院布局。大门正对照墙，大门两侧分别设置传事室和稽察室。这两间房子后面又设有浴室、厕所。进入大门首先是一片开阔的天井，天井左侧有收发室、庶务室、储藏室、司事室，收发室后面还有一小院，设有书记室，天井右侧为学生会客室、寝室和厨房。穿过敞厅向里面走，就进入第二进院落，中间也是天井，两侧主要是寝室，还有一处茶房以及井眼所在。穿过天井再向里面去，正对的就是四先生祠，这里便是第三进了。祠堂后面是天井，对面就是宽敞的藏书室、讲堂。天井左右两侧还分布着寝室，杂役室也在这里。再往里，在院子的最深处还有一处讲堂。中轴线之外，在院子

---

① 赵启霖著，施明，刘志盛整理：《潏园自述》［M］，《赵潏园集》，长沙：湖南出版社，1992年第1版，第338页。

② 《四川国学院附设国学学校旧班新班学生学籍表暨国学学校简章及平面图表册》（1913.4）［A］，国学档，第1卷-6，第10页。不同时期，房间设置略有变化，如《四川公立国学专门学校章程（附各项规则）》（时间不详）（国学档，第7卷-12）记：校舍有礼堂1间，讲堂3间，自习、寝室共27间，图书室1间，阅报室1间，事务室1间，会客室2间，职员室3间，教员室7间，司事室2间，仆役室1间，厨房4间，茶房1间，厕所2处。

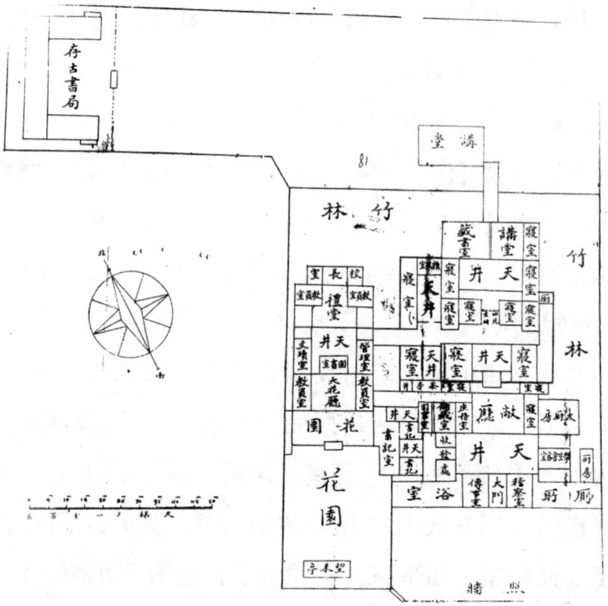

**图1-2 四川国学院附设国学学校平面图（源自党跃武主编
《四川大学校长传略》第1辑，四川大学出版社2014年版)**

的左边，穿过花园，另有一处幽静之地，这个小院里有教员室、
图书室、文牍室、管理室、校长室和礼堂。整个大院周围为大
片竹林、花园环绕。花园西南角还有一座望禾亭，据称为杨遇
春当年所建。亭子位于高台之上，可凭栏远眺，亭名为杨氏所
定并手书一联：坐来觉有山林气，到此无忘弧矢心①。杨遇春，
四川崇州人，清朝名将，一生戎马，历仕乾隆、嘉庆、道光三
朝，曾任陕甘总督十年，晚年被封一等昭勇侯，告老还乡后在

①　杨正苞：《四川国学院述略》[J]，《西华大学学报》（哲学社会科学版），
2009年第28卷第1期，第30页。

此居住。院内原设有杨遇春神主牌位，供子孙祭祀，建四先生祠后，仍将其置于四先生龛后①。据称还有一尊代表其星宿的黑石虎坐像。此地改建中学时，将四先生龛位及杨侯故邸遗址拆毁，仅留黑石虎迁至街边，尚有民间香火。1952年，整治街道时移走，遂不知下落②。

据曾居住于此的廖平女儿廖幼平回忆："民国初年，我们住在国专附近杨遇春故宅里。房子古老陈旧，但四井的院落面积大，房间多而宽敞，中间还有两个大坝，颇有农家风味。父亲命前院种菜，后院种花。花园里常常鲜花盛开，蜂蝶成群；菜园里呢，地垄中栽满苞谷、豇豆、茄子、南瓜，围墙上还爬满丝瓜、扁豆。"③ 1914年起，廖平曾长期担任国学学校校长，这是当时生活的真实写照。

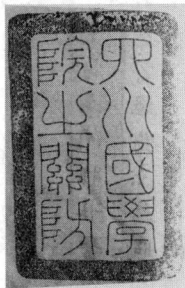

图1-3 四川国学院之关防（源自四川大学所存国学档第4卷）

另外，四川国学院成立后，1912年7月28日请示都督府颁发关防，8月5日开始启用，为一木刻长方形大印，字为篆书阳文："四川国学院之关防"④（图1—3）。馆院合并

---

① 何域凡：《存古学堂嬗变记》[G]，四川省政协文史资料委员会编：《四川文史资料集粹》第4卷，成都：四川人民出版社，1996年第1版，第417页。

② 杨正苞：《四川国学院述略》[J]，《西华大学学报》（哲学社会科学版），2009年第28卷第1期，第30页。

③ 廖幼平：《我的父亲廖平》[M]，张远东，熊泽文：《经学大师廖平》，上海：上海书店出版社，2015年第1版，第218页。

④ 《关于咨请都督府颁发官防的请示》（1912.7.28）[A]，国学档，第4卷-2，第6页；《关于国学院起用新关防的通知》（1912.8.5）[A]，国学档，第4卷-1，第1页。

后继续沿用。

## 附录

**拟存古学堂开办简章（1910 年 2 月 25 日）（国学档，第 2卷-2）**

一、宗旨　开办存古学堂所以保存国学，俾此后中等以上学堂教师不致阙乏，并可升入大学，成就通儒，暂拟简章试办，俟奉部颁章程即照部章办理。

二、学科　以理学、经学、史学、词章为主课，兼习地理、算学，其余学科姑从阙略，免至博而不专，惟第六学期内添讲教授管理法，以便毕业后可派往各处充任教员。

三、名额　暂定一百名为额，皆在学堂膳宿，以便专意用功。

四、资格　举、贡、生、监及中学堂毕业生皆可入选，但须中文素有根柢，品行端谨，无嗜好者，其年龄限二十岁以上四十岁以下。

五、征费　学生每名每一学期纳费十元，由各生自备学费，膳宿费在内。

六、职员　监督一人，兼授理学一门。经学、史学、词章正教员各一人，副教员各一人。教务长、斋务长即以经学、词章正教员兼任。地理一门，即以史学正教员兼任。算学教员一人。监学二人。庶务长一人。

七、规则　一律照奏定章程《学堂管理通则》办理。

八、年限　查湖北存古学堂七年毕业，江苏三年毕业，其自愿深造者再予留堂四年毕业。现拟仿照江苏办法，三年毕业给凭，由提学司按其程度之深浅派至中小学堂充当中文教员。其三年届满愿留堂深造者，即参仿鄂省章程七年毕业。

九、考验　平时用功分门札记，每月两考，每季、每学期皆分门考试。毕业考试时，调齐平日札记，一并衡校，以觇心得而定等差。

十、奖励　俟部定专章遵照办理。

**国学馆办法简明章程（1912 年）（国学档，第 3 卷-1）**

总纲

一　国学馆以前清存古学堂基址与旧日原有之学生及经费组织之。

一　国学馆所用教员、管理、各项员司均以现时组织之状势酌量增减之。

一　国学馆组织分为三部：（甲）教科之部；（乙）印刷之部；（丙）杂志及讲会之部。

一　国学馆学生今酌分二班。原有存古学堂学生一概住馆，为本班，三年毕业。外更添招通学预备生六十名，须年在十五岁以上、二十岁以下，读过经书，文笔清顺者为及格，以为将来升入本班之预备。（预备班生课专治小学，拟以二年为期）

一　旧有生住馆，膳费自备，不征学费而须服务于印刷、杂志二部。（由管理人酌派）

一　预备生每学期缴学费五元，教授、考验与馆内生一律平等办法。

（甲）教科之部　分教授、考验二种

一　教授　分主课、附课

一　主课　必须科　国学为主课（即经学、史学、词章）。延兼通经史，长于文学之教员教授之。（说明）前清以经、史、词章并列为三科，兹定国学馆学生全班分年专治一经，一经已毕业再改治一经，由此递升，按年分授以求深入（群经注疏，平时仍可通习），兼习史学、词章，均为必须之课，有所专精，无所偏重。

（附注）主课教员之讲授国学，本班讲专经，预备班先从小学入手。凡经、史、词章用功次第、点阅何书、参考编辑何书，皆由教员规定。首在讲堂发起条例，每日监察诸生自习勤惰，每周批答所缴札记及评改课卷，随时于讲堂发还，以便质问，遇经史疑义稍繁重者亦会诸生公决之。

二　附课　随意科　算术、法政、经济、外史、外地（中地附主课史学内）、博物等科为附课，除算术须实习延一人教授外，其余各科不延教员，但选新出编译善本，指定起讫使学生自习，按月发题课试之。

二　考验之法　分临时考验、学期考验二种

一　临时考验　主课每人点阅经、史、词章主要之书，由教员规定页数，每周呈缴，日记须有摘抄若干条，疑义心得若干条（条数由教员定之）为及格。每月综其勤惰以定分数，又就所阅经史每月各发问题考验一次，并考验词章一次。

二　学期考验　每学期由教员先发编书条例若干条，令学生就其条例，各择编一种，限于一学期内编成，考其优劣以定分数（如大种非一学期所能成者，于学期先将成稿呈阅以定分数）。

（附注）每月及学期考验，先期宣布题目条例，校外学者亦得与。考佳者特赠奖品，将原文揭载杂志，以示鼓励。凡考验期内，校外愿与考者可至馆检阅图书，惟不得携出。至附课诸科考验均发问题，仅限校内。

（乙）印刷之部　就尊经、锦江所有书板补葺印行之，以期古籍流通，并可酌提为考验诸生之奖励品。

（丙）杂志及讲会之部　杂志以国学馆讲员及学生编纂之，同时立一国学会，约集通材，实地研究古礼、古乐，并示期讲论，仿白虎观法办明各经大纲巨案，许学生一体旁听，所有讲义汇刻杂志。

**国学院章程（时间不详）（国学档，第 4 卷-7)**

### 第一章　总纲

第一条　国学院基于省议会议决国学院与国学馆合并原案组织之，仍定名为国学院。

第二条　本院即就国学馆原有地址房舍设置，不别租赁。

### 第二章　宗旨

第三条　本院以研究国学，发扬国粹，沟通古今，切于实用为宗旨。

### 第三章　应办事宜

第四条　本院应办事宜以左列各款为限：

一、编辑杂志；二、审定乡土志；三、搜访乡贤遗书；四、续修通志；五、编纂本省光复史；六、校定重要书籍；七、附设国学专修科。

第五条　前条第一至第六款各事宜，均由本院职员内公推各项编辑及主任一人或二人。

第六条　第四条第一至第六各款应需采访人员除设专额外，余由各府、厅、州、县法定团体分别担任，均另以专章定之。

第七条　第四条第一至第六各款办法、次序均另以规则、日程定之。

第八条　第四条第七款另以专章定之。

### 第四章　员额及权限

第九条　本院设院正一人，主持全院事务。

第十条　本院设院副二人，襄助院正主持全院事务。

第十一条　本院设院员　人，襄助院正、院副办理全院事务。

第十二条　本院设名誉评议员　人，评定本院各项事宜。

第十三条　本院设庶务长一人，商承院正、院副办理庶务事件。

第十四条　本院设会计长一人，商承院正、院副办理会计事件。

第十五条　本院设文牍一人，商承院正、院副办理来往文件、电报等事。

第十六条　本院设司事五人，分任左列各事：

一、管理图书收发；二、管理印书发行；三、助理庶务；

四、助理会计；五、购买。

第十七条　本院设书记若干人，由院正、院副视事务繁简，酌量分配办理。

第十八条　本院院正、院副、院员由民政长延聘；名誉评议员由院正、院副延聘；庶务长、会计长由民政长任用；文牍由院正、院副任用；司事由庶务长、会计长商承院正、院副分别任用；书记由院正、院副考选；本院应用杂役由庶务长酌量雇用。

### 第五章　图书

第十九条　本院设藏书室一所，收藏旧有及新购各项图书。

第二十条　本院职员、学生取阅图书及收发、管理，均另以规则定之。

### 第六章　经费

第二十一条　本院经常、临时经费每年由会计长先期制成预算案，经院正、院副核定，送由民政长咨交省议会议决。

第二十二条　本院收支经费每年经过会计年度后，由会计长制成决算案，经院正、院副核定，送由民政长咨交省议会查核。

第二十三条　本院按月应用经费由会计长按照预算案应领之数备具文领，经院正、院副签盖印章，咨请民政长饬财政司核发。

第二十四条　本院按月收支经费由会计长于月终造具报销表册，经院正、院副签盖印章，分咨民政长、财政司查核。

第二十五条　本院各项收支簿据均由院正、院副规定施行，并由院正、院副随时检查。

第二十六条　本院除额支款项由会计长查照预算案支付外，其活支款项须经院正、院副公同核定，始能支付，但仍不得逾预算定额。

第二十七条　本院额定每月各项薪水、工资均按月于来月初一日一律支给。

### 第七章　附则

第二十八条　本章程如有未尽事宜，得由院正、院副、院员公同提议增改，咨送民政长核覆。

第二十九条　本章程以公布之日为实行之期。

# 第二章　四川国学院的性质

　　辛亥革命期间，四川民众揭竿而起，浴血奋战，为全国表率，最终一举推翻清政府的腐朽统治。也是在这个时期，四川成立国学院，合并存古学堂，开国学院之先河，为全国首创。这两件事情，放在一起，颇为有趣。前者，长期以来都作为革命、进步的代表被讴歌赞颂；而后者却往往成为落后、保守的代名词，被诟病尘封，寂然无闻。同一个时期，同一批人，他们为什么会作出这样看似截然不同的选择？他们创办国学院的初衷是什么？这是一个孤立的事件么？四川国学院又是一所什么性质的机构呢？应该说只有澄清这些问题，对四川国学院的认识才能获得一个较为清晰的起点和坐标。

## 第一节　四川的声音

　　1912 年，四川首开先河成立国学院，并且旋即合并国学馆，成为颇具规模的一所官办国学教研机构。这确实令人瞩目。与之形成强烈对比的是之前各省开办的存古学堂这时纷纷停办，也无后续①。

四川之所以会有这样一种与众不同的选择，应该说并非偶然，这与川省的学术氛围有着紧密的联系。早在1908年（光绪三十四年），《四川教育官报》便刊载《拟设国学院之计划》，称北京已拟章程，准备添设国学院，各项章程均由张相国（张之洞）拟定②。查张之洞当年实际仅仅提出通儒院的设想，作为存古学堂学生毕业后深造之所，并无国学院之说。那么《官报》之说是无心之失还是有意为之，便颇耐人寻味了。

而就在这张报纸的同一页，紧接上条消息的是广东决定设存古学堂，"招选生徒肄习中国经史子集，俾期保全国粹"③。两条消息连在一起，无疑体现了一种明确的态度，考虑到这份报纸的官办背景，我们有理由相信四川官方在维持国学上的积极立场。

---

① 辛亥革命爆发后，湖北存古学堂被革命军占用，师生随之星散，学堂自然解体。参见武教办：《湖北存古学堂的兴衰》[J]，《武汉文史资料》，2009年第10期，第36页。另外，1911年5月，江苏存古学堂学生毕业后，学校撤销。之后，甘肃存古学堂也停办。存古学堂最终结局可分为三类：第一类在民国前即被裁撤；第二类随清帝退位而"人亡政息"；第三类则延至民国初年，完成了一系列的"转型"，如四川存古学堂。总体而言，存古学堂"大都半途而废，最后鲜有幸存的"。参见许金萍：《清末存古学堂的办理及历史反思》[D]，华中师范大学硕士论文，2011年，第11—13页。

② 《别录：拟设国学院之计划（中外日报）》[N]，《四川教育官报》，1908年第3期，第6页。

③ 《别录：决设存古学堂（广东）》[N]，《四川教育官报》，1908年第3期，第6页。

第二年，这份报纸更是报道了一个令人意外的消息，称按照学部要求，原本高等学堂毕业生方有资格报考大学，但是虑及经学一科，"非旧学素有根底者，不能得其精蕴"，因此拟请学部准许"各省督抚择取品学兼优之科举举人保送入学"①。头年，张之洞奏分年筹办京师分科大学，预备设经学、法政、文学、医科、格致、农科、工科、商科共八科，认为皆"造就专门人才，研究精深之学业"，"不可缺一"②。显然，这条消息是京师分科大学筹办工作的后续，它传达了一个信息：虽然科举停止了，但是经学仍然是改革后新式教育体系的重要组成部分，是大学的一门不可或缺的学科，同时，在这个体系中，旧学有根底者也是有发展前途的。

以上可视作四川官方的态度，而在民间，要求重视传统学术、兴办国学的呼声也是此起彼伏。1909 年春，廖平约集华阳范玉宾、双流彭兰孙组成"国学研究会"，每周三集会，地点在城南官定小学堂或者桂王桥西街太史宅邸，入会者需有中学根底③。不久，四川教育总会开会，"闭会后午后一钟，同人又借会地议开国学会事"④。第二年正月，华阳朱华国等禀设国学研究会，希望"结旧学商量之社，订朋友讲习之规，文行兼修，

① 《别录：大学经科拟保送科举举人（中外日报）》［N］，《四川教育官报》，1909 年第 6 期，第 1—2 页。

② 吴剑杰：《张之洞年谱长编》下卷［M］，上海：上海交通大学出版社，2009 年第 1 版，第 1001 页。

③ 《纪闻：国学研究会成立》［N］，《广益丛报》，1909 年第 197 期，第 10 页。

④ 《新闻：教育开会》［N］，《四川官报》，1909 年第 7 期，第 1 页。

体用必备"，以期薪火相传，"斯道之不坠"①。三月，兼任四川高等学堂及工业学堂教习的曾学传等人又禀请设立"国粹学会"，并制定了章程②。

学界耆宿吴之英也对一味求新、求变，弃传统于不顾的现状表达了不满，他说："新法变诚善矣，但未识祖宗旧法尚有存焉者乎？"并对汉光武帝刘秀延续西汉薄赋等旧政，从而成就盛世表示了嘉许，联系现实则不由感叹："今欲求安静之吏，何可易得？"③因而对于川省当局保存国学的做法深以为然，他称赞时任川督胡景伊"肯索风教之本，图民德所归"，认为"礼乐将兴"④。在给国学院同仁的书信里褒扬之辞也溢于言表："胡雨岚太史赞表章之新政，振蜀学于邹鲁。"⑤吴氏并非阿谀之人，1906年禄勋为名山县知事，到任后即致信家居的吴之英，吴回信云"乡绅之谊，不当谒请贵游"，并不到县城拜谒⑥。由此看来，吴氏的称赞应不为谀词。

后来担任国学院院副的刘师培虽然不是川人，但他入蜀后

① 赵启霖：《公牍：华阳县士绅朱华国等禀开国学研究会公呈一案》［N］，《四川教育官报》，1910年第2期，第12页。

② 赵启霖：《公牍：批高等兼工业学堂教习曾学传等禀拟立国粹学会文》［N］，《四川教育官报》，1910年第4期，第19页。

③ 吴之英：《答禄勋书》［M］，吴洪武等校注：《吴之英诗文集》，成都：四川大学出版社，2008年第1版，第256页。

④ 吴之英：《覆胡文澜书》［M］，吴洪武等校注：《吴之英诗文集》，成都：四川大学出版社，2008年第1版，第262页。

⑤ 吴之英：《答罗元黼、谭焯书》［M］，吴洪武等校注：《吴之英诗文集》，成都：四川大学出版社，2008年第1版，第275页。

⑥ 吴洪武等校注：《吴之英诗文集》［M］，成都：四川大学出版社，2008年第1版，第254页。

来到国学院讲学，其意见显然不可能不影响到川省人士。从日本留学归来，对东西方学术有深刻认识的刘师培对于国内学人匍匐于西学之下的姿态是不认可的："自外域之学输入中土，浅识之士昧其实而震其名，既见彼学足以致富强，遂诮国学为无用。"他忧虑数年以后，国学教员将不易得，国学传承将难以为继。他进而指出与中国形成鲜明对照的是西方学界都珍惜各国的历史文化，"敦崇考古，埃及残碑、希腊诗曲均参互考验，递相阐明"，并且近年以来，欧美各国竞相致力于东方古学，纷纷收藏"汉文典籍，断碣残碑"，珍惜备至，近邻日本也在大学开设汉学。他认为如果中国学人一味将传统文化视若草芥，后果是惨痛的，会造成"自丧其所守，且将贻诮于邻封"。因此大力呼吁"欲祛其弊，必自振兴国学始"①。刘师培是站在东西方各国传统文化保护与传承这个角度来认识振兴国学这个问题的，应该说是具有一定远见的。

其他国学院院员也从不同角度表达了对发展国学的支持。1912年，《四川国学杂志》第1期刊载了院员曾学传的《国学鉤②元》，表明："国命生死之关，无他，国学是也……修明国学，诚今日培植国命之基本也。"进而分别论述他以为应"修明"之学，他说：孔子之学为性理学，以此立身、成德、尽性；老子之学为生理学，即生存之学；管墨之学为生计学，共谋生

---

① 以上内容见刘师培：《上端方书》[M]，《刘师培全集》第3册，北京：中共中央党校出版社，1997年第1版，第534—535页。

② 鉤："钩"的古字。

活之计；佛学为灵魂学，保灵魂永劫不堕①。主张以这四门学说为国学学习的核心。这期还刊发了曾学传撰写的《〈国学杂志〉义例》，文章阐述了创办该刊的目的："中华民国元年秋，蜀政府设国学院，为全省国学倡，以发扬国粹为宗旨。首编辑《国学杂志》，以资阐发弘义，鼓吹群伦，事綦重也。"② 在对国学的认识上，曾学传与国粹派是一致的，他说："异邦好学之士方集会研究，而我乃听其晦盲，致人心郁□（原文残缺处均用"□"表示，下同），塞源趋流，忘耻逐利，饰伪乱真，以相欺诈，破规裂矩，以为文明，如横流决堤，不可收拾，岂非国学不明之故欤？"他视国学为民族精神文化之根基，认为如不维系，则"不惟不足争胜东西列强"，反而会加速"中国之亡也"③。

李尧勋在为国学学校教育学讲义作序时也表示了相似的看法："数千年国粹沦亡，精神消灭。何以保国？何以保种欤？……中国无宗教，惟孔教作其精神。"④ 将以儒家思想为代表的传统文化视为民族危亡之际的精神支柱。

1914 年，《国学荟编》还刊载廖平旧作，对中小学生不读经的规定发表了不同意见，认为："唯异邦之是，崇国无人焉，

---

① 曾学传：《国学錬元》[J]，《四川国学杂志》通论二，1912 年第 1 期，第 6—8 页。

② 曾学传：《〈国学杂志〉义例》[J]，《四川国学杂志》，1912 年第 1 期，第 1 页。按：弘义原文为"私义"，据文意改。

③ 本段引用均来自曾学传：《〈国学杂志〉义例》[J]，《四川国学杂志》，1912 年第 1 期，第 1 页。

④ 李尧勋：《国学学校教育学（弁言）》[J]，《四川国学杂志》，1913 年第 9 期，第 80 页。

其谁与立亡?"① 文中指出童子学习一些浅显易懂的经典,有助于培养良好行为习惯,不应一概否定。

可以说,在保存国学这个问题上,四川朝野达成了一致,形成合力。他们对传统的维护,在一件有代表性的事情上集中体现了出来,那就是国学院主持的祭孔活动。1912 年 10 月 7 日(农历八月二十七日)为孔子诞辰,刚成立的国学院举行了盛大的祭孔典礼,地方行政官员也都参加,又制定了极为繁盛的礼仪②。不久,又遵照教育部的要求定孔子生日为圣节,学校放假一天举行庆典,并且强调:"共和国家,首重道德。孔子集群圣之大成,为生民所未有。其道德为世师表,其学说亦与世推移。"③ 1914 年初,国学院又遵照执行国务院关于祭祀孔子所需主持人人选以及着装的相关规定④。同时,四川各地方行政长官及道尹、县知事在孔子庙宇、崇圣寺行礼礼节都需遵照相关礼仪要求⑤。考察国学院的祭孔仪式,不仅礼仪细致周密,而且较

① 廖平:《中小学不读经私议》[J],《国学荟编》,1914 年第 11 期,第 1 页。

② 《关于孔子纪念日及活动的通知》(1912. 10)[A],国学档,第 21 卷-2,第 2 页;《各地方行政官祀孔行礼礼节清单》(1913. 2)[A],国学档,第 21 卷-3,第 3 页。需要指出:1912 年 3 月,内务部、教育部修订祭孔礼仪,明确要求"除去跪拜之礼,改行三鞠躬",以此配合中华民国成立后废除等级制度下形成的跪拜陋俗的规定,以新式礼仪祭祀孔子,体现了社会的进步。见庞朴主编:《20 世纪儒学通志·纪年卷》[M],杭州:浙江大学出版社,2012 年第 1 版,第 22 页。

③ 《关于将孔子生日定为圣节,放假一日在校行礼纪念的通知》(1913. 11)[A],国学档,第 21 卷-15,第 45—46 页。此次根据孔子 70 世孙孔广牧的考订将孔子生日定为农历八月二十八日,之前的二十七日为误。

④ 《关于祭祀孔子主持人、制服等问题的通知》(1914. 2)[A],国学档,第 21 卷-18,第 51 页。

⑤ 《饬知祀孔时、地并发祀孔礼节清单》(1914. 3)[A],国学档,第 21 卷-19,第 52 页。

为频繁，除了孔子生日放假一天举行典礼外，开学、散学都要祭孔，作为必备的一道仪式：如 1914 年第二学期结束，将放春假，校长令各学生于 4 月 1 日早上 7 点随同校长、教员前往院中礼堂行祀圣礼，礼成后放假①；1916 年 9 月 1 日开学，校长又令全体学生 8 点整肃衣冠，随同教员到礼堂祀圣，然后开课②。同时国学院还延续了唐朝以来每年仲春（农历二月）、仲秋（农历八月）的上丁之日祭祀孔子的传统，1914 年农历二月六日、八月初九，1915 年二月初二、八月初五，1916 年二月初八、八月初十，1917 年二月初三、八月初七因为适逢丁祀，都举行了祀圣的活动③。仪式既是一种理念的表达方式，同时通过这种制度化规范的仪式又更加强化了这种理念。国学院举行的隆重祭孔典礼，无疑是其保存国学思想的最具象的传达。

反之，对于破坏文化传统的做法，国学院则会群起而攻之。1913 年 5 月，国学院院员曾学传、周翔、曾瀛、杨赞襄、李尧勋等来函称宜宾县知事董汝昌毁坏叙州府文庙，庙中先贤先儒以及乡贤名宦、忠义节孝的牌位都被废弃。得知消息后，国学院正、副院长立即致函省民政长严厉谴责这种行为，并请求官

---

① 《民国三年三月至四年七月函件牌告通录》（时间不详）［A］，国学档，第 23 卷-1，第 14 页。

② 《四川国学学校中华民国五年八月起至十二月止牌告函件》（时间不详）［A］，国学档，第 24 卷-2，第 17 页。

③ 见《国学学校函件牌告抄件》（1914. 3—1917. 12）［A］，国学档，第 23 卷；《国学学校函件牌告抄件（二）》（1914. 3—1917. 12）［A］，国学档，第 24 卷。

方查办，而且还要求将处理结果公之于众"以释群疑"①。国学院作为全省国学机关，这项举措显然有监督的性质在其中，要求官方公布处理结果，更是为了达到以儆效尤的作用。

当时的四川，无论官方还是民间，保存国学的思想都很强烈，这应视作四川国学院在这个时期出现的重要原因所在，也是基于这样一种原因，存古学堂并没有在这里彻底终结，而是换了名字，在国学院的旗号下继续发展着。当然，四川的这种国学情节，并非其独有，其背后有更深刻更宏大的时代思潮，具体而言就是国学运动在中国的兴起。

## 第二节　国粹运动兴起

今天所说的"国学"概念是从日本输入的。从江户时代（1603—1867）开始，日本学界开始关注"国学"，也称之为"和学"的学问，他们通过对日本古典书籍的研究，探求其民族固有的思想、精神，阐释其世界观与价值观。著名语言学家山田孝雄认为：国学是为本国所特有、在世界其他地方见不到的学问，是国家之学②。

20世纪初，中国学人受日本影响，也开始使用"国学"概念。1902年，梁启超在日本邀约黄遵宪等人创办《国学报》，

①《关于查办传闻宣布办法以释群疑的咨文》（1913.5）［A］，国学档，第26卷-14，第49—50页。

②以上内容参见史少博：《论日本国学的历史发展》［J］，《理论学刊》，2015年第12期，第103页。

黄氏则提出可作《国学史》①。同年吴汝纶前往日本考察教育，归国后称日学人告知："勿废经史百家之学，欧西诸国学堂必以国学为中坚。"② 1903 年，留日学生叶澜、张肇桐、秦毓鎏、稽镜、董鸿祎、汪荣宝等人在上海成立国学社，不过该社主要从事编辑中小学教材、翻译东西方名著的工作，意在向国内传播资产阶级新思想和新知识③，与本文所指的国学团体宗旨与任务皆不同，但由此也可窥见当时"国学"概念的传播，同时亦能察觉"国学"在当时实为一种新风尚的代表。以此发轫，中国近代学术史上声势浩大、影响深远的国学运动拉开了序幕，首先登场的便是后来被称作"国粹派"的学者。

这批学人先后表达了保存国学的主张。1901 年 11 月（农历），罗振玉受两江、湖广两总督刘坤一、张之洞之令，率队前往日本考察教育，为即将进行的改革作准备。与日贵族院议员伊泽修二会谈时听闻："东西国情不同，宜以东方道德为基础，而以西方物质文明补其不足……新知固当启迪，国粹务宜保存"④，大为叹服。次年归国后详细禀报张之洞，又在各学堂演

---

① 丁文江，赵丰田编：《梁启超年谱长编》［M］，上海：上海人民出版社，1983 年第 1 版，第 292 页。

② 吴汝纶著，宋开玉整理：《桐城吴先生日记》下册［M］，石家庄：河北教育出版社，1999 年第 1 版，第 578—579 页。

③ 章开沅主编：《辛亥革命辞典》［M］，武汉：武汉出版社，1991 年第 1 版，第 263 页。

④ 罗振玉：《集蓼编》［M］，《罗振玉自述》，合肥：安徽文艺出版社，2013 年第 1 版，第 21 页。

讲教育事十日①。

1902 年，梁启超在给黄遵宪的信中写道："养成国民，当以保国粹为主义，取旧学磨洗而光大之。"② 旗帜鲜明地提倡国学。黄节也于这年 7 月、12 月分别发表《日本国粹主义与欧化主义之消长》、《国粹保存主义》，介绍日本的国粹主义，并肯定国粹为"日本国家特别之精神"产生的根源③，这是最早论述国粹思想的文章。

1903 年则颁布了由张百熙、荣庆、张之洞等改革派撰写的《学务纲要》，特别强调"西国最重保存古学"，"外国学堂最重保存国粹"④，以为教育之榜样。

第二年，黄节拟成立国粹学社，在《政艺通报》上发表《国粹学社发起辞》，又准备办《国学报》，表示要以研究为国粹学的根基，以求保存国学⑤。

而最具标志性的事件是 1905 年初国学保存会在上海正式成立⑥。该会以"研究国学，发扬国光，以兴起人之爱国心"为主

---

① 以上内容见甘孺辑述：《永丰乡人行年录（罗振玉年谱）》［M］，南京：江苏人民出版社，1980 年第 1 版，第 21—22 页。

② 丁文江、赵丰田：《梁启超年谱长编》［M］，上海：上海人民出版社，1983 年第 1 版，第 292 页。

③ 李吉奎：《黄节与近代国粹思潮》［G］，广东炎黄文化研究会，顺德市政府文体局编：《岭峤春秋：黄节研究论文集》，广州：中山大学出版社，2003 年第 1 版，第 120 页。

④ 舒新城编：《中国近代教育史资料》上册［M］，北京：人民教育出版社，1981 年第 2 版，第 202 页。

⑤ 郑师渠：《晚清国粹派：文化思想研究》［M］，北京：北京师范大学出版社，1997 年第 2 版，第 12 页。

⑥ 蔡鸿源、徐友春主编：《民国会社党派大辞典》［M］，合肥：黄山书社，2012 年第 1 版，第 298 页。

旨①，发行两种刊物，即《国粹学报》与《政艺通报》。撰稿人有邓实、刘师培、章太炎、黄节、罗振玉、王闿运、廖平、孙诒让、郑文焯、柳亚子、黄侃、张采田、郑孝胥等多达百余人。又拟设立国粹学堂，因经费原因，未果。当年《四川学报》第6期转载了《国学保存会小集序》，言"绸缪宗国，商量旧学。撼怀旧之蓄念，发潜德之幽光"云云②。国学保存会的成立，是国学运动发展的必然结果，郑师渠教授即指出这是国粹派"蓄之既久，其发必速"的一种崛起③。

1907年，兼管学部的张之洞上《创立存古学堂折》，称："至本国最为精美擅长之学术、技能、礼教、风尚，则尤为宝爱护持，名曰国粹，专以保存为主。"④ 由此，各地纷纷设立存古学堂。这实可视作国粹思潮在教育领域的实践。

国粹运动参与者的组成是复杂的，既有张之洞等各级官员，也有梁启超这些改良派，还有章太炎、黄节等革命党，虽然政治立场不同，但是他们在关于发展国学的问题上有一些共同倾向。

首先，他们更多的是从政治角度来看待国学的。因为强烈感受到国家民族的危机，而且这种危机不仅仅是领土、政权的

① 《专件：上海国学保存会章程》［N］，《北洋官报》，1906年第1186期，第11页。

② 《附编：国学保存会小集序（政艺通报）》［N］，《四川学报》，1905年第6期，第1页。

③ 郑师渠：《晚清国粹派：文化思想研究》［M］，北京：北京师范大学出版社，1997年第2版，第13页。

④ 张之洞：《张文襄公全集》第2册［M］，北京：中国书店，1990年第1版，第145页。

沦丧，也极可能是历史文化的消亡，为此国粹派忧心忡忡。邓实较早指出西方入侵者的野心："其希望伟，其谋虑深，其亡人国也，必先灭其语言，灭其文字，以次灭其种姓。"① 许之衡同样认为："外人之灭我国也，必并灭其宗教，灭其语言，灭其文字。"由此国学的意义在国家存亡的层面上得到了突显。"国魂者，原于国学者也，国学苟灭，国魂奚存？"② 黄节也说："立乎地圜而名一国，则必有其立国之精神焉，虽震撼掺杂，而不可以灭之也。灭之则必灭其种族而后可。灭其种族，则必灭其国学而后可。"③

　　而且他们甚至认为相较于政权的更迭，学术文化的存亡更加重要。潘博在《国粹学报》第 1 期发文称："盖以易朔者，一家之事。至于礼俗政教，澌灭俱尽，而天下亡矣。夫礼俗政教固皆自学出者也，必学亡而后礼俗政教乃与俱亡。"④ 其后，邓实也指出："历代国亡而天下不亡者，皆赖在下之有学以救之，至于下无学，贼民兴而后天下始真亡矣……今日者非亡国之可惧，而亡天下之尤可惧。"⑤ 这是源于中国历史发展的一种深刻认识，"亡国"与"亡天下"在学者看来是截然不同的。顾炎武《日知录·正始》说："有亡国，有亡天下，亡国与亡天下奚

① 邓实：《政学文编卷七：鸡鸣风雨楼独立书·人种独立》［J］，《政艺通报》，1903 年第 2 卷第 23 期，第 3 页。
② 许之衡：《社说：读国粹学报感言》［J］，《国粹学报》，1905 年第 1 卷第 6 期，第 5、4 页。
③ 黄节：《国粹学报叙》［J］，《国粹学报》，1905 年第 1 卷第 1 期，第 2 页。
④ 潘博：《国粹学报叙》［J］，《国粹学报》，1905 年第 1 卷第 1 期，第 4 页。
⑤ 邓实：《湖海青灯集（戊申上）：国粹学报第三周年祝典叙》［J］，《政艺通报》，1908 年第 7 卷第 1 期，第 1 页。

辨？曰：易姓改号，谓之亡国；仁义充塞，而至于率兽食人，人将相食，谓之亡天下。"① 显然，在他们的观念里，优秀文化的覆灭所造成的后果更为恶劣，所付出的代价更为惨重。

因此国粹派从国家民族存亡的高度反复论述国学的重要性。邓实主张"国以有学而存，学以有国而昌"②，"学亡则一国之政教礼俗均亡；政教礼俗均亡，则邦国不能独峙"③。许守微也持相同看法："国粹存则其国存，国粹亡则其国亡"，"是故国有学则虽亡而复兴，国无学则一亡而永亡。何者？盖国有学则国亡而学不亡，学不亡则国犹可再造；国无学则国亡而学亡，学亡而国之亡遂终古矣。"④"国学讲习会"发起诸君也认为："夫国学者，国家所以成立之源泉也。吾闻处竞争之世，徒恃国学固不足以立国矣，而吾未闻国学不兴而国能自立者也。吾闻有国亡而国学不亡者矣，而吾未闻国学先亡而国仍立者也。故今日国学之无人兴起，即将影响于国家之存灭，是不亦视前世为尤岌岌乎？"⑤ 这种论调在国粹派的文章中俯拾即是，是他们的普遍共识。

---

① ［清］顾炎武著，陈垣校注：《日知录校注》（中）卷13［M］，合肥：安徽大学出版社，2007年第1版，第722页。

② 邓实：《下编：文章门：短品：国学讲习记》［N］，《广益丛报》，1906年第120期，第1页。

③ 《社说：拟设国粹学堂启（附表）》［J］，《国粹学报》，1907年第3卷第1期，第1页。

④ 许守微：《社说：论国粹无阻于欧化》［J］，《国粹学报》，1905年第1卷第7期，第1、3页。

⑤ 国学讲习会发起人：《来稿：国学讲习会序》［N］，《民报》，1906年第7期，第126页。

他们不仅仅以中国历史为鉴，更放眼世界，指出各国兴亡与其历史文化之间的密切联系。许守微说："四千余年之古国，以声明文物著者，若埃及、若希腊、若印度，皆以失其国粹，或亡或灭，或弱或微。"① 黄节同样广泛举例："昔者英之墟印度也，俄之裂波兰也，皆先变乱其言语文学，而后其种族乃凌迟衰微焉。迄今过灵水之滨，瓦尔省府之郭，婆罗门之贵种，斯拉窝尼之旧族，无复有文明片影留曜于其间，则国学之亡也。学亡则亡国，国亡则亡族。"② 他们意在通过这种不厌其烦的宣讲，揭示问题的严峻性，以前车之鉴警醒国人，避免重蹈覆辙。

从这种认识出发，国粹派自然会将国学与爱国关联起来，保护研究国学则成为当务之急。邓实说："夫自国之人，无不爱其自国之学。""吾人今日对于祖国之责任，惟当研求古学，刷垢磨光，钩玄提要，以发见种种之新事理，而大增吾神州古代文学之声价。"③ 在《国学讲习记》中他又重申了这种观点："君子生是国则通是学，知爱其国无不知爱其学。"④ 梁启超也提出告诫："凡一国之立于天地，必有其所以立之特质。欲自善其国者，不可不于此特质焉，淬厉之而增长之……诸君如爱国也，

---

① 许守微：《社说：论国粹无阻于欧化》[J]，《国粹学报》，1905 年第 1 卷第 7 期，第 2 页。

② 黄节：《国粹学报叙》[J]，《国粹学报》，1905 年第 1 卷第 1 期，第 2 页。

③ 邓实：《社说：古学复兴论》[J]，《国粹学报》，1905 年第 1 卷第 9 期，第 3、4 页。

④ 邓实：《下编：文章门：短品：国学讲习记》[N]，《广益丛报》，1906 年第 120 期，第 1 页。

欲唤起同胞之爱国心也，于此事必非可等闲视矣。"① 国学作为中国的传统学术文化，是国家民族之根基，国粹派坚信只要能实现文化的薪火相传，即便出现国家覆灭的悲剧，也终有一天可以振兴。他们绝不仅仅视"国学"为一单纯的学术概念，而是赋予了它更沉重的时代使命。因而国粹派一方面倡导爱国就应爱学，另一方面，对于不重国学者则大力抨击。

黄节便痛斥："不自主其国，而奴隶于人之国，谓之国奴；不自主其学，而奴隶于人之学，谓之学奴。"② 对于当时社会醉心欧化，弃本国学术为草芥的现状表达了强烈的愤慨。潘博也质疑道："举世汹汹，风靡于外域之所传习……遂自疑其学为无用，而礼俗政教，将一切舍之以从他人。循是以往，吾中国十年后，学其复有存者乎？"③ 邓实则悲愤地说："不知爱吾祖国之文明，发挥而光大之，徒知爱异国之文明，崇拜而歌舞之。呜呼，吾恐不百年后，东洋之文明亡，文明亡而其发生此文明三千余年之祖国亦亡。"④ 章太炎更是大声疾呼："近来有一种欧化主义的人，总说中国人比西洋人所差甚远，所以自甘暴弃，说中国必定灭亡，黄种必定剿绝。因为他不晓得中国的长处……若他晓得，我想就是全无心肝的人，那爱国爱种的心，必定风

---

① 梁启超：《论中国学术思想变迁之大势》［M］，《饮冰室合集》第 1 册(7)，北京：中华书局，1989 年第 1 版，第 3 页。

② 黄节：《国粹学报叙》［J］，《国粹学报》，1905 年第 1 卷第 1 期，第 3 页。

③ 潘博：《国粹学报叙》［J］，《国粹学报》，1905 年第 1 卷第 1 期，第 4 页。

④ 邓实：《东西洋二大文明》［G］，沈云龙主编：《近代中国史料丛刊续编》第 27 辑，台北：文海出版社，1976 年影印版，第 185 页。

发泉涌，不可遏抑的。"① 各国文化本自有其优劣，但是当一国国力处于绝对的劣势时，其对文化的评价难免就会出现偏颇。近代中国的历史恰恰印证了这一点。由于国运日衰，国家民族面临深刻的危机，在探求救国救民的道路时，一部分学者将矛头指向了中国的传统文化，认为这是造成国家衰落的主要原因。这种思想也很快在社会层面得到了响应，西方传来的新学成为时尚，而本国学术则被弃若敝履。国粹派正是意识到了这一点，希望能在最危难的时代，依然能保存国学，保存本国的文化传统，并且主动承担起这艰巨任务。

应该说，国粹派以"保种、爱国、存学"相号召②，是基于爱国之心的一种选择。陈来也指出："20 世纪初提出'国学'时，其出发点是本于爱国主义的立场、着眼于政治的救亡。晚清国学派提出的'国学'是一个基于爱国主义观念的概念。"③

邓实在《国粹学报第一周年纪念辞》结尾撰写的赋颇为情真意切，正是他们这批学者当时心境的写照，今日读之依然能感受到其中的拳拳之心：

> 丁神州之多故兮，伤古学之沉沦。大道其将中绝兮，悬一发以千钧。登高丘以四望兮，后不见来者，而前不见古人。世浑浊而莫与言兮，吾将独守乎吾之真旷，独立而

---

① 章太炎：《东京留学生欢迎会演说辞》［M］，汤志钧编：《章太炎政论选集》上册，北京：中华书局，1977 年第 1 版，第 276 页。

② 郑师渠：《晚清国粹派：文化思想研究》［M］，北京：北京师范大学出版社，1997 年第 2 版，第 9 页。

③ 陈来：《近代"国学"的发生与演变——以老清华国学研究院的典范意义为视角》［J］，《清华大学学报》（哲学社会科学版），2011 年第 3 期，第 27 页。

不惧兮！抱遗经以自珍，为岁寒之松柏兮，作后凋之逸民。二三君子，不我遐弃兮，以相与讲求于荒江之上，寂寞之滨，朝怀铅而夕握椠兮。究万卷之纷纭，拾丛残于两汉兮，寻死灰于暴秦。本一得未足以自矜兮，譬彼沧海之微尘，群阴晦盲而否塞兮。犹幸兹硕果之留存，庶几发挥而光大之兮，是所望于大雅之同群。呜呼！吾道其信不孤兮，天之未丧乎斯文①。

将国学与国家存亡紧密相连，这是国粹派的一个重要面相，除此以外，他们还从学术发展的角度提出了自己的思考。这在前文已有提及，就是刘师培《上端方书》云：欧美各国不仅热心于本国的历史考古，而且纷纷将目光投向东方古学，大量收藏"汉文典籍，断碣残碑"，近邻日本也在大学开设汉学课程。这与国内形势形成强烈反差，刘氏忧虑中国学术将"自丧其所守，且将贻诮于邻封"。这并非刘师培一人之虑。邓实也注意到："则外人之所以勤求吾学者，何其至也！夫经欧美之藏书楼，无不广贮汉文之典册；入东瀛之书肆，则研究周秦诸子之书，触目而有。乃他人之宝贵吾学如是，而吾乃等之瓦鼎康瓟，任其沉埋于尘埃粪土之中，视若无睹。"② 《拟设国粹学堂启》里也说："彼东西重译之国，其学士大夫转以阐明中学为专门。因《玄奘西域记》以考佛教之起源，因赵氏《诸蕃志》以证中

---

① 邓实：《湖海青灯集（丙午上）：国粹学报第一周年纪念辞（并叙）》[J]，《政艺通报》，1906年第5卷第2期，第4页。

② 邓实：《社说：古学复兴论》[J]，《国粹学报》，1905年第1卷第9期，第4页。

外之交通。而各国图书楼竞贮汉文典籍，即日本新出各书报于支那古学亦递有发明。乃华夏之民则数典忘祖，语及雅记故书，至并绝域之民而不若，夫亦可耻之甚矣。"① 他们均忧心中国的学术由于缺乏支持与重视，最后反被他国超越，从而丧失自身原本的优势。这种忧虑在各省建立存古学堂的初衷上也体现出来，贵州巡抚庞鸿书请求设立存古学堂即意在："设法保守绍先贤之绪，以防蔑古之讥。"② 陕西巡抚恩寿上《奏遵设存古学校折》也提出："然万国皆各有所长，断未可一意师人而失其故有。所谓两途并进，不可偏废者也。"③ 他们更强调的是固有学术的传承发展。

　　这种思想在后来的国学运动发展中得到了突显。1922 年，担任北京大学研究所国学门主任的沈兼士指出中国学术的优势在于自己的文化，他认为："东方文化自古以中国为中心，所以整理东方学以贡献于世界，实为中国人今日一种责无旁贷之任务。"如果不能重视自身优势，"以中国古物典籍如此之宏富，国人竟不能发挥光大，于世界学术界中争一立脚地"④，将是令人痛心疾首的。时任北大教务长的胡适也表达了相同的看法：

---

① 《社说：拟设国粹学堂启（附表）》[J]，《国粹学报》，1907 年第 3 卷第 1 期，第 1—2 页。

② 庞鸿书：《奏折类：奏开办存古学堂折》[N]，《政治官报》，1908 年第 377 期，第 3 页。

③ 恩寿：《奏折类：奏遵设存古学校折》[N]，《政治官报》，1909 年第 475 期，第 11 页。

④ 沈兼士：《筹画北京大学研究所国学门经费建议书》[M]，沈兼士著，葛信益，启功整理：《沈兼士学术论文集》，北京：中华书局，1986 年第 1 版，第 362 页。

"我们有了几千年的历史、思想、宗教、美术、政治、法制、经济的材料;这些材料都在那里等候我们的整理;这个无尽宝藏正在等候我们去开掘。我们不可错过这种好机会;我们不可不认清我们'最易为力而又最有效果'的努力方向。"① "国故是我们自己的东西,总应该办来比世界各国好。"② 掌握中国传统学术的话语权,不沦为西方学术的附庸,这实际也成为一个世纪以来中国学人孜孜以求奋斗的目标,而国粹派是最早意识到这个问题的,他们曾为之奔走相告、强烈呼吁。

这里还有必要将国粹派对于西方文化的态度稍作论述。在过去较长的时期里,人们往往视国粹派为保守、落后的遗老式人物,正如郑师渠教授所言:"到(20世纪)80年代初为止,大多论者总难忘情于将国粹派及国粹思潮,说成是封建复古思潮在革命派队伍中的顽强表现,最终予以贬斥。80年代初出版的两种在国内有重要影响的大型辞书,不约而同,都仍将'国粹'一词作保守贬意的注释,足见定势思维,影响之深。"③ 近年来,随着相关研究的展开,关于国粹派的认识也在悄悄发生着变化,其中一个很重要的问题就是国粹派如何对待西方文明,在此有必要给予说明。

①　胡适演讲,陈政记录:《教务长胡适之先生的演说》[N],《北京大学日刊》,1922年12月23日,第2版。

②　胡适演讲,叶维笔记:《讲演:再谈谈整理国故》[N],《晨报附刊》,1924年2月25日,第1版。另据许啸天编:《国故学讨论集》上册[G],上海:上海书店影印,1991年第1版,第22页,该段文字为:"要想能够有一种学术能与世界上学术上比较一下,惟有国学。"

③　郑师渠:《晚清国粹派:文化思想研究·前言》[M],北京:北京师范大学出版社,1997年第2版,第2页。

国粹派虽然注重保存国学，但是他们并非以此拒绝西学，他们对于西方文化的态度是开明的。许守微曾以"精神之学"与"形质之学"喻东西文化，认为二者缺一不可："无形质则精神何以存？无精神则形质何以立世？"进而指出两者不应彼此排斥："国粹以精神而存，服左衽之服，无害其国粹也；欧化以物质而昌，行曾史之行，无害其欧化也。"又说："国粹也者，助欧化而愈彰，非敌欧化以自防，实为爱国者须臾不可离也云尔。"① 其追求在于两种文化的和谐共处、共同发展。

黄节于国粹的认识则尤为激进："本我国之所有而适宜焉者，国粹也；取外国之宜于我国而吾足以行焉者，亦国粹也。"② 在他的概念里，国粹是没有国界限制的，选择的标准只有一条，那就是是否为我国需要。也就是说他甚至根本没有东西文化的分野，而是站在整个人类文化的高度来看待国粹的，但凡有益于中国，便悉数接受，这种姿态不可谓不开放。

黄节还针对当时的两种"爱国者"提出批评：一种是"盲信己国派"，以为中国"至上无极，不知己国之外更有世界"，属于夜郎自大、顽固保守之类；另一种就是"无视己国派"，则视中国一无是处，"一唯他国是崇拜，而不知国粹之为何义"，为盲目崇外者。黄氏称这些人"无常识"，他指出真正的爱国者应该是："必深知己国之长短，己国之所长者，则崇守之，己国

---

① 本段引用均来自许守微：《社说：论国粹无阻于欧化》[J]，《国粹学报》，1905 年第 1 卷第 7 期，第 4 页。

② 李吉奎：《黄节与近代国粹思潮》[G]，广东炎黄文化研究会，顺德市政府文体局编：《岭峤春秋：黄节研究论文集》，广州：中山大学出版社，2003 年第 1 版，第 120 页。

之所短者，则排斥之……不轻自誉，亦不轻自毁。"① 这实可视作国粹派对于中国文化与外来文化的基本态度，那就是承认彼此各有长短，应该互相取长补短。

如果留意国学保存会发行的两种刊物，即《国粹学报》与《政艺通报》，会进一步增强对他们的文化观的理解。《国粹学报》为月刊，是国学保存会的机关刊物，1905 年 2 月 23 日第 1 期出版，1911 年 9 月停刊，共发行 82 期②，文章分七门：社说、政篇、史篇、学篇、文篇、丛谈和撰录。其中既有代表性的理论阐述，如《国学无用辨》、《古学复兴论》、《论国粹无阻于欧化》等，也有大量传统文化研究成果，如《古今音损益说》、《毛诗动植物今释》、《新方言》等。《政艺通报》1902 年 12 月创刊，1908 年停刊，为半月刊。主要介绍西方的政治、科技，内容相应分为政艺文篇、政书通辑、内政通纪、外政通纪、西政丛钞、历代政治文钞、皇朝政治文钞、艺学文编、艺书通辑、西艺丛钞、艺学图表③。刊有《引水机器》、《玻璃新法》、《火车电话》、《中东通商条约要目》等篇章。两种刊物均为邓实主

---

① 本段引用均来自黄节：《政法片片录：爱国心与常识之关系》[J]，《译书汇编》，1902 年第 2 卷 9 期，第 121—122 页。

② 据郑师渠分析，《中国近代期刊篇目总汇》记载时间不确，其实际停刊，当晚至 1912 年二三月间。因为，其最后一期即第 82 期封面标明，该期为 1911 年第 8—13 期合刊本，但是期载国学保存会《拟推广本会之志愿》一文内有"满清退位，汉德中兴"一句，按清室退位在 1912 年 2 月 12 日，可知其实际出版时间，当在 1912 年二三月间。见郑师渠：《晚清国粹派：文化思想研究》[M]，北京：北京师范大学出版社，1997 年第 2 版，第 25 页。

③ 参见郑师渠：《晚清国粹派：文化思想研究》[M]，北京：北京师范大学出版社，1997 年第 2 版，第 9、13 页。

编，一中一西，特色分明，这绝非偶然，恰恰是这批学者融汇中西，兼顾欧化与国粹思想的充分实践。

　　同时应该注意，国粹运动的代表人物，往往学贯中西。梁启超一直是引进新学的先进。罗振玉创办《农学报》，译介西方农学知识，是中国现代农学的开拓者。王国维译作甚多，尤其对叔本华、康德学说颇有研究。黄节通过办报"介绍欧美文化，借以牖启民智，研究科学。此为沪上报刊鼓吹革命，发扬民义、播散爱国思想较早者"①。邓实编《西政丛钞》、《万国外交政史》、《万国现世新史》、《西艺丛钞》，极力介绍新知②。刘师培博览群书，"内典道藏旁及东西洋哲学，无不涉猎及之"③。他们倡导的保存国粹的理论，是在汇通中西学术的基础上，面对中国当时的国情，所进行的一种理性思考。也正是他们，将中国传统学术研究与西方哲学、美学、社会学、考古学等学科的理论方法相结合，引领中国学术走上了崭新的道路。这一点，毛子水在其名文《国故和科学的精神》中也承认："章君（太炎）虽然有许多地方，不免有些'好古'的毛病，却是我们一大部分的'国故学'，经过他的手里，才有现代科学的形式。"④

---

　　① 李韶清：《黄晦闻之生平及其政治、学术思想举例》［G］，中国人民政治协商会议广东省广州市委员会文史资料研究委员会编：《广州文史资料》第 10 辑，1963 年，第 210—211 页。

　　② 邓实辑：《政艺丛书（壬寅）全书总目》［G］，沈云龙主编：《近代中国史料丛刊续编》第 27 辑，台北：文海出版社，1976 年影印版，第 1 页。

　　③ 冯自由：《刘光汉事略补述》［M］，《革命逸史》第 3 集，北京：中华书局，1981 年第 1 版，第 186 页。

　　④ 毛子水：《国故和科学的精神》［J］，《新潮》，1919 年第 1 卷第 5 期，第 739 页。

综上所述，国粹运动的价值和意义有几点是在过去被有意无意忽略而特别需要提起注意的：首先，从其出发点看，国粹运动毫无疑问是爱国的一种表现，是在国家民族的危亡之际，一批进步知识分子提出的救亡图存的具体路径，而且也确实激发了广大民众的爱国激情。郑师渠教授在《晚清国粹派：文化思想研究》一书中也指出："（国粹派）揭示出了必须借历史文化积极培育中华民族的凝聚力、向心力，即宏扬国民的爱国主义精神这一重要的命题。这一命题既然在今天仍具深远的意义，他们开风气之先，就愈显其难能可贵。"①

其次，从世界历史看，国粹运动也是近代被殖民国家、地区民众抗击殖民主义侵略，争取民族独立的民族主义运动的有机组成部分。他们不仅捍卫国家领土主权，更深一层的含义还在于对国家民族文化的捍卫。而且，我们有理由相信这是一种自觉的行动，梁启超 1902 年即指出："凡一国之能立于世界，必有其国民独具之特质，上自道德法律，下至风俗习惯、文学美术，皆有一种独立之精神，祖父传之，子孙继之，然后群乃结，国乃成。斯实民族主义之根柢源泉也。"②

第三，国粹派提出的关于中西学术可以并行发展的论述，是非常有价值的。面对西学的冲击，固然应该吸收其中的有益部分，但是否就此彻底否定本国学术？这是一个非常严峻的学

① 郑师渠：《晚清国粹派：文化思想研究》［M］，北京：北京师范大学出版社，1997 年第 2 版，第 327 页。
② 梁启超：《新民说》［G］，张枏，王忍之编：《辛亥革命前十年间时论选集》第 1 卷上，北京：生活·读书·新知三联书店，1960 年第 1 版，第 122 页。

术难题。国粹派本着强大的学术自信，坚定认为中国传统文化自有其价值，应当与西方学术并行发展，互相取长补短，而不应顾此失彼。他们提出的实际是中国学术的独立性问题，这在当时需要巨大的勇气与信心。郑师渠教授也认为："（国粹派）在执著体认文化的民族性及其内在生命机制的存在的基础上，提出了中西文化是互相平行、各具独立价值的两大文化体系即'类'文化的重要见解。由是国粹派形成了自己关于中西文化问题的新思路，这便是在肯定世界文化的多维性和中国文化独具价值的基础上，更新论证了中西调和与发展中国民族新文化的必然性。"①

四川国学院的成立与发展，一方面自然是受到本省学术风尚的影响，另一方面也与国粹运动的发展有着千丝万缕的联系。国学院的院员、教员多为国粹运动的积极参与者、支持者。廖平长期为《国粹学报》供稿。刘师培是国学保存会会员，"国粹派的主将之一和《国粹学报》之巨擘"②。在上海的谢无量与章太炎交往密切，又组织恢复"蜀学会"，印发"蜀学会"章程，意在"研究中国国学——经史子集"，发扬光大之，从而挽救中国古代文化之精髓，同时该会还联络进步人士，为推翻满清作准备③。他们对于国学的认识与国粹派是基本一致的。如吴之英

---

① 郑师渠：《晚清国粹派：文化思想研究》［M］，北京：北京师范大学出版社，1997 年第 2 版，第 331 页。

② 郑师渠：《晚清国粹派：文化思想研究》［M］，北京：北京师范大学出版社，1997 年第 2 版，第 18 页。

③ 刘长荣，何兴明：《谢无量年谱》［J］，《文教资料》，2001 年第 3 期，第 8—9 页。

曾致书四川学使赵启霖云："尔来学术，弊在蔑古荒经"①，论及文字、语音问题时亦说："要以我主彼宾，为外人请业者造端立标。"② 他对于国学被荒废的现状固然是不满意的，并且认为在国学研究上，应由国人掌握主动权。可以想象，由这些人主持的四川国学院实际上汇集了川内同道，成为四川国粹派的集萃之地。四川国学院也实为 20 世纪早期国学运动的有机组成部分，在此国粹运动走向了它的顶峰。

---

① 吴之英：《覆赵启霖书（一）》［M］，吴洪武等校注：《吴之英诗文集》，成都：四川大学出版社，2008 年第 1 版，第 240 页。
② 吴之英：《予宋育仁书》［M］，吴洪武等校注：《吴之英诗文集》，成都：四川大学出版社，2008 年第 1 版，第 248 页。

# 第三章　四川国学院的沿革

在川省各界的支持下，四川国学院成立了，但其发展过程却并非一帆风顺。实际上，它成立之初，便遭遇当头一棒：时值壬子癸丑学制颁布，新学制彻底废除了经学科，这无疑让它陷入了前所未有的困境中。然而，面对时代潮流，国学院并未偃旗息鼓，他们选择了一条异常艰辛的道路，其发展过程可谓一波三折。那么在如此严峻的挑战下，四川国学院走过了怎样的艰难历程，其结局又如何呢？梳理这段历史可以一瞥近代教育大变革背景下，传统教育的窘迫与挣扎，以及最终汇入时代洪流的轨迹。

## 第一节　国学与新学制

国学院成立了，令川省学者颇感欣慰。但是很快他们就陷入了一场持久且胜算渺茫的斗争中。1912 年 10 月 24 日，民国临时政府教育部颁布《大学令》，此为新学制，即壬子癸丑学制的组成部分①。该文件规定了大学的办学宗旨及学科设置，第一条规定："大学以教授高深学术，养成硕学闳材，应国家需要为宗旨。"② 它明确要求大学分设文、理、法、商、医、工等各科，也就将经学科排斥在大学科目之外。这意味着，存古学堂即便改名为国学馆，附于国学院之下，也是不合规定的。

但是第二年3月，国学院却将在读的新旧两班学生名册报送教育部审核。他们的依据是教育部颁发的《专门学校令》中有关各地方可以设立专门学校的条款。国学院所提及的《专门学校令》是在《大学令》公布前两天，10月22日发布。其中规定："专门学校以教授高等学术，养成专门人才为宗旨。"并开列法政、医学、药学、农业、工业、商业、美术、音乐、商船、外国语等专业为办学方向，同时明确国立专门学校由教育部管辖。这里依然没有国学院的位置。不过该令第四条也给各地方办学机构留下了较为灵活的空间，它称："各地方于应设学校外，确有余款，依本令之规定设立专门学校为公立专门学校。"③ 国学院显然从中找到了自己存在的理由，立即应和："现在民国初立，专门人才需用孔急，此项国立学校固应早日设

---

① 1912年至1913年，民国政府教育部陆续颁布各种学校令，从而形成了一套新的学制系统，史称壬子癸丑学制，其为这段时期的中心学制。参见陈青之：《中国教育史》下［M］，北京：东方出版社，2012年第1版，第669页。

② 教育部：《大学令》（1912.10.24）［G］，周远清主编；刘志鹏，别敦荣，张笛梅分册主编：《20世纪的中国高等教育·教学卷》下，北京：高等教育出版社，2006年第1版，第119页。

③ 本段引用均来自《教育：教育部订定专门学校令》［G］，《政府公报分类汇编》，1915年第13期，第50页。

立。"① 于是积极报送学生清册备案以便获得教育部认可。

5月10日，国学院又呈送旧班学生历年成绩表，并再次据理力争，称：首先，学校早已取得办理资格。存古学堂是前清学使赵启霖奉学部令开办的。而1912年上学期，《国学馆简章》也已经"咨明教育司在案"，后经省议会决议"馆院合并，遂定今名"，省政府则已批准其等同于高等学校；而且学校正在按照教育部所定高等师范学制以及高等学校分科学习方式进行办理；同时这些学生素有根柢，学成毕业可以满足各中学教员之需求。所以虽然其源于存古学堂，但"时移事异"，与他校"循途守辙，赓续办理者"不同，因此希望准许旧班以高等生资格毕业，并继续招收新生②。

然而情形并不乐观。6月17日，教育部专门司"专函奉商"四川民政长，指出四川存古学堂"既经前（清）川督咨明学部有案，此次期满应即准其作为中等毕业"。惟该校"在前清时视为特设学校，并不在学校系统，自勿庸继续办理，应请转饬俾原招学生一律毕业，即行停办，不得再行添招新生"。该部还另行"径电川督"，请其下令停办该校③。

6月23日，四川民政长致函国学院转述了教育司的意见并

---

① 《通知该校造送新旧两班学生姓名籍贯清册》（1913.3）[A]，国学档，第26卷-6，第11页。

② 本段引用均来自《国学院附设国学学校旧班学生历年成绩总分表》（1913.5）[A]，国学档，第26卷-11，第30—32页。

③ 《教育部专门司致四川民政长函》（1913—0617），台北"国史馆"藏清学部档案（以下简称清学部档），目录号195，案卷号139。转引自郭书愚：《官绅合作与学脉传承：民初四川国学研究和教学机构的嬗替进程（1912—1914）》[J]，《四川大学学报》（哲学社会科学版），2011年第5期，第13页。

通知其停办，根本原因就是："部定新制""未将此项学堂列入系统"①。

这正体现了国学院的困境，在新教育制度下，经学科消失了，传统学术完全按照西方学科分类进行了拆分，国学院所进行的传统学术文化的教学失去了支撑点，处于极为被动难堪的境地，被关闭往往是其必然的命运。

不过四川国学院并未就此偃旗息鼓，经"院员公议"，24日迅速回复省民政长，强调：四川存古学堂"于前清宣统二年开办，斯时部订专章尚未公布，所招学生均中学毕业及举、贡、生、监考入，夙具根柢，比各中校生有过之无不及"，且当前"川省各属中校日增，国学教员至为缺乏"，恳请旧班能以"国学专门学级"毕业。同时还请求以"国学专门学校"的名义继续招生："当此科学分立，国学不振，似应另立国学专门以弘造就。"② 国学院显然不仅不同意学生按照中学程度毕业，更不接受就此停办的结局。

7月初，院方又向四川行政公署具文呈请：国学学校1912年简章第十九条规定存古学堂"旧班学生与高等学校相等"③，此次毕业当照此办理。且该班学生"均系举贡及中学毕业考入，经住校三年之久，其程度实达中学以上。若以堪充中学教员资

① 《关于存古学堂在校学生毕业后停办的通知》（1913. 6. 23）［A］，国学档，第7卷-2，第2页。

② 《关于存古学堂停办一事的报告》（1913. 6. 24）［A］，国学档，第7卷-3，第4—5页。

③ "第十九条　旧班学生按照存古学堂旧章，仍与高等学校相等。"见《国学院国学学校章程》（时间不详）［A］，国学档，第7卷-11，第35页。

格，仍俾以中学毕业，不独令其向隅，似于现在中学教员缺乏之际，未足以应需求"。查教育部《高等师范规程》第八条规定"中学校某科教员缺乏时得设专修科"，旧班学生1912年上学期"改治专经，其意已与部令相合"。教育部《大学规程》中，"哲学类"的"中国哲学"项下"明指各生所治专经名目"；"国文类"的"说文、音韵、史学、词章"更是存古"旧班生所专习，是该生等程度比照高等师范专修科、大学预科尚无不合"①。并请将情况告知教育部。

四川行政公署的态度是：存古旧班学生1911年曾由川督咨商学部，拟作为"中等科"毕业，"自未便过事争执，致违成案。至请另立国学专门一节，且俟旧生毕业后再行筹划"②。这个答覆虽然不尽如人意，但对于继续办学一事并未完全拒绝，留下了一线希望。回覆表明，存古旧班学生以"中等科"毕业，其实早有定论。时为国学院院副的谢无量曾一直担任存古学堂监督，不可能不清楚，但国学院在这个问题上如此坚持，一方面固然是为了学生的出路考虑，另一方面也是因为一旦学生获准得以高等学校或者专门学校的等级毕业，那么学校自可以名正言顺地"转正"，由此也可看出国学院在继续办学这件事情上可谓绞尽脑汁。

7月举行毕业考试，旧班学生还是按照"中等班"毕业③，

---

① 《咨请行政公署电咨教育部将我校旧班准作专门学级处理》（1913. 7. 6）［A］，国学档，第59卷-22，第57—59页。

② 《咨请行政公署电咨教育部将我校旧班准作专门学级处理》（1913. 7. 6）［A］，国学档，第59卷-22，第57—58页。

③ 《关于毕业情况的咨文》（1913. 9）［A］，国学档，第26卷-19，第65页。

但这并非这次事件的句号。8 月 16 日，四川民政公署转发了教育部审核"前清学部立案之官立、公立各专门学校"的饬令，要求相关学校将其设立、变更、废止情况及办法、章程等报备教育部。国学院立即上报材料，希求能被核定。10 月 7 日，国学院又再次致函省民政长，请求继续办学。依据是教育部第六号令《高等师范学校规程》第八条规定："某科教员缺乏时，得设专修科。"国学院认为虽有高等师范学校，但"国文一科未必遽臻完善"，而国学院有丰富的典籍，足资学生查阅，办学"实为至顺易行之事"。呈请将学校更名为"四川国学专修学校"，学科以经史、中国文学为主，地理、伦理、心理、教育等为辅，以便"保存国粹"，培养中学师资①。

这次很快得到了回覆，10 月 14 日，省民政长传达教育司意见：准予援照部令高等师范专修科设立国学专修学校，但指出提交的章程还需补充完善②。

就在柳暗花明出现时，又发生了意想不到的变化。12 月，教育部突然发现了此前决定的一个失误。原来国学院援引的条例原文为："高等师范学校得设专修科。前项专修科于师范学校及中学校某科教员缺乏时设之。"③教育部指出：该科实为附设于师范学校内，并非单独成立，与国学院的情形是不吻合的，

①　本段引用除单独标注外均来自《关于官立公立各专科学校办法、章程给民政长的报告》（1913. 10. 7）［A］，国学档，第 6 卷-4，第 8—10 页。

②　《案准你校招生定额及所需经费并酌定见覆执行》（1913. 10）［A］，国学档，第 26 卷-24，第 112 页。

③　刘冠雄：《命令：教育部部令第六号（中华民国二年二月二十四日）：高等师范学校规程》［N］，《政府公报》，1913 年第 291 期，第 3 页。

"未可援以为例"。不过又表示该校"前招学生既未尽数毕业，仍准照旧办理，不必更立名目，转致纷歧"，同时提出"若必欲援照第六号第八条部令，即须将该校归并该省高等师范学校。其学生必再经甄别合格，确以为应时势之需乃附设是科，斯于部令相符"。教育部的态度显然有所松动，给予国学院两种选择，或者依旧继续办理，或者"援例归并"①。

12 月 31 日，国学院回覆表示，国学学校若"援例归并"四川高等师范学校，"窒碍尚多。惟有从部覆所云：'照旧办理，不必更立名目'"，全院"公推院员廖平主任校务"②。

至此，国学院自身的存亡问题终于得到暂时解决。通过这次激烈的斗争，可以发现国学院当时处境的尴尬，其核心问题正是国学与现代学科是否兼容的问题。国学代表了中国传统学术，民国初年建立起来的现代学科体制是按照西方的学科分类完成的，二者如何相处？这个问题背后实际是中西学术道路之争。国学院取得折中解决，也表明在民国初年，还能勉强为之留下一点空间。

但需要特别指出，民国以后国学院并非一成不变，恰恰相反，它在不断地变动中，不断易名、不断颁布新章程，从中折射出它的某种紧张。在此仅列举几次课程的调整。国学馆时，学生需"各习一经"，还要求"中国历算、乐律、医术均当特别

---

① 本段引用除单独标注外均来自《关于国学专修科易名国学学校的指示》（1913. 12. 7）[A]，国学档，第 7 卷-4，第 6 页。

② 《咨请民政长核准我院公推之院员廖平兼任国学学校校长》（1913. 12. 30）[A]，国学档，第 60 卷-25，第 57—58 页。

研究"，另外也开设法政、经济、外史、外地、博物等"新学"作为随意科，不过仅仅限于让学生自学新出的编译善本①。馆院合并成为国学专修科时，按照教育部关于高等师范规定设立预科、本科。本科设群经大义、中外历史、中国文学、周秦诸子、宋理学、中外地志、伦理、教育等，其中中国文学课包含：文学研究法、作骈散法，伦理讲授人伦道德之要旨，教育课包含：教育学、教育史、教授法，课程种类较之前更为丰富②。1918年改名四川公立国学专门学校后再次进行了大规模的调整。首先参照大学规程，进行了分科，本科分为哲学科、国文学科、历史学科，另有预科，不分专业。与分科相配合，课程进行了较大变动，面貌焕然一新。如哲学科开设中国哲学（经、子）、中国哲学史、西洋哲学、印度哲学概论、国文、伦理学、心理学、论理学、生物学、社会学、美学③。倘若参照《教育部公布大学规程》规定：大学文科分为哲学、文学、历史学、地理学四门，其中哲学门下的中国哲学开设课程为：中国哲学（《周易》、《毛诗》、《仪礼》、《礼记》、《春秋》公、穀传、《论语》、《孟子》、周秦诸子、宋理学）、中国哲学史、宗教学、心理学、伦理学、论理学、认识论、社会学、西洋哲学概论、印度哲学概论、教育学、美学及美术史、生

①　《国学馆简章》（1912）［A］，国学档，第3卷-2，第6页。
②　《四川国学院附设国学专修学校规程册》（时间不详）［A］，国学档，第6卷-5，第14、20页。
③　《四川公立国学专门学校章程（附各项规则）》（时间不详）［A］，国学档，第7卷-12，第57页。

物学、人类及人种学、精神病学、言语学概论①。无论是分科还是课程设置，国学院显然都有意趋同于教育部的规章，以之作为标准努力改变自己，使之成为新教育的一部分。

正是在这种斗争、妥协、努力的变奏中，国学院坚持了下来，当然，其间又发生了几次更名。

## 第二节　国学院的变革

前文介绍了国学馆并入国学院的过程，当时为了头绪清晰，有意省略了其中的一个环节，那就是国学馆是改名为国学专修科并入四川国学院的。情况是首先省议会决议国学馆并入国学院，然后由省民政府规定章程，改国学馆为国学专修科，1912年11月1日，正式合并②。

合并的一个重要原因是可省经费，从结果看确实收到了预期效果。最后经省民政长批准合并后的国学院年预算为13116元，加上存古书局、讲演会的经费2292元，合计15408元③。之前，1911年存古学堂年支出达到白银12000两④。而国学院未

---

① 《教育部公布大学规程》（1913.1.12）[G]，周远清主编；刘志鹏，别敦荣，张笛梅分册主编：《20世纪的中国高等教育·教学卷》下，北京：高等教育出版社，2006年第1版，第128、129页。

② 《关于国学馆改名为国学专修科并入四川国学院的报告》（1912.11.1）[A]，国学档，第6卷-1，第1页。

③ 《国学院支出概[况]算审查核决表》（1912.9）[A]，国学档，第5卷-4，第20—23页。

④ 《存古学堂宣统四年预算岁入岁出简明分表》（时间不详）[A]，国学档，第38卷-5，第14页。

合并时所作 1912 年 7 月 1 日至 1913 年 6 月 30 日的年支出预算也高达 30912 元①。两相对比，合并后经费减少约三分之二，确实是"费减事增，实达极点"②。

这一方面得益于人员薪酬节省许多：各班教员均由院员兼任，一概不再另支薪水，仅给予一点车马费作为教学工作的补助，又裁减学校议董、会计等职位。学生何域凡称："（国学）院员或改评课卷，或监理院务，所以刘申叔序《同学录》谓馆与院为同一事。"③

另外接收了原保存于存古书局的大量书籍。存古学堂时期，监督谢无量呈请督、学两署，将锦江、尊经书院遗留的书籍刻板移交学堂保存，"经批准后，不但书版，且尊经阁原藏碑碣，均一并移交"④。馆院合并后，这批书籍、刻板，就由国学学校管理员罗元黼兼任督理⑤。未合并时，国学院 1912—1913 年预算中购置图书、刊刻遗书费用达 4800 元⑥，合并后，这项费用被完全删除。

① 《咨报本院预算并请都督府发交省议会议决及预算一览表》（1912. 8）[A]，国学档，第 38 卷-6，第 18 页。

② 《国学院国学馆 1912 年下半年合并概算一览表》（1912. 9）[A]，国学档，第 5 卷-3，第 15 页。

③ 何域凡：《存古学堂嬗变记》[G]，四川省政协文史资料委员会编：《四川文史资料集粹》第 4 卷，成都：四川人民出版社，1996 年第 1 版，第 422 页。

④ 何域凡：《存古学堂嬗变记》[G]，四川省政协文史资料委员会编：《四川文史资料集粹》第 4 卷，成都：四川人民出版社，1996 年第 1 版，第 420 页。

⑤ 《呈造存古书局元年八月至十二月末日止收支各款四柱清册一本、决算表一本（附清册及表）》（1913. 4）[A]，国学档，第 76 卷-1，第 2 页。

⑥ 《咨报本院预算并请都督府发交省议会议决及预算一览表》（1912. 8）[A]，国学档，第 38 卷-6，第 19 页。

考量当时国学馆之所以会改名为国学专修科，正是希望以此比附专门学校之规定。这在后来与教育部关于学校能否续办的争论中，表现尤为明显。前文对此已有论述。国学院所极力争取的招牌——"四川国学专修学校"，也在此过程中得到了教育部极为短暂的认可。不过，很快教育部撤回认定，四川民政长转发了一份《关于国学专修科易名国学学校的指示》，要求"四川国学专修学校"如果依旧办理，则继续使用之前的名称：国学学校①。

确实，在这次激烈的论争前，国学专修科已经更名为国学学校。1912 年 11 月 12 日，国学院向省民政长报告称：拟将国学专修科改名国学学校。理由是：存古学堂旧班学生本为中学毕业生考入，程度较高，且临近毕业。现经国学院主办后，优秀毕业生将不乏其人。以学校称之，才能"名实两符"②。报告所言学堂学生"为中学毕业生考入"，这与事实是不符的。查《存古学堂开办简章》："举、贡、生、监及中学堂毕业生皆可入选。"③ 而国学院在《关于存古学堂停办一事的报告》中也承认"所招学生均中学毕业及举、贡、生、监考入"④。此次瞒报，只有一个原因，就是教育部公布的《大学令》、《专门学校令》均

---

① 《关于国学专修科易名国学学校的指示》（1913. 12. 7）[A]，国学档，第 7 卷-4，第 7 页。

② 《关于呈送院规章程求提议修改的报告》（1912. 11. 12）[A]，国学档，第 7 卷-20，第 100 页。

③ 《关于收集登报四川存古学堂章程的通告（附详稿简章）》（1910. 2. 25）[A]，国学档，第 2 卷-2，第 6 页。

④ 《关于存古学堂停办一事的报告》（1913. 6. 24）[A]，国学档，第 7 卷-3，第 4 页。

规定"须在中学校毕业或经试验有同等学力者"方可入学①。由此可见，国学院一心摆脱旧的障碍，力求加入新阵营的努力确实是煞费苦心。23 日，四川都督兼民政长胡景伊签名批准此次更名，并发布通知令国学院照办②。26 日，国学院就此事知会全省各机构③。

1912 年是国学院成立的元年，短短半年时间，发生了创建、合并、更名等几件大事，终于在年底趋向稳定。国学院完善了组织机构，院校联手，附设存古书局，负责刊印书籍杂志，又有讲演会，类似于今天的学会，供学者交流沟通，成为一所大型的容教育、研究、出版、传播于一体的文化机构。

1913 年则是国学院非常不平静的一年。一方面是前文论及的学校存亡风波，持续了近一年，最终以双方的妥协告终，学校沿用"四川国学学校"的名称，继续办理。在此过程中，还有一段经历值得补充。本来，上年国学专修科已经更名为国学学校。然而约半年后，1913 年 4 月，国学院又旧事重提，称："四川国学院附设国学学校今将成立，改组缘由遵照教育部令二十四号规程第二条所载事项。"并公布《四川国学院附设国学学校章程》，还上报学校一览表、学生姓名年龄籍贯表等等，颇显

---

① 教育部:《大学令》（1912. 10. 24），《专门学校令》（1912. 10. 22）[G]，周远清主编；刘志鹏，别敦荣，张笛梅分册主编:《20 世纪的中国高等教育·教学卷》下，北京：高等教育出版社，2006 年第 1 版，第 119、118 页。

② 《关于将国学院国学专修科改名为国学学校的通知》（1912. 11. 23）[A]，国学档，第 7 卷-1，第 1 页。

③ 《关于国学专修科改名为国学学校的报告》（1912. 11. 26）[A]，国学档，第 7 卷-21，第 102—104 页。

热闹，也显怪异。其所言"二十四号规程"即 1912 年 11 月 14 日教育部再次颁布的《专门学校令》，与 10 月 22 日颁布的同名法令完全一致，第二条依然是宣布专门学校的种类有法政、医学、药学、农业、工业、商业、美术、音乐、商船、外国语等①。这条规则确实为国学院打开了缺口，成为他们日后据理力争的主要根据所在。然而，这项规定中毕竟没有国学院可以对应的学科，这个问题极可能是依据另一项新规得到了化解，那就是 1913 年 1 月 12 日教育部颁布的《大学规程》，其中第二条对于大学文理法商等各科进行了细分，文科分为哲学、文学、历史学、地理学四门②。国学院应该是从中发现了某种契机，希望再次确认自己的合法身份。因而它这次表明办学目的是："本校以专门研究中国文学，保存国粹为宗旨。"③ "研究中国文学"，这个表述是第一次在国学院的文件中出现，应视为又一次比附教育部规章的努力。显然，院方已将专科学校视为自己突破困境的唯一出口，而这次通过对上述两份文件的叠加，又为自己确立了新的定位。如果再联系 3 月时，国学院已将在读的新旧两班学生名册报送教育部审核，提出设立专门学校的要求，那么对国学院此时又轰轰烈烈大搞学校更名活动就不难理解了。

---

① 《专门学校令》（1912. 11. 14）［J］，《教育部编纂处月刊》，1913 年第 1 卷第 5 期，第 1—2 页。

② 《教育部公布大学规程》（1913. 1. 12）［G］，周远清主编；刘志鹏，别敦荣，张笛梅分册主编：《20 世纪的中国高等教育·教学卷》下，北京：高等教育出版社，2006 年第 1 版，第 128 页。

③ 本段引用除单独标注外均来自《四川国学院附设国学学校旧班新班学生学籍表暨国学学校简章及平面图表册》（1913. 4）［A］，国学档，第 1 卷-6，第 9—11 页。

与之同时，国学院内部也不平静。吴之英因病辞去院正一职，向四川军政府民政长张培爵推荐院中谢无量、刘师培、曾培、廖平四人，称他们"脱颖出囊。尤堪宗主关西，弁髦岷嶓"①。2月，廖平作为四川省代表，赴京参加全国读音统一会，会期长达三个月②。4月，一直担任存古学堂监督，现为国学院院副的谢无量同样因病离开并辞去院副之职。馆院合并后，谢的工作量有增无减，他自称"累至无隙"③。刘师培也离蜀前往山西，蔡元培《刘君申叔事略》记载："（刘）在四川国学院讲学，然长江下游不易知君踪迹，炳麟不念旧恶，甚思君，乃约余共登一广告于上海各报，劝君东下。民国二年，君赴山西。"④一时间，国学院的负责人纷纷离开，顿有群龙无首之感，院正之职这时暂由曾培代理。

就在这段时期，发生了学生哗变。原存古学堂第一届学生1910年入校，按照规定，三年期满即可毕业，也可继续深造⑤。这批学生年龄不小，都在20岁以上40岁以下，如今三年届满，无人愿意继续下个阶段长达四年的学习，纷纷要求毕业。"学生大哗，不得解决，遂许存古班毕业。"这又引来一系列矛盾。

① 吴之英：《答张培爵书（一）》［M］，吴洪武等校注：《吴之英诗文集》，成都：四川大学出版社，2008年第1版，第259页。

② 廖幼平：《廖季平年谱》［M］，成都：巴蜀书社，1985年第1版，第73页。

③ 刘长荣，何兴明：《谢无量年谱》［J］，《文教资料》，2001年第3期，第10页。

④ 蔡元培：《刘君申叔事略》［M］，刘师培：《刘师培全集》第1册，北京：中共中央党校出版社，1997年第1版，第17页。

⑤ 《关于收集登报四川存古学堂章程的通告（附详稿简章）》（1910.2.25）［A］，国学档，第2卷-2，第7页。

1912 年，国学馆合入国学院以后，秋季曾招一批新生约 50 余人，根据其学业程度，将他们分为新甲、新乙两班。新甲 18 名学生，加入存古旧班一起上课。新乙班 30 余人，另行开课。如今，新甲班提出既然与旧班接受同级教育，就应同时毕业。新乙班见此情形又提出既然与新甲班同时入校，自应同时毕业。结果"所有学生，全部走尽"。这年年底，廖平由沪返川，见此状况，立即函告学生，最后召回新乙班 10 人。又另招新生，学校才重新恢复①。也在这年年底，国学学校终于得到教育部的认可，可以名正言顺地办学了。可以说，1913 年是国学院波澜起伏的一年，长期积累的问题、矛盾在这一年总爆发，不过，又都在年底获得了较为令人满意的结果。

1914 年，国学院发生了更大的变动。据《四川公立国学专门学校章程》中关于本校历史沿革的说明："民国三年，以经费支绌，废院存校。"② 这事早有预兆，1913 年 8 月，四川财政司便来函要求缩减开支，称："现值渝氛不靖，已由都督宣布戒严……兵饷之供支较平日更加倍蓰。"因此提出"贵院所辖各种机关，其可以不必照常开办者……可停即停，所需经费可减即减。即有万不可少者，亦望极力缩小范围，量从末减，以节公

① 本段引用除单独标注外均来自何域凡：《存古学堂嬗变记》［G］，四川省政协文史资料委员会编：《四川文史资料集粹》第 4 卷，成都：四川人民出版社，1996 年第 1 版，第 422—423 页。

② 《四川公立国学专门学校章程（附各项规则）》（时间不详）［A］，国学档，第 7 卷-12，第 79 页。

第三章　四川国学院的沿革 ｜ 67

帑"①。这与当时国内形势密切相关，袁世凯就任临时大总统后，倒行逆施，孙中山主张武力讨袁，发起二次革命。1913 年 7 月，熊克武在重庆兴师讨袁，投靠袁世凯的胡景伊派兵镇压②。财政司所言战事即为此。这令四川财政更是雪上加霜。之前 6 月，省行政公署向省议会提交预决算案，收入无确切数目，而支出差额则达 50 万之巨③。馆院合并之际，国学院的经费已经被压缩至减无可减，现在这种情形，于其自然极为不利，被裁减成为一种无奈的选择。

1914 年 2 月，国学院停办，国学学校得以继续办理，学校更名为"四川省国学学校"。3 月开学时，学校进行改组，省行政公署聘廖平担任校长。学校又聘罗元黼任斋务长；吴开甲（前清湖北自强学堂毕业）任庶务，兼数学教员；黄镕、季邦俊任学监兼经学教员；陈文垣、伍肇龄任国文教员④。学校尚有之前招收的两批学生，一是 1912 年 8 月入校者，一是 1913 年 2 月入校者，都被认定以 1914 年为预科入学第一期，以便统一管理⑤。另外，国学学校 1913 年 7 月至 1914 年 6 月修正后的预算

① 《致你院请将你院当减之经费，该减、停之机构、项目，本撙节原则三日之内赐覆》（1913. 8）〔A〕，国学档，第 77 卷-21，第 44 页。

② 隗瀛涛主编：《四川近代史稿》〔M〕，成都：四川人民出版社，1990 年第 1 版，第 766、769、771 页。

③ 隗瀛涛主编：《四川近代史稿》〔M〕，成都：四川人民出版社，1990 年第 1 版，第 750 页。

④ 以上内容引自《四川省国学学校一览表》（1914. 8）〔A〕，国学档，第 1 卷-15，第 41—45 页。

⑤ 《关于民国元年二年入学生均为预科生的指示》（1914. 9. 5）〔A〕，国学档，第 14 卷-5，第 11 页。

案显示，国学院的收入截止于 1914 年 2 月底，国学学校的收入从 3 月 1 日起领取，所有杂志、书局、讲演会的补助费全部取消①。学校全年经费定为 7200 元，每月为 600 元，另有学生学费每名每半年缴纳 5 元②。

随即颁布的《四川国学学校简章》第一条明确而坚定地表示："本校援照教育部部令高等师范专修科规定，名为四川国学学校。"其宗旨在"研究国学，发扬国粹，以造成中学、师范及各项学校国学教习为目的"③。相较于国学馆刚并入国学院时制定的《国学院国学学校章程》，会发现有关存古学堂的表述已经被彻底抹去了，四川国学学校刻意打造着自己的新形象。

同时，在拨款被取消的情况下，国学学校附设的存古书局依然继续工作，"访刊乡贤遗书暨补刻前清尊经、锦江两书院旧刻书籍坏板，并月刊《国学荟编》一册，专以研究国学、发扬国粹为宗旨"，并表示虽然经费"每苦支绌"，但将"赓续办理"④。

国学院的图书、器具等全部移交给学校，计图书、志书、碑帖清册二本，器具清册二本，还有账册十九本，司事、书记、

---

① 《民国二年七月一日至三年六月末收支报告书》（时间不详）［A］，国学档，第 38 卷-12，第 52 页。

② 《四川国学学校中华民国二年八月到三年七月周年概况报告书》（1914. 11. 6）［A］，国学档，第 1 卷-17，第 50—51 页。

③ 《四川国学学校简章》（时间不详）［A］，国学档，第 7 卷-9，第 23 页。

④ 《国学学校中华民国元年起至四年止历年调查表》（1915. 10. 26）［A］，国学档，第 1 卷-22，第 68 页。

仆役册一本，花木清册二本，存古书局司事、工役、存款、书货册一本，国学院、国学馆、存古学堂大印各一颗①。四川国学院从名称而言，自此消失了。四川省国学学校则从附属机构变为了主体，承担起教学以及国学院之前负责的一部分研究、出版工作，机构的体量被压缩，但实质没有太大变化，可以视作国学院的一种延续。

1918 年 8 月，学校更名为"四川公立国学专门学校"②，接着又申请将专业分作哲学、国文、历史三门，并且提出："（教育）部定规程于法、商、医、农、工各分科大学之下，并有专门学校之规定，文科则仅有外国语专门学校一种，而于国学专校独付阙如。"③ 因而认为国学学校实可弥补这个缺陷，应该大力整顿，积极进行。提议得到省府支持，并称赞该校自建立以来，成效显著，得到全省各界人士认同，"自应力谋扩张，用收宏效"，为此增加常年经费 2500 元，年经费从而达到 1 万元。时任四川省长杨庶堪批复学校章程时犹说："国学一门久为东西各国所注重。良以国学为国民精神所寄托，并与各科学智识在在相关。此科若无根柢，其阻碍科学之进步者，檠〔弊〕犹小；其斫丧本国国民固有之真精神者，害实深。此川省自反正以来

① 《省行政公署函知季平先生接收存古书局及国学院图书器具等，现通知廖院长》（1914. 2）［A］，国学档，第 34 卷-14，第 33—34 页。

② 《四川公立国学专门学校章程（附各项规则）》（时间不详）［A］，国学档，第 7 卷-12，第 79 页。

③ 《关于改组国学专门学校分哲学国文历史三科各科均限四年毕业的报告》（1918. 12. 30）［A］，国学档，第 7 卷-13，第 82—83 页。

所以有国学学校之设也。"① 从中也可看出川省当局对于国学学校的积极肯定与支持。

这次更名还有一个背景，就是此前存古学堂第一届学生于1913年夏季毕业时，教育部认为不合部章，仅允许按照中等学校资格给证。当时曾培代管校务，曾致电在京的廖平请其据理力争，然"办理数年，迄未立案"。之后，学生纷纷请求，省署才同意按专门学校章程改组学校，咨部立案，因经费原因，暂设文、哲两科②。可以说，这次改组、易名是校方、学生、省署共同努力的结果。

更名后，制定的暂行章程第一条明确表示："国学学校仿专门学校办法……定为与专门学校同等。"之前虽然也多次表示学校是依照专门学校办法办理的，但提出"与专门学校同等"是第一次。同时还指出学校分科是参照"大学规程文科国学类"，定为哲学、国文、历史三科。还有一个变化：学制缩短了，从之前的5年（预科2年，本科3年）减少为4年（预科1年，本科3年），另外新增了本科毕业后1年的研究科，相当于现在的研究生③。

校长仍为廖平，要求招收中学毕业生考入，同等学力者不能超过十分之三。每年招生一班，一年为哲学科，一年为国文

---

① 本段引用除单独标注外均来自《关于国学专门学校设立科目、规章制度的命令》（1919. 3. 26）［A］，国学档，第7卷-14，第87页。

② 本段引用均来自张远东，熊泽文：《廖平先生年谱长编》［M］，上海：上海书店出版社，2016年第1版，第235页。

③ 本段引用均来自《关于国学专门学校设立科目、规章制度的命令》（1919. 3. 26）［A］，国学档，第7卷-14，第89页。

科，历史科待"陆续增设"①。黄镕、季泽民留任教员，又聘日本留学生彭山陈希虞讲伦理、论理课，永宁曾缄（字慎言，黄侃弟子）任教务。1922 年②，校长一职由四川高等学校校长骆成骧兼任，聘请酉阳蔡锡保（字松佛，京师大学堂毕业）接任教务，兼教心理学与哲学；秀山易铭生（字静仙，尊经书院高材生）教《仪礼》；资中邓宜贤（字辅相，存古学堂毕业）讲经学；华阳李永庚（字榕庄）、资阳甘麟（字石甫）、仁寿尹端（字庄伯）授国文；简阳胡忠渊（字皋如，存古学堂毕业）教词章，成都盛世英（字璜书，尊经高材生）专改学生诗课（因耳失聪），资中骆孝驯讲《左传》，成都龚道耕（字向农，尊经书院高材生）授《经学通论》，华阳徐炯（字子休，尊经书院高材生）教伦理学，阆中蒲殿钦（字宾虞，香港大学毕业）教论理学，饶焱之讲小学，曾海敖讲史学，资阳林伯熙、简阳吴桂薰（雪琴）任学监③。

1926 年夏，骆成骧离世，蔡锡保继任校长。又聘资阳李焕臣（京师大学堂毕业）任教务，仅一期即离职；后聘秀山谭焯（字灼庵，尊经书院高材生）为教务，兼授国文；成都李思纯（字哲

① 《关于改组国学专门学校分哲学国文历史三科各科均限四年毕业的报告》（1918. 12. 30）[A]，国学档，第 7 卷-13，第 84 页。

② 《廖季平年谱》记：民国十一年（1922）七月，廖平辞国学专门学校校长职，骆成骧继任校长。见廖幼平：《廖季平年谱》[M]，成都：巴蜀书社，1985年第 1 版，第 80 页。而《存古学堂嬗变记》则记作：民国十二年（1923），骆成骧接主校政。见何域凡：《存古学堂嬗变记》[G]，四川省政协文史资料委员会编：《四川文史资料集粹》第 4 卷，成都：四川人民出版社，1996年第 1 版，第 424 页。暂以廖记为是。

③ 本段引用除单独标注外均来自何域凡：《存古学堂嬗变记》[G]，四川省政协文史资料委员会编：《四川文史资料集粹》第 4 卷，成都：四川人民出版社，1996年第 1 版，第 424—425 页。

生，法国留学生）讲西方哲学；刘恒如（支那内学院）讲印度哲学；成都余舒（字苍一）讲《庄子》；井研肖仲崙讲诸子哲学；江安朱青长（字还斋）讲词；成都龚圣予教昆曲。存古学堂学生何域凡感叹："课目增加，实与时俱进。"①

应该说，这个时期学校确实取得了长足的进步，但是，困难也很多，首先是经费窘迫的问题。骆成骧诉苦云：国学院时，功课简单。改为国学专门学校后，新开不少课程，教师、职员都相应增加，所拨经费却远远不及其他专门学校，教员薪酬也远远不及师范、工业各校。校舍原为杨侯故宅，也越来越不能适应教学需要②。为此，他多次向省长申请拨款，终于批准增加2640元，达到常年经费2万元③。不过比起其他专门学校一年多则十余万元，或五六万元，少也有三四万元的拨款④，国学学校还是较为困窘。

其次学校的生源也成为这段时期争议较大的问题。省府虽然同意继续招生，但又只给中学毕业者贷款，意在严格准入门槛。而该校各年级中学毕业考入人数甚少，主要是同等学力进入者。骆成骧苦苦陈情称："本校以经史为主要，中学以洋文、数理为主

---

① 本段引用均来自何域凡：《存古学堂嬗变记》[G]，四川省政协文史资料委员会编：《四川文史资料集粹》第4卷，成都：四川人民出版社，1996年第1版，第425页。

② 《咨省行署遵照推行并送十三年预算》（1924.9）[A]，国学档，第31卷-12，第65—66页。

③ 《咨省行署招生及经费从速赐覆及批文》（1924.12）[A]，国学档，第31卷-16，第79页。

④ 《咨省行署遵照推行并送十三年预算》（1924.9）[A]，国学档，第31卷-12，第66页。

要。投考人数之少，自是常情，非本校轻视中学也。"恳请省府能变通办理，又激愤地说："本校长非如此办理，无以对川人，即无以对省长，并无以对自己。"① 最后省行政公署依然指出："专门学生系受高等教育，如招收学生不由中学毕业，殊非划一之道。"不过也同意在优先录取中学毕业生的同时，倘若确有中文优秀者也可以录取，只是人数不可过多②。虽然这种通融让国学学校得以继续办理下去，但是生源问题显然成为困扰学校的一大难题。

另外，学校未来的归属也是必须要面对的事情。此前，省府便有将四川高等学校改为四川大学的计划。早在1916年9月，士绅曾鉴、赵熙等领衔，联合骆成骧、颜楷、周翔、廖平等各高校校长共24人，具名上书省长公署，要求在四川高等学校的基础上，速办大学。省议会也一致通过此项提议，准备由地方政府出资办理国立四川大学，并报教育部备案，但最终未果③。到1922年11月，教育部颁布了新的《学制改革草案》，这次改革的核心是学校升级改为大学，大学要分科系，专门学校也可改为单科大学等等，由此激发了各地改办大学的热情。5月，四川已经行动起来，川军总司令兼四川军务善后督办刘湘任命骆

---

① 《咨请开放招生及收录中学毕业生一览表》（1924. 12）〔A〕，国学档，第31卷-14，第72—73页。

② 《函覆招生〔收〕新生办法》（1925. 2）〔A〕，国学档，第31卷-15，第76页。

③ 张远东，熊泽文：《廖平先生年谱长编》〔M〕，上海：上海书店出版社，2016年第1版，第232页。

成瓖担任四川大学筹备处处长，筹办四川大学①。在这种情形下，国学学校何去何从成为师生关注的一个焦点。1924 年 9 月 19 日，校长骆成瓖就省行署提议"停止招生，归入大学"致函询问该校前途，是成为全科大学还是成为分科大学②？省长回覆称：停止招生非其本意③。又告知在四川大学成立前，国学学校照旧招生④。但四川大学成立一事，后又发生变故，国学学校合入大学之事自然也不了了之。

那么能否独立申报成立大学呢？因为就在这段时期，国立成都大学、国立成都师范大学相继建立，对国学学校触动不小。1927 年上半年，国学学校申请改为单科大学。但 1924 年颁布的《国立大学校条例》规定，三科（院）以上才可称为大学，因而未果。类似情况者还有四川公立法政专门学校、四川公立农业专门学校、四川公立工业专门学校、四川公立外国语专门学校。最后，1927 年 8 月，省长公署和教育厅决议成都的五所专门学校联合组成公立四川大学⑤。

公立四川大学虽然成立了，但它实际是一种比较松散的组

---

① 以上内容引自四川大学校史编写组：《四川大学史稿》［M］，成都：四川大学出版社，1985 年第 1 版，第 89、34 页。

② 《咨省行署能否照旧招生》（1924. 9）［A］，国学档，第 31 卷-11，第 58、59 页。

③ 《咨省行署遵照推行并送十三年预算》（1924. 9）［A］，国学档，第 31 卷-12，第 67 页。

④ 《咨省行署招生及经费从速赐覆及批文》（1924. 12）［A］，国学档，第 31 卷-16，第 79 页。

⑤ 本段引用来自四川大学校史编写组：《四川大学史稿》［M］，成都：四川大学出版社，1985 年第 1 版，第 93—94、38—46 页。

合。各校依然在原址办公，经费也维持现状，仅仅进行了更名，国学学校改称中国文学院，法政学校改称法政学院，农业学校改称农科学院，工业学校改称工科学院，外国语学校改称外国文学院。"学校未设校长，而由各学院的学长（1930年以后才称院长），共同组成'大学委员会'，公推中国文学院院长向楚承头，联合办公，协调各院工作，重大对外事务，由五院学长会衔发送，对内则由各院自主。"①

这种情况一直持续到1931年11月，国立成都大学、国立成都师范大学、公立四川大学合并，成立"国立四川大学"，就是现在的四川大学。合并后，统一安排校址，中国文学院迁入皇城师大校区，原址则改办附中②。

1912年到1927年，四川国学院从成立到最后并入公立四川大学，短短15年间，经历了合并重组、裁减、数易其名的过程，但省政府为其办理主体，这种官办性质从未改变，院内主要人员变动也不大，自搬入国学馆后办公地点也一直沿用，更关键的是"国学"之名贯穿始终，其研究保存国学的宗旨也从未更改。因此，将这15年视作四川国学院的发展演变过程是可行的，倘若笼统地以"四川国学院"呼之，应该也是可以的。

作为20世纪初国内第一个大型国学教学研究机构，四川国学院办理时间也是最长的，它也因此成为当时四川乃至中国主

---

① 本段引用来自四川大学校史编写组：《四川大学史稿》[M]，成都：四川大学出版社，1985年第1版，第94、145页。

② 本段引用来自四川大学校史编写组：《四川大学史稿》[M]，成都：四川大学出版社，1985年第1版，第150、154页。

要国学研究中心之一①。

　　另外，现存"四川公立国学专门学校"档案中还留有国学学校不同阶段所用印章图片。一是 1914 年，"废院存校"后刻制的"国学学校图记"木质大印（图 3—1），于当年 5 月 9 日启用②。1919 年，又制作一颗木质图章，曰："四川公立国学专门学校图记"（图 3—2），长二寸五分，宽一寸六分，于第二年3 月 19 日启用③。

图 3-1　国学学校印章（源自四川大学所存国学档第34 卷）

图 3-2　四川公立国学专门学校印章（源自四川大学所存国学院档案第 44 卷）

---

　　① 四川大学校史编写组：《四川大学史稿》［M］，成都：四川大学出版社，1985 年第 1 版，第 43 页。

　　② 《关于领到木质图记一颗并呈国学院关防一颗的报告》（1914. 5. 9）［A］，国学档，第 7 卷-6，第 10 页。

　　③ 《关于要求四川国学专门学校呈送校图记的命令》（1919. 10. 13）［A］，国学档，第 7 卷-17，第 94 页；《关于呈送启用新刊图记日期一案的报告》（1920. 3. 19）［A］，国学档，第 7 卷-19，第 97 页。

## 附：四川国学院历史沿革简表①

| 名　称 | 创（改）建时间 | 校址 | 监督、校长、院长 | 学　制 | 学　科 |
|---|---|---|---|---|---|
| 四川存古学堂 | 1910 | 簧门街 | 谢无量 | 三年毕业，另可再深造四年 | 理学、经、史、词章为主课 |
| 四川国学馆 | 1912 | 存古旧址 | 谢无量 | 五年（预备班二年，本班三年） | 经、史、词章为主课 |
| 四川国学院 | 1912 | 三圣街、存古旧址 | 吴之英 | | |
| 四川国学院附设国学专修科 | 1912 | 存古旧址 | 吴之英② | 五年（预科二年，本科三年） | 经、史、词章为主课 |
| 四川国学院附设国学学校 | 1912 | 存古旧址 | 刘师培③ | | |
| 四川国学学校 | 1914 | 存古旧址 | 廖平、宋育仁 | | 经、史、国文为主课 |

---

① 据郭勇，张丽萍：《四川存古学堂及四川国学学校考略》［J］，《蜀学》，2008 年第 3 辑，第 31 页。有所改动。

② "存古学堂中华民国元年更名国学馆，校长均谢无量充任。十月后付〔附〕入国学院，更名国学学校，即由院长吴之英兼任。"见《呈送民国三年第一期学生试验积分表、操行分数表、民国二年上下期学生试验积分表、操行分数表及各表册》（1914. 8）［A］，国学档，第 27 卷-2，第 10 页。

③ "校长刘师培，江苏仪征县人……以国学院院副兼经学、词章主课教员。"见《四川省国学院附设国学学校一览表》（1913. 4）［A］，国学档，第 1 卷-14，第 38 页。

| 名　称 | 创（改）建时间 | 校　址 | 监督、校长、院长 | 学　制 | 学　科 |
|---|---|---|---|---|---|
| 四川公立国学专门学校 | 1918 | 存古旧址 | 廖平、骆成骧、蔡锡保 | 四年（预科一年，本科三年）研究科一年 | 哲学科、国文科、历史科 |
| 公立四川大学中国文学院 | 1927 | 存古旧址 | 向楚 | 五年（预科二年，本科三年）专门部二年 | 国文、哲学科 |

# 第四章　四川国学院的办理理念

　　四川国学院频繁更名，在这种令人眼花缭乱的变化中，是否存在一些不变之处？本章将欲讨论这种表面变化背后的不变。15 年间，虽然院址、院名、管理者数度更易，但院方的一些办理理念却一以贯之，在纷繁芜杂中显示出一种坚韧，成为推动国学院持续发展的内在动力。

　　应该说，这些理念是丰富而复杂的，其中既有继承传统的一面，也有诸多创新之处，而核心在于探寻国学的教育与研究如何融入新时代，如何实现与西方学术文化的结合。本章主要通过确凿的档案材料，寻找、解读国学院的这些办理理念。不回避其保守性，但将更多笔触置于它的创新性，因为这也是长期以来，大家所忽视之处。通过补齐这块短板，读者会看到一个更真实的国学院。而他们百年前关于国学发展的思考，也可以给我们以一定启示。

## 第一节　继承传统

　　四川国学院出现在一个特别敏感的时期，一方面国学运动方兴未艾，另一方面辛亥革命后，新教育体制的推行，又使之步履维艰。但是它能一直存续下来，成为 20 世纪初办理时间最长的国学教研机构，除了其官办的身份得到地方政府的支持外，也和其自身的努力密切相关。

　　15 年间，四川国学院坚持了一条继承与创新并行发展的道路，形成了自己的办理特色。继承是国学院的基调，它的宗旨"研究国学，发扬国粹"从未改变，它一直秉持对中国传统文化进行保护、传承、研究的立场。在教学方面，各个阶段都强调经史国文课程的学习。一些传统且行之有效的教学方法也被长期沿用，如国学专修校时规定："地理、伦理、教育、数学等学科按照师范程度教授"，经史国文主要课则由各教员指定书籍并给予讲说，以洞达古今，发明学理为要①。这也成为国学院办理期间对于教学工作的基本要求，主张教师"只讲纲要，剖析疑难，不必全讲"②。与之相应，他们强调学生自学，首先从时间上给予保障，一周授课时间起初限定为 30 小时，后更欲压缩至

---

　　① 《四川国学院附设国学专修学校规程册》（时间不详）［A］，国学档，第 6 卷-5，第 14 页。
　　② 《关于学校现行规则缮册给四川省长公署的呈文》（1919. 8. 11）［A］，国学档，第 7 卷-16，第 93 页。

24 小时①，"其余作为抄书、诵读、札记时间"②。还制定了自习规则，每周检查自学笔记，作为期末成绩的一部分。另外学校设有藏书室，供学生借阅，所藏书籍极为丰富，"经史子集各种约值银币一万数千元"③，为学生自学提供了有利条件。

重视学生自学，强调通过诵读、摘抄熟悉典籍，又辅之以撰写读书笔记、质疑问难，加深对课程的理解，获得提升，在老师指导下还可以完成古籍标点、编书等任务。这种教学方式在中国书院教学中早已有之，而且效果很好，得到普遍认可。据当时正在此学习的蒙文通回忆：国学学校提倡抄书，因为抄书比读书印象深刻。这种学习方式给他很大影响。后来他教授蒙季甫、蒙默习经，都采用此法④。蒙季甫也确认：蒙文通要求他读秦蕙田的《五礼通考》、黄以周的《礼书通故》，并且将"同一问题所据不同经文和各家异说都分别条列出来"，他"一边读、一边抄，大概花了两年时间，资料抄了四厚册"⑤。

这种继承还体现在对于传统经典学习的路径以及经验上。国学馆时期曾将理学作为主要课程，但并入国学院之后，理学

---

① 《关于学校现行规则缮册给四川省长公署的呈文》（1919.8.11）[A]，国学档，第 7 卷-16，第 93 页。

② 《四川国学院附设国学专修学校规程册》（时间不详）[A]，国学档，第 6 卷-5，第 14—15 页。

③ 《四川公立国学专门学校章程（附各项规则）》（时间不详）[A]，国学档，第 7 卷-12，第 77 页。

④ 郭书愚：《蒙默老师采访记录》，2003 年 4 月 11 日。转引自郭书愚：《官绅合作与学脉传承：民初四川国学研究和教学机构的嬗替进程（1912—1914）》[J]，《四川大学学报》（哲学社会科学版），2011 年第 5 期，第 19 页。

⑤ 蒙季甫：《文通先兄论经学》[G]，蒙默编：《蒙文通学记（增补本）》，北京：生活·读书·新知三联书店，2006 年第 1 版，第 72 页。

降为普通兼习课①，其重要性明显减弱。这应该和吴之英、廖平所秉持的治学路径有很大关系。1914年，存古书局重刻《经学初程》一书，汇集若干短小精辟的治学心得，为初学者指导学习门径。该书原为廖平1886年（光绪十二年）所作，1897年（光绪二十三年）已由尊经书局刊印，现在再次出版，并由廖平、吴之英联合署名，应是以此彰显他们共同的治学倾向。书中对于蔑视汉学的风气给予了批评，认为："近来学者颇有凌躐之习，轻诋何、郑。岂知治经如修屋，何、郑作室已成，可避风雨。其中苟有不合，是必将其廊厅窗棂门户，下至一瓦一石，皆悉周览，知其命意所在，其有未妥处，或未经意处，仍用其法补之，必深知其甘苦，历其浅深，乃可以言改作。今之驳者，直如初至一人家，见其大门曰：'此门不善，宜拆使更营。'至二门如此，至厅堂如此，至宫室亦如此……破瓦残砖，杂然满目，甚至随拆随修，向背左右莫不迷乱。以其胸无成室，无所摹仿，材料不具，基址难定。吾见有拆室一生，直无片椽可以避风雨者。毁瓦画墁者，尚不得食，何况治经？"希望初学者先从小学开始，注重汉学基础："治经岁月略以二十为断。二十以前纵为颖悟，未可便教以经学，略读小学书可也。二十以后颖性开，则记性短，不可求急助长，当知各用所长。"从中可以看到成都尊经书院对这两位高徒的影响。同时强调学习需要耐心，要坚持不懈："经学须耐烦苦思，方能有得。若资性华而不实，脆而不坚，则但能略窥门户，不能深入妙境。"又阐释"疑"与

① 《国学院国学学校章程》（时间不详）[A]，国学档，第7卷-11，第34页。

"信"、"博"与"约"之间的关系："读书要疑要信，然信在疑先……笃信专守，到精熟，后其疑将汩汩而启……若始即多疑，则旁皇道途，终难入境。""先博后约，一定之理……不博，虽求约不可也。然其所以博览者，正为博观以视性之所近，便于择术……夫深造之诣，惟专乃精，苟欲兼营，必无深入。若徒欲兼包，以市鸿博，刚经柔史，朝子暮经，无所不习，必至一无所长。"[①] 该书不作高深语，皆娓娓道来，均是对传统学术门径的精当总结，初学者可从中习得入门之道，收事半功倍之效。

总之，继承传统无疑是国学院非常重要的面相，但不能因此忽视它积极创新的一面。

## 第二节　创新融合

实际上，四川国学院并非只是守成的角色，恰恰相反，它呈现了不少创新的理念，尤其体现在国学学校的办理上。由于国学学校与新的大学体制存在冲突，为了能够名正言顺地生存下去，它必须有所变革。对此，国学院有清醒的认识，它给自己一个定位，那就是补缺："四川存古学堂之设原为保存国粹，养成国学专门人才起见，察其用意，深与东西各国注重国学之旨相符。惟民国学校新制未将此项学堂列入系统，部定规程于法商医农工各分科大学之下并有专门学校之规定，文科则仅有

---

① 本部分引用均来自廖幼平编：《廖季平年谱》［M］，成都：巴蜀书社，1985年第1版，第181、36—37页。

外国语专门学校一种，而于国学专校独付阙如，川省国学学校既由前存古学堂递嬗而下，又与本省教育情形实有重要关系，允宜力谋整顿，积极进行，庶足补前项定章之阙。"① 这份由四川靖国各军总司令部下发的通知恰恰道出了国学院的心声，就是要在现有体制中为国学教育谋得一席之地。这也实为国学学校一系列举措的出发点，由此也可看出它绝不是将自己定位为新教育体系的对立面而出现，而是始终在寻求与之的结合点，也就是在寻求中西教育融合的可能性与方法。这种通过积极变革从而适应时代需求的努力还体现在国学院工作的诸多方面，下文将逐一论述。

一、明确务实的培养目标

在国学院的摸索过程中，一个比较突出的亮点就是按照师范生的要求来培养学生，将其职业方向设定为中小学各级教师。这种培养目标在四川存古学堂时便基本确立。当时，湖北存古学堂在经史词章等传统课程之外，新设外国史、博物、理化、外国政治法律理财、警察监狱、农林渔牧各实业、工商各实业等西学课程，然而四川并未承袭，却独辟蹊径，开设"教授管理法"课程，意在养成师资。这种理念在国学院时期得到了进一步继承。《四川国学学校简章》表示："本校援照教育部部令高等师范专修科（办理）……以造成中学、师范及各项学校国学教习为目的。"相应在预科开设心理学，本科第三学年开设教

---

① 《关于国学学校下设机构及颁发章程的通知》（1918. 10. 1）［A］，国学档，第7卷-8，第18—19页。

育学、教育史、教授法课程，并要求地理、伦理、教育、数学等学科都按照师范程度教授①。这表明国学院对于学生培养方向的定位是比较明确且务实的。因为那时确实存在国学教师人员紧张的情形：一方面各地纷纷开办中小学校，教员需求增加。据 1902 年统计，四川全省师范学校仅 1 所，中学 1 所。到 1916 年，全省有男生高级学校 6 所，法律学校 2 所，师范学校 18 所，中学 67 所，小学 14547 所，共有男学生 500661 人；女子师范学校 1 所，中学 1 所，小学 493 所，共有女学生 24624 人，男女教员合计 22172 人②，短短 10 余年间，学校的增长数量惊人，对于国学教员的需求绝不会少。但是另一方面国学人才培养面临各种阻力，困难重重，因而时人不无忧虑："恐不及十年，中等以上学堂可任讲经课文之教师不易觏觅"③，"川省各属中学日增，国学教员至为缺乏"④。在这种情形下，四川国学院将学生按照师范生进行培养，正好满足社会需求，不失为两全其美之策。

而且，应当特别指出的是，培养目标的转变又显示整个教育主旨的大转型。之前，张之洞论及湖北存古学堂学生前途时尤言："此项人才，将来上之则升入通儒院，以供大用，次之则

① 《四川国学学校简章》（时间不详）[A]，国学档，第 7 卷-9，第 23—25 页。
② 隗瀛涛主编：《四川近代史稿》[M]，成都：四川人民出版社，1990 年第 1 版，第 397、741 页。
③ 《关于收集登报四川存古学堂章程的通告（附详稿简章）》（1910. 2. 25）[A]，国学档，第 2 卷-2，第 5 页。
④ 《关于存古学堂停办一事的报告》（1913. 6. 24）[A]，国学档，第 7 卷-3，第 4 页。

以备文学侍从之选，似亦盛世朝列中必不可缺之人员。①"显然，学子依然没有脱离成为侍臣、入仕的命运，这也是漫长的帝制时期学人的无奈选择——"学成文武艺，货与帝王家"。然而国学院将学生设定为师范生，与上述道路自然有了本质不同。学校不再是未来官员的养习所，也不再是为帝王提供咨询的场所，而是单纯以教育、学术研究为己任，由此，学人的发展有了更多选择，学术摆脱依附，真正的独立也成为可能。这恰恰是辛亥革命推翻帝制的丰功伟绩对于教育领域的深刻影响，可以说，国学学校正是这个浪潮中的一员，促进了中国的教育迈入现代民主时代。

二、新学制下的国学教育方案

国学教育有自己的特点及要求，但是教育部颁布的新学制中并没有它的位置，因此如何实施相关教学，是国学院必须回答的问题，他们也确实进行了长期的探索。

首先，针对国学内容庞杂，非精深研究难以造就这个主要问题，他们推出了一系列举措。一是保证充足的学时。1914年廖平担任四川国学学校校长后，强调"国学一门非延长时间不足以资深造"，仍然坚持"五年毕业，前二年作预科，后三年作正科"，还将1912年、1913年入校的学生都"作为补习"生，从1914年起"算为入校第一期，所有从前成绩分数俟将来毕业

---

① 吴剑杰编著：《张之洞年谱长编》下卷［M］，上海：上海交通大学出版社，2009年第1版，第968页。

时加入平均"①。1918 年改为"四川公立国学专门学校"后，将修业年限调整为预科一年、本科三年，"毕业后特设研究一年"，让毕业生"再行复习"②。

二是以中学为主，兼及西学。在课程设置上，国学学校一直将中学科目置于优先位置。学校刚并入国学院时，院方要求学生每人"专习一经"，课程则"酌采"存古学堂、国学馆章程"变通办理"，强调经史词章的学习，西学仅安排了教育、法学两门③。这种做法沿袭了四川存古学堂时期的理念，存古对课程的设置便有所侧重，主课定为"理学、经学、史学、词章"，"兼习地理、算学"，其他科目"姑从阙略，免至博而不专"④。较之前面已经提到的湖北存古学堂的课程，可以发现四川对于"中学"的偏重。学校后来虽然历经更名改组，但以经史国文为主课的原则从未改变，只是在此基础上添加一些西学课：1914年变更为四川国学学校后，预科在经学、小学、史要、国文、算术课外，开设一门心理学；本科则设群经大义、历史、中国文学、周秦诸子、宋理学、地理课，其中历史、地理课包括外

---

① 《呈送民国三年第一期学生试验积分表、操行分数表、民国二年上下期学生试验积分表、操行分数表及各表册》（1914. 8）［A］，国学档，第 27 卷-2，第 11 页。

② 《四川公立国学专门学校章程（附各项规则）》（时间不详）［A］，国学档，第 7 卷-12，第 57 页。

③ 《国学院国学学校章程》（时间不详）［A］，国学档，第 7 卷-11，第 33—34 页。

④ 《关于收集登报四川存古学堂章程的通告（附详稿简章）》（1910. 2. 25）［A］，国学档，第 2 卷-2，第 6 页。

国历史、地理的内容，之外则仅设伦理、教育两门西学课①。1918 年四川公立国学专门学校时，预科以经学、子学、史学、小学、国文为主要课，而法学通论、论理学、美学仅作为辅助课；本科划分为哲学、国文、历史三科，细分之后，课程更加丰富，但是经学、史学、子学、国文、小学等课程仍然作为各科的主要课，其余西方哲学、印度哲学、伦理学、世界史等课程只是作为辅助课。另外，主课的重要性还体现在学生学期、学年考试中倘若有一门主课分数未达丙等，将不能升级或毕业②。又规定，学生各门课程均应考试，存古旧班学生以"主课合格为优"，新班学生"以治经颖悟，文词雅适为优"③。同时，招生考试也为经学、历史、国文三科④。由此，从招考新生、课程设置、评优定级，乃至毕业的各个教学环节，都无一例外地突出了"中学"的主体地位，从而形成了国学学校以"中学"为主的教学特色。

第三，精心安排"中学"课程。正如前文所述，吴之英、廖平等都认同以小学为基础的治学路径，这种观念直接体现在学校的教学中，就是注重《说文》等课程的学习。所招新生虽然都有一定国学根柢，但进校后，必须首先学习《说文》、《尔雅》，这是国学学校的一个惯例，而且在十余年的办学历史中，

---

① 《四川国学学校简章》（时间不详）［A］，国学档，第 7 卷-9，第 23—25 页。
② 《四川公立国学专门学校章程（附各项规则）》（时间不详）［A］，国学档，第 7 卷-12，第 57—64、70 页。
③ 《国学院国学学校章程》（时间不详）［A］，国学档，第 7 卷-11，第 35 页。
④ 《四川国学学校简章》（时间不详）［A］，国学档，第 7 卷-9，第 25 页。

校方还不断增加该课程学习时间：四川国学学校时预科两年皆开设这两门课程，1918 年以后，不仅预科列小学为主课，本科三年也全部开设小学课程，明确提出"以《说文》为主纲"，接合《尔雅》，"舍小学难解故言"，"宜泛事小学，以求进步"①。小学是中国传统治学的基础，也是中国传统学术的特色，国学学校在教学中对于小学的重视，无疑有助于培养学生扎实的治学根基。

同时，校方还注意尊重学生学习兴趣与水平，做到因材施教。学生重点学习何门经书，由学生"自行认定"②，先"专治一经"，"以群经为辅"，久而久之，方可"会同群经，左右逢源，乃得归宿"③。这给予了学生一定的自主性，而"先专后博"的治经方法实可收事半功倍的效果，对于青年学子易犯之好高骛远、浮躁贪多等问题，也是一剂良药。

另外，中国传统学术主要涉及经史子集四个部分，它们之间又有着千丝万缕的联系，不可截然分开，国学学校重视这个特点，注意兼顾传统学术内在的逻辑联系。存古学堂时，学生分为经学、史学、词章三班，并入国学院后院方特别指出：史学班学生应以原习史学及自定的经学为主课；词章班则以词章、专经为主课；而且新、旧班学生都要学习《白虎通义》、《五经

---

① 《四川公立国学专门学校章程（附各项规则）》（时间不详）［A］，国学档，第 7 卷-12，第 59 页。
② 《国学院国学学校章程》（时间不详）［A］，国学档，第 7 卷-11，第 33 页。
③ 《四川公立国学专门学校章程（附各项规则）》（时间不详）［A］，国学档，第 7 卷-12，第 58 页。

异义》①。院方显然着意强调经史子集的整体性，不可偏废。1918年后，学科虽然分为哲学、国文、历史三科，但是这种努力并没有停止。哲学、国文两科②的主要课均为经学、子学、史学、国文、小学，差别仅仅在排列顺序上有所调整③。可以说，自始至终，国学学校都没有放弃坚持将传统学问作为一个整体来学习与研究的努力，这与后来完全按照西方标准对于学科进行划分的做法形成鲜明对比。

国学博大精深，如何在新的教育制度下实施相应教学，养成具有较高学术水准的学者，是国学院（学校）一直在探索的现实问题。他们通过保证学时，以中学为主的课程设置，注重传统学术的整体性等方式方法，力图破解这道难题，找到国学传承之路。

三、重新定位国学教育的功用

中国传统文化、学术，尤其是儒学，在历史上有着特殊的地位。自汉代"独尊儒术"，儒学上升为经学后，其思想也多为统治阶级改写、利用，成为其麻痹、统治民众的工具之一。这也是20世纪20年代新文化运动兴起时，以儒学为代表的传统文化成为众矢之的的一个重要原因。

因此这里需要讨论国学学校的创办者如何看待国学教育的

---

① 《国学院国学学校章程》（时间不详）[A]，国学档，第7卷-11，第33页。
② 四川公立国学专门学校先设文、哲两科，历史待后增加。《关于国学专门学校设立科目、规章制度的命令》（1919. 3. 26）[A]，国学档，第7卷-14，第89页。
③ 《四川公立国学专门学校章程（附各项规则）》（时间不详）[A]，国学档，第7卷-12，第62—64页。

功用？他们所谓的国学又是什么？是作为专制时代统治阶级统治的工具吗？还是其他？

为了说明这个问题，有必要留意《国粹学报》主编邓实的一篇著名文章《国学真论》，其文摘录如下：

邓子曰：痛夫，悲哉！吾中国之无国学也。夫国学者，别乎君学而言之。吾神州之学术，自秦汉以来，一君学之天下而已，无所谓国，无所谓一国之学。何也？知有君，不知有国也。近人于政治之界说，既知国家与朝廷之分矣；而言学术，则不知有国学、君学之辨，以故混国学于君学之内。以事君即为爱国，以功令利禄之学即为国学，其乌知乎？国学之自有其真哉！是故有真儒之学焉，有伪儒之学焉。真儒之学，只知有国；伪儒之学，只知有君。知有国，则其所学者，上下千载，洞流索源，考郡国之利病，哀民生之憔悴，发愤著书，以救万世，其言不为一时，其学不为一人，是谓真儒之学。若夫伪儒者，所读不过功令之书，所业不过利禄之术，苟以颂德歌功、缘经饰术，以取媚时君，固宠图富贵而已。邓子曰：悲夫！吾中国国学之真之失殆久矣乎？

自《周礼》一书有师儒之名，师以传经，是曰经师；儒以传道，是曰儒家。东周之季，周礼在鲁，孔子删定六经，彰明四教，兼备师儒。其后弟子，一传其六艺之学，流为经师；一传其用世之学，流为儒家。周秦之间，经儒分途。经师抱残守缺，不求利禄；儒家学古入官，志在用世。班固述《艺文志》，以周秦汉初诸经师录入《儒林传》，而以《论语》、《孝经》录入《六艺略》中，由是经儒始不别，而通经致用之说乃兴。故有谓经义苟明，取青紫如拾芥；有以明经为三公，自矜稽古之荣者。经儒之派既分，于是而国学、君学遂一混而不可分。吾观周秦间，大师类能以所学匡正时君之失，裁抑君权，申明大义，无所于畏。

……

遥遥二千年，神州之天下，一君学之天下而已，安见有所谓国学者哉？虽然，国无学则国不存，吾国绵绵延延以至于今者，实赖在周有伯夷，在秦有仲连，在汉有两生，在东汉有郑康成，而在晚明，有黄梨洲、顾亭林、王船山、颜习斋、孙夏峰、李二曲诸先生之学为一线之系也。今数先生之风日微矣，而天下尚趋于设科射策，营营荣利，而未有已。是故，汉之博士，一科举也；唐之诗赋，一科举也；明之八比，一科举也；今之学堂考试，亦一科举也。不尽去其富贵利禄急功近名之见，而为独立远大之学，徒斤斤于朝廷之趋向以为转移，而曰：我学也，乌得而冒国学之名而为国士哉[①]？

邓实在文中提出一个与"国学"相对立的"君学"概念，虽然没有给其下定义，但通过对中国历史的梳理，大量例证，揭示了君学与国学的差别。君学乃功名利禄之学，是为统治阶

---

① 邓实：《上编政事门：粹论：国学真论》[N]，《广益丛报》，1907 年第 141 期，第 1—3 页。

级歌功颂德、粉饰太平之学，并非真正的国学，但不幸的是它长期占据历史舞台，混淆视听。因此，提倡真正的国学，首先就要反对君学。文章将矛头直指专制王权及其附庸文人，猛烈抨击了专制制度对于学术文化的控制与荼毒，也对曲学阿世之徒给予了辛辣讽刺，传达出强烈的追求民主进步的声音。由此，也可以理解国粹派所倡导的国学，实为中国的优秀传统文化，他们并非站在维护专制制度、统治阶级的立场，恰恰相反，他们比新文化运动的号召者更早就将批判的锋芒指向了旧的社会制度。

在《国学无用辨》一文中，邓实再次比较了二者的区别："无用者，君学也，而非国学。君学者，经历代帝王之尊崇，本其学说，颁为功令，而奉为治国之大经，经世之良谟者也，其学之行于天下固已久矣。若夫国学者，不过一二在野君子，闭户著书，忧时讲学，本其爱国之忧，而为是经生之业，抱残守缺，以俟后世而已。其学为帝王所不喜，而亦为举世所不知。""夫君学者，以人君之是非为是非者也，其言顺而易入。国学者，不以人君之是非为是非者也，其言逆而难从。"并且强调两者之水火不相容："夫国学之与君学不两立者也，此盛则彼衰，此兴则彼仆。"① 当时，章太炎、刘师培、许之衡等都发表了类似的看法，旗帜鲜明地反对专制，反对学术为王权服务，将国学与君学划清界限。

---

① 邓实：《上编政事门：粹论：国学无用辨》［N］，《广益丛报》，1907年第147期，第1—2页。

四川国学院是国学运动的产物，与国粹派有着千丝万缕的联系，国粹思想也对其产生了深刻影响。虽然目前没有看见院方关于"国学"的更多理论阐述，但是从当时办理者的一些表述中，可以了解他们对让学生学习国学的目的与意义的认识，进而理解他们的国学观。其中，曾任国学学校校长的蔡锡保1925年为毕业生的《同学录》所作序文值得注意，文章称：

　　　　学术之可贵，在乎有益于人生，而人生之状态有物质、精神之不同。西学者，从物质以求人生之发展者也，故其学以万有为对象，而以名法功利为依归；国学者，从精神以求人生之幸福者也，故其学以儒术为中心，而以诸子百家为辅翼。自其结果观之，则西学之效，徒使人增嗜欲、竞货利；国学之效，则能使人高尚其志趣，陶淑其性情。此其荦较也。

　　　　慨自欧风东渐，学校大兴，举吾国才智之士，无不醉心于西学而趋之如骛。凡吾古圣先贤相传之至法要道则视之如弁髦，弃之同土苴。于是学校愈多，人心愈坏，风俗亦愈漓，而国家之祸遂相寻而不可止也。

　　　　蜀人士忧之，特就杨忠武公祠设国学院，以为究心国学之人讲明经史词章之地，嗣经省署改为专门学校……负笈来游者乃益多，合预科、本科达三百余人，济济一堂，于斯为盛矣。记曰："独学无友则孤陋寡闻。"今既合数百同志昕夕切磋，则学之所得必广，业之所成亦必速。

　　　　吾愿诸君子勿拘拘于文艺之末，举凡四部所存留之言，分途而钻研之，必蕲其能发挥光大，以补西学之不逮。庶

几内可以淑一己之身心，外可以挽晦盲否塞之世运，且使
吾古圣先贤所传之大经大法推行于地球万国而无阻，是则
诸君子之任也①。

该序敏锐地指出，中西学术道路的差异在于：一个强调物
质的追求，一个重视精神的幸福。其造成的后果也截然不同，
西学会使人欲海难填，而中学则可健全人格。国学院及其学校
之设正是基于西学流行，"学校愈多，人心愈坏"的现实，意在
能对此有所弥补。最后还对学生提出了几点希望：要通过学习
修养身心，拯救世运，传承发扬国学。第一次世界大战之后，
对于西方文明的功利主义反思开始出现，从这个角度而言，这
篇文章的立足点是非常高的。而且，它也体现出国学院及其学
校办理者的理念。也就是他们对于保存国学的理解，除了前文
已经论及的，主要是出于政治的考虑，即国难之时，尤需保存
国学，以及可以培养师资之外，他们还特别关注另一个问题，
那就是国学于国民精神、道德之意义。而这也并非蔡锡保一人
之见，在国学学校历史上，可以看到这种理念曾被反复提及。

1919 年 3 月，四川省长公署予国学专门学校的训令中对校
方历年工作给予肯定，同时指出其意义所在："国学一门久为东
西各国所注重。良以国学为国民精神所寄托，并与各科学智识，
在在相关，此科若无根柢，其阻碍科学之进步者，槩〔弊〕犹
小；其斫丧本国国民固有之真精神者，害实深。此川省自反正

---

　　① 《四川公立国学专门学校同学录》（乙丑仲夏）〔A〕，四川省档案馆藏，第
2 页。

以来，所以有国学学校之设也。"① 这段话可视作对国学学校工作的总结，它表明校方的一个定位，就是以国学培养学生的精神、情操，塑造国民的民族性。

注重国学的道德教化作用，川省各界早有共识。1914 年 7 月，省巡按使公署便传达教育部的指令称："国民教育首当注重国民道德。国民道德之养成，端赖有本国模范人物树之表而立之准。"② 进而要求在中小学修身及国文教科书中收录孔子经训，作为学子修身养性之准则。

此后，多位省议员也联名提出：政府应以道德引导民众，使其养成良好风俗习惯，唯如此，才能弘扬国家精神，激发人民爱国热忱。又引孟德斯鸠的话称："民主之国，非有一物为之大，命则不行，道德是也。" "共和国之所以维持者，在道德。"③ 强调道德于民主共和国的重要性，该提议获得省议会全票通过。

可以认为，国学学校的教学管理工作正是这些诉求的具体实践，他们力求通过对优秀传统文化的传承、研习，陶冶学生性情，培养良好道德。这集中体现在对学生日常行为的严格管理上，校方特别看重学生的品行培养。四川国学学校时订立的学规要求："本校学生对于管理员、教员一律致敬，不得侮慢。

---

① 《关于国学专门学校设立科目、规章制度的命令》（1919. 3. 26）［A］，国学档，第 7 卷-14，第 87 页。

② 《关于在中小学校修身和国文教科书中以孔子之训为旨，整顿道德风气的令》（1914. 7. 29）［A］，国学档，第 14 卷-17，第 34 页。

③ 《案准议员提议维持风化的命令及维持风化案》（1918. 12）［A］，国学档，第 19 卷-24，第 28 页。

无论何时何地，遇教员、管理员均正立示敬，教员等亦如礼答之。""本校学生均以礼让为主，不得有忿争、喧嚷等事。""本校学生均一律敦尚简朴，不得挟贵重物入校。""本校学生随时随地均宜整饬衣履及检束行为，不得有放浪情形。"对于违反者将给予记过、减操行分直至退学的处罚；而对"性行不良"，难以改变者，以及"在外品行不端"，损害学校名誉者，直接勒令退学①。到四川公立国学专门学校时，规则更为细致详尽，包括讲堂规则、自习规则、寝室规则、食堂规则、藏书室规则、考试规则、一般规则等若干类，对于学生就读期间生活的方方面面都进行了规范，细致入微之处令人叹服，如要求尊重杂役，"学生在寝室呼唤杂役，声不宜过高，以防喧杂"。又如，就餐时师生需按座次入席，每桌均有两位学监，"学生既到，须候学监入坐，齐同举箸，不得紊乱。在坐均宜肃静，不得喧哗及扣碗敲箸"。倘若出现食物不清洁的情况，"（学生）须退入斋舍后，由各班代表陈明学监，饬令改良或加处罚，学生不得有丑语呵斥，毁损器具等事"②。校方正是通过具体的行为习惯的培养，从细节入手，造就学生良好的道德品行，从而实现传统美德的传承。

如果说国粹派清晰地将国学与君学相分离，反对专制，反对学术文化沦为统治阶级的附庸；那么四川国学院在具体实践中，则是非常清醒地将国学的功用限定在个人品德培养之内，

---

① 《四川国学学校简章》（时间不详）［A］，国学档，第 7 卷 -9，第 27—28 页。
② 《四川公立国学专门学校章程（附各项规则）》（时间不详）［A］，国学档，第 7 卷 -12，第 74—75 页。

也就是修身。他们虽然也尊崇孔子，但是是将其视作万世师表，是从道德文化的角度进行的评价。这其中所蕴藏的变化是颠覆性的。也就是他们其实认定以儒学为代表的传统文化所能提供的仅为内圣之学。实际上，即便到今天，百年之后的今天，主流学界对于传统文化价值的评价也是如此。这应该理解为在结束了数千年的专制统治后，学术界对于传统文化意义的新认识、新定位，是有进步意义的。

四、以新制规范学校管理

国学院不仅仅在关于学习国学的意义上有新的认识与思考，而且在学校的管理制度上，着力按照现代大学规范进行建设，体现出积极的趋新意识。

中国近代的学校、学堂都脱胎于书院，而书院的管理是非常松散、自由的，没有固定的上课时间，也没有一定的修业年限，有的学子甚至住校10余年而不毕业。清末张之洞兴办存古学堂时就特别强调应加强规范管理："规则整肃，衣冠画一，讲授皆在讲堂，问答写于粉牌，每日兼习兵操，出入有节，起居有时，课程钟点有定，会食应客有章，皆与现办文武学堂无异，与旧日书院积习绝不相同。"① 四川存古学堂当时也设定了三年的修业年限，不过直到国学馆时，上课时间依然很随意，即"随时升堂讲演"。

到国学学校办理时，制度的规范建设明显提速。国学馆刚

---

① 吴剑杰：《张之洞年谱长编》下卷 [M]，上海：上海交通大学出版社，2009 年第 1 版，第 967 页。

并入国学院，院方便要求学校管理规则完全遵照教育部颁发的管理规程办理，并对学生出勤、请假、外出、作息时间等方面制定了八条细则，如："学生出校均向管理请假登记，如非通学不得无故出校"，"学生因疾病及他故不能应课及查课不到者，均须先行说明事由，请假登记"，"每日冬春以午前六钟起，午后十钟寝息；夏秋以午前五钟起，午后九钟寝息。"又安排一位稽查人员，专门管理学生出入及请假事宜①。

随着时间推移，相关制度越来越健全。四川国学学校在章程第一条便明确表示："本校援照教育部部令高等师范专修科规定名为四川国学学校。"从这个时期开始学校命名、学制、假期、考试等各方面都完全按照教育部规定执行，"凡（教育）部令学校通行规程，本校均遵照办理"②。也在这个时期，制定了预科、本科每学期的授课表，过去较为随意的情形得到改变。

四川公立国学专门学校时，制度更加完善严密。校方对入学资格、修业年限、学科及课程、招生办法、记过退学、升留级、毕业、警戒事项、学费、学生人数、教员资格、学校各种表簿等诸多方面都有具体规定，覆盖面极广。其对学科、课程的规定，达到前所未有的详尽，首先开列了每周授课表，确定了每门课每周上课时数，这是对课堂教学的进一步规范；其次，对于每门课程的意义、主要内容、学习方法、所用教科书、讲

---

① 《国学院国学学校章程》（时间不详）［A］，国学档，第7卷-11，第34、36页。

② 《四川国学学校简章》（时间不详）［A］，国学档，第7卷-9，第23、28—29页。

授要求、学年任务等都进行了具体说明。以经学课程为例，在学校章程"学科及课程"栏目下进行了如下介绍："治经以《白虎通》为要。先通训诂，宜先专治一经，以群经为辅。久之，会同群经，左右逢源，乃得归宿。讲哲学等注意经所由作，与经中言外之意，便光圣心迹，默契于心。讲文学等则法意经中精理名言，文章尔雅，将吐辞为经，不音口出。"又在"学科程度"栏目下对哲学科、文学科经学的学年进度加以说明：第一年讲授汉注唐疏《易》，用唐代李鼎祚撰《周易集解》。《尚书》用清孙星衍辑马融、郑玄注本。授《白虎通》。第二年授群经大义，主西汉学说。第三年授微言，采用周秦诸子学说①。不可谓不精细。

对于学生的管理力度也大大超越了前期，不仅有一般性学规，而且对学生生活的各主要环节都制定了细则，有讲堂规则、自习规则、寝室规则、食堂规则、藏书室规则等等，不一而足。并且也首次对教师及工作人员提出了要求。教师要符合一定资格才可聘用，国学教员需"品行纯粹，有精深之著述"，或者富有长久办学经验者，科学教员应为"国立大学毕业"或者"外国大学毕业者"。还对教职员工日常工作、生活作息等方面进行了约束："管教各员及办事人等寝兴食息与学生规则从同"；"住校职员除星期休息外，无论何时不得全班同时外出"；"职员会客有定时有定所，非时非地，概行谢绝"；"校内职员应各守职

---

① 本段引用均来自《四川公立国学专门学校章程（附各项规则）》（时间不详）［A］，国学档，第7卷-12，第58、62页。

第四章 四川国学院的办理理念 | 101

务，不得辞卸及揽越"；"本规则自校长以次均须遵守，不得以一人之私害及全校之公"；"教授应用图书教员取用时亦须开条，详记书名、册数，交司书登簿，以便按时清还，如有残遗，亦请照价补偿，以为学生标准。"① 其严格程度超乎想象。

凡是违反校规者，校方都严肃处理之，并张贴校告加以警示。如1914年春季开学不久，3月11日便开除旧班学生刘彝、赖锐，因其"任意违抗，纠众把持，屡经开导，犹复指斥牌示种种不合，声色俱厉"。15日又将违反考试要求的两名学生，以及"撕毁牌示"的旧班学生杨廷烈斥退。16日则对学生杨庆翔酗酒滋事给予处理，鉴于其"悔过请罪，甘愿赔偿损失公物"，故只记大过一次②。一月之间，即查处四起事件，六名学生受到处罚，可见校方执行力度之大。

据蒙文通晚年回忆，国学学校时师生所用教材多为尊经书院刻本，也比照尊经书院要求让学生每人专治一部经。但教学管理上变化很大，有正规的学堂上课钟点，晚上有自习课，有教师巡查，学生终究不能像书院中人一般闲散。学校在办学运作上与旧式书院已经大相径庭③。

总之，以教育部规章为准绳，制定严格的学校条例制度，

① 本段引用均来自《四川公立国学专门学校章程（附各项规则）》（时间不详）[A]，国学档，第7卷-12，第80、56、57、77页。
② 《民国三年三月至四年七月函件牌告通录》（时间不详）[A]，国学档，第23卷-1，第8、10、11页。
③ 郭书愚：《蒙默老师采访记录》，2003年4月11日。转引自郭书愚：《官绅合作与学脉传承：民初四川国学研究和教学机构的嬗替进程（1912—1914）》[J]，《四川大学学报》（哲学社会科学版），2011年第5期，第20页。

规范师生的工作与生活，这是国学学校成立后，非常鲜明的特色。而且随着时间推移，他们不断在完善学校的管理，实际上，每次更名后学校公布的章程都进行了不少调整，显示出更强的规范性和完备性。从中可以看出国学学校努力融入新教育体系的顽强努力，他们建构了一套新的管理制度，使之无异于其他大学。这个过程正体现出传统教育走向现代教育的复杂历程，也呈现出在西学体系下，国学学校希望获得适当位置，得到必要发展的追求。

五、集教学科研于一体

现代大学的一个重要特征就是教学与学术研究的结合。20世纪20年代，蔡元培在欧美考察教育后特别强调："外国大学，每一科学，必有一研究所；研究所里面，有实验的仪器，参考的图书，陈列的标本，指导的范围，练习的课程，发行的杂志。"① 认为这是值得中国大学借鉴之处。30年代他积极倡议全国大学应设立研究所时，又指出："盖科学的研究，搜集材料，设备仪器，购置参考图书，或非私人之力所能胜；若大学无此预备，则除一二杰出之教员外，其普通者，将专己守残，不复为进一步之探求。②"蔡元培清晰认识到作为高等学府，教学与科研必须相辅相成，而且大学可以提供丰富的学术资源，能够

---

① 蔡元培：《国学门概略·序》［M］，北京：北京大学，1927年，第2页。转引自陈以爱：《中国现代学术研究机构的兴起——以北大研究所国学门为中心的探讨》［M］，南昌：江西教育出版社，2002年第1版，第148页。
② 蔡元培：《论大学应设各科研究所之理由》［M］，中华书局编辑：《蔡元培选集》，北京：中华书局，1959年第1版，第308页。

从人力、物力、财力上对学术研究给予支持。

陈以爱在《中国现代学术研究机构的兴起———以北大研究所国学门为中心的探讨》一书中认为："这些欧美大学研究机构所具备的内涵与功能，在蔡元培的提倡及北大学者的努力下，于20年代上半期已经正式移植到中国的文化土壤上了。""像这样一个先进的、以国学为范围的学术研究机构，在北大国学门成立以前，在中国还没有出现过。"① 诚然，北大国学门在国学发展史上有重要意义，也做出了特殊贡献，不过如果认为它之前还没有类似机构，则值得商榷。

实际上，当四川国学院实现了与国学馆的合并后，一个集教学、学术研究于一体的大型文教机构便诞生了。国学院集中了省内著名学者，吴之英任院正，刘师培、谢无量为院副。吴氏经学辞章俱佳，又为书法家。刘师培为经学大师，国粹派重要代表。谢无量在学术、诗文、书法方面堪称一代大家。其他院员分别为浙江诸暨楼黎然、温江曾学传、井研廖平、郫县曾瀛、资阳李尧勋、天全杨赞襄、成都大慈寺住持释圆乘，都于国学颇有研究，也多担任国学学校教员，院校实为一体，院员授课、研究两不误。

国学院又下设存古书局、国学会。存古书局将其保存的锦江、尊经书院所刻书板继续"印行""流通"，同时刊刻"国学参考诸书""俾符院章"。国学会类似于现在的学会，原由馆内

---

① 陈以爱：《中国现代学术研究机构的兴起——以北大研究所国学门为中心的探讨》［M］，南昌：江西教育出版社，2002年第1版，第96页。

外通儒发起，每周开会一次，就设定问题展开演讲、讨论。合并后，改为讲演会。会前将讨论题目登报公示，热心国学者均可入场旁听。由此，给学生一个学习借鉴机会，同时也可"广树风声，俾国学渐臻普及"①。

另外，国学院还刊印《四川国学杂志》，1914 年后改名为《国学荟编》，每月一期。该杂志以"发挥精深国粹，考征文献为宗旨"②，设有插画、通论、经术、理学、史学、政鉴、技术、文苑、杂记、蜀略等栏目，多登载院员之论著。国学会附属于国学馆时，也印行杂志，"凡会中讲义以及馆内外佳作均得入选"，学生如有著作，"条例秩然者"，也可酌量出版③。国学馆并入国学院后，国学会的办理"略遵旧例"，那么这些举措应未中断。

国学院还承担了审定乡土志、续修通志、搜辑乡贤遗书、校订国学参考书、编纂本省光复史等多项任务。他们曾集全省之力，在省内各地安排访员，搜集"遗书、金石、传状"等资料④，启动了一次大规模的川省文献收集整理工作，1923 年时，他们收集的各县志书已达 121 种⑤。这类学术研究工作还是卓有

---

① 《四川国学院国学馆合并条件》（1912. 9）［A］，国学档，第 5 卷-2，第 10—11 页。

② 《中华民国四川国学院杂志简章》［J］，《四川国学院杂志》，1912 年第 3 期，无页码。

③ 《国学馆简章》（1912）［A］，国学档，第 3 卷-2，第 7—8 页。

④ 《关于搜集采访乡土材料情况的报告》（1912. 11. 4）［A］，国学档，第 8 卷-18，第 80 页。

⑤ 《四川国学专门学校现藏各县志书清册》（1923）［A］，国学档，第 9 卷-20，第 51—56 页。

成效的，1914年，废院存校后，相关工作也并未完全停止。

综上所述可以发现，国学院在当时实为一所大型的教育学术机构，它拥有大量藏书①，师资雄厚，主办杂志，刊印学术文章，有自己的出版机构，建有学会，组织进行大规模的学术活动，集教学、研究、出版、传播于一身，这在国内是绝无仅有的，成为当时国学研究的重地。

而且它比北大国学门的创建早了整整10年，那时关于大学研究院之设立，也没有可资借鉴的经验，完全是先行先试，在实践中摸索，尤显难能可贵。并且需要指出，国学院打造文化学术综合体的理念是早已有之，体现在合并国学馆的考虑上，他们认为："国学馆所办之事仅属单纯教育。"言下之意，国学院不是如此，且国学院后虽迁入国学馆旧址办公，而名字仍冠以国学院，不难看出其用心，不欲仅仅为一单纯教育机构。因为他们早有计划："以本院院员分任馆内教科，即以馆内之书合供院员参考。"② 可见，国学院是有意识地在进行这项工作，建构教学研究相结合的大型学术机构，这体现出国学院在理念上的超前性。

六、关注四川乡土文化

作为一所由川省政府兴办的机构，国学院极为看重本土的文化资源。那时，学者们对于乡土文化都抱有特别的情愫，四

---

① "本校经、史、子、集各种约值银币一万数千圆。"见《四川公立国学专门学校章程（附各项规则）》（时间不详）[A]，国学档，第7卷-12，第77页。

② 《关于向四川民政长报告国学院国学馆合并一事的咨文》（1912.9.2）[A]，国学档，第5卷-1，第2页。

川存古学堂创办者之一学使赵启霖便指出："莘莘学子或不知乡先正有绍明正学、师表人伦者，何以动其抗希往哲，闻风兴起之念乎？""学无中外，必有敦崇本原之士，而后有宏济艰巨之材。"① 他们认为本乡本土的先贤更能激发年轻学子以之为楷模，奋发向上之情，并进而产生对故乡、对祖国的热爱之心。民国时期，四川教育司司长沈宗元又强调："民国成立，学校宗旨以教人爱国为第一要义。欲人人爱国，必自爱其乡始，欲人人爱乡，必自知其山川人物始。"② 在这种思想的影响下，关注、研究四川乡土文化也就自然成为国学院学者们责无旁贷的事。

　　这种关注体现在诸多方面。考察国学院的研究工作，除了编辑杂志、校订国学参考书以外，其他四项都是直接围绕四川本土文化展开的，即审定乡土志、续修省通志、搜辑乡贤遗书、编纂本省光复史。在开展这些工作时，国学院为保护、传承川省文化做了许多有益的事情。比如他们审定乡土志时承担了一项特殊任务，就是要删润、划一，力求"浅近易明""亲切有味"，准备将来作为各小学校的教科书，使学子了解"四川虽属边陲，而物产丰富不逊南省"，爱国之心由此萌生③。另外他们不仅收集乡土文献，还竭力保护遭到损坏的文献，当时成都文庙西街梓潼宫藏书，"或出蜀省乡贤，或志全川名胜"，但已残

--------

① 《关于要求把购买成都南城杨家宅院做存古学堂并设四先生祠一事立案登报并抄录详稿的通知》（1910. 2. 25）［A］，国学档，第 2 卷-3，第 10、11 页。
② 《关于呈送县志的通知》（1912. 9. 18）［A］，国学档，第 8 卷-15，第 67—68 页。
③ 《关于呈送县志的通知》（1912. 9. 18）［A］，国学档，第 8 卷-15，第 68 页。

缺不全，又"鲜加整理，鼠啮虫穿，视若无睹"，国学院获悉后分别给省军事巡警总厅、教育司去函，要求将典籍"悉数移交"该院，最终让一批明代藏书得以保存①。他们对于文物也保护有加，当闻知保宁挑浚河道发现大量留有字迹的白铅方砖，国学院立即发文要求当地政府派人悉数送交该院，"以为考献征文之助"②。在编撰本省光复史时，国学院又根据自贡绅商学界来文进行走访调查，澄清事实，为当地士绅黄绶鸣冤昭雪，并将其"素行慷慨，见义勇为"的事迹载入史册，从而"旌门扬善"③。

除此以外，他们刊印的《四川国学杂志》其实也倾注了对蜀地的关注，里面包含有大量本土元素。杂志辟有"蜀略"专栏，登载川省风物及蜀学类文章，楼黎然的《峨眉纪游》（第3期）、谢无量的《蜀易系传》（《蜀学系传》之一，第3、4、5期）就发表于此。其他栏目中也出现不少与四川相关的作品，如吴之英的《桂湖》、《青城张陵祠》（第3期），《东湖》（第7期），曾瀛的《〈华阳国志〉证误》（第5期），谢无量的《蜀学原始论》（第6期），李尧勋的《国学学校教育学（弁言）》（第9期），刘师培的《〈国学学校同学录〉序》（第10期）等。杂志还刊载川省文物图像，如《新繁汉砖》、《蜀石经原本》（第4期），《绵州古造像》（第8期），《灌县唐人写经残石》、

---

① 《关于梓潼所存藏书的报告》（1912. 8. 17）［A］，国学档，第8卷-8，第30—31页。

② 《关于国学院设立川省国学机构保护古物的报告》（1912. 12. 26）［A］，国学档，第9卷-3，第9页。

③ 《关于要求把黄绶事绩列入志乘的报告》（1912. 9. 7）［A］，国学档，第8卷-10，第44页。

《梓潼贾公阙残碑》（第 12 期）等。又有四川历史文化名人及景物画像：如《诸葛武侯遗像》、《杨子云遗像》、《剑门连峰远望》（第 1 期），《张南轩先生遗像》（第 2 期），《东坡先生小像》、《李太白先生遗像》（第 3 期）等。同时，也登载对川省故人的悼念，有刘师培的《前四川提督丁公墓志铭》（第 5 期），《前四川彭山县知县康君墓志铭》（第 9 期），吴之英的《戊子春闻德阳刘舍人建卿子雄讣》（第 5 期）等。可见，编辑杂志这项工作虽然看似没有直接关注本土文化，但实际上却恰恰是国学院发表关于川省文化相关发现、研究等作品的重要通道。

另外，存古学堂时期便在院内设立四先生祠，供奉宋代四川著名学者范镇（字景仁）、范祖禹（字淳甫）、张栻（号南轩）、魏了翁（号鹤山），以便本校学生"常得瞻仰、企慕"，外校学子"于岁时享祀，生观感而缅遗徽"①。国学院、国学学校时都依然保留，逢重要日辰，师生都要集会共同前往拜祭，表达对乡邦先贤的敬意。

总之，国学院处处体现出对四川本土文化的关注，保护、研究蜀地文物、文献，宣传四川历史文化，传播四川学术成果，培养蜀中学子，传承发扬蜀学，已然成为他们工作的核心，也成为他们鲜明的特色所在，它是当之无愧的推动近代蜀学复兴的先驱。

综上所述，四川国学院及其学校形成了一套独具特色的办

---

① 《关于要求把购买成都南城杨家宅院做存古学堂并设四先生祠一事立案登报并抄录详稿的通知》（1910. 2. 25）［A］，国学档，第 2 卷-3，第 10 页。

理理念，其中既有对传统的继承，也有积极创新的一面，体现出一种不盲目趋新，也不顽固守旧的特征。它既尊重现实，也兼顾历史的逻辑性，通过稳步推进，实现了传统教育向现代教育的转型。它提出的以师范生为培养目标、尊重国学教育自身特点、建构综合性学术中心、注重地方文化等理念，在当时看来是具有先进性的，对于今天的国学教育也有一定的启发和借鉴意义。

近百年的历史表明社会文化的转型是宏大而艰难的工程，不可能一蹴而就，不尊重历史的延续性，过于激进的做法，不一定能取得好的结果。而国粹派以及国学院他们秉持的观念也值得我们反思：欧美学术文化固然有其先进的一面，中国应该学习，但是是否就必然得出本国文化一无是处，应该弃若敝屣？今天来看，这个问题似乎不值一提。但是如果联系国粹派乃至国学院长期都被视作"保守""落后"的对象这一事实，就会发现一些基本的常识实际上也很容易在时代大潮中被扭曲。

下面再补充两条存古学堂时期的资料，也许可以增加对这些"落后"人士的理解。实际上，存古学堂的办理者当时已经提出中西文化应取长补短的意见。四川布政使王人文在捐送存古学堂书籍的移文中反驳了时人认为该校会导致"智识蒇从交换，孤陋难免寡闻，顽固方深"的言论，他特别强调："存古云者，第借以保存旧学，非从而窒塞新机。文未丧也，一发可系千钧；沟而通之，万派同归巨海。援新补旧，采西益中。参观能集其精，数典勿忘厥祖。"① 中西文化不应互相排斥，而应交流、沟通、融合，这难道不是我们今天认可的文化观吗？

而对于科举及学堂之弊，四川提学使赵启霖也进行了分析："科举之弊仍递嬗于学堂之中，所不同者，科举多失之腐陋，学堂多失之浮嚣，要其志趣之卑下则一而已矣。"他认为两者的共同问题在于都视求学为利禄之途，"谋生之藉，猎名之津"，缺乏"立身之大节，经国之远怀"，因而即便学习"程度甚优"，终不能"担荷事任"，因此必须使学子"提振其高尚之思想，荡涤其委琐之襟怀"②。赵学使的看法是有一定见识的，他忧虑的问题也恰恰是当下教育需要面对和解决的。因此，倘若不被习惯思维所左右，能客观分析这些历史上的"保守派"，一定会有许多新发现。

---

① 王人文：《文牍：护督宪在藩司任内捐送存古学堂书籍移文》[N]，《广益丛报》，1911 年第 6 期，第 1 页。转引自郭书愚：《四川存古学堂的兴办进程》[J]，《近代史研究》，2008 年第 2 期，第 86 页。

② 《关于要求把购买成都南城杨家宅院做存古学堂并设四先生祠一事立案登报并抄录详稿的通知》（1910. 2. 25）[A]，国学档，第 2 卷-3，第 10 页。

# 第五章　四川国学院的制度与管理

国学院成立于辛亥革命之后，这个时间点对于中国历史具有特殊而重要意义。这场革命不同于以往的任何一次改朝换代，它真正结束了千年帝制，社会随之发生了巨大变化，一切百废待兴。可以想象，这个时期，国学院所要进行的制度建设其实充满了挑战性，具有强烈的时代特征。它显然不能沿袭旧制，必须要符合新的时代要求，实际上国学院很多制度都经历了或者从无到有、或者推陈出新的过程。而国学院正是通过一系列的制度建设，实现了从存古学堂到现代大学的转变，从而最终顺利并入公立四川大学，成为现代教育的一部分。毋庸置疑，相关制度建设实为国学院工作的重要组成部分，它们对于塑造一个新式教学机构所起的作用不容小觑，是国学院在新形势下最终得以延续的内在保障。

## 第一节　校务管理

国学院建立后，随着国学馆的并入，它面临着两大难题：

一是如何适应新的教育制度，获得社会广泛认可；二是规模扩大了，特别是学生人数不断增加，如何进行管理。这些都考验着院方的管理能力。

另外，由于省内学校"学风凌替，士习嚣张"，省行政公署曾下发整顿学风的通知，称："旷课、罢课、聚赌、聚饮之事，各校时有所闻。而庠序重地几为学生嬉笑怒骂之场，教职各员转处于危险地位。"认为这正是"管理之法不谨，因循坐误"造成的恶果，指出"学生之成败美恶，管教者实司转移之权，即应尽教戒督责之义"，因此要求各校严厉整治，"先之以训告，继之以责成，倘有害群败类抗弗率从，即按处罚定章，立予惩创"①。虽然通知所列学风涣散的情形并非专指某校，但国学学校以此为鉴，强调校风管理自是必然。总之，各种因素合在一起都要求国学院必须建立一套行之有效的管理制度。

而这套管理制度的基础则是教育部的规章，这是国学院自始至终坚持的重要原则。馆院合并之初，院方就在新颁章程"第六章学规"中宣布："本学校管理规程悉遵教育部颁定管理规程办理"，又在最后的"附则"中表示如"中央政府规定国学学校专章时"，将遵其修改②。之前的国学馆时期，这样的提法是没有的。到1914年"四川国学学校"成立后，这种表述更为密集，新《简章》第一章第一条便指出："本校援照教育部部

---

① 《关于扶正学风的通知》（1913. 12. 31）［A］，国学档，第13卷-35，第192—194页。

② 《国学院国学学校章程》（时间不详）［A］，国学档，第7卷-11，第36、37页。

令高等师范专修科规定名为……",第二章第一条又称:"本校援照部令高等师范预科、本科办理",并表示:"本校学年、学期、休业日、典礼日及学业成绩考查,各规程均遵照部令规定施行","附则"还说:"本校除特定规程外,凡部令学校通行规程本校均遵照办理。"[1] 体现出全面按照教育部规定进行学校管理的安排,这一方面固然是由于国学学校的尴尬处境,逼迫办理者应该有所作为,而获得"教育部部令"这把尚方宝剑,自然是其乐意之事;另一方面也体现出民国政府建立初期对于教育的管理不断加强。

1913 年 8 月,四川民政长曾转发教育部公函要求严管各专门学校,特别强调:"公立、私立专门学校之设立、变更、废止均须呈报教育总长,得其认可。"不仅如此,学校还必须遵照教育部的章程办理:"凡在前清学部立案之官立、公立专门学校,务须遵照本部订定公立、私立专门学校办法,并拟其章程,各按定章,由该省行政长官咨部核办,以免纷歧。"来函责令国学学校迅速按照部令办理,并呈报所订章程[2]。

一个月后,民政长再次转发教育部咨文催办,首先对有的学校尚未办理变更手续,即将毕业学生名册报部审核的做法给予批评,接着指出:各专门学校"务将修正学则及办理情形,从速报部。否则将来办理毕业时,虽有成绩表册呈报到部,无

---

① 《四川国学学校简章》(时间不详)[A],国学档,第 7 卷-9,第 23、25、28—29 页。

② 《关于核对学校章程的通知》(1913. 8. 16)[A],国学档,第 13 卷-24,第 169、170 页。

从准予"①。这意味着学校章程能否符合教育部规定，直接关系到学生能否顺利毕业，后果极为严重。因而学校1914年颁布的章程处处以部令为准，也就不难理解了。

由此，教育部规定成为国学院制定相关管理制度的出发点和准绳，这是它的一个鲜明特点。正是在教育部部令的统领之下，校务管理迅速实现了从过去较为松散随意的书院模式向规范的现代大学的过渡。

一、学有定时

首先体现在学有定时，院方对学制年限、假期、作息时间、请假事宜都进行了明确的规定。一方面，学制得以规范。馆院刚合并时，学制还未完全确定，仅计划"旧班三年毕业，酌仿存古学堂旧章"，但是新招班级还需"专案咨请民政长及教育司""另行拟定"②。而存古旧章原定三年届满后，可自愿留堂深造四年再毕业，由于时间太长，令学生颇为不满，遂造成1913年学生哗变③。就目前材料所见，这个问题到四川国学学

---

① 《关于呈送校修正学则及报告办理情况的通知》（1913. 10. 8）［A］，国学档，第13卷-27，第173页。

② 《国学院国学学校章程》（时间不详）［A］，国学档，第7卷-11，第35页。

③ 详见本书第三章。据传存古学生郑兰、刘生曾作诗描述在校的生活："存古学堂何处寻，杨侯故邸柏森森。后园小谢自春色，隔壁老张空好音。三顿频烦司事记，七年辜负秀才心。假条未递身先出，长与罗监在扯筋。"小谢即指谢无量，任学堂监督时年仅26岁。老张是合川张文熙，年较长，学习勤奋，喜欢高声诵读。当时学生需交伙食费，司事每餐要统计人数。学堂规定，学生外出需持经学监批准的假条，但学生多不假外出，引发与罗学监争吵。见何域凡：《存古学堂嬗变记》［G］，四川省政协文史资料委员会编：《四川文史资料集粹》第4卷，成都：四川人民出版社，1996年第1版，第420页。

校时已经获得解决："预科二年，本科三年，合计五年毕业。"①到 1918 年 10 月，四川靖国各军总司令部拟增加学校预算时又颁布《国学学校暂行章程》，首次提到"为各科毕业生设研究科，其年限为一年以上"，并将预科减为一年②。此后，预科、本科、研究科三个层次的教学模式成型，修业年限也固定下来，和传统书院修业年限非常随意的情形相比，完全不一样了，较之存古学堂时期的超长学制也更为合理了。

另一方面，校方还逐步确立学年的起止日及假期，当然，这也经历了一番摸索。国学馆时，开学日期常有调整。1912 年 6 月，四川教育司行政会议决定将前定暑假时间顺延两周，本为 6 月 29 日放假，8 月 9 日开学，改为 7 月 13 日放假，8 月 23 日开学，又临时决定端午节放假一天③。同年 10 月又修改寒假日期，将其延后一月，并称 12 月 31 日、1 月 1 日、2 日均放假，又告知此为"暂时规划"，待教育部颁布新规再遵照执行④。次年省教育司又据教育部相关要求将暑假定为 40 日，自 7 月 8 日始，8 月 16 日止⑤。起初几年，开学、放假的日期就一直处于变动中。到四川国学学校时虽表示学期、学年、假日都按教育部

---

① 《四川国学学校简章》（时间不详）［A］，国学档，第 7 卷-9，第 23 页。

② 《关于国学学校下设机构及颁发章程的通知》（1918.10.1）［A］，国学档，第 7 卷-8，第 21 页。

③ 《本司行政会议提出学校假期一案经众议决暑假期间照前定顺延两星期阴历端节暂行放假一日》（1912.6）［A］，国学档，第 12 卷-7，第 31—32 页。

④ 《学校休业原有定期乃往往有别项休业时间与日休业同日令大相违背兹特申明禁令》（1912.11）［A］，国学档，第 12 卷-23，第 106 页。

⑤ 《关于学校放假日期的要求》（1913.5.7）［A］，国学档，第 13 卷-11，第 36 页。

章程，但并不明晰，一直到四川公立国学专门学校时才明确规定：每年8月1日为学年之始，翌年7月31日为学年之终。"一学年分为三学期，年假休业两星期，春假休业一星期，暑假休业五十日，遇民国纪念、孔子诞日、本校纪念、春夏秋冬四节，均休业一日。"① 这些措施无疑让学校管理更为规范，改变了书院时期假期较随意的状况。而假期不断修订的过程，也从一个极细微的角度表明现代教育制度的建立并非一蹴而就。

应该指出，在这样一个转变过程中，官方所起的作用是非常重要的。泸县县立中学学生曾肆意要求延长中秋假期，四川巡按使公署通报了对相关人员的处理决定，进而提醒各校应引以为戒，严格遵守教育部章程中关于放假日期的规定，不得允许学生任意为之，否则违规学生将被开除，管理人员也要受到相应处罚②。

国学院还加强了对学生日常作息的管理。馆院合并后，学规要求学生冬春季节早晨6点起床，晚上10点就寝；夏秋季节则5点起床，9点就寝③。公立国学专门学校时进一步要求："晨起夜息均有定时"，春分以后，6点起，9点半就寝；秋分后，7点起，10点就寝，"均以铃声为率，夜间闻铃后即一律灭

① 《四川公立国学专门学校章程（附各项规则）》（时间不详）[A]，国学档，第7卷-12，第67—68页。按：1914年1月，民国政府宣布以农历元旦为春节，端午为夏节，中秋为秋节，冬至为冬节。见《关于各节气放假的通知》（1914. 2）[A]，国学档，第21卷-17，第60页。

② 《关于学生中秋节罢课一案的批示》（1914. 10. 28）[A]，国学档，第14卷-10，第19—20页。

③ 《国学院国学学校章程》（时间不详）[A]，国学档，第7卷-11，第36页。

灯"。还要进行检查，早晨闻铃，"当同时起床，不得独迟"，晚上 9 点集合，"分班点名"，由值星生报告人数。如有"早晨闻铃不起，夜间闻铃后半点钟不息灯"者，学监将给予儆戒，屡教不改者被记过①。虽然在具体时间安排上前后有一点小差别，但都体现出校方希望学生按时作息，早睡早起的用意，当然后者更为细化，更具操作性。

另外还严肃了进出校门制度。初期，便设有"稽察一人，管理学生出入及请假等事"，同时要求"学生出校均向管理请假登记"，而且"如非通学，不得无故出校"②。后由学监负责此事，未经学监批准，学生不得任意出校③。公立国学专门学校时更严格了校门开启时间："学校大门启闭须有定时。"春分以后，早晨 6 点开门，晚上 8 点关门；秋分以后，则改为 7 点开门，8 点关门。并且强调：关门之后，"无论何人，不得擅开"，教学、管理及办事人员都需遵守。又要求学生请假外出时需将"寝室名牌悬稽察处"，归校后再取回。如果"出外不告假，亦不取牌"，致使学监无从查找者，将记大过一次④。

对于请假也有专门的规定。馆院刚合并时，仅要求因病及他故不能上课者须"先行说明事由，请假登记"⑤。后来相关制

---

① 《四川公立国学专门学校章程（附各项规则）》（时间不详）［A］，国学档，第 7 卷-12，第 69、71、74 页。
② 《国学院国学学校章程》（时间不详）［A］，国学档，第 7 卷-11，第 34、36 页。
③ 《四川国学学校简章》（时间不详）［A］，国学档，第 7 卷-9，第 27 页。
④ 本段引用除单独标注外均来自《四川公立国学专门学校章程（附各项规则）》（时间不详）［A］，国学档，第 7 卷-12，第 56、71、69 页。
⑤ 《国学院国学学校章程》（时间不详）［A］，国学档，第 7 卷-11，第 36 页。

度愈加细化，一是仍然需要提前在学监处告假，否则将被记过；二是请假外出者需遵守校规，"不得自由行动"；又规定本地学生可在休息日回家，外县学生则不能在外留宿；还对请假期限、逾期不归等问题做了具体要求，婚假酌予两周至四周，丧假一月，不得超过三月，婚假逾期一周以上，记过一次，丧假逾期一学期以上，报告校长给予开除，并且指出，请假时间无论长短，逾期不到且未续假者，记过一次，逾期超过请假时限一倍以上，记大过，托人代为续假者可以免除上述处罚，但"逾期之日"记为旷课①。

周末，学生也可外出游玩。当时四川内务司、教育司还允许省城各校给学生发放星期游览券，国学学校也有此项举措，券上有学生姓名，采取星期日临时发给，过期作废的办法②。四川民政长公函称：该券原为"优待在校学生而设"，已经离校学生则应缴还，"以杜冒滥"③。由此看来学生持此券应可以享受一定的福利。

经过几年的努力，相关制度逐步完善，逐渐规范化，国学学校的教学时间、假期及作息安排、请假手续等规定基本确定下来，其中很多方面都经历了从无到有的过程。

---

① 《四川公立国学专门学校章程（附各项规则）》（时间不详）［A］，国学档，第 7 卷-12，第 68—69、71 页。
② 《关于学生浏览券问题并呈送学生名册的报告》（1913. 10. 15）［A］，国学档，第 13 卷-33，第 187—188 页。
③ 《关于学生星期浏览券的规定》（1913. 9. 21）［A］，国学档，第 13 卷-32，第 186 页。

## 二、学生行为规范

学生行为规范是学校管理中的难点和重点，加之国学院特别看重学生道德品行，因此在这方面没少花功夫，对学生行为规范的强调贯穿了国学学校发展的每个阶段。他们对学生的要求主要表现在以下方面：

### （一）治学严谨，讲求诚信

抄书、点书、撰写札记是国学学校推崇的学习方法，因而校方在《学则》中作了相应规定："应抄应点之书不得倩人代抄代点"，"札记不得剿袭陈说"，当然也要求"试验时不得夹带"①。后又公布考试作弊处理办法："考试上堂除应携笔墨，不得另有夹带，违者记过"，"考试如有倩枪、传递、毁损试卷，查出扣卷，并记大过一次，不许再行试验。"② 这些规定有助于培养诚实守信的学风。

### （二）注重礼仪

校方要求学生言行举止彬彬有礼，首先要尊重师长，"本校学生对于管理员、教员一律致敬，不得侮慢。无论何时何地，遇教员、管理员均正立示敬，教员等亦如礼答之"。学习、生活中也要时刻注意："本校学生均以礼让为主，不得有忿争、喧嚷等事。"③

公立国学专门学校时，相关规定进一步细化。其中学生尊

① 《国学院国学学校章程》（时间不详）［A］，国学档，第7卷-11，第36页。
② 《四川公立国学专门学校章程（附各项规则）》（时间不详）［A］，国学档，第7卷-12，第77页。
③ 《四川国学学校简章》（时间不详）［A］，国学档，第7卷-9，第27页。

重师长，就应做到入学时拜见："学生入校之始进谒校长及管教各员，备单页红束，书姓名行字年贯，行再揖礼"；课堂上有礼貌："教习上课下课由值星生呼起立一律致敬"，"凡教习指询及学生所有问难均须起立"，"闻上课铃声不得迟至五分钟后，下课不得先教习出讲室"；进餐时讲礼仪："学生既到，须候学监入坐，齐同举箸，不得紊乱。在坐均宜肃静，不得喧哗及扣碗敲箸。"① 后又补充下课礼仪："闻下课铃声，须俟教习语毕，始呼起立。俟教习退，学生始依次退出教室。"倘若不待教习讲完，"先行出堂者"将被记大过一次②。

规定还要求对待同学以及杂役等人也应注意礼貌，不可轻慢："同学宜互相策励，以进德修业为主，不得轻侮嘲慢，致生恶感，若佻达及不规则行为，尤当力屏"，"学生在寝室呼唤杂役，声不宜过高，以防喧杂。"③ 如果"无故虐待杂役、庖人"，将被记过，情节严重者，另行处理④。

另外要求学生日常生活中"一切动作、语言有未合规则处"，须接受学监劝诫。又在《寝室规则》中强调：学生"人格当力求高尚"，应力戒一切不规则行为。尤其在寝室中，更应

---

① 《四川公立国学专门学校章程（附各项规则）》（时间不详）［A］，国学档，第 7 卷-12，第 71、73、75 页。

② 《关于学校现行规则缮册给四川省长公署的呈文》（1919. 8. 11）［A］，国学档，第 7 卷-16，第 91 页。

③ 《四川公立国学专门学校章程（附各项规则）》（时间不详）［A］，国学档，第 7 卷-12，第 72—73、74 页。

④ 《关于学校现行规则缮册给四川省长公署的呈文》（1919. 8. 11）［A］，国学档，第 7 卷-16，第 91 页。

如此，"以见自治精神"①。

国学学校关于学生礼貌之道的规定，都贴近生活，细致入微，切实可行。

（三）注意形象及卫生

学校希望学生生活简朴，衣着整洁，注意卫生，具备良好的个人形象。校方一直要求学生"一律敦尚俭朴"，不能携带贵重物品到校②。后来更强调"除科学用品及日用品"，其他"非校中宜有之物"统不能携入③。同时需要注意个人形象，"随时随地"都应"整饬衣履"、"检束行为"，"不得有放浪情形"④。

还需讲究个人卫生，校内人都应"相勉清洁，力屏污秽习惯"。为了培养学生的良好习惯，校方又在教室放置痰盂，要求不能"随地唾污"；并规定各寝室每天都应安排值日生开窗透气，"扫除尘秽，不得堆积渣滓，以重卫生"。如有"随意便溺者"，则由学监给予儆戒，"屡戒不悛者"记过⑤。

当时教育部还曾推行校服制。1913 年，四川民政长函告称："教育部令第四号学校制服规程第一戊款：各学校得特制帽章颁给学生，缀帽前，以为徽识。"鉴于各校情况不一，又告知：可

---

① 《四川公立国学专门学校章程（附各项规则）》（时间不详）［A］，国学档，第 7 卷-12，第 71、74 页。
② 《四川国学学校简章》（时间不详）［A］，国学档，第 7 卷-9，第 27 页。
③ 《四川公立国学专门学校章程（附各项规则）》（时间不详）［A］，国学档，第 7 卷-12，第 72 页。
④ 《四川国学学校简章》（时间不详）［A］，国学档，第 7 卷-9，第 27 页。
⑤ 《四川公立国学专门学校章程（附各项规则）》（时间不详）［A］，国学档，第 7 卷-12，第 57、73、74、69 页。

以略为变通，"由学校备置领章、襟章发给学生"佩戴，以备考核①。但实施效果并不理想，次年12月四川巡按使公署政务厅教育科又发函要求各校学生一律穿着制服、佩戴徽章，并且禁止出入戏园、餐馆②。同月，四川民政长也发文督办，指出"省城公私各校对于学生制服、徽章一事多未照行"，饬令各校按照部令"妥速办理"，不过也网开一面："因学校情形，不能着用短式制服者，亦应制备领章"，徽章在校内校外都需佩戴，管理员将随时检查。倘有学生违反规定未穿制服、未戴徽章的都将给予处罚，以正学风③。

1915年，教育部再次重申此事，要求各地切实办理，称：此项规定于学校行政可"养整齐严肃之风"，于学生则"杜放荡奢靡之弊"，又"便利作劳"、"有助训练"，并非徒为"形式之观瞻"，实有利于陶冶精神。要求各地督促执行，并将制服制帽式样及帽章、襟章等分别详陈上报④。这次国学学校函覆省巡按使公署表示："本校学生均着通行常服，惟褂上加佩襟章，以示区别。"并附襟章图样（图5—1）：为圆形菊花式，直径一寸五分，周长四寸五分，银质，中心嵌方形标识，上有篆书"国学

---

① 《关于备置领章、襟章给学生佩戴的通知》（1913.5）［A］，国学档，第21卷-24，第74—75页。

② 《函知你校饬令学生一律着用制服、佩戴校章，严禁出入戏园、餐馆》（1914.12）［A］，国学档，第21卷-21，第70页。

③ 《饬令学生应着制服并戴徽章》（1914.12）［A］，国学档，第21卷-22，第72页。

④ 《饬令各校一律要学生制做制服制帽》（1915.12）［A］，国学档，第21卷-25，第78页。

学校"四字①。不过公署认为图样过于草率，未获通过，之后学校重新设计了样式（图5—2）：依然为圆形菊花式，大小材质都没有变化，只是花瓣为复瓣，更为美观②。在校学生统一制服、徽章，这在中国历史上是第一次，虽然国学学校动作迟缓、潦草，但也不失为学校转型过程中的一次尝试，是打造学生形象工作的一部分。

图5-1　国学学校襟章图样初稿（源自四川大学所存国学档第21卷）

图5-2　国学学校襟章图样修改稿（源自四川大学所存国学档第21卷）

（四）尊崇先圣

国学学校以保护传承国学自居，对至圣先师的尊崇自是其特别看重之处。校内自存古学堂起便设有四先生祠，纪念范景仁、范纯夫、张南轩、魏鹤山四位蜀中大儒。而学校举行的最

---

① 《呈学生制服帽章襟章及襟章图说》（1915.12）［A］，国学档，第21卷-26，第80—81页。

② 《呈为另造学生襟章图说及襟章图说》（1916.1）［A］，国学档，第21卷-27，第83—84页。

重要的大型活动就是组织师生前往礼堂行祀圣礼，开学、散学、仲春（农历二月）、仲秋（农历八月）的上丁之日都要举行仪式，孔子诞辰更是放假一天举办典礼，学生都不能无故缺席。从国学院档案中保存的祀孔行礼礼节清单推测，场面应是非常隆重的。

关于祭孔活动，近代以来争议很大。但前人实已将此讲得很清楚，这里不妨看看一篇发表于 1935 年的小文：

> 孔子是中国文化史上一位卓越的人物，其学说思想虽多为后世误会曲解，但对中国民族文化影响是十分重大的，中国陈败的一切传说礼教典章制度，所以能保持到现在，亦可说多半受孔夫子的影响，因孔子是传统道德、传统思想的代表者，因时代的变迁，故孔子便时起时落，求解放自由时，则不免将孔夫子搁在一旁，等到社会需要传统思想道德的时候，则将孔夫子大捧特捧，其实圣人之所以为圣人者，是万古不变的，无论何种时代，或尊崇，或排斥，孔子仍是孔子，这是明白的事实，以民国来说，虽二十余年，亦有数次之改革，民元因推翻清室，不须要黄〔皇〕帝了，故政府便将历代相沿的孔庙祀典废除，二次革命失败，老袁倡复古尊孔，于是大成殿的冷落香火，又从新燃烧起来，至"五四运动"起又来废孔，至北伐成功，那更不必言了，不但封闭神庙，而且把大成殿都来拆毁，这样的废孔更彻底了，到今年政府又明令尊孔，全国上下一律开会纪念，他们亦知道纪念孔子是使民族有共同信仰的精神，但我们的纪念孔子，亦不要盲目的崇拜，要从历史的

价值上加以估计，是十分可宝贵的，但被恶意的利用，来作一切开倒车，和麻醉民众的工具，如能认清此点，才不失吾们纪念孔子的正道①。

三、制定专项管理细则

1912 年，教育部曾颁布《学校管理规程》作为全国学校管理学生之准则，其中第四条规定："校长应按照学校种类状况订立管理细则……凡教室、自习室、操场、食堂、寝室等及其他关于学生应守之规约，须分条规定之。"②

这项工作还是有一定难度的，实际上，直到四川公立国学学校时，相关制度才基本确定下来。除一般要求外，这时又订立了讲堂规则、寝室规则、自习规则、食堂条规、藏书室条规、考试条规等，基本覆盖学生学习生活的各个方面，而每项规则内又包括若干条款，由此可以实现更精细化的管理。

其中讲堂规则对于课堂秩序、座次安排、提问内容、上课记录及其他注意事项都进行了规定，如："闻上课铃声不得迟至五分钟后，下课不得先教习出讲室；学生到教室，各依名次入座，不得紊乱，以便指询一切；教习上课下课由值星生呼起立一律致敬；照功课表随带本课应用书籍及笔墨抄本，不得杂阅他项课本；授课时间凝神专听，不得倾倚谈笑及作无意识状态；凡教习指询及学生所有〔有所〕问难均须起立；问难限本课所讲范围内，不得牵涉及未授者，如义理复杂须下课时详询或呈

---

① 英森：《论说：恢复祭孔有感》[J]，《西北》，1935 年第 3 期，第 19—20 页。
② 《关于颁发学校管理规程的咨文》（1912. 11. 5）[A]，国学档，第 10 卷-1，第 3 页。

缴札记批答；授课时间不得自由出入，遇有特别事故，须陈明教习许可；每课授毕时，由值星生填写督课簿，某课某教习自某起至某止；教室备置痰盂，不得随地唾污；上堂听讲不得倦睡。"① 所有规定内容具体，极富操作性，且细致入微，同时又将文明礼仪规范灌注其中，在潜移默化里培养学生的良好素质。

其他专项规则也具有上述特点。自习规则中要求学生按照当天课堂学习科目依次进行复习，并规定了早中晚的自习时间，还要求自习时不得聚谈，闻铃声方可休息。寝室规则要求学生轮流打扫寝室卫生，晨起后需整理被盖，按时作息等。食堂规则规定了每桌人数、进餐座次、进餐礼仪、请假制度等，还包括如遇食品不清洁时的处理办法，其规定是："庖人食品偶不清洁，须退入斋舍后，由各班代表陈明学监，饬令改良或加处罚，学生不得有丑语呵斥、毁损器具等事，违者饬赔偿并记过。"从中可见校方考虑还是非常细致的。藏书室规则对存书类别及借阅方法、时间、数量，以及注意事项等进行了规定，如书的类别，分为购置与寄存两种，新购之书要先由藏书室登记、加盖校印后才可以借阅，寄存之书以保存为重，"非查考必需时不得轻取"。试验规则规定了考试违规情况及处理办法②。

1919 年 8 月，该校向四川省长公署报送"现行规则"时即以上述规定为蓝本，又稍作调整。一是将一般性规定分别归入

---

① 《四川公立国学专门学校章程（附各项规则）》（时间不详）［A］，国学档，第 7 卷-12，第 73 页。

② 本段引用均来自《四川公立国学专门学校章程（附各项规则）》（时间不详）［A］，国学档，第 7 卷-12，第 74—77 页。

"全校通行规则"、"学生规则"中，又补充制定了"学生记过条规"。二是对于具体条款进行了增删。如"教室规则"中增加了"闻下课铃声，须俟教习语毕，始呼起立。俟教习退，学生始依次退出教室"。"记过条规"也在"记过退学"规定中增加"教习上堂，学生须正立致敬。讲毕，应俟教习先行，学生始依次退出。如不俟教习讲毕，先行出堂者，应由教习记大过一次"。"堂内倦睡、欠伸、跛倚、言笑、喧杂、翻阅杂书者，由教习记过一次。""争嚷者记过一次，斗殴者记大过一次，情节较重，另行酌办。""无故虐待杂役、庖人等由学监记过一次，情节较重，另行酌办。""学生录入校即须填写愿书，为迁延日久者记过一次。"[①] 而"食堂规则"中删除了"学生不得私买食品，勒令厨役烹调，膳食时添菜"的规定。

制定专项管理细则是学校管理走向纵深化的一种表现，国学学校在这方面实现了从无到有的跨越，而且不断完善相关规定，使学校管理更为规范，基本做到了有章可循、有据可依。

四、奖惩分明

奖惩分明是实施有效管理的重要手段，国学学校深谙此道，制定了详细具体的处罚及奖励制度。

馆院刚合并时，国学院便在"学规"中列出八项要求，涉及日常学习、考试、请假、作息、反映意见等方面，并且指出违反这些规定将被记过、扣分。相对而言，这时的规定还比较

---

① 《关于学校现行规则缮册给四川省长公署的呈文》（1919.8.11）[A]，国学档，第7卷-16，第91页。

粗略。到四川国学学校时，制定的《简章》则专设一章为"儆戒"，具体规定记过、退学事项，表示凡是违反学校各项规则都将记过，并且将直接影响学期成绩以及毕业，"每小过一次，减操行成绩十分；并三小过为一大过，犯三大过，得令退学"。而有以下情节者，将直接勒令退学：记大过达三次者；品行不良，难望改变者；成绩太差，难以造就者；陆续旷课达百日以上者；在校作违法议论或者匿名发文造谣生事者；在外品行不端，损害学校声誉者。被令退学者，还将受到经济处罚：其已缴费用，概不退还；如是官费生，还将由地方官追赔学费。而表现优秀的学生则可以获得相应奖励：每班学生在学期考试、学年考试中"列甲等前三名者"，将由校长"准免下学期学费"，还"酌奖书籍"。另外各班班长若"办事勤慎"，且一学期没有过失者，校长也会奖励书籍①。据记载，仅1915年1—6月间，存古书局就调拨了100部书用来奖给学生②。后来奖励范围还有所扩大，1917年度学校收入说明显示，旧班、新班学生学期试验列前五名者都优免十元的学费，此时学生共63名，由此推算受益人数还是比较多的③。

到公立国学专门学校时，相关规定更为完备，首先在学校章程中制定了"记过退学"一章，具体规定记过事项及类型。

---

① 本段相关内容均来自《四川国学学校简章》（时间不详）［A］，国学档，第7卷-9，第28页。

② 《民国四年一月一日起六月末日止存书货实价一览表》（时间不详）［A］，国学档，第41卷-2，第47页。

③ 《咨送民国六年度收支预算书及预算书》（1917. 10）［A］，国学档，第39卷-6，第23页。

如学生上课"迁延不到者"记为旷课。对于逾假不归者也有相应处理，婚假逾期一周以上记过，丧假逾期一学期以上除名。又强调请假无论长短，只要是逾期不到又不续假者，都将记过一次；若超过请假时限一倍以上记大过一次；如托人续假，可免于记过，但应记入旷课。外出不请假、不取牌者记大过一次。因病或其他原因不能上课者需请假，否则记过。不能按时作息、言行失范、随意便溺者将给予儆戒，如屡教不改则记过。学生品格卑劣、聚众赌博、匿名发文侮辱师长者，除名。在宿舍内怒骂、秽语、大声喧哗、跳舞、醉歌者记过。除此以外，在章程的其他部分还订立了别的处罚条例。如"警〔儆〕戒事项"中规定每班学生可推选一人，代表全班向学校反映意见，但"不得聚众纷扰，借端要挟"，违反者"照章退学"。对于损毁学校公物者，则要求照价赔偿。至于新生则需按时到校，逾期一月不到者将除名。"食堂规则"中要求如遇食品卫生问题时，应由学生代表向学监反映，其他学生不得"丑语呵斥、毁损器具"，否则将记过并赔偿相关损失。"藏书室规则"中则要求遗失书籍者应照购价赔缴。"试验规则"规定借故请假规避考试者记大过一次，如两次不参加考试，实为"有心规避，不堪造就"，则以后"毋庸来校"。考试夹带者也记过，如"倩枪、传递、毁损试卷"者将扣卷，并记大过一次，不许再参加考试。另外也有奖励条款，就是对于成绩最优秀者"减免学费"①。国

① 本段引用均来自《四川公立国学专门学校章程（附各项规则）》（时间不详）［A］，国学档，第 7 卷-12，第 68—69、71—72、75—78 页。

学学校的处罚条规主要针对学生出勤、请假及操行方面的问题进行了规定，对于严肃校纪，整饬学风，培养学生良好行为规范是有促进作用的。同时又辅之以奖励措施，可收激励先进、鞭策后进之效。

并且应该指出，在执行相关规章过程中，校方态度非常坚决。1914 年 3 月 4 日，开学伊始，校长廖平便告诫全体学生，表达了从严治校的决心，他说："鄙人赋性迂拙，不解圆融，加以政府责成管理，至为严切"，因而作为管理者绝不姑息养奸。为此劝告"习气已深，自揣不能骤改、恪守规则"者自行离校；而对于"新来强就范围，久则肆行逾越"者，他表示将责成管理人员"从严惩创"。很快，学校又延聘了黄镕、季邦俊两位学监，以便督促学生"恪守规则，不得仍前傲慢习气，致干咎戾"，并派李法之任稽查员，对学生在校以及外出情况给予督查①。

另外，对学生的处罚，学校也都会以校告方式公布，以儆效尤。以 1914 年 3 月至 7 月这学期为例，校方对违规学生的部分处理情况如下：

3 月 6 日，校长告："顷奉省行政公署函开教育司案呈准，贵院函称张文熙屡次搕扰②，纠缠无已，与办事员滋闹、锁室、留条、无理取闹等语。该员厕身学校，似此横暴，显属市侩行为，亟应与众弃之，勿令遗污学界。倘再来校滋闹，即送交警

① 本段引用均来自《民国三年三月至四年七月函件牌告通录》（时间不详）[A]，国学档，第 23 卷-1，第 6、12 页。

② 旧时四川考场有一恶习，称"拉搕"，即强行勒索考生，疑指此。

厅惩处。相应函覆贵院，请烦查照等语，理合照录，此告。（贴稽察处）"

3月11日，校长告："本校旧班学生刘彝、赖锐二名，任意违抗，纠众把持，屡经开导，犹复指斥牌示种种不合，声色俱厉，实属不守规则，应照章斥退。其余九名，限三日内照章试验，如再久延，并予斥退。"

3月15日，校长告："昨接教育司长来函，请查明撕牌之学生，从严惩处。兹查得实系盐亭旧班学生杨廷烈所为，该生抗违命令，尤敢撕毁牌示，应照章斥退，以免害群，兹移县追缴学费。"

3月16日，校长告："学生杨庆翔酗酒滋事，庆翔醒后自知悔过，请罪，甘愿赔偿损失公物，并记大过一次，以儆方来。"

4月29日，校长告："学生曾爵吾不请假，遂行出校，二夜不归，着记大过一次，如以后再行逾规，定即斥退。"

5月6日，校长告："学生唐进祯前星期六不持假单，随同刘、曾二人闯门而出，本日既不上课，又不请假。私出实属不守学规，本应斥退。惟该生自愿改悔，又属年幼，从宽记大过一次。稽查因公出，代管稽查传事文陛临时既不挡回，事后又不禀明，实属疏忽，咎无可辞，着罚薪一月。"

校告也公布奖励情况：

4月28日，季课考试结束后，根据名次，奖励了22位同学：前四名各奖两元，之后的六位各奖一元，再之后的十名学生各奖八角，余下两名各奖《国学杂志》四册。

4月29日，又对稍晚收到的试卷中的优秀者给予奖励："计开张光新奖《知圣》一部、《哲学发微》一部。华祖卿奖《国学杂志》四册。周文溟奖同上。"①

据粗略统计，仅1914年3月至7月这一学期，校方就对违反规定的13起事件进行了处理，为此先后发布校告16次，涉及学生达29人次。如考虑到此时在校学生总人数为52名②，则一半以上的学生都受到了不同程度的处罚，这个力度是非常大的。同时，也有近半数的学生获得奖励，并且被处罚的学生只要成绩优秀也能获奖，不会被歧视。值得一提的是，学校对学生均能一视同仁，校长廖平之孙廖宗泽就在国学学校读书，因为违反校规同样受到处罚。

由上可见，奖罚分明，从严要求，处置公平，也是国学院管理中的一大突出之处。

五、接受政府监管

作为一所川省政府兴办的文教机构，国学院从成立之初，便自觉接受省政府的各项领导。这种领导不仅仅是象征性的，恰恰相反，它往往非常具体而直接。

比如学生举行毕业考试时，学校会呈请省长公署派员监试，以示慎重。省府的监试也绝非徒有形式。1924年，四川省长公署在回覆国学学校的请求时便毫不留情地指出该毕业班学生修

---

① 本部分所引校告来自《民国三年三月至四年七月函件牌告通录》（时间不详）[A]，国学档，第23卷-1，第7、8、11、18—19、20页。

② 此时学生包括1910年7月入校的经学科学生3名，1912年8月、1913年2月入校的旧班学生16名，1914年3月入校的新班学生33名。据《四川省国学学校一览表》（1914.8）[A]，国学档，第1卷-15，第41页。

业时间不足，应在春季修业期满后考试，并令上报本科三年以来的成绩。之后，国学学校禀告蒋耀先等数位学生各缺一学期成绩，就此请示省府应当如何处理，是"留校补习"还是"发给修业证书"①？情况正是如此，即便很小的问题，学校也需请示省府。

省府的管理还体现在对学校财政收支的监管上。国学院档案中存有大量财务报表，包括每月、每季度、每年的收支明细，极为详致。省政府对这些报表都将进行严格审核。1912 年 8 月，四川教育司便转发审计院来函令国学馆报送 1912 年岁出经常临时预算表、岁入经常临时预算表、1911 年 10 月起至 1912 年 5 月止的决算表、历月报销表。又告知除预算表留存审计院备查，4 月以前的决算"经审查咨覆"外，其余表册由审计院"督饬各员，悉心参考，详加检查。其中尚有应行商询之件，均经逐一签出，另单开送"。教育司要求国学馆就审计院商询事宜"逐一详细确实答覆"②。国学馆也迅速回覆了关于存银 25 两 8 钱 8 分 7 厘的出入问题。

实际上，国学院在财政收支上制定了完善的制度。《国学院章程》明文规定其经常、临时经费每年由会计长制作预算案，经院正、院副核定后，送达民政长，咨交省议会议决。每年收支经费也要由会计长制作决算案，最后交省议会查核。而每月

---

① 《呈送文二班毕业各表册》（1924. 6）［A］，国学档，第 30 卷-9，第 28 页。
② 本段引用均来自《前清宣统三年下学期各学校统计表册应按照一览表式办理现由本司印成表纸按校分发以便填注》（1912. 8）［A］，国学档，第 12 卷-12，第 47—48 页。

所用经费则由会计长按预算案批准金额草拟文书，经院长、院副签盖印章后，咨请民政长饬财政司核发。另外，每月还应将收支经费在月末制成报销表册，分别交予民政长、财政司查核[1]。由此，国学院以及后来的国学学校在经费收支上都完全置于省政府的绝对管辖之下。

除了对财政收支方面的管理外，学校的人事安排、教学工作等各方面都处处体现出省府的领导作用。这类事例不胜枚举。比如国学学校会按照省府要求随时上报其发展情况，如1913年8月省民政长要求报送旧班、新班学生学籍清册，以及办理简章、国学院平面图等资料，1914年11月又令报送《四川国学学校中华民国二年八月到三年七月周年概况》，涉及职员变动、学生升留级、经费、课程设置、课外游艺、未来计划等方面。1915年3月又向四川巡按使公署呈送学校1912年、1913年教育统计表，包括各班学生人数、毕业人数、辍学人数、教职员数、经费数等项目。8月又呈送学校1914年教育统计简明表，10月又上报国学学校1912年起至1915年止历年调查表，诸如此类。这些上报材料有时极为细致具体，比如要求各毕业班级报送学习期间每期的成绩。省府管理之细致，还可以从一个细节上看出。那就是学生的毕业文凭都由省长公署盖章生效，"毕业表册连同证书加贴印花"需交公署查核后加盖印章发还[2]。种种举措都体现出省府对国学院及学校的管理是非常全面的，可以说从

---

① 本段引用均来自《国学院章程》（时间不详）[A]，国学档，第4卷-7，第21页。

② 《呈送文二班毕业各表册》（1924.6）[A]，国学档，第30卷-9，第28页。

招生名额以及开学时间的确定、课程的设置、章程的订立、学生的惩处、毕业证的签发等各个环节，事无巨细，都处于川省政府的直接管理之下。这种特性也使国学院的管理具有明显的官方性质，充分体现出它的官办色彩。

六、其他校务

除了上述情况以外，国学院在校务管理方面还有一些值得注意的地方。一是确定了转学规则。根据教育部1913年56号部令收受转学学生的规则，要求转学生需具备"原校证明书"或"在学证书及成绩表"，且原校应为教育部核准的专门以上学校[①]（图5—3）。这使学生的流动有章可循。

其次，国学院也积极帮助学生就业。1913年8月，在旧班学生毕业之际，院方致函教育司，恳请其能向各县所属学校推荐学生担任国文教员，"有需才之处，均祈酌予聘用"，还希望通饬省外各校，"酌量聘用"，为此咨送毕业学生名册一本[②]。以校方的名义帮学生谋取出路，这在中国教育史上应是一种新现象。

第三，学校还帮助贫困学生完成学业。巴县学生向承周家庭贫困，千里求学，"学食诸费每形拮据"，其入校一年以来，"潜心学业，成绩颇佳"。因此，学校致函川东道巴县知事，提出"援照师范生例"，"转知劝学所"，筹集学食费，使该生"得

---

① 《关于转学生在原校证书应查核的指令》（1914.6.7）[A]，国学档，第14卷-2，第3—4页。
② 《关于呈送毕业生名册并聘用外省学生的通知》（1913.8.18）[A]，国学档，第13卷-26，第171—172页。

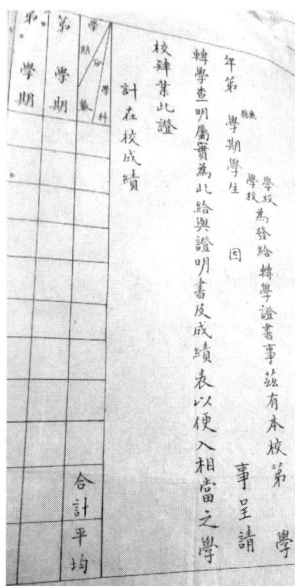

图 5-3-1　转学证明书及成绩表（表头）（源自四川大学所存国学档第 13 卷）

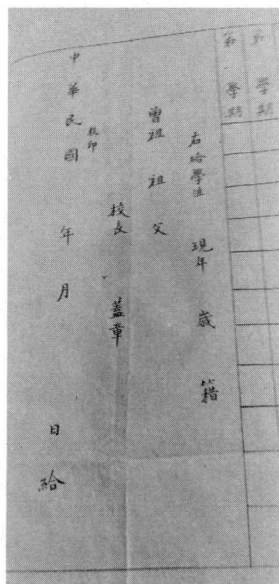

图 5-3-2　转学证明书及成绩表（表尾）（源自四川大学所存国学档第 13 卷）

研精学海，壹志文林"。并表示待向承周毕业后，将"为桑梓首尽义务"，又称赞巴县的资助将是"奖成后进，扶翼国粹之盛举"，力促其事①。不久，巴县知事周询亲笔覆函称：劝学所虽然"学款拮据，挹注自属维艰"，但是向承周"勤苦向学"，在国学学校的学业成绩"又复可观"，"设不予以维持，预储有用之才，殊觉可惜"，因此拟本年起每年资助学食费 50 元，一直

---

① 《关于向承周生活经费问题的公函》（1915. 6. 15）［A］，国学档，第 9 卷-8，第 22—23 页。

到"该生毕业或升学之日止"①。事情获得了圆满的解决。

第四，学校详尽的登记制度。四川公立国学专门学校时，校方制备的表簿种类繁多，充分体现出这时已经建立起一套完备的事件登记制度，这方便了师生查询了解学校的一些主要事务。当时的表簿有：学生每日寝室时间表、教室每星期授课表、教习担任科目及时间表、教职员姓名履历表、考勤簿、学生学籍簿、出席簿、请假簿、记过簿、因病退学簿、因事退学簿、有故易名簿、试验问题簿、成绩表②。

第五，聘请评审员。国学院还曾设置"名誉评议员"，评定院内各项事宜③。虽然后来由于经费紧张，这项措施没有坚持下去，但它体现了国学院对实施民主监督的重视，这是值得肯定的。

当然，国学院在校务管理方面也存在一些不足。比如，其对同学会等社团组织的限制。1913 年 9 月，国学院案呈省教育司，称："省中各校学子往往有就本校内组织同学会，并即以本校为事务所。"表示"诸事实窒碍殊多，且虑启纷争、冲突之渐"。后经省民政公署批覆，要求"一律严行禁止"④。此前，6月 23 日，省民政长已对国学学校学生吴光骙等为成立同学会，撰写章程提交备案一事予以驳回，认为："未毕业者，朝夕共处

---

① 《有关学生向承周学食等费的公函》（1915. 7）［A］，国学档，第 18 卷-32，第 82—83 页。

② 《四川公立国学专门学校章程（附各项规则）》（时间不详）［A］，国学档，第 7 卷-12，第 79—80 页。

③ 《国学院章程》（时间不详）［A］，国学档，第 4 卷-7，第 20 页。

④ 《关于严禁学生会成立的命令》（1913. 9. 12）［A］，国学档，第 13 卷-29，第 176 页。

一室，观摩自易，且功课分门别类，均应潜心探讨，锐志搜求，苟有会务，当亦无暇顾及。至既毕业，各生虽得发起斯会，然宜另觅地点为事务所，不得附于该校之内。"① 27 日，又发文再次强调："各校凡非部令规定在校中应设之会，均不得设立，并不得将校舍假与他项团体作事务所。"还要求"学校门首有此项牌匾者，立即除去；已成之会，即日取消。"并表示："虽集会、结社为人民自由，然学生非自由之时，学校尤非自由之地。②"此举体现出川省政府扼制民主的落后面目，作为官办机构的国学学校在这方面也只能亦步亦趋。

不过，总体而言，在社会发生巨大变化，新旧交替的时代，国学院作为一个地方文教机构，在校务管理方面，通过持续且深入细致的工作，基本建构了完善的管理机制，推动了学校的现代转型，顺应了时代的需求。从这个角度看也不难得出一个结论，即国学院及其学校实为中国现代教育的参与者、建设者，而不是破坏者、干扰者。

## 第二节　招生与教务

招生制度以及教学管理方式是学校管理工作中的核心部分，有必要专门论述。其中有些内容可能会与校务管理存在交叉，

---

① 《关于取消同学会的指示》（1913. 6. 23）［A］，国学档，第 13 卷-10，第 33—34 页。

② 《关于取消校内学生结会的指示》（1913. 6. 27）［A］，国学档，第 13 卷-9，第 32 页。

不过，下文将避免重合，主要集中于前章没有涉及的部分展开。

一、招生情况

首先介绍学校的招生情况，鉴于国学馆成立后不久即并入国学院，而教学工作是有一定延续性的，为内容的完整性，将从国学馆的招生谈起。

1912 年 2 月，四川存古学堂改为"官立国学馆"，拟招 60 名新生，需年龄 15 岁以上 20 岁以下，"读过经书，文笔清顺者"，考试合格组成新班。原存古学堂学生为旧班，均住馆学习。新班生则走读，"两年毕业升入正班"后方住馆。旧班生不缴学费，新班生每学期需缴纳 5 元学费①。存古学堂时，学生都在 20 岁以上 40 岁以下，显然，国学馆的学生年轻了许多。另外，存古时学生报考需要先由"地方官会同视学及教育会"推荐，至少也需学界保送②，国学馆则不再有此要求，扩大了招生范围。6 月，国学馆制定的下学期预算中显示：此时旧班学生为 40 名，新班也暂定 40 名③。

馆院合并后，沿用旧班、新班的称谓，仅表示"嗣后收录学生另以专章定之"④，不过目前并未发现相关"专章"。

可能制定于 1913 年的《四川国学（专修）学校（规程）

①《国学馆简章》（1912）［A］，国学档，第 3 卷-2，第 5 页。
②《关于收集登报四川存古学堂章程的通告（附详稿简章）》（1910. 2. 25）［A］，国学档，第 2 卷-2，第 6—7 页。
③《呈造民国元年全年预算表及预算表》（1912. 6）［A］，国学档，第 38 卷-11，第 44 页。
④《国学院国学学校章程》（时间不详）［A］，国学档，第 7 卷-11，第 35 页。

简章》① 的规定就较为详细了。入学年龄确定为 18 岁以上，需为"中学校毕业及私塾自修之一，与中学程度相当，于国学具有根柢者"，既可以"由各厅县行政长官备文申送试验"，也可以自行来校"报名投考"。并首次确定了入学考试科目，为经学、历史、国文三科。考试合格者将填写愿书，经校长许可后入学。学生人数确定为 100 名，将分成两班上课。学费则为每月一元，暑假期间免缴一月，应在每学期入学时缴纳。还开启了"委培生"计划：各厅县可以根据本地情况"酌筹官费生一二名"，他们毕业后应"尽先由该地方聘作教习"②。

四川国学学校时，基本沿用上述招生办法，只是新生年龄更小了，16 岁以上即可报考。学费则改为全年 10 元，第一、二学期各缴 5 元，而且特别强调缴费后取得收据方能入校③。

四川公立国学专门学校时，则确定每学年年终时招收新生，结束了过去招生时间较随意的状况。之前，1912 年 8 月，四川国学馆"新甲班"24 名学生已经开学行课。然而次年 2 月，四川国学学校又招收学生 18 名组成"新乙班"开学。1914 年 3 月再次招收"新班"学生 33 名开学。这种混乱的情形，也造成了管理上的一些麻烦。1914 年，学校改组为四川国学学校时，就不得不宣布将"所有民国元年八月暨二年二月入校之生，均作

---

① 该简章未标注发布时间，但 1913 年，学校曾准备更名为"四川国学专修学校"，估计应为此时的章程。参见本书第三章。

② 本段引用均来自《四川国学院附设国学专修学校规程册》（时间不详）[A]，国学档，第 6 卷-5，第 15 页。

③ 《四川国学学校简章》（时间不详）[A]，国学档，第 7 卷-9，第 25 页。

为补习"，统一以 1914 年作为入校时间①。

公立国专还明确指出所招学生为预科性质，"以为升入本科预备"。报考学生也需参加考试，科目以国文、史论为主。校方还要求学生报名时交纳本人相片，以便入校时核对确认。这是过去所没有的，此举应可极大降低代考等作弊事件的发生。被录取后，学生需填写愿书、缴清学费才可进校听课。学费这时增加为每期 6 元，不过成绩最优秀的学生可得到减免。由于专业分为哲学、国文、历史三科，招生人数明显增加。稍早编订的《国学学校暂行章程》拟定预科每班 60 人，本科及研究科（相当于现在的研究生）每班 30 人②；后来颁布的正式章程中将本科也提升为每班 60 名，则预科、本科各有 180 名，外加研究科每班 30 人，招生人数呈上升趋势③。但这也还不足以满足求学者要求，1920 年学校制作年度预算时称："请求投考入校"者"纷纷"，但因"班次有限"、"旧班未有毕业"等原因，无法招考新生，因此拟"自本年度始，定为四班"，"每年毕业一次，即添招新生一次"，并表示"此班次不可不增添"④。从学校此期的招生情况看，学生人数确实颇为可观。目前所存资料

---

① 本段引用均来自《四川省国学学校一览表》（1914. 8）[A]，国学档，第1 卷-15，第 41—42 页。其中学生人数又见《四川省国学院附设国学学校一览表》（1913. 4）[A]，国学档，第 1 卷-14，第 38—39 页。

② 《关于国学专门学校设立科目、规章制度的命令》（1919. 3. 26）[A]，国学档，第 7 卷-14，第 89 页。

③ 本段引用除单独标注外均来自《四川公立国学专门学校章程（附各项规则）》（时间不详）[A]，国学档，第 7 卷-12，第 68、77、78 页。

④ 《呈报九年度预算书及预算书》（1920. 8）[A]，国学档，第 39 卷-17，第63 页。

显示 1923 年到 1927 年间，也就是并入公立四川大学前，每年招入的预科班新生都在百人以上。

另外，四川国学学校时还曾招收医学科学生，其《学则》中称"附设医学专科，别有细则"，又在课程中设医学为补助课，与地理、伦理、教育等并列①。关于这些医科学生的资料，所存很少，其中有 1914 年 4 月，学校失窃，廖平写给外南三区区长的公函中提到"医科学生室内失去各物开单附后"②。这月 4 日，校方还曾张贴招生告示："本校原定附设医学一科，专研究《灵枢》、《素问》。见〔现〕当学期之始，特为招考。如学医有素，愿习此门者，可即报名试验。一切规则与本校正班无异，报名从四月五号起二十号止，随报随试。"5 月 12 日，又再次通知招考，并增加了研习内容，称："专研究《灵枢》、《素问》、各种诊法及《伤寒》、《金匮》、办〔辨〕脉审症并及《本草》古方。"7 月 13 日上午举行了考试，录取张行健、秦殿明、戴园钧三人，其学习课程包含《灵枢》、《素问》、《王氏脉经》、《张氏类》、《伤寒》、《金匮》、《徐灵胎□任之解》、《铜人阁》、《宣□□》等③。由此可见国学学校招收医学班确为事实，但由于缺乏更多史料，该班具体情况并不清楚。之所以设立医学科，估计与校长廖平此际笃好医学有关，蒙文通认为廖氏"晚岁所获，固在医而不在经学也"，并指出其晚年患病，"喜医术"，

① 《四川国学学校简章》（时间不详）〔A〕，国学档，第 7 卷-9，第 23 页。
② 《关于我校失盗，原开除小二李三可疑，特来函请查讯（附失物单一张）》（1914. 4）〔A〕，国学档，第 80 卷-10，第 40 页。
③ 《民国三年三月至四年七月函件牌告通录》（时间不详）〔A〕，国学档，第 23 卷-1，第 15、20、25 页。

"以《素问》所言五运六气为孔门《诗》、《易》师说，此六变也。"① 中国传统医学的传承历来为师徒私相传授，国学学校这种公开招考、集中上课的方式，应该是较为新颖的，一定程度上开启了中医专业的教学新模式。

至于学生报考该校的方式，除自行投考外，也可由所在县备文移送参考，重庆府劝学所就曾具文推荐巴县学生向承周，其文为（图5—4）："窃查贵校成立早经咨明在案。兹有川东师

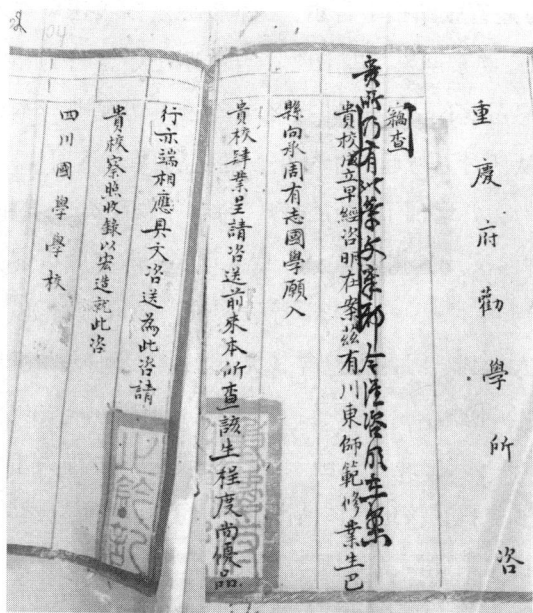

图5-4　重庆府劝学所具文推荐投考
（源自四川大学所存国学档第36卷）

---

① 蒙文通：《廖季平先生传》［M］，廖幼平：《廖季平年谱》，成都：巴蜀书社，1985年第1版，第103页。

范修业生巴县向承周有志国学，愿入贵校肄业，呈请咨送前来。本所查该生程度尚优，品行亦端，相应具文咨送。为此咨请贵校察照收录，以宏造就。"①

不过无论是自行报名还是由府县推荐而来的学生，都需参加入学考试。目前尚存一套 1917 年 9 月国学学校招考新生的试卷题目。共有四道，分别为"孟子保民而王说"、"孔子谓知我其天说"、"汉楚入关仁暴得失论"、"李斯相秦统一六国论"，前两题考查经义，后两题为史论。试题内容涉及对儒家经典论述或重要历史事件的考查，并不艰深，察其题意还具一定民主进步的倾向。这次考取的学生有 8 名，为眉山熊青云（23 岁，眉山中学毕业）、仁寿杨光鬏（19 岁，仁寿中学毕业）、内江曾庆春（18 岁，自修）、井研曾成治（20 岁，自修）、冕宁朱明英（20 岁，宁远中学四学期）、华阳王开庆（20 岁，华阳中学二学期）、成都朱瀛科（22 岁，师范学校四学期）、井研廖宗泰（18 岁，自修）②。8 名学生中仅有两位是中学毕业考入，比例还是偏低的。

在报考条件上，由于教育部要求："大学设预科，其学生入学资格须在中学校毕业，或经试验有同等学力者。"③ 国学学校

---

① 《申送向承周投考国学学校》（1913. 3）［A］，国学档，第 36 卷-37，第 103—104 页。

② 本段引用均来自《民国六年九月内招考新生考试题目及录取新生、未取姓名年贯清册》（1917. 11）［A］，国学档，第 37 卷-35，第 39—41 页。

③ 教育部：《大学令》（1912. 10. 24）［G］，周远清主编；刘志鹏，别敦荣，张笛梅分册主编：《20 世纪的中国高等教育·教学卷》下，北京：高等教育出版社，2006 年第 1 版，第 119 页。

对此格外重视，他们一改存古学堂时所谓"举贡生监及中学堂毕业生皆可入选"的提法，强调"国学学校学生入学资格须在中学校毕业或经试验有同等学力者"①。学校还以校告方式解释"同等学力"："原为私塾自修之士或特殊学校肄业生徒转学而设"，并非为"程度不同及学业未终者广开等进之途"。表示以后招考新生及插班生，凡以同等学力录取者试卷都将送呈省巡按使公署查核，"以示限制，而杜幸进"。又提醒考生"须自揣有同等学力"，再报考应试方有录取希望②。

同时还应指出，学校的招生实际是在川省政府的严格监管下进行的。1912 年，四川教育司便咨明学校：招考新生或插班生，必须"先将招生广告或文件送交""查验"，然后才可以张贴，还要上报考试日期，"以便派员监试"。而且招收的新生姓名、年龄、籍贯以及毕业或修业学校、毕业证书等都要送审查核。倘若招考之前不告知，招考之后又不补报，则所招学生不被教育司承认，毕业时也不授予证书③。其严格程度可见一斑。

另外，1923 年发生的一起事件也足以体现当时省政府对学籍监管的力度。该年 12 月，国学学校呈报文学科二班学生表

① 《关于国学学校下设机构及颁发章程的通知》（1918. 10. 1）［A］，国学档，第 7 卷-8，第 21 页。

② 《民国三年三月至四年七月函件牌告通录》（时间不详）［A］，国学档，第 23 卷-1，第 61 页。

③ 《贵校此后招考新班或插班必先将招生广告或文件送交本司查验后始行张贴并将考试日期先行报告来司以便派员监试函》（1911. 8）［A］，国学档，第 12 卷-21，第 94—95 页。

册，请求准予进行毕业考试。四川省长公署函覆质问该班第五学期成绩表中并没有余骏、杨鼎兴二人，此次缘何名列表中并申请参加毕业考试？要求学校详查呈覆①。学校答覆称二生因为路途阻梗确实未参加第五期考试，不过现已到校学习。并表示又查出另外 7 位欠缺一个学期成绩者，全部上报，但也解释称将缺一期成绩者列入表内是参照文科一班、哲学科二班的做法②。公署回覆责令这 9 位学生需"补足功课"后再行办理，其他学生则可以按期考试毕业，届时将派员监试③。这起事件也充分说明国学学校的学生从进校到毕业，省政府都给予了严格管理。

总体而言，国学学校办理期间，其招生人数整体呈现上升趋势，这从学校收取的学费增长情况也可以看出：1914 年度，学费收入 552.1 元④。1916 和 1917 年度，学费收入均为 500 元⑤。1918 年度，为 800 元⑥。1919 年度，增加到 1200 元⑦。1920 年

---

① 《呈请准予毕业试验文二班及批文》（1923．12）［A］，国学档，第 30 卷-4，第 20 页。

② 《覆文二班缺学期各生的呈文》（1923．12）［A］，国学档，第 30 卷-5，第 21—22 页。

③ 《令你校查覆该校文学科二班学生余骏等缺课缘由》（1923．12）［A］，国学档，第 30 卷-6，第 23 页。

④ 《遵批另造三年度收支总决算报告书及报告书》（1916．10）［A］，国学档，第 39 卷-3，第 7 页。

⑤ 《咨送民国六年度收支预算书及预算书》（1917．10）［A］，国学档，第 39 卷-6，第 23 页。1917 年度，学生 63 名，每人一年学费 10 元，扣去优秀生免除的学费后总计 500 元，下文所列学费均为扣除优免部分后的数目。

⑥ 《民国七年度岁入出预算表及临时费支出预算书》（时间不详）［A］，国学档，第 39 卷-9，第 30 页。拟招足 80 人，每人学费 10 元。

⑦ 《呈送八年度岁入岁出经常预算并临时岁出预算书》（1919．7）［A］，国学档，第 39 卷-14，第 48 页。学生约 150 人，每人学费 10 元。

度也是 1200 元，这时每人每年学费涨为 12 元①。1921 年度，学费收入翻番，达到 2400 元②。1922 年度与之持平。1923 年度再次翻番，达 4800 元③。1925 年度递增到 6050 元，1926 年度又增加到 7100 元④。学费收入大幅度的增长恰恰反映出学生人数的大量增加，这种情形也许出乎今天很多人的意料。下面再将国学院及学校存在期间部分年度的招生情况列为一表，以便有一直观了解。

附表：国学院（学校）部分年度招生人数一览表

| 入学时间\班级 | 1910 年 7 月（存古学堂） | 1912 年 8 月 | 1913 年 2 月 | 1914 年 3 月 | 1914 年 3—5 月 | 1915 年 | 1916 年 |
|---|---|---|---|---|---|---|---|
| 旧班 | 58⑤ | | | | | | |
| 新甲班 | | 24⑥ | | | | | |

---

① 《呈报九年度预算书及预算书》（1920.8）〔A〕，国学档，第 39 卷-17，第 59 页。本年 4 个班共 120 人。

② 《民国十年岁出入及临时费支出预算书》（时间不详）〔A〕，国学档，第 39 卷-18，第 64 页。本年 4 个班共 160 人，每人学费 16 元。

③ 《呈送改编十二年度预算》（1923.10）〔A〕，国学档，第 39 卷-23，第 92 页。本年 5 个班共 300 人，每人学费 16 元。

④ 《呈送十五年度预算书及预算书》（1926.7）〔A〕，国学档，第 39 卷-25，第 106 页。其中 140 名学生每位一年所缴学费为 24 元，另外 187 人一年各缴学费 20 元。

⑤ 《四川省国学院附设国学学校一览表》（1913.4）〔A〕，国学档，第 1 卷-14，第 38—39 页。

⑥ 《四川省国学院附设国学学校一览表》（1913.4）〔A〕，国学档，第 1 卷-14，第 38—39 页。

| 入学时间 / 班级 | 1918年9月 | 1920年3月 | 1922年 | 1923年3月 | 1924年1月 | 1925年1月 | 1926年1月 | 1927年1月 |
|---|---|---|---|---|---|---|---|---|
| 新乙班 | | | 18① | | | | | |
| 新班 | | | | 33② | 38（插班生）③ | | | |
| 新班 | | | | | | 58④ | | |
| 新班 | | | | | | | 47⑤ | |
| 文学科一班 | 12⑥ | | | | | | | |
| 哲学科 | | 39⑦ | | | | | | |
| 文学科二班 | | 37⑧ | | | | | | |

---

① 《四川省国学院附设国学学校一览表》（1913. 4）〔A〕，国学档，第1卷-14，第38—39页。

② 《四川省国学学校一览表》（1914. 8）〔A〕，国学档，第1卷-15，第41页。

③ 《四川国学学校中华民国二年八月到三年七月周年概况报告书》（1914. 11. 6）〔A〕，国学档，第1卷-17，第50页。

④ 《关于向四川省长公署呈送1915年至1916年教育统计表的报文》（1916. 10. 30）〔A〕，国学档，第1卷-26，第81页。

⑤ 《关于向四川省长公署呈送五年度教育统计表的报告》（1917. 12. 3）〔A〕，国学档，第1卷-27，第84页。

⑥ 《呈报文学科一班毕业成绩及成绩表各学年总评成绩、学生一览表》（1922. 11）〔A〕，国学档，第30卷-1，第5页。

⑦ 《民国九年上期哲学科第一期积分表》（时间不详）〔A〕，国学档，第28卷-5，第15—16页。

⑧ 《文二班各学年总平均成绩表》（时间不详）〔A〕，国学档，第30卷-11，第32—33页；《文二班学生一览表》（时间不详）〔A〕，国学档，第30卷-12，第39—40页。

续表：

| 班级＼入学时间 | 1918年9月 | 1920年3月 | 1922年 | 1923年3月 | 1924年1月 | 1925年1月 | 1926年1月 | 1927年1月 |
|---|---|---|---|---|---|---|---|---|
| 哲学科三班 | | | 72① | | | | | |
| 预科六班 | | | | 106② | | | | |
| 文学科三班 | | | | 71③ | | | | |
| 预科七班 | | | | | 122④ | | | |
| 哲学科四班 | | | | | 68⑤ | | | |
| 文学科四班 | | | | | | 69⑥ | | |
| 预科八班 | | | | | | 128⑦ | | |

---

① 《民国十一年下期哲三班第一学年积分表》（时间不详）［A］，国学档，第28卷-6，第17—20页。

② 《各班学期积分表》（时间不详）［A］，国学档，第29卷-2，第20—24页；《咨送预科六班毕业成绩册学生一览表及成绩册、一览表》（1924.3）［A］，国学档，第31卷-1，第4—8页。

③ 《各班学期积分表》（时间不详）［A］，国学档，第29卷-2，第16—19页。

④ 《咨送新招预科七班学生一览表及一览表》（1924.5）［A］，国学档，第31卷-3，第25—30页。

⑤ 《民国十三年上期文哲预各班积分表》（时间不详）［A］，国学档，第28卷-16，第68页—71页。

⑥ 《民国十四年上期文哲预各班学期积分表》（时间不详）［A］，国学档，第29卷-8，第48—51页。

⑦ 《新招预科八班学生一览表》（时间不详）［A］，国学档，第32卷-1，第2—7页。参加第一学期考试时为127名。见《民国十四年上期文哲预各班学期积分表》（时间不详）［A］，国学档，第29卷-8，第52—57页。

| 入学<br>时间<br>班级 | 1918 年<br>9 月 | 1920 年<br>3 月 | 1922 年 | 1923 年<br>3 月 | 1924 年<br>1 月 | 1925 年<br>1 月 | 1926 年<br>1 月 | 1927 年<br>1 月 |
|---|---|---|---|---|---|---|---|---|
| 哲学科<br>五班 | | | | | | | 78① | |
| 预科<br>九班 | | | | | | | 58② | |
| 预科<br>十班 | | | | | | | 70③ | |
| 预科<br>十一班 | | | | | | | | 78④ |
| 预科<br>十二班 | | | | | | | | 67⑤ |

上表中所列人数为该班开学时或第一学期（年）统计数字，但学生人数会因为转学、辍学等发生变化，如 1923 年上学期哲学科三班第三学期为 65 名⑥，1925 年上期哲学科四班第三学期

---

① 《民国十五年上期文哲预各班学期积分表》（时间不详）［A］，国学档，第 29 卷-10，第 64—67 页。

② 《函送教厅上期预科九、十两班学生一览表及一览表》（1926. 10）［A］，国学档，第 32 卷-6，第 29—32 页。预科九、十两班参加第一学期考试人数为 139 人。见《民国十五年上期文哲预各班学期积分表》（时间不详）［A］，国学档，第 29 卷-10，第 71—77 页。

③ 《函送教厅上期预科九、十两班学生一览表及一览表》（1926. 10）［A］，国学档，第 32 卷-6，第 34—37 页。

④ 《呈教厅送预科十一、十二两班学生一览表及一览表》（1927. 5）［A］，国学档，第 32 卷-12，第 66—69 页。

⑤ 《呈教厅送预科十一、十二两班学生一览表及一览表》（1927. 5）［A］，国学档，第 32 卷-12，第 70—73 页。

⑥ 《各班学期积分表》（时间不详）［A］，国学档，第 29 卷-2，第 13—15 页。

人数为 55 名①，和表中所列数据并不完全相同，这容易理解。另外，从该表数据看，在经历了合并初期的短暂下滑后，新生人数基本呈现逐年上升趋势，尤其是 1918 年后增长更为明显，到 1927 年时达到 145 人的顶峰，这表明该校在当时还是颇有吸引力的。

二、教务管理

国学院及其学校对于教学工作的管理是较为全面的。首先他们完善了教学分科制度。1918 年 10 月，四川靖国各军总司令部为更名后的四川公立国学专门学校制定的暂行章程中，首次提出："分科参照大学规程文科国学类，约定为哲学科、国文学科、历史学科。"又指出可以先设哲学及国文学科，以后再增加历史学科②。校方随之制定了分科细目及授业时间，各科课程有了很大不同，专业性增强了。之前存古学堂虽也曾分设经学、史学、词章班③，不过各班课程差别不大④。馆院合并后，延续了这种分班不分课的方式⑤。而到国学专修校后，从当时的课表

① 《民国十四年上期文哲预各班学期积分表》（时间不详）［A］，国学档，第 29 卷-8，第 45—47 页。

② 《关于国学学校下设机构及颁发章程的通知》（1918.10.1）［A］，国学档，第 7 卷-8，第 21 页。

③ 《国学院国学学校章程》（时间不详）［A］，国学档，第 7 卷-11，第 33—34 页。

④ 国学馆时主课为经学、史学、词章，分年专治一经，兼习史学、词章，均为必须之课，"有所专精，无所偏重"。《国学馆办法简明章程》（1912）［A］，国学档，第 3 卷-1，第 2 页。

⑤ 《国学院国学学校章程》（时间不详）［A］，国学档，第 7 卷-11，第 33—34 页。

看，这种分班实际上已经取消，因而可以认为国学教育真正分科授课的模式实际上始于 1918 年更名后。诚然，国学学校 1918 年的分科明显是受到西方学科划分的影响，不过也应注意它与存古学堂的划分方式又存在一定的内在联系，并非完全空穴来风。

其次，校方的教务管理工作还体现在不断完善课程设置。课程设置对于教学的重要性是不言而喻的，纵观国学学校的课程在其办理期间最显著的特点就是：变化。其中最主要的两次调整变化发生在国学馆并入国学院阶段以及四川公立国学专门学校时期。

国学馆时，学生除"各习一经"外，还要求"中国历算、乐律、医术均当特别研究"，另外也开设法政、经济、外史、外地、博物等"新学"作为随意科，不过仅仅限于让学生自学新出的编译善本①。

馆院合并初期，"一切课程酌采存古学堂、国学馆两项章程变通办理"。不过在维持现状的基调中，情况也悄然发生着变化：一是普通兼习课都安排教师讲授，如理学、算学、舆地、教育、法学等，其中一些课程过去只是由学生自学的。其次，还准备开设选修课，"中国历史、算学、医学及金石、篆隶、画绘均定随意科"，只要五人以上选修就可开班讲授。由此看来，必修课、辅修课、选修课等不同层次的课程类型已经出现，对于学生而言，课程丰富性得到了一定提升。另外，如果与存古

①《国学馆简章》(1912)[A]，国学档，第 3 卷-2，第 6 页。

学堂比较，此期很突出的一点是理学由主课变为了普通兼习课，与算学、舆地、教育、法学同列，显示了某种微妙的改变①。

1913年4月，校方又进一步明确了新班、旧班课程及教材，指出各班均习经学、史学、词章、理学、教育、算学，但教材有区别：旧班经学课程包括《仪礼》、《礼记》、《榖梁》、《毛诗》、《论语》、《孟子》、《尚书》、《周礼》、《公羊》、《左氏传》，教材均用注疏本；史学采用教员自编《历史课程》，讲至唐、五代止；理学使用教员自编《宋儒学案约编》，授至十五卷；教育讲授自编《教育讲义》上编；算学用桦正董编《代数教科书》。新班经学习《说文》、《白虎通义》、《五经异义》；史学讲授自编《历史课程》的上古史；理学讲授自编《宋儒学案约编》首卷；教育授自编《教育讲义》上编；算学讲陈文《算术教科书》首编②。

之后的国学专修学校虽然历时短暂，如昙花一现，却制定了详细的规程，且颇有新意，被后继者沿用了较长时间。时依然"以经史国文为主要课"，而地理、伦理、政法学、教育、数学等补助课则明确要求"按照师范程度教授"了③。从"自习"到"教授"，再到"按照师范程度教授"的变化，一方面是因为重视程度提高，另一方面也应归功于国学院提供了足够的

① 本段引用均来自《国学院国学学校章程》（时间不详）［A］，国学档，第7卷-11，第33—34页。

② 《四川省国学院附设国学学校一览表》（1913.4）［A］，国学档，第1卷-14，第39页。

③ 《四川国学院附设国学专修学校规程册》（时间不详）［A］，国学档，第6卷-5，第14页。

师资。

这时还按照教育部关于高等师范规定开始设立预科、本科。这源于国学馆在接收了存古学堂学生后，已经开招新生，新生年龄在 20 岁以下，老生则在 20 岁以上，两者在学习的程度、水平上都存在差异，由此形成新旧两班。预科、本科之设正是为了解决这个问题，因而其课程设置也有区别。预科设经学、小学、史要、国文、算术、心理学，其中经学讲授《白虎通义》、《五经异义》，小学是《说文》、《尔雅》，国文则讲读作文，预科可以视为入门学习阶段。本科设群经大义、中外历史、中国文学、周秦诸子、宋理学、中外地志、伦理、教育等，其中中国文学课包含文学研究法、作骈散法的讲授，教育课包含教育学、教育史、教授法等，伦理课则讲授人伦道德之要旨，课程的广度与深度较之预科都有较大提升[①]。

1914 年更名为四川国学学校后，上述课程设置基本沿用。1918 年改名四川公立国学专门学校后再次进行了大规模的调整。首先参照大学规程，进行了分科，本科分为哲学科、国文学科、历史学科，另有预科，不分专业。与分科相配合，课程进行了较大变动，面貌焕然一新，远非存古学堂时可以比拟。

此次课程调整，川省政府极为重视，亲自参与制定。先是12 月 20 日，国学学校向省长公署递交《关于改组国学专门学校分哲学、国文、历史三科各科均限四年毕业的报告》（国学档，

---

① 《四川国学院附设国学专修学校规程册》（时间不详）［A］，国学档，第 6 卷-5，第 14、19、20 页。

第 7 卷-13），省长公署的函覆肯定了分科的安排，但针对各科课程的设置均进行了具体修订，之后又以省政府的训令下发了《国学学校暂行章程》。学校同意相关修订，但最后颁布的课表又有所变化。几经周折确定：哲学科开设中国哲学（经、子）、中国哲学史、西洋哲学、印度哲学概论、国文、伦理学、心理学、论理学、生物学、社会学、美学；国文学科以国文、小学、史学、经学、子学、中国文学史、哲学概论、世界史、伦理学、言语学概论、社会学、美学兼美术为科目，课表中又增加法学通论[①]；历史科定为国文、中国史、史学研究法、东方各国史、南洋各岛史、历史地理、人种学、法制史、经济史、外交史、美术史、美学为科目[②]。

课程制定的过程颇为曲折，一方面体现了国学院、省政府在这个问题上的慎重，同时也表明传统教育融入新式教育体系初期摸索过程的艰难。反复修改的过程也是一个逐渐发展完善的过程：总体而言哲学科比较稳定，变化不大，这也许与经学发达有关；而国学科、历史科是新设，需要不断探索、调整，因而变动也较大。通过这次大调整，各科课程细化，设置颇为得当，自成体系。经史子学等仍然是主课，作为辅助课的其他课程则具有了现代学科含义，传统与现代相得益彰，这是一个鲜明的特点。而美学则成为三个专业的共同课程，不知是否源

---

① 《四川公立国学专门学校章程》（时间不详）[A]，国学档，第 7 卷-12，第 57、63—64、67 页。

② 《关于学校现行规则缮册给四川省长公署的呈文》（1919. 8. 11）[A]，国学档，第 7 卷-16，第 93 页。

于蔡元培的提倡。

随着课程的调整，课时也相应有所改变。传统书院上课时间较为随意，虽然存古学堂时便提出学有定时，但改变还是需要一个过程。馆院合并后，曾规定理学、算学、舆地等普通兼习科每周合计教授时间以 14 小时为限①，但主课时限却未要求。1913 年 4 月，又设定新、旧班的各课程周学时，其中旧班经学 13 小时，史学 4 小时，词章 6 小时，理学、教育各 1 小时，算学 2 小时，共 27 小时；新班经学 8 小时，史学 2 小时，词章 6 小时，理学、教育各 1 小时，算学 2 小时，共 20 小时②。到国学专修学校时，调整了周学时，规定本科、预科每周"阅校"钟点都统一以 30 小时为限，其余为"抄书、诵读、札记时间"③。这就确定了主课、辅课的讲授总时长，也成为国学学校后来长期沿用的周学时④。公立国学专门学校时，课程增加了，但周学时依然为 30 小时，并在这个时限内重新划分了每门课程的学时，如哲学科第一学年每周经学课 6 小时，子学 4 小时，史学 4 小时，国文 6 小时，小学 4 小时，中国哲学史 2 小时，伦理学 2 小时，美学兼美术 2 小时，合计 30 小时。其他学年同样

① 《国学院国学学校章程》（时间不详）［A］，国学档，第 7 卷-11，第 34 页。

② 《四川省国学院附设国学学校一览表》（1913. 4）［A］，国学档，第 1 卷-14，第 39 页。

③ 《四川国学院附设国学专修学校规程册》（时间不详）［A］，国学档，第 6 卷-5，第 14—15 页。

④ 1919 年 8 月国学学校上报给四川省长公署的各项现行规则中有"每周讲授时间廿四点钟，余时自习"等语，但不知是否施行，而公立国学专门学校章程中所列课表显示周学时均为 30 小时，固有此说。《关于学校现行规则缮册给四川省长公署的呈文》（1919. 8. 11）［A］，国学档，第 7 卷-16，第 91 页。

是每周授课 30 小时。文学科也是如此①。由此，学时真正得到了规范。

另外，学制经过调整也更趋合理。存古学堂时仿照江苏办法三年毕业，三年届满还可继续深造四年，但七年的修业年限确实较长。国学馆时沿用存古三年毕业之规，但新招学生都还需经过两年的"预备班"才能升入正班②，则前后至少需要五年。并入国学院后，前期基本沿用这项规定，因为国学专修学校以及四川国学学校都规定预科二年、本科三年，合计五年毕业③。公立国学专门学校时，预科减为一年，本科依然三年，增设研究科一年④。虽然同样为五年，但研究科相当于现在的研究生，学级有了提升，自然更受学生欢迎。这实际也成为国学学校后十年的学制标准。

同时，国学学校还建立了一套考试制度。馆院合并之初，便要求"学期试验、临时试验"与其他学校相同，所有普通科目均采用命题考试。同时延续了国学馆时的做法，将学生的平时成绩与学期考试成绩并重，学生期末成绩由"每月积分"与"学期积分"组成，"旧班"积分以主课合格为优，新班积分以

---

① 《四川公立国学专门学校章程（附各项规则）》（时间不详）[A]，国学档，第 7 卷-12，第 66—67 页。

② 《国学馆简章》（1912）[A]，国学档，第 3 卷-2，第 5 页。

③ 《四川国学院附设国学专修学校规程册》（时间不详）[A]，国学档，第 6 卷-5，第 14 页；《四川国学学校简章》（时间不详）[A]，国学档，第 7 卷-9，第 23 页。

④ 《四川公立国学专门学校章程（附各项规则）》（时间不详）[A]，国学档，第 7 卷-12，第 57 页。

"治经颖悟、文词雅适"为优。毕业时按照学生各期考试成绩、临时考试成绩、普通各科成绩的平均分之总和来评定优劣①。公立国学专门学校时，进一步严肃了考试纪律，专门制定了相关细则，规定：凡考试借故请假"规避"者记大过一次。如两次不参加考试者，"实系有心规避，不堪造就"，以后"毋庸来校，以免效尤"。考试除携带笔墨，不得另有夹带，违者记过。如有"倩枪、传递、毁损试卷"者，将被"扣卷"并记大过，而且不许再参加考试②。

学校还制定了相应的升留级办法。国学馆时因为旧班生住校，新招学生（预备班）走读，需两年后才能升入正班，故规定：预备班生"一学期后察有品性纯正，学业精勤者"可"升选住馆"，而且"优免学费"，不过旧班学生"一学期后如功课不及格者，即应降入通学"③。并入国学院后，对此没有专项规定，推测可能继续采用这种办法。1914年3月，学校改组后，所有学生均住校④，上述规定已经不太适宜。到公立国学专门学校时，又明文规定了新的升级毕业办法：学期、学年试验，如"主要学科有一门分数不及丙等者"，不得升级及毕业；另外如"操行列丁等"，即便考试成绩合格亦不得升级及毕业。至于留级两次仍不及格者，属于"成绩过劣，难期造就"，应该被勒令

---

① 《国学院国学学校章程》（时间不详）〔A〕，国学档，第7卷-11，第35页。
② 《四川公立国学专门学校章程（附各项规则）》（时间不详）〔A〕，国学档，第7卷-12，第77页。
③ 《国学馆简章》（1912）〔A〕，国学档，第3卷-2，第5页。
④ 《四川省国学学校一览表》（1914.8）〔A〕，国学档，第1卷-15，第42页。

退学①。学校 1919 年上报的现行规则中还表示：□□有两次列入丙等者，即予降班。如果新生不专心听讲，"茫无所知"，列入丁等者，除名②。相关制度还是比较严厉的，同时，将学生操行成绩纳入升留级考察范围，给予足够重视，也是该项规定的亮点所在。

当时还定有借书细则。国学馆时已有藏书室，学生可随时阅览，但不能带出馆外③。馆院合并后，加强了对图书的管理，要求只能在阅览室查阅，取书、还书都要以收条为凭，而且不能将书带回斋舍④。后来又安排学监兼任图书管理员⑤。公立国学专门学校时，更是制定了《藏书室规则》。该规则首先对藏书种类给予区分，称：校中藏书分"购置、寄存"两种。种类不同，管理方式也就不同。购买之书，可以借阅，但应登记在册、加盖校印之后。而寄存之书单独保存，"非查考必需时不得轻取"。又规定了学生借阅手续、数量、时间、归还要求等：学生借书先在学监处取阅览证，填明盖章，再交司书查送，不得在书室自行翻检。每次最多借阅书籍 5 册、法贴图 1 种。借阅时间除"用功必要之书"可酌延期限外，其他都以两周为限。暑

<hr>

① 《四川公立国学专门学校章程（附各项规则）》（时间不详）［A］，国学档，第 7 卷-12，第 70 页。
② 《关于学校现行规则缮册给四川省长公署的呈文》（1919. 8. 11）［A］，国学档，第 7 卷-16，第 91 页。
③ 《国学馆简章》（1912）［A］，国学档，第 3 卷-2，第 6、7 页。
④ 《国学院国学学校章程》（时间不详）［A］，国学档，第 7 卷-11，第 36 页。
⑤ 《四川国学院附设国学专修学校规程册》（时间不详）［A］，国学档，第 6 卷-5，第 16 页。

假、毕业或长假、退学前，都应归还所借书籍，"不得存留"。学生所借各种图籍、碑帖不得"私相递授"，如有遗失将照价赔偿。另外对于教职员工也做了相应要求。教员取用图书也要开条登记书名、册数，交司书登记，以便"按时清还"，如有"残遗"，也要照价赔偿，"以为学生标准"。司书有保管责任，点收后如发生遗失，也应赔偿。还特别强调应珍惜图书，不得"墨污、裁割"，"沁汗、折角"，带出校外①。

1924 年，重修《四川通志》局曾要求借调国学学校所藏各县志书，校方覆函不同意外借，称：志书应留校"以备学生取阅"，若确实需要，可派员来校查阅②。从此事也可看出他们对藏书的管理确实相当严格。

此外，学校还为师生配置了较为齐备的学习、生活设施，包括礼堂 1 间、讲堂 3 间、自习与寝室共 27 间，图书室 1 间，阅报室 1 间，事务室 1 间，会客室 2 间，职员室 3 间，教员室 7 间，司事室 2 间，仆役室 1 间，厨房 4 间，茶房 1 间，厕所两处③，而且还提出为各科"设置各项图书及供参考之标本等项"④，这种条件在当时还是比较优越的。

---

① 《四川公立国学专门学校章程（附各项规则）》（时间不详）[A]，国学档，第 7 卷-12，第 76—77 页。
② 《关于答覆通志局借各县志一案的函文》（1924. 10. 2）[A]，国学档，第 9 卷-24，第 61、63 页。
③ 《四川公立国学专门学校章程（附各项规则）》（时间不详）[A]，国学档，第 7 卷-12，第 79 页。
④ 《关于国学学校下设机构及颁发章程的通知》（1918. 10. 1）[A]，国学档，第 7 卷-8，第 21 页。

## 第三节　人事安排

国学院随着国学馆的并入，规模不断扩大，院（校）教职员工也在不断增加。院方设置了哪些职位，具体情况是怎样的？如要深入了解国学院的发展变迁，其人事安排状况是需要掌握的。

当国学院刚成立时，人员还较为简单。设有院正一人，院副两人，院员若干人，由都督聘请。院正负责全院事宜，院副会同院正办理。院员则会同院正、院副办理编辑杂志、审定乡土志等国学院负责的各项大事。同时还延请评议员（议董）若干人，评议院中各项事宜，并承担审定杂志、分纂通志、校对遗书、审查金石等事务①。此外，有庶务长一人，由都督委任，办理院内一切庶务，他可再任用司事若干人辅助工作。另设文牍人员及收支人员②。

馆院合并前夕，院中人员如下③：院正吴之英（名山），院副刘师培（江苏仪征）、谢无量（乐至），院员廖平（井研）、曾培（成都）、楼黎然（浙江诸暨）、杨赞襄（天全）、曾学传（温江）、曾瀛（新繁）、李尧勋（资阳），议董周翔（彭山）、

---

① 《咨送财政司元年下半年概算表暨员司册及概算一览表》（1912.8）［A］，国学档，第38卷-7，第25页。

② 本段引用除单独标注外均来自《四川国学院简章》（时间不详）［A］，国学档，第7卷-10，第31页。

③ 该档案未标注日期，但卷中一段手书为：本院迁移在即，一切图书俱应整行归架云云。推测应为国学院迁入国学馆前所作。

陆慎言（华阳）、龚煦春（井研）、龚道耕（华阳）、祝介（华阳）、黄云鹏（永川）、钟正棫（永川）、贺孝齐（永川）、崔映棠（绵州）、罗元黼（崇庆）、邓泉（绵州）、曾道（金堂）、吴季昌（井研）、王昌麟（灌县）、林思进（华阳），庶务长张子梁（崇庆），文牍舒修序（湖南溆浦），收支谭符撰（南江），采访全省人物古迹及遗书金石为沈峻清（浙江仁和），采访全川遗书并光复事实黄子簊（永川），管理图书金石敖希仲（荣昌），抄录校对郑兰（璧山），书记生胡久培（崇庆）、吴小波（名山）、杨子青（天全）、蒋绍华（双流），采买艾南滨（灌县），收发文件杨焕堂（成都），助理庶务傅泽生（崇庆），采访五道遗书金石特派员萧清波（秀山）、王有光（盐源）、周国光（奉节）、李象山（新津）、武大德（彰明）、赵维德（巴州）、贺维新（岳池）、钱大澜（大竹）、熊峻（筠连）、韩运昌（荥经）、吴德俭（威远）、萧倬唐（懋功），装订尹之全（华阳），拓工胡维馨（綦江）[1]。由上可见，当时除院员外，还有14 位采访人员负责全省文献、文物的收集，是国学院积极进行相关调查研究工作的实证。

1912 年 11 月，国学院、国学馆正式合并。国学馆原分为三部：教科之部、印刷之部、杂志及讲会之部，全部并入国学院。国学馆时职员只有三名，其中两人兼任教员，另有两名专职教

---

[1] 本段引用均来自《员司一览表》（时间不详）［A］，国学档，第 35 卷−2，第 9—11 页。按：该名册在刻印名单之外，还有一些字迹不清的手写名录，本书未收录。

员①，人数很少。合并方案计划从国学院院正、院副、院员中推选"熟谙馆务，夙充馆内教师者"担任主任，负责馆内教育事宜。另外讲演会、编辑杂志、续修通志、采访遗书、编纂光复史、刊印参考书等各项事务均拟设立主任，皆由"院员分担"，"以期便利执行、发展院务"。其他"整顿馆务著有成绩者"，也由政府延聘入院，"以资熟手而策进行"②。

合并后，国学院院正、院副、院员、名誉评议员、庶务长、文牍、书记等职位保持不变，另外新增了会计长一人，又为五位司事进行了分工：管理图书收发、管理印书发行、助理庶务、助理会计、采买③。国学学校一切事务都由国学院院正、院副负责；教师除算学、法学另外聘请外，其他各门课程都由院内诸先生担任。校中还设管理员一人，管理斋务。又设稽察一人，管理学生出入及请假等事宜。还安排理学教员协助管理事务。教务、斋务之外的事宜则由国学院斋务长办理。还专设写生两人，负责缮写、印刷讲义。讲堂、斋室则设置斋夫四人④。

同时，还明确了任命方式。院正、院副、院员由民政长延聘，名誉评议员由院正、院副延聘，庶务长、会计长由民政长任用，文牍由院正、院副任用，司事由庶务长、会计长商承院

---

① 《四川省官立国学馆简明表》（1913. 4. 2）［A］，国学档，第 1 卷-4，第 4 页。

② 《四川国学院国学馆合并条件》（1912. 9）［A］，国学档，第 5 卷-2，第 12—13 页。

③ 《国学院章程》（时间不详）［A］，国学档，第 4 卷-7，第 20 页。

④ 本段引用除单独标注外均来自《国学院国学学校章程》（时间不详）［A］，国学档，第 7 卷-11，第 34—35 页。

正、院副分别任用，书记由院正、院副考选，杂役由庶务长酌量雇用①。

现存档案中还保留了一部分当年的任命通知。如国学院会计长谭符揆辞职后，四川民政长委任彭治平接任的通知（图5—5）；四川民政长聘任张梦渔、黎尹聪为院员的通知（图5—6）；以及聘叶先甲、林思进为编辑员（图5—7）；聘曾笃为院副、周紫庭为院员的通知。还有四川公立国学专门学校成立后，四川靖国各军总司令部延请廖平担任校长的照会（图5—8），其文曰："国学学校为全省国学楷式，夙谂先生学术湛深，群流宗镜，相应照请担任该校校长一职，希即克日莅校。正席所有月修壹百肆拾元，按月由该校庶务致送，为此照会廖平先生。"②

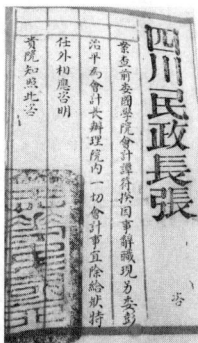

图5-5 四川民政长委任国学院会计长通知（源自四川大学所存国学档第34卷）

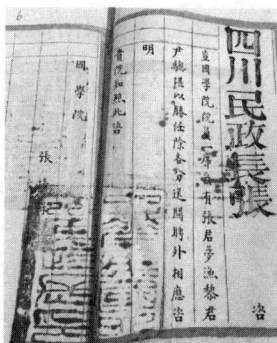

图5-6 四川民政长聘任国学院院员通知（源自四川大学所存国学档第34卷）

---

① 《国学院章程》（时间不详）［A］，国学档，第4卷-7，第20—21页。
② 《照会廖平先生请担任国学学校校长》（1918. 7）［A］，国学档，第34卷-25，第52页。

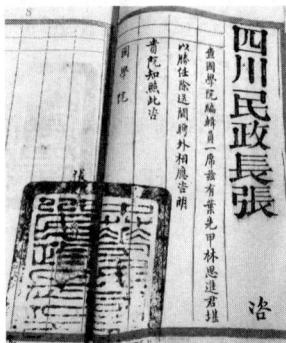

图 5-7　四川民政长聘任国学院编辑员通知（源自四川大学所存国学档第 34 卷）

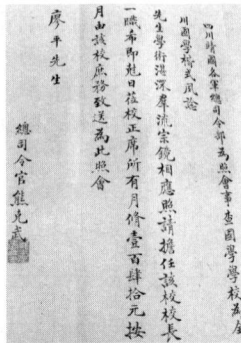

图 5-8　延请廖平担任校长的照会（源自四川大学所存国学档第 34 卷）

等等。另外也有国学院咨请聘余根云（下川南道）、吴好义（川北道）、杨周卿（上川南道）、钟奉廷（川东道）为各道采访员的咨文（图 5—9）。从这些文件可以看出川省政府对于国学院（学校）人事安排的管理是比较具体的。

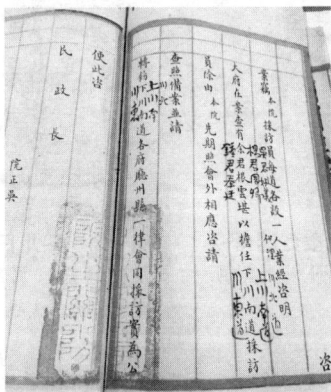

图 5-9　国学院咨请聘请采访员的咨文
（源自四川大学所存国学档第 34 卷）

经过这次馆院合并，产生了一些新的部门，人员安排也作了相应调整，详细情况如下：吴之英（院正兼国学专修科主课教员），刘师培（院副兼国学专修科主课教员），谢无量（院副兼办搜访遗书事宜），廖平（院员兼国学专修科主课教员），曾培（院员兼《国学杂志》总编辑），楼黎然（院员兼办讲演会事务），杨赞襄（院员兼国学专修科史学教员），曾学传（院员兼国学专修科理学教员），曾瀛（院员兼国学专修科舆地教员），李尧勋（院员兼国学专修科教育心理教员），周翔等 15 位任名誉评议员①，张子梁（庶务长兼《国学杂志》总发行），彭治平（隆昌人②，会计长），舒修序（文牍兼国学专修科外史教员），敖希仲（代理文牍、督理藏书抄书事宜），罗元黼（国学专修科管理兼办存古书局），蒲助孜（郫县人，国学专修科算学教员），傅振举（会理人，国学专修科法学教员），唐作霖（开县人，国学专修科检查员），李少湘（营山人，管理图书），傅泽生（助理庶务），戴文度（富顺人，助理会计），杨焕堂（收发文件），艾南滨（购买），胡久培（缮写公文函牍书记），杨子青（缮写杂志书记），刘舜臣（乐至人，缮写杂志书记），萧映湘（秀山人，帮写杂志书记），胡子耀（崇庆人，缮写讲义书记），吴小波（缮写讲义书记、帮管图书），李法三（成都人，编写表册书记），龚荣光（井研人，缮写金石文字书记），抄写遗书书记有郑绍德（梓潼人）、罗耕余（成都人）、朱锦文（名山人）、蒋

---

　　① 按：名誉评议员与前文所列议董人员基本相同，仅增加成都人周炳煃，删去罗元黼。邓杲此处写作"邓昶"。

　　② 按：前文已标注籍贯者，本处从略。

绍华，又有沈峻清（采访全省遗书金石），张学波（灌县人，《川西道志稿》采访员），黄子箴（《川东道志稿》采访员），蒙裁成（盐亭人，《川北道志稿》采访员），赵维德（《上川南道志稿》采访员），罗时宪（彭县人，《下川南道志稿》采访员）①，余根云（隆昌人，《光复史》采访员），郑兰（存古书局校对兼杂志抄校），詹荷光（乐至人，存古书局司事），袁西屏（德阳人，存古书局分局司事），余安平（成都人，帮理《国学杂志》发行），讲演会干事有胡忠渊（简州人）、陆菁那（三台人），裱订书籍为张文光（金堂人）、胡见知（成都人）②。上述人员除去纯粹一般性事务工作者外，教学与学术研究人员基本各占一半，如果考虑到院员兼具教学、研究的双重身份，则研究人员更胜一筹。这充分体现了国学院集教学研究于一体，大力发展学术的鲜明特性。而且，国学院这里聚集了以川籍学者为主的国学人才，数量可观，从人才的数量、机构的规模看，在当时都首屈一指，成为国内最大型的国学教育研究重镇。同时，从它的组织架构看，包含了教学、学术杂志办理、印刷出版发行、演讲会、文物遗书收集、史志编写等众多部门，形成了集教学、研究、出版、发行、宣传等诸多环节于一身的现代学术机构特征，是当之无愧的国内现代大型学术

---

① 档案中附说明称："本院创办伊始，延聘采访员十二人，分驻各道。嗣以经费不敷，改章，暂聘五人。"

② 本段引用均来自《咨送财政司国学馆并入我院后现员名册及人员一览册》（1912. 10）［A］，国学档，第35卷-3，第15—19页。

机构的先锋①。

至于国学学校，其首任校长为刘师培，以国学院院副兼任，1912 年 10 月到校，1913 年 12 月辞职。1914 年 3 月，省行政公署延聘廖平接任校长②。为严肃学纪，此时又设学监两人，"管理学生诵读及一切功课、食息、出入、到课、请假等事"③。经学教员黄镕（乐山人）、季邦俊（乐山人）都曾兼任此职④。1917 年 12 月，廖平辞职后，宋育仁任校长。第二年 7 月，廖平又复任校长。1922 年 7 月，廖平再次辞职后，骆成骧接任校长⑤。1926 年暑假，骆成骧突然去世，教厅派蔡锡保继任。1928 年秋，学校改名为"公立四川大学中国文学院"，蔡校长为院长。开学后，教厅厅长向楚接手学院工作⑥。

---

① 台湾学者陈以爱著《中国现代学术研究机构的兴起——以北大研究所国学门为中心的探讨》（南昌：江西教育出版社，2002 年）对成立于 1922 年的北大国学门进行了深入细致探讨，认为"国学门是中国现代大学中，最早以欧美研究机构为模式而建立起来的研究所"（前言，第 1 页），进而得出中国现代学术研究机构由此兴起。不过四川国学院早在 1912 年便建立起一所兼具大学教育与研究功能的学术机构，而且它是完全自主原创，但其模式已经初步具备现代学术研究机构的雏形，称其为国内现代大型学术机构的先锋应当是恰当的。

② 《四川省国学学校一览表》（1914. 8）〔A〕，国学档，第 1 卷-15，第 41 页。

③ 《四川国学学校简章》（时间不详）〔A〕，国学档，第 7 卷-9，第 26 页。

④ 《四川省国学学校一览表》（1914. 8）〔A〕，国学档，第 1 卷-15，第 42—43 页。

⑤ 以上校长更替情况引自廖幼平编：《廖季平年谱》〔M〕，成都：巴蜀书社，1985 年第 1 版，第 76、80 页。

⑥ 以上校长更替情况引自何域凡：《存古学堂嬗变记》〔G〕，四川省政协文史资料委员会编：《四川文史资料集粹》第 4 卷，成都：四川人民出版社，1996 年第 1 版，第 425、426 页。另据《四川大学史稿》（成都：四川大学出版社，1985 年第 1 版，第 94 页）：1927 年 8 月，省长公署和教育厅决议成都的五所专门学校联合组成公立四川大学。何域凡所记 1928 年秋，应有误。

在国学学校存续的 10 余年间，教员、管理员的变更比较大。四川国学院附设国学学校时，教职员工有：刘师培（校长兼经学词章主课教员），吴之英（经学主课教员），廖平（经学主课教员），杨赞襄（史学主课教员），蒲助孜（算学教员），曾学传（理学教员），李尧勋（教育学教员），罗元黼（管理斋务员兼存古书局经理），张子梁（庶务长)①。除蒲助孜外，教员均为国学院院员，学养深厚，经验丰富，颇具实力。

四川国学学校时，廖平为校长，校内人员进行了调整，出现了一些新面孔：黄镕、季邦俊为学监兼经学教员，陈文垣为国文教员，罗元黼任斋务长兼习字教员，吴开甲为庶务长兼算学教员②。另据何域凡回忆：当时饶焱之授声韵小学，曾海敖讲地理，杨赞襄授史学。新增除廖平弟子黄镕、季邦俊外，还有江津戴孟恂（伯挚，尊经高材生）讲授词章，资中骆成骧（公骕，尊经生，乙未状元）、云南孙愚（古之，己丑进士，卸任丹棱知县）讲国文。经学主要由廖平讲授。教务长则为富顺宋育仁（芸子，尊经高材生，丙戌翰林）遥领。1916 年增加哲学课，由江苏龚镜清（成都商务印书馆经理）授哲学概论③。

宋育仁任校长期间，教员、管理员又有改变：宋育仁任校长兼《国学杂志》主笔，廖平为子科教员，王昌麟任国文教员，

---

① 《呈请民政长查核送去的图书及教职员履历表及履历表》（1913. 9. 19）[A]，国学档，第 35 卷-4，第 26 页。
② 《民国二年下期及三年第二、三期管教各员一览表》（1914. 5）[A]，国学档，第 35 卷-1，第 7 页。
③ 何域凡：《存古学堂嬗变记》[G]，四川省政协文史资料委员会编：《四川文史资料集粹》第 4 卷，成都：四川人民出版社，1996 年第 1 版，第 423 页。

孙愚是史学教员，郭煊授经学，唐守潜为学监兼文学教员，罗元繡负责斋务兼存古书局校勘，林嘉琛为庶务，胡子厚负责档栅〔册〕兼缮写，李先明为稽查兼杂务，刘彬管理典籍，廖庆三、谢鸿滨均为书记①。何域凡还录有：仁寿辜予渠（增荣）教经学；资阳陶鼎金（调甫，均尊经高材生）授古文②。

公立国学专门学校成立后，廖平任校长，离开的黄镕、季泽民返校任职，又聘彭山陈希虞（日本留学生）讲授伦理、论理课，这是该校首次聘任留学生任教，另外聘永宁曾缄（慎言，京师大学堂黄侃弟子）管理教务，但仅任一期。骆成骧任校长后，聘请酉阳蔡锡保（松佛，京师大学堂毕业）管理教务，兼心理学、哲学教员；秀山易铭生（静仙，尊经高材生）教授《仪礼》；资中邓宜贤（辅相，存古毕业）为经学教员；华阳李永庚（榕庄）、资阳甘麟（石甫）、仁寿尹端（庄伯）为国文教员；简阳胡忠渊（皋如，存古毕业）教词章；成都盛世英（璜书，尊经高材生）批阅诗课（因耳失聪）；资中骆孝驯讲《左传》；成都龚道耕（向农）授《经学通论》；华阳徐炯（子休，尊经高材生）教伦理学；阆中蒲殿钦（宾虞，香港大学毕业）教论理学；饶焱之授小学；曾海敖讲史学。又有资阳林伯熙、

① 《积欠职教员薪数目表（七年宋前校长任内）》（时间不详）［A］，国学档，第35卷-5，第28页。

② 何域凡：《存古学堂嬗变记》［G］，四川省政协文史资料委员会编：《四川文史资料集粹》第4卷，成都：四川人民出版社，1996年第1版，第423页。

简阳吴桂薰（雪琴）任学监①。

蔡锡保接任校长后，人员变动不大。先聘请资阳李焕臣
（京师大学堂毕业）管理教务，但一期即去；又聘秀山谭焯（灼
庵，尊经高材生）继任，兼国文教员。另外增聘成都李思纯
（哲生，法国留学生）教西洋哲学，刘恒如（支那内学院）讲
印度哲学，成都余舒（苍一）授《庄子》，并研肖仲崙讲诸子
哲学，江安朱青长（还斋）讲词，成都龚圣予教昆曲②。

到向楚主持"公立四川大学中国文学院"时，国学学校的
不少师资都继续留任，如经学的龚道耕，哲学的李思纯、刘恒
如，国文的李永庚、谭焯，教心理、伦理的陈希虞，讲论理的
徐炯，以及授诸子的余舒，词学的朱青长等。一些曾在国学院
任职的人员或此前的学生也都被聘任，如华阳林思进（山腴）
被聘为文学史教师，盐亭蒙尔达（文通）被聘为教务兼古文教
员，资阳曾宇康（尔康，国学院毕业）任教词章等③。体现了国
学学校与之后的四川大学之间教师队伍的延续性。

此外，国学学校对教职员工的管理是非常严格的，尤其在
公立国学专门学校时。校方要求管教各员及办事人等按照学生

<hr />

① 本段引用均来自何域凡：《存古学堂嬗变记》[G]，四川省政协文史资料委
员会编：《四川文史资料集粹》第 4 卷，成都：四川人民出版社，1996 年第 1 版，
第 424—425 页。

② 本段引用均来自何域凡：《存古学堂嬗变记》[G]，四川省政协文史资料委
员会编：《四川文史资料集粹》第 4 卷，成都：四川人民出版社，1996 年第 1 版，
第 425 页。

③ 何域凡：《存古学堂嬗变记》[G]，四川省政协文史资料委员会编：《四川
文史资料集粹》第 4 卷，成都：四川人民出版社，1996 年第 1 版，第 426 页。

规则"寝兴食息",住校职员除星期休息外,其他时间不得全体同时外出。并且,职员也只能在规定时间、地点会客,否则"概行谢绝"。职员还应各守职务,不得"辞卸""揽越"。除此以外,非住校的丁役概不得贸然出入学校,工匠、商贩等非公事不得进入二门以内。同时校内人员需注意清洁,应戒除各种污秽习惯。要求自校长以下,各员工都须遵守这些规则,"不得以一人之私,害及全校之公"①。

在教职工的薪酬方面,自从馆院合并之后,院员兼任国学学校各科教员,不另支薪,仅酌送车马费②。兼任管理员者情况相同③。1912年下半年,院中各职位每月每人薪水概算情况如下:院正140元(银元),院副120元,院员100元,议董10元,庶务长、会计长各70元,文牍30元,司事10元,缮写、校对各7元,传事、杂役各1.6元。另外教员车马费一月共计200元④。如刘师培以院副兼任校长及经学词章教员,在月薪120元外,领取车马费60元,每月收入180元⑤,还是相当丰厚。不过他们的实际收入也并非完全按照上述标准发放,彼此之间存在一定差异。如1913年上学期,吴之英以国学院院正兼

① 本段引用均来自《四川公立国学专门学校章程(附各项规则)》(时间不详)[A],国学档,第7卷-12,第56—57页。

② 《四川国学院国学馆合并条件》(1912.9)[A],国学档,第5卷-2,第7页。

③ 《四川国学院附设国学专修学校规程册》(时间不详)[A],国学档,第6卷-5,第16页。

④ 《国学院国学馆1912年下半年合并概算一览表》(1912.9)[A],国学档,第5卷-3,第15、16页。

⑤ 《四川省国学学校一览表》(1914.8)[A],国学档,第1卷-15,第41页。

任经学教员，月薪为170元（包含教员车马费，下同）；廖平以国学院院员兼任经学教员，月薪也是170元；而杨赞襄以国学院院员兼任史学教员，月薪只为130元；曾学传以国学院院员兼任理学教员，月薪又只有108元；李尧勋以国学院院员兼任教育学教员，月薪也为108元；蒲助孜为另聘的算学教员，月薪30元；罗元黼管理斋务兼存古书局经理员，月薪是70元；张子梁为庶务长，月薪则为100元；李法三为司事，负责誊写讲义，月薪12元；李少湘也为司事，管理图书，月薪却为15元[①]。不过，虽存在这种内部的差别，但总体而言，这个时期院内收入还是比较可观的。

之后，随着废院存校，经费被大幅度压缩，也就直接影响到员工的收入。四川国学学校后期已经入不敷出，到1918年，由于经费紧张，教员月薪普遍下降，而且欠薪情况严重。这时，除校长宋育仁月薪140元，又担任《国学杂志》主笔每月另有100元，非常丰沃外，其他人情况都不乐观。子科教员廖平、国文教员王昌麟月薪仅为50元，较之过去缩水严重。别的人薪酬也存在程度不同的减少：史学教员孙愚为24元；经学教员郭煊16元；文学教员唐守潜10元，兼任学监另有30元；罗元黼为60元；庶务林嘉琛30元；档栅〔册〕兼缮写胡子厚12元；稽查兼杂务李先明12元；典籍刘彬12元；书记廖庆三6元；书记

---

① 《四川省国学院附设国学学校一览表》（1913.4）[A]，国学档，第1卷-14，第38—40页。

谢鸿滨 4 元①。更为糟糕的是月薪还不能按月支付，包括校长在内所有人都被欠薪。由此也可看出当时国学学校经济的困窘。

## 第四节　财务状况

国学院及其学校有严格的经费收支制度，制作了非常详尽的预算、概算等情况的财务报表，为今天了解其财务状况留下了充分详实的资料。

国学院在章程中明确规定："本院经常、临时经费，每年由会计长先期制成预算案，经院正、院副核定，送由民政长咨交省议会议决。""收支经费每年经过会计年度后，由会计长制成决算案，经院正、院副核定，送由民政长咨交省议会查核。""按月应用经费由会计长按照预算案应领之数备具文领，经院正、院副签盖印章，咨请民政长饬财政司核发。""按月收支经费由会计长于月终造具报销表册，经院正、院副签盖印章，分咨民政长、财政司查核。""各项收支簿据均由院正、院副规定施行，并由院正、院副随时检查。""本院除额支款项由会计长查照预算案支付外，其活支款项须经院正、院副公同核定，始能支付，但仍不得逾预算定额。"②（图 5—10）这些规定对于经费预算、决算、领取、使用以及票据、账簿等方面都作了具体要求，足见其财务制度的规范。而且其预算须交省议会议决、

---

①《积欠职教员薪数目表（七年宋前校长任内）》（时间不详）［A］，国学档，第 35 卷-5，第 28 页。

②《国学院章程》（时间不详）［A］，国学档，第 4 卷-7，第 21—22 页。

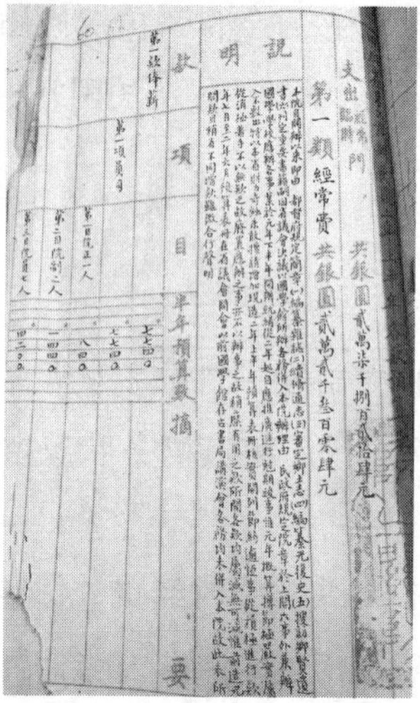

图 5-10-1　四川国学院民国二年上半年预算表（表头）（源自四川大学所存国学档第 38 卷）

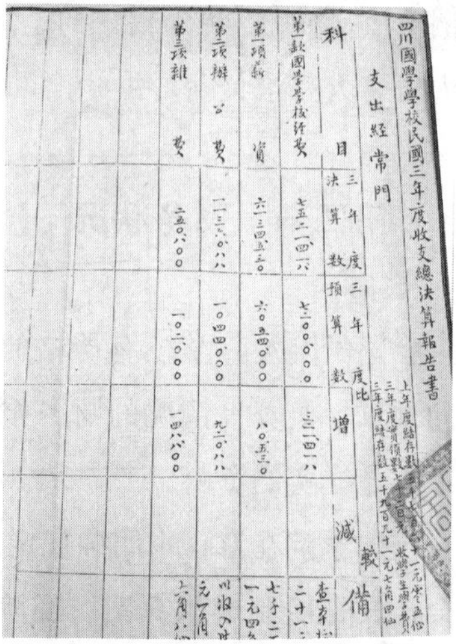

图 5-10-2　四川国学学校民国三年度收支总决算报告书（源自四川大学所存国学档第 39 卷）

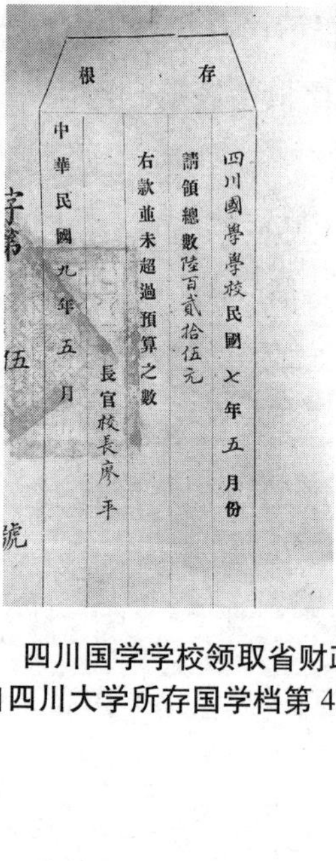

图 5-10-3　四川国学学校领取省财政经费存根（源自四川大学所存国学档第 43 卷）

决算须交省议会查核的规定，是共和政体下的新生事物，呈现出一种崭新的气象，体现了推翻帝制后，社会事务领域所出现的迅速而深刻的变化，毫不夸张地讲，这项举措背后所蕴含的意义是划时代的。下文将具体梳理国学院及其学校的经济状况。

1912 年 8 月，成立不久的国学院即将该年 7 月 1 日起至第二年 6 月 30 日止的预算上报省府，请求省议会议决。该预算经常费共六项，分别是薪水、伙食、杂支、补助杂志费、续修通志费、编纂光复史。其中薪水月支出 1366 元①，占月经常费 2166 元的一半以上。伙食费是 12 位住院职员以及 10 位传事杂役的日常伙食费用，职员人均 3 元，杂役等人均 2 元。此时国学院还租房办公，每月需支付 26 元的租金。另外办理《四川国学杂志》补助 232 元，主要用于印刷、抄校的支出。续修通志费 340 元，用于采访遗书、人物、古迹、金石、光复事迹，以及抄录费用。因采访费用已归入前项，故编纂光复史只列支 50 元的编纂费用。除以上经常费外，还设置预备费，包括购买图书、刊刻乡贤遗书、讲习国学的讲义刊印三项，每月共 410 元②。

临时省议会以"收不敷支"驳回该预算，要求国学院削减开支，暂且先报送 1912 年下半年"必不可少之支款"。国学院决定将编纂光复史、刊刻遗书、讲习国学三项延后至第二年开

---

① 按：档案原文为 1216 元，与各项薪水总和不符，疑误。笔者依各项薪水总和改。另外，本节所列经费如非特别注明，均以月计。

② 本段引用均来自《咨报本院预算并请都督府发交省议会议决及预算一览表》（1912.8）[A]，国学档，第 38 卷-6，第 15—19 页。

办、油印、纸张、印刷、采访等费用也格外节省，由此每月减少 320 元[①]。并表示："敝院开办伊始，目烦事巨"，但鉴于财政拮据，因而"屏戒浮费"，所报预算已"节省逾常，减无可减"，本次删削之后更是"已达极端"。最后每月开支概算为 2406 元，较之前的预算实际减少 170 元[②]。

此时，国学馆年预算开支为 13941.395 元[③]，月均 1161.783 元，主要用于三个方面：一是国学馆常年经费，二是附设的国学会刻行杂志的补助费用，三是附设的存古书局印刷刻字的经费。具体开支项目有薪水、伙食、杂用、补助、特别费。薪水所占比例依然最大，每月共 447.851 元，其中馆长月薪 140.845 元，教务长、斋务长、国学教员均为 70.423 元，算学教员为 30 元，司事为 8.45 元，杂役等又 1.677 元。院中 24 位员工的伙食费月支 57.995 元。杂用开支包括清油、洋油、牛烛、茶叶、烧茶水炭费、纸张白墨毛笔、图书、什器及杂用的费用，共 247.658 元。补助则用于国学会杂志与存古书局印刷刻字工作，计 401.666 元。另有预备特别费 25 元[④]。

1912 年馆院合并后，经费大为减少。国学院呈报的此期预算显示国学馆的经费除存古书局费、讲演会费外被完全删减，

① 按：此数据仅为国学院减少项目的经费总和，如编纂光复史 50 元、刊刻遗书 200 元、讲习国学 10 元等，未计算又增加的款项，如新聘院员薪水、添置器用、修理房屋等费用，故并非其实际减少金额。

② 本段引用均来自《咨送财政司元年下半年概算表暨员司册及概算一览表》（1912.8）[A]，国学档，第 38 卷-7，第 20—22、24—26 页。

③ 按：档案原文为 13852.112 元，与各项总和不符，疑误。笔者依各项总和改。

④ 《呈造民国元年全年预算表及预算表》（1912.6）[A]，国学档，第 38 卷-11，第 42—44 页。

仅保留了国学院的经费每月 2406 元,虽然这部分总数未变,但做了内部调整,将预备费从 250 元降到 50 元,200 元移作教员的车马费①。然而此预算并未通过审核,省议会要求进一步裁减经费,提出议董即学务议绅,类似于各公署顾问,顾问已准备全裁,议董也应"援例减免";又指出院中经费出入不过万余元,"事本不繁",已有庶务长,则应裁去会计长;并质疑存古书局印行书籍,"月有所入","纵令常绌,何至每月津贴如此之多",请其查酌②。之后,国学院裁减了议董一职,不过请求保留会计长,理由是"财政出入事务较烦,经手事件诸多未完",而且馆院合并后,"支款纷冗",因而还需暂时存留,待来年再行酌商。经此核减,国学院每月概算总计为 2638 元,下半年概算共 15828 元③。院馆合并前月开支合计 3567.783 元,合并后总经费不到原来的四分之三,减少了四分之一强,这也为之后国学院经济的窘迫埋下了伏笔。

1912 年 7 月 1 日起至 1913 年 6 月末日止,国学院年度实际总开支情况为:薪水 21747.804 元,伙食 302.331 元,油烛薪炭消耗费 2051.643 元,文件费 264.27 元,什器费 327.286 元,修缮费 662.947 元,图书费 939.022 元,特别费 3440.643 元,共

---

① 《国学院国学馆 1912 年下半年合并概算一览表》(1912. 9)[A],国学档,第 5 卷-3,第 15—17 页。

② 《国学院支出概况算审查核决表》(1912. 9)[A],国学档,第 5 卷-4,第 20—23 页。

③ 《咨送民国元年下半年核减确实概算表一本及概算表》(1912. 10)[A],国学档,第 38 卷-9,第 33—35 页。该表又经涂改,总经费改为 13536 元,而表中并无对此的说明,唯用毛笔划去经常费款项下"归并国学馆经费",此经费包括存古书局费、讲演会费,半年计 2292 元,正为减少金额。具体情况不明。

29735.946 元。当年省财政司拨款 30143 元，国学杂志销售收入 77.927 元，学费收入 30 元，又有国学馆移交的 2022.653 元，共计 32601.495 元，除去开支，略有盈余①。

但即便如此，国学院也不得不通过东挪西移来解决经济问题：学生晚上自修需增加灯烛费，上课所用讲义需补贴油印费，都只得从之前的租房费中分移而来；教员由院员充任，虽不送薪金，但需酌送夫马费，而这笔费用实际为购买图书费移充；合并以后减少了添置器用及修理房屋费，每月省下的 35 元又移充校内杂支②。

不过，在经费紧张的情况下，国学院编制的 1913 年上半年预算显示，各项研究工作投入明显增加。其中续修通志费半年预算为 5400 元，包含十位采访员的薪水、路费，以及访稿、志稿、各署局档案表册的抄录费。审定乡土志半年预算 300 元，用于乡土志定本、读本的抄录。编纂光复史也为 300 元，同样用于抄录。搜访乡贤遗书半年预算 1260 元，主要用于抄录外省孤本书籍。校刊重要书籍为 3000 元，用于对存古书局的补助以

---

① 《民国元年七月一日至二年六月末日止岁入岁出四柱总目清册》（1915.2）[A]，国学档，第 38 卷-8，第 27—29 页。此年度的开支另有一表，项目更具体，分为薪资 21673.135 元（为年度总经费，下同），办公费 3502.134 元（包括国学杂志费 858.935 元，文具 264.270 元，邮电 84.364 元，购置费 327.286 元，消耗 1967.279 元），杂费 1927.678 元（包括修缮费 662.947 元，杂支 1264.731 元），存古书局、讲演会费 2633 元（包括存古书局补助 2256 元，讲演会 377 元），合计 29735.947 元。据《民国元年度七月一日起至二年六月末日止收支报告书》（时间不详）[A]，国学档，第 58 卷-20，第 105—106 页。

② 《国学院国学馆 1912 年下半年合并概算一览表》（1912.9）[A]，国学档，第 5 卷-3，第 15—16 页。

及刊书、校对费。该预算所附说明表明此期采访、编纂、校刊等工作全面展开，人手增加，任务繁重，但编纂审定均由院员担任，不另支薪，仅仅因抄录量巨大，需雇员抄写，故所增费用也多用于此。预算中还特别增加一笔临时经费，用于购买省内藏书以及金石拓本，半年共计1200元[1]。而稍早编制的同时期概算表对报章订阅经费也给予了说明，称："（民国）元年下半年订购之报，为数甚稀，自二年正月起，拟将各省讨论学术各杂志增订数份，故每月增洋二元。"[2]

同时，院方也非常重视国学教育工作的投入。首先体现为大力兴建学校基础设施。当时，经院员、评议员共同商议决定从1913年下学期开始，另招120名新生。因学校地处郊外，学生必需住校。但校内斋室、讲堂均不足，因此国学院拟新建讲堂一所，斋室十间，定于1913年6月内竣工，所需费用至少为1500元。其次，也是极为难得的，院方在经费紧张的情况下，依然坚持国学教育的普及推广，他们认为："省垣各校国学教育未能普及"，而国学讲演会可发挥"补习国文之便"[3]，所以每月继续补贴该会100元，还因"讲稿印刷不敷甚巨"，拟从1913年7月起酌情增加[4]。

---

① 本段引用除单独标注外均来自《咨送民国二年上半年预算表一本及预算表》（1912.12）[A]，国学档，第38卷-13，第61—63页。

② 《咨送财政司民国二年本院概算表并表一册》（1912.8）[A]，国学档，第38卷-16，第77页。

③ 《咨送财政司民国二年本院概算表并表一册》（1912.8）[A]，国学档，第38卷-16，第77页。

④ 本段引用除单独标注外均来自《咨送民国二年上半年预算表一本及预算表》（1912.12）[A]，国学档，第38卷-13，第62—63页。

应该说，1913 年是国学院全面开展教学研究工作的一年，正如其概算表说明所言："（本院）事项于元年下半年既经择要提前兴办，元年以后自当逐次经营。"虽然面临省财政奇绌，经费多被删减的局面，院方仍然坚定表示："于应行之事，决不延宕；于应支之款，多不开支。"以求院务"有进无退"，开支"有缩无盈"①。

这年，国学院编制的上半年预算经常费达 22304 元，加上临时费达 27824 元②，1 月至 12 月的年概算为 31100 元③。最后批准为 30816 元，后又历经削减，实际只能月支 2168 元④。

1913 年 9 月，四川财政司节再次要求缩减经费，国学院经过"再四筹商，惟有于不得已之中"，决定从当月起将国学讲演会"开支之五十元全行停支"，又将存古书局每月的补助金 282 元减少 100 元⑤。1913 年 7 月起至 1914 年 6 月的决算书显示，年度总经费已经压缩至 17841.974 元，上述预算中所列用于研究工作的经费全部取消⑥。

1914 年 2 月，主要源于经费奇绌，被迫"废院存校"，国学

---

① 《咨送财政司民国二年本院概算表并表一册》（1912. 8）［A］，国学档，第 38 卷-16，第 76 页。

② 《咨送民国二年上半年预算表一本及预算表》（1912. 12）［A］，国学档，第 38 卷-13，第 60 页。

③ 《咨送财政司民国二年本院概算表并表一册》（1912. 8）［A］，国学档，第 38 卷-16，第 76 页。

④ 《民国二年度岁出预算表》（1914. 3）［A］，国学档，第 38 卷-17，第 80 页。

⑤ 《咨覆民政司我院一再削减之经费款项及数目》（1913. 9. 24）［A］，国学档，第 60 卷-7，第 13—15 页。

⑥ 《咨送决算书四本》（1917. 4）［A］，国学档，第 38 卷-18，第 84—85 页。

院停办，国学学校继续办理。交接之际，国学学校收到了三笔经费：一是国学院的余款 5607 元①；二是四川行政公署饬财政厅发给学校的 3000 元，作为该年 3 月至 7 月的经费；另外就是学生缴纳的学费 168 元②。不过，《四川省国学学校一览表》记学校全年（指 1914 年 3 月至 7 月）收入 8976 元，似还应有其他进账。此后，根据修正的 1913 年度地方预算，学校经费定为全年 7200 元，按月摊支 600 元③。

1914 年 3 月至 7 月，学校实际开支 3263 元，绝大部分用于支付薪酬，其中职员共计 1600 元，教员为 690 元，司事为 410元，丁役为 84 元。其次为饭食、茶水等费用共 352 元。另外还有办公开支，包括油烛薪炭 29 元，教学用品 6 元，书籍 45 元，修缮房屋 21 元，器具文具 20 元，杂项 6 元。经过这次大调整，很多经费项目都被裁减，即便保留的项目也进行了压缩，如教员的薪酬，在之前的屡次削减中基本未受影响，但这次普遍降低，与 1913 年上学期相比：校长月薪虽保持 120 元，但取消了每月 60 元的车马费；斋务长由 70 元降为 60 元；之前教员多由院员兼任，月薪都在百元以上，但这次调整后，经学教员兼学监仅 40 或 50 元，国文教员仅 30 元，数学教员（兼庶务）也是

---

① 国学学校收入报告书准确记为 5607.704 元，另外，学费收入记为 168.6 元。据《民国二年七月一日至三年六月末收支报告书》（时间不详）［A］，国学档，第 38 卷-12，第 52 页。

② 国学学校收入报告书显示还有国学杂志收入 33.254 元。据《民国二年七月一日至三年六月末收支报告书》（时间不详）［A］，国学档，第 38 卷-12，第52 页。

③ 《四川省国学学校一览表》（1914.8）［A］，国学档，第 1 卷-15，第 41 页。

30 元①。这段时期此前兼任教员的院员先后辞职,大幅降薪应该是出现这种现象的一个重要原因。

另外,这时四川国学学校全面继承了国学院的资产,包括:校舍与地基,价值约 14500 元,所藏图书约值 1200 元,器具及陈设约价值 1550 元,另外存款 5713 元,共 22963 元②。从此,四川国学院由四川国学学校代替,进入了一个新时期。

1914 年 7 月至 1915 年 6 月,四川国学学校领到省财政拨款 7200 元,而实际开支为 7521.418 元,幸而还有学生所缴学费 552.1 元,抵扣后没有出现赤字,加上历年的结存 5761.058 元,本年度结存 5991.74 元。其开支用于薪资 6134.53 元,办公费 1136.088 元,杂费 250.8 元③。学校又将结余经费存入昌福公司生息,1915 年红息收入 170.573 元④。收入非常有限,开支精打细算,成为这个时期学校财政状况的基本面相。

1915 年 1 月,学校收入 600 元,开支 589.043 元。开支同样分为薪资、办公费、杂费三部分。薪资包括教职员薪资共 430 元,其中月薪 120 元、100 元、60 元、50 元、40 元各一位,30 元的有两位。又有司事、书记薪资共 54 元,月支 12 元、6 元者各三位。还有夫役的工食费 16.18 元,其中月支 3 元、2.5 元、

---

① 《四川省国学学校一览表》(1914.8)[A],国学档,第 1 卷-15,第 39—44 页。

② 《四川省国学学校一览表》(1914.8)[A],国学档,第 1 卷-15,第 41 页。

③ 《遵批另造三年度收支总决算报告书及报告书》(1916.10)[A],国学档,第 39 卷-3,第 7 页。

④ 《民国四年二月至十二月份收入计算书》(时间不详)[A],国学档,第 40 卷-5,第 58 页。

1.8 元、1.6 元、0.28 元各一名，另有五名各支 1.4 元。第二项办公费共 87.835 元，其中购买纸张 1.725 元，包括功课表纸、对方纸、贡川纸、杭连官封、杭连中封、马文筒红墨水；购买簿籍 0.13 元，使用五才簿；还有伙食费 56.48 元，薪炭费 20 元，油烛费 9.5 元。第三项杂费 1.028 元，用于〔陌〕百步灯、洋钉、灰面、香烛、火炮①。

不久，每月 600 元的经费也不能足额领取了。1915 年 9 月，学校实际领到 480 元，其余 120 元充公：一半换为军票，用于弥补军票亏耗；另一半上缴作为剿匪经费。而所得军票 60 元只能折价使用，市价仅相当于 30 元。因此，校内开支进一步压缩，薪资又再次减少，原月薪 120 元者现降为 112 元，100 元则降到 80 元，60 元降为 48 元，50 元降到 40 元，30 元降为 24 元，等等。不过，在这种艰难的状况下，校方一直坚持《国学荟编》的刊印，1915 年 12 月为之支出 189.753 元，确实殊为难得②。

此后，财政窘迫的情况更加严重，到改组成立四川公立国学专门学校前，学校已经入不敷出。由于 1916 年下半年开始财政拨款迟迟未到，造成学校各项开支"极形困难"，不得不四处借款，但依然无法维持，1917 年 3 月至 12 月仅教职员薪酬就已经拖欠 3095 元③。

---

① 《民国四年一月至三月份支出计算书》（时间不详）〔A〕，国学档，第 40 卷-6，第 62—63 页。

② 本段引用均来自《民国四年四月至十二月份支出计算书》（时间不详）〔A〕，国学档，第 41 卷-1，第 27、29、40 页。

③ 《覆教育科调查各校本年经费实领，尚须款开单送科及清单》（1917.12）〔A〕，国学档，第 39 卷-8，第 29 页。

直到公立国学专门学校成立，情况才有所改善。1919 年 3 月，四川省长杨庶堪签发命令，称：为学校增加常年经费 2500 元，合计达到 1 万元，并列入 1918 年度预算，交省议会议决后办理①。随后，国学学校制定的 1918 年度支出经费预算经常门便提升至 1 万元，其中总俸给增加到 7588 元，办公费为 1422 元，杂费为 990 元；另外还申请临时经费 600 元②，旋又上升为 1000 元③。

也是从 1918 年度预算开始，教员薪酬发生了一个变化：单独聘请且未兼任行政职务的教员按照课时量计酬。其规定为：除校长每周授课 6 钟点，主任教员 12 钟点，不另支薪外，其余钟点主要由两位专聘教员讲授，每周各 12 钟，月薪 80 元，以 10 个月计，年支出 1600 元；每周还剩 6 钟点，全年按 40 周计算，为 240 钟，计为 360 元④。1919 年度预算进一步明确了这项政策：学生共三班，每班每周授课 30 钟，全年 40 周，共 3600 钟。除两位主任教员每周各授课 10 钟，不另支薪外，其余课时按照每钟两元给予报酬⑤。

---

① 《关于国学专门学校设立科目、规章制度的命令》（1919.3.26）［A］，国学档，第 7 卷-14，第 87 页。

② 《民国七年度国学学校支出经费预算书支出经常门》（时间不详）［A］，国学档，第 7 卷-15，第 90—91 页。

③ 《民国七年度岁出入预算表及临时费支出预算书》（时间不详）［A］，国学档，第 39 卷-9，第 32 页。

④ 《民国七年度岁出入预算表及临时费支出预算书》（时间不详）［A］，国学档，第 39 卷-9，第 33 页。

⑤ 《民国八年度四川省地方预算书》（时间不详）［A］，国学档，第 39 卷-15，第 51 页。按：档案原文将三个班一年的总学时记为 4200 钟，应误，笔者依据实际情况修改。

公立国学专门学校时期，学校财政情况出现好转。据校长骆成骧后来称，在他的据理力争下，学校经费不断增加，年经费先从 13760 元增为 17360 元，他还努力争取达到年经费 24000 元，临时建筑购置费 1 万元①。情况也确实如此。

1919 年度预算经常开支提升为 13760 元，俸给（11760 元）、办公费（1750 元）都有不同程度的提高②。

1920 年度预算经常开支为 2 万元，薪资达到 17066 元，办公费 2728.4 元，杂支 205.6 元，经费再次提升。这次在教员薪资中增加了每班每周批阅国文作业的报酬 6 元，全年按 40 周计，四个班共 960 元。学校还提出因地处郊外，交通不便，消息传递受到影响，因而需添置电话。另外又申请了 1000 元的临时经费，用于新建一所讲室以及购买书籍③。

1921 年度预算经常开支终于增加到 24000 元，俸给达到 19446 元，办公费 3916 元，杂支 638 元。这时学生有四班，共 160 人。教师人数相应增加，除两位主任教员外，又聘四名国文教员，每周各授课 8 钟，月薪 80 元。其他主要科教员包括两位经学教员，小学、子学、史学、哲学教员各一位，他们每周各授课 8 钟，月薪 70 元。辅助科有伦理学、论理学、心理学、法学、社会学、生物学、文学史、美学，教员共四位，每周每科

---

① 《咨省行署遵照推行并送十三年预算及预算》（1924.9）［A］，国学档，第 31 卷-12，第 65、67 页。

② 《民国八年度四川省地方预算书》（时间不详）［A］，国学档，第 39 卷-15，第 51 页。

③ 本段引用均来自《呈报九年度预算书及预算书》（1920.8）［A］，国学档，第 39 卷-17，第 60、62 页。

授课两钟，月薪 70 元。还预算了 5000 元的临时经费，主要用于添建三所讲室以及寝室，以满足新增的学生需要①。

1922 年度预算经常开支与 1921 年度相同，不过增加了临时经费，达到 8000 元。这笔费用全部用于修建校舍，校方表示：学校原本只有一所讲室，其余讲室均为寝室改建。学生现在已达四班，人数众多，讲室、寝室都不够使用。因此急需修建讲室 6 间，分为两室，可容纳 200 人；还要修建寝室两座，每座容纳 72 人②。

不过 1922 年度预算经常开支应遭到了大幅削减，从 1923 年度预算中所列数据看，1922 年度预算为 13760 元。而 1923 年度预算经常开支经过多次大幅度调整，一度曾达到 31950 元，但实际批准 17360 元，其中薪资 13988 元，办公费 2940 元，杂费 432 元。经常开支虽然未达预期，但也在头年的基础上有所增加，关键这年临时经费大增：1923 年进行了大规模的校舍兴建，临时经费开支达 1 万元。由此年度总开支达到国学学校时期的峰值。这次修建了一座大讲堂和一座有 9 间寝室的楼房，还配置了桌凳、单人床等器具③。校方为此编制了极为详细的建筑经费预算书，对所需材料的单价、数量、总价以及工时、人工费等进行了全面测算，体现了当时严格的财务预算制度，也为今

---

① 《民国十年岁出入及临时费支出预算书》（时间不详）［A］，国学档，第 39 卷-18，第 64—67 页。

② 《咨送十一年度预算及预算书》（1922. 11）［A］，国学档，第 39 卷-21，第 79 页。

③ 《民国十二年度临时建筑费支付预算书》（时间不详）［A］，国学档，第 45 卷-1，第 2—4 页。

天了解民国初年建筑成本情况留下了重要资料。还需指出，这年学校学费收入也大增，预计招收 5 个班，共 300 位学生，每人缴纳学费 16 元，总收入可达 4800 元①，学生数量以及学费收入都大大超越前期。

1925 年度内，依据四川省长行署教字第 22 号函准，国学学校年度经费增加 2640 元，总额重回 2 万元。校方按此额度制作了年度预算，其中薪资共 15688 元，聘请的无行政兼职的教学人员达到 16 位，他们依然按照每钟两元领取课时费，这时每班每月约 85 钟，有 5 个班，按一年 10 个教学月计，共支 8500 元。另外办公费为 4098 元，杂支 214 元②。

1926 年度学校学费收入 7100 元，较之 1925 年度的 6050 元又有增加，这段时期学生人数都在 300 人以上，所缴纳学费也上涨为 20 元、24 元两档③。该年预算支出两万元④，实际支出为 23600 元⑤。总体而言，公立国学专门学校时期，财政拨款和学费收入都呈现上升趋势，之前经费困窘的情况得到一定缓解。

---

① 本段引用除单独标注外均来自《呈送改编十二年度预算》（1923.10）[A]，国学档，第 39 卷-23，第 85—87、92、93 页。

② 《函送十四年一月起本校经费全年二万元预算及预算书》（1925.4）[A]，国学档，第 39 卷-24，第 99—101 页。

③ 《呈送十五年度预算书及预算书》（1926.7）[A]，国学档，第 39 卷-25，第 106 页。

④ 《呈送十五年度收支预算书及预算书》（1926.8）[A]，国学档，第 39 卷-27，第 111 页。

⑤ 《文学院专门部民国十六年度支付预算书》（时间不详）[A]，国学档，第 39 卷-28，第 119 页。另外，据该校 1927 年 1 月支付计算书说明称：教育厅教字第 4413 号令准增加国学学校常年经费 3600 元，合计达 23600 元。《呈报十六年一至五各月收支计算书及计算书、对照表》（1927.7）[A]，国学档，第 49 卷-2，第 10 页。

1927 年 8 月，包括四川公立国学专门学校在内的五所学校联合组建成为公立四川大学，国学学校由此改名四川大学中国文学院。从其编制的 1927 年度预算看，除经费开支略有增长外，总体没有什么变化。该年度预算总支出为 27200 元，包括薪资 20946元，办公费 5948 元，杂费 306 元。从 1926 年度开始，班级已经增至六班，此次更名后又新增一班，每月课时总量达 681 钟，教员人数相应增至 29 人，按每钟两元支付课酬，一年共 13620 元①。

四川公立国学专门学校此前结余的经费也全部交由中国文学院继承，据学校 1927 年 1 月的收入计算书可见，该月结余754.213 元，上月还结余 520.13 元②，到 7 月时总结余增至2538.786 元③，还是比较可观的。

另外需要指出，从 1925 年 1 月开始，学校应遵照核定经费的七折进行开支④。不过 1926 年度实际开支却大大超出该限额。这使经费紧张的问题又再次浮出水面，各校情况相似，纷纷要求发给全薪，否则将实行罢课⑤。万克明时任教育厅代厅长，迫于无奈，提出辞职，称："连日开会讨论，迄无办法。""代理厅

① 《文学院专门部民国十六年度支付预算书》（时间不详）［A］，国学档，第39 卷-28，第 119—120 页。

② 《呈报十六年一至五各月收支计算书及计算书、对照表》（1927．7）［A］，国学档，第 49 卷-2，第 5 页。

③ 《呈报十六年六月至十二月各月收支计算书及计算书、对照表》（1928．5）［A］，国学档，第 49 卷-3，第 54 页。

④ 《呈送十五年度收支预算书及预算书》（1926．8）［A］，国学档，第 39 卷-27，第 113 页。

⑤ 《关于教育经费奇绌，实难维持教学，呈驻军邓、刘两军长会同政务厅等详商切实办法筹款的训令》（1927．12）［A］，国学档，第 75 卷-51，第 78 页。

务，奉职无状，对于省教育经费筹画未力，致碍各校进行，实深内疚，计惟共同引退，以谢邦人。"① 邓锡侯、田颂尧闻讯后筹措拨款 1 万元，要求各校勉力维持，"勿因束脩之偶愆，遂致弦诵之绝响"②，但杯水车薪，问题没有得到真正解决。

纵观从国学院到国学学校 15 年的发展历程，经费问题一直困扰着它。国学院原本设定了诸多工作计划，一个大型的国学教学研究机构也正在蓬勃发展中，然而就是由于经费短缺，导致废院存校，许多工作被迫压缩甚至中断，研究工作受到沉重打击。从某种意义而言，中国完全独立自主而非模仿兴办近代国学研究学术机构的实践也就此折翼。之后的四川国学学校时期，经费更是频频削减，甚至到了入不敷出的境地。四川公立国学专门学校期间，情况虽然有所改善，但是较之于省内其他专门学校，如"高工之六万余元（年度经费，下同），农业、法政之三万余元"③，依然较少，致使教职员工"俸给""与各专门学校大相径庭"，甚至少于省立中学、省立初级师范校的薪酬④。吴虞在 1920 年 12 月的日记中记载："陈文垣因国学院束脩一元七折，复于七折后又打三折，过于菲薄已辞职不去。曾少鹤下学期亦未聘。未开学季泽民即用九十元，胡安澜即用五

---

① 《关于准予代教育厅长辞职及未经解决前仍暂维持校务的通知》（1927.11）[A]，国学档，第 75 卷-50，第 77 页。

② 《关于我厅电呈及邓、田两军长覆电，今抄发你校的训令》（1927.12）[A]，国学档，第 75 卷-52，第 79 页。

③ 《咨送十一年度预算及预算书》（1922.11）[A]，国学档，第 39 卷-21，第 71 页。

④ 《呈明窒碍情形恳予核夺量为增加预算》（时间不详）[A]，国学档，第 39 卷-13，第 44 页。

十元，而廖可知矣。然曾海敖、饶焱之则又往往不能得钱，更惨矣……尊孔之人办学如此，真可叹也。"① 这确实是当时艰难情形的写真，并且这还发生在经费有所增加的情况下，其他时期就更可想而知了。

应该说，国学院及其学校经济上的困窘与四川当时战事频繁，社会生产受到很大破坏有直接关系。民国建立不久，1912年7月，都督尹昌衡便奉命率军从成都出发，前往西藏平定农奴主叛乱。虽然这次战场不在四川境内，但军队巨大的开销也令省财政紧张。此后，四川境内的战争是此起彼伏。次年夏，反对袁世凯的熊克武部响应孙中山的号召，在重庆兴师讨袁，都督胡景伊派兵镇压，由于力量悬殊，四川讨袁之战以失败告终，历时40天。然后，1915年底，讨伐袁世凯的护国战争正式爆发，四川成为一个主战场。战争一直绵延到第二年5月，四川宣布独立，方告基本结束。而1917年9月，护法战争又开始了，为争夺地盘，各派势力明争暗斗，战火也一直持续，大大小小的军阀长期混战，造成哀鸿遍野。民国时期，"四川军阀混战次数之多，时间之长，危害之巨，在全国也颇为罕见"②。这对全省经济、文化、教育的发展自然带来非常严重的负面影响，国学院的夭折以及国学学校的艰难经历就是其中一例。

另外再对国学院附设的存古书局的经济情况作一点介绍。

① 吴虞：《吴虞日记》上（1920年12月12日）［M］，成都：四川人民出版社，1984年第1版，第570页。

② 隗瀛涛主编：《四川近代史稿》［M］，成都：四川人民出版社，1990年第1版，第731、769、773、783、790、793、806页。

存古书局原属国学馆，因为锦江、尊经两书院刊刻的书板后来都存于馆中，为了方便整理、印行，故设立书局。馆院合并后，书局也一并归入国学院①。下面对书局 1912 年、1913 年与 1915年的情况略作说明，以便对合并前后的状况有所了解。

1912 年 8 至 12 月，书局资产呈现增长趋势：其房产价值由1036.41 元增长为 1202.03 元，库存书货总价由 731.225 元增加到 1639.265 元②。同期售书收入为 247.432 元③，国学馆、院又拨入经费 1409.07 元，总开支 1490.832 元，收支基本持平。开支第一部分为薪资共 74.4 元：其中总局司事詹荷光，月薪 8 元，11 月起涨至 10 元；分局司事袁西屏，月薪 5000 文；分局学徒叶俊明，月支浆洗钱 250 文；总局小工一人，月支银一两。第二部分为消耗费 88.871 元：其中伙食费，总局每人每日 0.1 元或 0.07 元④，分局每人每月 2400 文；另外还用于购买笔墨、清油、丝线、补书板木板、牛胶、酒（发松烟用）、柴、灰面、麻（以上三者印刷用）、棕、松烟、麻布、席草、茶叶、水烟以及订阅《天民报》。其中总局使用清油 18 斤，松烟 59 斤；分局使用清油 10 斤，松烟 64 斤。第三部分文件费 1.717 元，包括购买账簿、报销纸、贡川纸以及邮寄费。第四部分什器费 6.236 元，

① 《四川国学院国学馆合并条件》（1912.9）［A］，国学档，第 5 卷 -2，第 10—11 页。

② 库存书货包括代售之书以及已经印成尚未装订之书，还有所存纸张、松烟等物品。

③ 除去成本 188.144 元，利润为 59.288 元。据《呈造存古书局元年八月至十二月末日止收支各款四柱清册一本，决算表一本（附清册及表）》（1913.4）［A］，国学档，第 76 卷 -1，第 9 页。

④ 伙食有上饭、下饭之别，费用也就有差异，应是职务不同，待遇不同。

囊括购买锁具、灯台、箧书箱、切书刀、账匣、鸡毛帚、蜡架、扫帚、剪刀、茶乳、茶杯的费用。第五部分为印刷费 178.673 元，包括经理、印工、靪工的劳务费。第六部分是补刻书板费 377.352 元，书局对《周礼郑注》等十余部书进行了补刻，其中补书板工一天工钱 220 文。第七部分纸张费 655.688 元，用于购买长连、二连、化连、卷连、书壳、洋连四等，以及搬运费。第八部分修缮费 11.346 元。第九部分特别费 96.549 元，主要用于房租、购买刻好的书板及样板书、节日犒劳、川资、贺礼等。这时，书局存书共 2300 部，其中《相台五经》11 部、《十一经读本》15 部、《说文段注》7 部，业已分零不再计入，余共 2267 部①。由于 1912 年 11 月，国学院、国学馆正式合并，因此以上内容基本可以反映书局合并前的情形。

　　1913 年 1 至 6 月，书局资产继续增长：房产价值在去年的基础上增加到 1542.469 元，库存书货总价值增加到 2048.647 元。其收入一方面来自国学院拨款 1692 元，另一方面为售书款 435.246 元②，总开支 1786.857 元，略有盈余，具体开支项目与此前大同小异。总体而言，这个时期书局的发展形势喜人，新

---

　　① 本段引用除单独标注外均来自《呈造存古书局元年八月至十二月末日止收支各款四柱清册一本，决算表一本（附清册及表）》（1913.4）[A]，国学档，第 76 卷-1，第 5—9、14 页。

　　② 除去成本 327.142 元，利润为 108.104 元。据《呈造存古书局二年一月至六月末日止收支各款四柱清册及决表（附清册及表）》（1913.7）[A]，国学档，第 76 卷-2，第 28 页。

印书籍达到 4174 部①。

废院存校后，存古书局附属于国学学校，继续办理，但不再拨给经费，需要自负盈亏。1915 年 1 至 6 月，书局收入仅为售书款铜钱 890151 文，银元 42.201 元②；而开支为铜钱 821756 文，银元 427.454 元，出现收不抵支的情况。其中薪水开支为银元 76.4 元，办公费开支铜钱 814013 文、银元 326.704 元，杂费为铜钱 7743 文、银元 24.35 元③。不过书局资产持续增长，只是幅度有所回落：1914 年的库存书为 5083 部，价值 1414.036 元，到 1915 年 6 月，又新印书 2930 余部，价值 136.998 元④。这里特别需要指出，在自身经济状况困窘的情况下，此期书局还调拨 100 部书奖励国学学校的学生，价值 13.696 元⑤。

此后，书局再未获得专款资助，国学学校也仅仅能够承担书局经理的薪俸，而且这笔费用都还一度遭遇裁减。校方编制 1919 年度预算时，曾将学校的三大困难情形一一陈明，恳请省

---

① 本段引用除单独标注外均来自《呈造存古书局二年一月至六月末日止收支各款四柱清册及决表（附清册及表）》（1913.7）［A］，国学档，第 76 卷-2，第 24、29 页。

② 又记作售出书 1165 部，价值 698.556 元。见《民国四年一月一日起六月末日止存书货实价一览表》（时间不详）［A］，国学档，第 41 卷-2，第 47 页。

③ 《民国四年一月一日起六月末止收入支出计算书》（时间不详）［A］，国学档，第 40 卷-1，第 2、5—6 页。

④ 档案中新印书数量末位字迹脱落，故该数字为概数。另外档案中备考称：头年的存货（纸张等）均计入新货滚存，不作实存，并算以价，即在新印书内。这批存货计价为 125.187 元。按此理解，则新印书的实际成本应为 262.185 元。据《民国四年一月一日起六月末日止存书货实价一览表》（时间不详）［A］，国学档，第 41 卷-2，第 47 页。

⑤ 《民国四年一月一日起六月末日止存书货实价一览表》（时间不详）［A］，国学档，第 41 卷-2，第 47 页。

财政予以支持。其中第一条便是关于书局的，称："本校附设存古书局，原设经理兼校勘一人，每月薪俸三十元，向由学校开支，列入预算案。本年度未列有此种经费。书局所获纯利，原系供刊刻之用，与其他营业稍有区别。此项薪脩若由书局开支，则刊刻无费；若纯尽义务，则恐无人负责。"第三条也涉及书局，"书局以刊刻为重，时有抄钞，书记一人，势难兼领"①。从中也可看出书局的艰难处境。

## 第五节　制度特色

从 1912 年至 1927 年，国学院及其学校在新的教育框架下，建构起较为完善的制度与措施。纵观它 15 年的制度建设历程，可以发现如下特点。

### 一、现代教育制度基本确立

国学院接收由存古学堂更名而来的国学馆后，便开始完全按照民国政府教育部的要求，对国学馆进行打造。虽然存古学堂时，也曾提出"规则整肃"、"出入有节，起居有时"、"与旧日书院积习绝不相同"② 等愿景，但其改变的程度从客观而言还是非常有限的。而从国学院开始，一系列具体的规章制度相继推出，无论从改革的力度还是效果看，都大大超越了存古学堂

---

① 《呈明窒碍情形恳予核咨量为增加预算》（时间不详）［A］，国学档，第 39 卷-13，第 43—44 页。

② 吴剑杰：《张之洞年谱长编》下卷［M］，上海：上海交通大学出版社，2009 年第 1 版，第 967 页。

时期，在不长的时间内，基本完成了国学学校由传统教育模式向现代大学模式的平稳转型。

这首先得益于院方管理观念的清晰明确。馆院合并后，国学院立即宣布："本学校管理规程悉遵教育部颁定管理规程办理。"[①] 这实际是将学校自觉纳入民国教育部所构建的现代教育体之内。不久校方又明确表示该校将按照大学规范进行管理："本校援照教育部部令高等师范专修科规定（办理）"，并强调"凡部令学校通行规程本校均遵照办理"[②]。这种理念一直贯穿其始终，即便遇到种种阻力，也从未动摇，体现出学校对自己的清晰定位，那就是建设一所现代大学。

正是在这种清晰而明确的观念支配下，国学院虽然经历了多次变更，负责人也数度更换，但其管理制度建设却呈现出一种统一性、完整性、延续性的特点。他们先后制定了《四川国学院简章》、《国学院章程》、《国学院国学学校章程》、《四川国学（专修）学校（规程）简章》、《四川国学学校简章》、《国学学校暂行章程》、《四川公立国学专门学校章程》等多套规章，逐步有条不紊地实现了学校的变革。这些规章又形成了一个完整的链条，见证了国学院发展的每一步，从中可以深入理解其转型过程中制度从无到有、逐渐完善的全过程。

应该说，国学院所进行的制度建设最大的意义就在于改变了过去传统书院教育较为随意、散漫的问题，规范严整的现代

① 《国学院国学学校章程》（时间不详）［A］，国学档，第 7 卷-11，第 36 页。
② 《四川国学院附设国学专修学校规程册》（时间不详）［A］，国学档，第 6 卷-5，第 14、18 页。

教育制度在此得以树立。无论是学校的校务还是教务工作的管理，都充分体现出这种变化与影响。从这时开始，较为合理的学制被确定下来，预科、本科、研究科三个阶段的学习模式开始出现，大学分专业教学的方式也得以明确。而且又制定了各专业的课程，和存古学堂时期相比，课程已经发生很大变化，体现出较强的时代性，专业性也真正表现出来。现在许多习以为常的教学制度，都在这个时候出现并被确立，如每周的课时确定后，出现了课表，还有诸如招生制度、分班教学、升留级办法等都得到了规范。

同时，一些细微之处也悄悄发生着变化。比如此前，对于年级、班级这些观念都是非常模糊的，1912 年底，国学院在制定次年上半年预算表时便指出：新旧班学生为 70 人，"虽仅二班，然旧班经、史、词章业分三科，经科之中复分数班"①，其复杂混乱程度可见一斑。查看相关档案会发现，明确划分班级这个小问题当时一直没有解决。到 1916 年，国学学校在编排班级时，仍然沿用"新班"之称，每年新招之班都谓之"新班"，年年如此，终于不知所指。之后才开始发生变化，各班级有了专属称谓。

另外，像招生时间这类问题也是发生了一个转变的。1913年，教育部曾要求全国各校以每年 8 月 1 日为开学之日，也在此时招生。但四川教育司提出，希望能同时在元月 1 日及 4 月 1

———————

① 《咨送民国二年上半年预算表一本及预算表》（1912. 12）［A］，国学档，第 38 卷-13，第 62 页。

日学期开始时继续招生，理由是学生考试不及格者将留级，如一年仅招生一次，则学生升留级将推迟达一年。教育部回覆称："可酌量地方情形，于四月学期之始，添招一次"，但否决了1月招生的请求。原因是教育部审定的教科书只有春季、秋季学期两种，其次如果元月再招生，会造成"校中班次过于繁多"，同时指出中学、师范各校的留级须以学年为准①。省教育司也将此要求转发给了国学院，由此来看，国学院之前应该也和省内其他学校一样一年实行多次招生，致使校内班级林立。此后，直到四川公立国学专门学校时，才最终确定每学年年终时招生，由此按年招收新班的规则才确立起来。

可以看到，无论大的方面还是细小之处，这种改变都在悄然发生，而且它是持续、渐进的，最后水到渠成，完成了这种改造。

再引一首存古学堂时学生所作反映校中生活的诗歌："存古学堂何处寻，杨侯故邸柏森森。后园小谢自春色，隔壁老张空好音。三顿频烦司事记，七年辜负秀才心。假条未递身先出，长与罗监在扯筋。"诗中体现出几件有意思的事情：存古时期，学生年龄偏大，多在 40 岁左右，因而称呼学堂监督谢无量为"小谢"。谢无量此时仅 20 余岁。其次当时规定七年结业，令学生颇感不满。另外这时已有要求，学生外出需请假，但显然众

---

① 《关于留级学生的通知》（1913. 12）［A］，国学档，第 21 卷-16，第 47—48 页。

人很不习惯，多不假而出，因而常常与罗学监争吵①。与国学学校稍作对比，可发现前后已经很不一样了。

二、与时俱进的新气象

由于对国学院的了解并不深入，加上又存在片面的认识，人们往往将之笼统地归入保守队伍之中，并进而得出落后等等负面评价。但是倘若能抛开成见，平心静气地关照历史，那么我们会发现事实其实并非如此。客观地说，国学院及其学校在总体上恰恰呈现出一种与时俱进的新气象。如上文所述，他们在推进确立现代教育制度过程中的不懈努力，即为一个很好的证明，下面再补充几个具体事例，加以说明。

在教员的选用上，四川公立国学专门学校要求国文类教员应"品行纯粹，有精深之著述，或久经办学，富有经验者"，科学课程的教员"以国立大学毕业及外国大学毕业者为合格"②。这个标准于当时而言，还是比较高的。那时，学校除延请省内外耆儒任教外，还先后聘请京师大学堂毕业生曾缄、蔡锡保、李焕臣管理教务、兼任教员，蔡锡保还曾担任校长；又聘请成都商务印书馆经理龚镜清讲授哲学概论；另外日本留学生陈希虞、法国留学生李思纯、香港大学毕业生蒲殿钦、支那内学院的刘恒如都曾执教于此。教员结构的多样性，是过去所未有的，这自然也会给学校带来新鲜的气息。

---

① 何域凡：《存古学堂嬗变记》［G］，四川省政协文史资料委员会编：《四川文史资料集粹》第 4 卷，成都：四川人民出版社，1996 年第 1 版，第 420 页。

② 《四川公立国学专门学校章程（附各项规则）》（时间不详）［A］，国学档，第 7 卷-12，第 80 页。

其次，学校设立名誉评议员，又称议董，有 15 位，他们负责评定学校各种事宜，如 1913 年下学期开始，添招 120 名新生的计划，便是由院员、评议员共同商定的。评议员之设立，体现出民国建立后，民主思想的一种实践。

另外，国学院及其学校的经费收支都实行严格的预决算制度，必须经过省议会表决通过才能生效。这也正是共和体制下出现的深刻变化。

总之，在制度建设与管理方面，院（校）方紧跟时代潮流，与时俱进，体现出种种新气象，是民国初年社会大转型背景下教育变革的典型个案，如果说，它已将"旧瓶"换了"新瓶"，也不为过。

### 三、实现宏大之构想

四川国学院在成立之际，便设定了编辑杂志、审定乡土志、续修通志、搜辑乡贤遗书、校订国学参考书、编纂本省光复史六大工作任务，随着国学馆的并入，又增加办学之责。职责范围涵盖文献收集、整理、编撰、出版，以及地方史志的普查、编写，还有学术杂志的编印、国学教育的开展等诸多方面，尤其是对地方文献的收集整理颇具特色，可谓集合了文史研究从资料收集到编撰出版、宣传、教育一整套完整的环节，形成了打造极为宏大的一个学术研究基地的构想。

并且，国学院也很快组建起一支较为完备的研究队伍，还从经费上给予支持，使相关工作迅速开展起来。这支队伍由吴之英担任院正，刘师培、谢无量为院副，廖平等 9 人为院员，这些人均为在蜀的硕儒名士，学养深厚，颇具社会声望，应该说是齐聚了当时蜀中的一流学者。以他们为核心，又设置了多名采访员负责省内不同地区资料的采集，确定了存古书局负责人、《国学杂志》总发行、讲演会干事等专职人员，另外还有多位分别缮写金石文字、抄写各类遗书、缮写杂志的书记，以及校对、裱订书籍的辅助人员，同时安排了周翔等 15 位名誉评议员给予指导。从其人员的配备情况也可以感受到国学院当年的雄心。另外从经费开支看，国学院在办理杂志、续修通志、编纂光复史、刊刻乡贤遗书、讲习国学方面都给予专项资金支持，即便在经费压缩的情况下，院方编制的 1913 年上半年预算中各项研究工作的投入却明显增加。这也再次表明国学院的努力方向与愿景。应该说，建造一所大型国学教学研究机构，是院方清晰而笃定的目标，他们在制度建设方面为之提供了尽可能的保障。

事实上，在四川国学院开办前后，国内学者也曾计划设立机构，发展国学教育与研究，但纷纷以失败告终。之前，国学保存会诸君刊印《国粹学报》的同时，便准备开设国粹学堂，但因经费不足而放弃①。1913—1914 年间，马良又提议成立函夏考文苑，章太炎、梁启超、严复都积极附议。他们想仿效法国法兰西学院，建成全国最高学术机构，最后还是无果而终。继而章太炎又打算缩小规模，先办一个弘文馆，类似讲习所，主要进行字典编写的工作，拟以钱玄同、马裕藻、沈兼士、朱希

---

① 桑兵：《晚清民国的国学研究》［M］，上海：上海古籍出版社，2001 年第 1 版，第 8 页。

祖等为馆员，然也未成①。

正如研究北大国学门的台湾学者陈以爱评论函夏考文苑的失败时所言："在民国初成立时，政府、学界乃及社会大众，对于设立一个全国性的独立学术机构，在经费上及心理上都未到达水到渠成之地步。"② 而国内鼓吹设立学术机构的声音则要等到 20 年代以后了③。

两相对比，在中国当时最发达的东部地区，最重要的两座城市——北京、上海，均未能实现之事，却在西蜀化为现实，其中所呈现出的历史面相以及城市风格耐人寻味。

虽然后来由于经费的原因，四川国学院的宏伟计划并未完全付诸实施，但它确实是近代中国以政府力量兴办的第一座大型国学教学研究机构，是与大学相结合的近代国学学术机构的开山。

当然，由于时代以及认识的局限性，四川国学院及其学校在制度管理方面也存在一些不足，比如其应省政府的要求，对同学会等社团组织进行限制，以及阻止学生参加社会事务等。

---

① 本段引用除单独标注外均来自陈以爱：《中国现代学术研究机构的兴起——以北大研究所国学门为中心的探讨》[M]，南昌：江西教育出版社，2002 年第 1 版，第 71—72 页。

② 陈以爱：《中国现代学术研究机构的兴起——以北大研究所国学门为中心的探讨》[M]，南昌：江西教育出版社，2002 年第 1 版，第 71—72 页。

③ 以 1922 年 3 月，朱光潜发表于上海《时事新报》的《怎样改造学术界?》，1923 年洪式闾发表于《晨报五周年纪念增刊》的《东方学术之将来》等文章为代表，学界开始提出在国内设立研究机构，促进学术发展的呼吁。见陈以爱：《中国现代学术研究机构的兴起——以北大研究所国学门为中心的探讨》[M]，南昌：江西教育出版社，2002 年第 1 版，第 70—71 页。

但总体而言，应该承认，四川国学院及其学校在辛亥革命之后，顺应时代的潮流，积极进行了大量的制度建设与改造的工作，建立了近代中国第一所大型国学学术机构，同时完成了国学学校由传统教育模式向现代大学模式的成功转型，其正面意义与价值应是主要的。另外还应注意，它也是全国存古学堂在民元之后，硕果仅存且成功转型的案例。

# 第六章　四川国学院的教学工作

　　四川国学院创办后不久，便与国学馆合并，由此国学教学工作也成为国学院的主要任务之一。后来因为废院存校的大变化，教学工作更是一跃成为国学学校的首要任务。可以说，在国学院及其学校 15 年的办理历程中，这项工作一直贯穿始终，从未停滞，而他们对国学人才的培养也成为其历史上的亮点所在。

　　然而这个时期不同于过往，经学科的废除使中国传统教育失去存在的根基。面对这种巨大挑战，国学院难能可贵之处在于他们没有放弃，而是孜孜以求探寻国学教育的新道路，力图实现传统与现代的融合。

## 第一节　平稳过渡

　　1912 年 2 月，四川存古学堂更名为"官立国学馆"。11 月 1 日，国学院、国学馆正式合并，国学馆改名为国学专修科。国学院自此也增加了一项重要的工作——办学。刚合并时，馆内还有学生约 60 余名，院方又准备来年招收新生。"如何办学?"这自然成为主办者必须回答的首要问题。

总体来看，合并初期，国学院主要采取了平稳过渡的政策，院方表示："本校一切课程酌采存古学堂、国学馆两项章程变通办理。"① 话虽如此，但实际上基本沿用的是国学馆时的教学框架。

查国学馆时，课程分主课与附课两类。主课为国学，即经学、史学、词章，其中又特别强调经学："前清以经、史、词章并列为三科。兹定国学馆学生全班分年专治一经，一经已毕业，再改治一经。由此递升，按年分授，以求深入（群经注疏平时仍可通习）。"② 并入国学院后，经学的地位更高了，史学、词章班学生也须将"本岁所习专经"与各自主科一并作为"主课"，且史学、词章授课钟点"不得与经学授课、查课钟点相抵触"③。因为校方认为："保存国粹固以研究经史为最先，储养师资尤以分经专肄为必要。"④

当时，主课教员需"兼通经史、长于文学"，他们负责讲授国学，但在本班、预备班所授课程有所不同：本班讲"专经"，预备班"先从小学入手"。由于学生都有一定国学基础，因此课

---

① 《国学院国学学校章程》（时间不详）［A］，国学档，第 7 卷-11，第 33 页。

② 《国学馆办法简明章程》（1912）［A］，国学档，第 3 卷-1，第 2 页。

③ 《国学院国学学校章程》（时间不详）［A］，国学档，第 7 卷-11，第 33—34 页。

④ 《国学院附设国学学校旧班学生历年成绩总分表》（1913.5）［A］，国学档，第 26 卷-11，第 31 页。

堂上主要讲授"学术门径及条例"①，需讲解经史词章的"用功次第"、应该点阅何书、参考编辑何书等。另外，教师还要具体指导学生抄书、点书，告知相关要求。抄书一般以学生各自所习专经为主，新班则先抄写《说文解字》、《白虎通义》、《五经异义》。方式可以是全文抄录，也可以按照老师要求依类摘抄，每周呈阅。点书以《史记》、《前汉书》、《后汉书》、《文选》为主，每日所点页数由教师规定，也每星期呈阅一次。学生对于抄、点及所读之书，凡有疑问及心得都需撰写札记，随同抄、点作业一并呈阅。校方特别强调抄书、点书不得假手他人，札记也不得抄袭陈说托为心得。不过，这时上课时间还是比较随意的，教员可以"随时升堂讲演"②。课后，教师则"监察"学生自习情况，批改学生所写札记、评阅试卷，如发现问题"随时升堂"讲评，若遇较大的"经史疑义"，还要"诸生公决之"③。

国学馆除主课以外还设有附课，又称"随意科"，包括：算术、法政、经济、外史、外地、博物等。这些课程除算学聘请老师讲授外，其余都由学生自学，即"选新出编译善本指定起讫使学生自习，按月发题课试之"④。同时要求"中国历算、乐律、医术均当特别研究"，并指出历算以"历法及五经算术为主"⑤。

---

① 《国学馆简章》（1912）[A]，国学档，第3卷-2，第5页。

② 《国学馆简章》（1912）[A]，国学档，第3卷-2，第5—7页。

③ 本段引用除单独标注外均来自《国学馆办法简明章程》（1912）[A]，国学档，第3卷-1，第2页。

④ 《国学馆办法简明章程》（1912）[A]，国学档，第3卷-1，第2—3页。

⑤ 《国学馆简章》（1912）[A]，国学档，第3卷-2，第6页。

合并初期，国学院大体沿用上述做法，除规定主课教师每周查课两次外，其余讲课、查课、考验、批改等事宜都"参照国学馆旧章办理"。这时同样要求新生先学《说文》，新旧班兼习《白虎通义》、《五经异义》，并且每位学生都应各自"专习一经"，且"自行认定后不得改习"。不过"普通兼习科"课程有较大调整，变为理学、算学、舆地、教育、法学，而且都安排教员合新旧两班教授，每周合计课时不超过 14 小时。另外还开设了"随意科"，类似选修课，有中国历史、算学、医学、金石、篆隶、画绘，愿习者在五人以上就可开班讲授。此外，还为新班学生开设作文课作为必要科，每月要作文两次，并讲授文法两次①。国学馆时便开办的国学讲演会继续办理，他们"约集通材，实地研究古礼、古乐"，成果按期讲论，又仿照"白虎观会议"方式，对重要问题展开讨论，"办明各经大纲巨案"，学生均可旁听，此举拓展了教学的形式与内容，丰富了学生的见闻②。

国学院附设的国学学校还明确了教材的选用，新旧各班使用教材有所差别：旧班经学课程包括《仪礼》、《礼记》、《谷梁》、《毛诗》、《论语》、《孟子》、《尚书》、《周礼》、《公羊》、《左氏传》，教材均用注疏本；史学采用教员自编《历史课程》，讲至唐、五代止；理学使用教员自编《宋儒学案约编》，授至十五卷；教育讲授自编《教育讲义》上编；算学用桦正董编《代数教科书》。新班经学则习《说文解字》、《白虎通义》、《五经

---

① 本段引用除单独标注外均来自《国学院国学学校章程》（时间不详）［A］，国学档，第 7 卷-11，第 33—34 页。

② 《国学馆办法简明章程》（1912）［A］，国学档，第 3 卷-1，第 3 页。

异义》；史学讲授自编《历史课程》的上古史；理学讲授自编《宋儒学案约编》首卷；教育授自编《教育讲义》上编；算学讲陈文《算术教科书》首编①。

与存古学堂相比，这时出现一个明显的变化，就是理学地位的降低。国学馆甚至未将其列入课程，并入国学院后虽然重新开设此课程，但已由清季的"主课"降格为与算学、舆地等同列的"普通兼习科"②。这从一个侧面体现了当时四川学界的倾向。之前创办四川存古学堂的提学使赵启霖"服膺理学"，建"四先生祠"，意在蜀中推崇理学。但民初的变化，表明赵学使的努力并未奏效，蜀学依然沿着自己的道路前行。

在师资方面，馆院合并后，国学院院副刘师培兼任校长，讲授经学、词章。吴之英、廖平讲经学；杨赞襄教史学；曾学传授理学；李尧勋讲教育学；蒲助孜教算学③。"其所聘教席皆当时国学才俊，著名者有多位。"刘师培在《〈国学学校同学录〉序》中也说："耆德故老吴之英、廖平之伦，潜乐教思，朝夕讲习，善诱恂恂。文其材素，日就月将。"④ 这里"实际上已成为四川培养国学人才的最高学府"⑤。

---

① 《四川省国学院附设国学学校一览表》（1913. 4）［A］，国学档，第 1 卷-14，第 39 页。

② 《国学院国学学校章程》（时间不详）［A］，国学档，第 7 卷-11，第 34 页。

③ 《四川省国学院附设国学学校一览表》（1913. 4）［A］，国学档，第 1 卷-14，第 38—40 页。

④ 刘师培：《〈国学学校同学录〉序》［M］，《刘师培全集》第 3 册，北京：中共中央党校出版社，1997 年第 1 版，第 598 页。

⑤ 本段引用除单独标注外均来自杨正苞：《四川国学院述略》［J］，《西华大学学报》（哲学社会科学版），2009 年第 28 卷第 1 期，第 28 页。

教师中，刘师培主古文经学，廖平主今文经学，各自讲说，学术氛围还是比较自由的，体现了一种兼容并包的学风。学生所学自然不拘于一家之言，蒙文通曾回忆这段求学经历，云：

> 文通于壬子、癸丑间，学经于国学院，时廖、刘两师及名山吴师并在讲席，或崇今，或尊古，或会而通之。持各有故，言各成理。朝夕所闻，无非矛盾。惊骇无已，几历岁年，口诵心维而莫敢发一问。虽无日不疑，而疑终莫解。然依礼数以判家法，此两师之所同；吴师亦曰："五经皆以礼为断"，是固师门之绪论谨守而勿敢失者也。廖师曰："齐、鲁为今学，燕、赵为古学。鲁为今学正宗，齐学则消息于今古之间。壁中书鲁学也，鲁学今文也。"刘师则曰："壁中书鲁学也，鲁学古文也，而齐学为今文。"两先生言齐、鲁学虽不同，其舍今、古而进谈齐、鲁又一也。廖师又曰："今学统乎王，古学帅乎霸。"此皆足导余以先路而启其造说之端①。

正是在这种"惊骇"中，蒙文通"得略闻今、古文之绪论"②，且"无日不疑，而疑终莫解"，促使其思考研究，走上了学术道路。

李有明在《经史学家蒙文通》一文中记载了一段轶事：现存一份蒙文通1913年在四川国学院考试"经学"的试卷，考题

①　蒙文通：《经学抉原·序》［M］，《经学抉原》，上海：上海人民出版社，2006年第1版，第54—55页。
②　蒙默：《重编前言》［M］，蒙文通：《经学抉原》，上海：上海人民出版社，2006年第1版，第1页。

为刘师培所命："大徐本会意之字，段本据他本改为形声，试条考其得失。"蒙文通答卷3000余字，工笔正楷，一笔不苟，得分98。刘师培大为称赞，评语曰："首篇精熟许书，于段、徐得失融会贯通，区别条例，既昭且明。案语简约，尤合著书之体。次亦简明，后幅所举各例，均能详人所略。"①

廖平对之却极不赞同，责备蒙文通说："郝、邵、桂、王之书，枉汝一生有余，何曾能解秦汉人一二句？读《说文》三月，粗足用可也。"② 因为廖平认为"小学"不切于实用，不可耗费时间于此："近贤声训之学，迂曲不适用，究其所得，一知半解，无济实用……如段氏《说文》、王氏《经传释辞〔词〕》、《经义述闻》，即使全通其说，不过资谈柄、绣盘帨，与贴括之墨调滥套，实为鲁卫之政，语之政事经济，仍属茫昧……若欲由此致用，则炊沙作饭，势所不行……非禁人治训诂文字，特不可涸没终身耳。"③

从上述这些事件中，也可以明显感受到当时国学院中的学术争鸣还是颇为激烈的，学生自然惊骇不已。

另外，为检查教学的成果，学校也组织考试。国学馆时分临时考验与学期考验两种类型。学生每周呈缴的抄书、点书作

---

① 李有明：《经史学家蒙文通》［M］，四川省政协文史资料研究委员会、四川省文史馆编：《四川近现代文化人物》，成都：四川人民出版社，1989年第1版，第157页。

② 蒙文通：《廖季平先生传》［M］，廖幼平：《廖季平年谱》，成都：巴蜀书社，1985年第1版，第98页。

③ 廖平：《知圣篇》［M］，李耀仙主编：《廖平学术论著选集》（一），成都：巴蜀书社，1989年第1版，第208页。

业及札记，教员都会根据完成情况评定是否合格，每月再"综其勤惰，以定分数"，针对所学经史内容，每月还要发题考验一次，并考验词章一次。这为临时考验。学期考验则是每期开学时，教员告知编书条例若干条，让学生就其条例选择一种编写，限于一学期内完成，考其优劣以定分数。比较有趣的是，这些考试是面向社会开放的，国学馆会在每月及学期考验前宣布题目、条例，校外学者也可参加，其中成绩优秀者不仅能得到奖品，所写文章还会被载入杂志，以示鼓励。考试期内，校外参考者还可到国学馆查阅图书。以上为主课考试情形，附课则每月发放题目进行考试，仅限校内学生参加①。

因此，学生成绩相应也由两部分组成，一部分是每月积分，一部分是学期积分。每月积分以"抄书恪遵条例，点书句读无讹，札记确有心得"为及格，再加上月考成绩以定优劣。学期积分以"治经精勤"为及格。学期与每月积分、考试成绩相加，最后确定总分，优秀者酌给奖品②。

不过，按照国学馆的规定，每学期考试会多达四次，"稍觉繁难"。1912年8月，四川教育司专门就此下文称："兹特酌予减少，自本年下学期始，每学期中仍举行临时考试一次。"并表示此举一方面可以避免学生"遗忘之患"，一方面也使学校免于"丛脞之忧"③。这大概可视作当年的减负措施。

<hr>

① 本段引用均来自《国学馆办法简明章程》（1912）［A］，国学档，第3卷-1，第3页。

② 本段引用均来自《国学馆简章》（1912）［A］，国学档，第3卷-2，第7页。

③ 《照得学生成绩最为重要学校考核尤贵严明使第凭年暑假考试以定优劣，贵校长请烦查照办理此咨》（1912. 8）［A］，国学档，第12卷-16，第63页。

10月，教育部又下发《学生学业成绩考查规则》，第一条便要求："学生学业之成绩，分为平时成绩、试验成绩。"继而指出"平时成绩"应由教员考查学生勤惰以及学业优劣随时评定。而"试验"又分学期试验、学年试验、毕业试验三种。其中毕业试验并非"一考定终身"，而是需要计算各学年成绩的平均分，具体方法是：最后学年各学科的试验成绩，参考平时成绩判定分数，作为该学年此学科的成绩。然后加上之前各学年这门学科的成绩，计算平均数作为该学科的毕业成绩。该规则甚至提出专门以上学校可以免除学期试验①。从中可见，注重平时成绩与考试成绩的结合，应是当时的普遍倾向，而且也注意减少学生的课业负担，这些都具有积极意义。

馆院合并后，国学馆时的考试评定方法基本沿用。现存一份四川国学院附设国学学校毕业试验各科题目②，如下：

**经学题目**

**《尚书》**

问刘歆称《太誓》后得，博士集而读之。据伏生《尚书

---

① 本段引用均来自《本司行政会议提出城内各学校学生徽章一案经众议决由本司先行规定式样各种发交各校》（1912. 10）［A］，国学档，第12卷-22，第103、110页。按：该《规则》似误编入此卷宗，因为内容与题目相差甚远，但为查阅之需，姑且按此编目。另外专门以上学校免除学期试验一事，后并未实施。12月，四川教育司通知此项部令被否决（国学档，第12卷-25，第142页）。次年2月，国学院专门就新旧班学生学期考试是否免除咨询省教育司，得到的回覆是该校"未列入系统"，因此可由该校自行斟酌办理（国学档，第13卷-3，第8—10页）。5月，胡景伊又来函要求国学学校学期试验仍照旧举行（国学档，第13卷-12，第38页）。

② 下文源自《关于学生免试的咨文两件》（1912. 12）［A］，国学档，第25卷-1，第8—18页。

大传》，则《周传》佚文有"武王祭毕升舟"及"丙午逮师"诸节，是伏生所传之经，非无《泰誓》①，顾与二十八篇之数复不相合，试诠其故。

问《禹贡》九州，《尧典》则云十二州，复有十二牧之文，据《白虎通义》则牧为天子大夫旁立三人，似与《王制》州伯职殊，又十二州之名今文家亦无明说，其与东汉古文说是否相同，试条析以对。

问《微子》篇父师、少师，《汉书·五行志》以父师即箕子，《史记》父师作太师，较之志说，异同安在？

## 《毛诗》

问"笙诗"六篇毛诗存其序，齐鲁韩三家是否亦存其目，抑以三百五篇为备，试各述所知以对。

问《静女》篇"说怿女美"，郑笺谓"说怿"当作说释；《载驱》篇"齐子岂弟"，笺云"岂弟"犹发夕，试诠其谊。

问《采薇》篇"小人所腓"，《毛传》训"腓"为辟，试伸其说。

## 《礼经》

问《礼经》古今文异同备载，郑注有字异而音义亦殊者，有字殊而音义弗异者，试略举以对。

问《燕礼》、《大射》并有"士旅食"之文，郑注诂"旅"为众，以为未得正禄，试伸其谊。

问《丧服》缌麻章"庶孙之中殇"，郑注谓当为下殇，其

---

① 太，《史记》记作"太"，《尚书》记作"泰"。

说允否。

## 《周礼》

问"小司徒井牧田野，有九夫为井"之文，《遂人》"掌治野"则云"十夫为沟"，二制不同，释者各滋异说，宜以何解为允。

问《职方》九州有幽并而无徐梁，与《禹贡》不同，试诠其故。

问"九命作伯"，惟属上公，公九献，经有明文。据《秋官》掌客复云：诸侯长十有再献，是诸侯长之位，崇于上公，试诠其制。

## 《礼记》

问《曲礼》下篇及《檀弓》下篇多属《春秋师说》，试略举以对。

问天子三公、九卿、二十七大夫、八十一元士，《王制》有明文。据《王制》述禄制以为三公之田视公侯，天子之卿视伯，大夫视子男，元士视附庸，其述王畿封建则云：方百里之国九，七十里之国二十一，五十里之国六十三。官制、地制数弗相符，试诠其故。

问《祭法》"幽宗、雩宗"，郑注谓"宗"当为禜，其说允否？

## 《公羊》

问《传》有"伯讨"之文，又有"下无方伯"之文，伯与方伯是否有殊，试述所知以对。

问《公羊》家"王鲁新周"，《史记》作"据鲁亲周"，其说异同安在？

问贾逵谓："祭仲、纪季之属，《公羊》多任于权变"，其说允否？

## 《穀梁》

问范例谓：《春秋》上下无王者，凡一百有八。桓无王者，见不奉王法，余公无王者，为不书正月，不得书王。以《传》例证之，其说允否？

问昭经"宋公佐卒于曲棘"，《传》有"邿公"之文，范注转邿为访，用《左传》谋纳鲁昭为说，其说当否？

问《传》于内盟、外盟之中特著桓盟之例，其旨安在？

## 《左传》

问"五十凡例"之说创自杜征南，以为周公《礼经》；汉儒之例，则以凡与凡，不无新旧之别，二说不同，孰得孰失？

问隐经"叔姬归于纪"，贾注云：书之者，刺纪贵叔姬。桓经"大雩"，贾注云：言大者，别山川之雩。试诠其说。

问桓十四年秋八月壬申，御廪灾，乙亥尝。服虔注云：鲁以壬申被灾，至乙亥而尝，不以灾害为恐。试伸其谊。

## 《论语》

问《子罕》篇"达巷党人"。《史记》作"达巷党人"，童子，《汉书》孟康注谓：项橐。其说允否？

问《先进》篇"皆不及门"。郑注以"门"为仕进之门。试伸其说。

问《先进》篇"仍旧贯"，《鲁论》读"仍"为仁。《阳货》篇"古之矜也，廉。"《鲁论》读"廉"为贬。试诠其谊。

## 《孟子》

问孟子言性善，董子以"性禾善米"为喻。其说异同安在？

问《滕文公》篇"是率天下而路也"。"路"字当作何解？

问什一之制，或云什中取一，或云什外取一，当从何说？

## 史学题目

《史记》列孔子于世家说。

《史记·列传》第四十八之目何以不称"韩安国"？

《外戚世家》冠诸王上，《汉书·外戚列传》则抑在西域，后《汉〔梁〕书·刘之遴传》又谓鄱阳王范得班固真本，《外戚》次《第〔帝〕纪》后，盍推求兰台义例。

问刘向称："董仲舒王佐之才，虽伊吕无以加。"刘歆以为：未及游夏。其说孰得？

读《晋书·八王传》。

孟昶、孟怀玉为从昆弟，何无忌、刘敬宣则中表兄弟也。昶死于迁都之议，怀玉死于广固之师，无忌死于卢循之寇，敬宣死于司马道赐之刺，皆在义熙中。而《宋书》于昶、无忌特称晋臣，怀玉、敬宣别入宋传，其意安在？

《宋史·奸臣传》之一之二强半绍述新法诸人，而党魁王安石何以不与？能为脱脱诸人辩护否？

杨廷和、杨慎父子异传说。

## 词章题目

栈道赋

拟应休琏与侍郎曹长思书

拟沈休文《宋书·恩幸传》论

拟谢书源《游西池》

拟沈休文《宿东园》

拟谢玄晖《游东田》

### 理学题目

问"克己复礼"，宋儒诂："己"为私欲。其说当否？

问朱子晚年学术与早年、中年有无异同？

问主敬、主静，异同焉在？

### 地理题目

"西倾因桓是来"说

### 法学题目

问卢梭《社会契约说》、中国周秦诸子间与相符，试举其证。

### 教育心理题目

孔子立教以智、仁、勇为达德，即普通教育。德行、言语、政事、文学即专门教育。试即孔子培养人格及构成国家之主义而阐明之。

希腊、罗马以教育为文饰，限于自由民。中世纪耶苏重平等主义，破除阶级，然束缚于宗教，不能思想自由。近世纪科学发明重实利，崇人道，教育愈备。试即历史教育变迁之势证以中国文胜变质宜取法西学者，何在？详述之。

问泰西学校以德育、智育、体育并崇，中国古代亦崇体育，试举见于群经者为证。

问《说文》训"思"为容，从心囟声。《韵会》引作从心从囟。试申其谊。

**算学题目**

设有天元消得之式，卜问开平方得商几何？

有一长方田四亩九分，只云长比阔多二十五步，问长阔各几何？

就《测圆海镜》图式：有甲出西门，向南行四百八十步而立；乙出北门，向东行二百步，与城参相直，望见甲，问城径几何？

纵观其考试题目，应该说既有深度也有广度，涉及到传统学术中的诸多难点问题，比如古文经学、今文经学之辨析。一些题目也可以反映出题者进步的立场，如"《史记》列孔子于世家说"。同时，还可以发现他们对西方学术的接纳态度，这也许出乎很多人的意料。由此看来，过去将国学院及其学校笼统认定为封闭落后之流还是过于先入为主了。

这段时期，国学院在教学工作上还有个特点，就是推出了不少新举措，督课表、试卷纸等新事物纷纷出现。如果考察他们在这个时期频频出台新措施的原因，估计和当时四川省政府的督促有相当关系。1913 年 5 月，四川民政长胡景伊总结了教育司对全省学校的调查报告后，指出省内教育普遍存在的问题：一是各门课程多未预定教材、编订教学进度，出现老师更换，教材也随之更换的情形，课程也往往有始无终。二是有的应授课程严重缺乏师资，最后不得不取消。三是管理松懈，"士习嚣张，学风浮靡"。因此要求各校查照各条，"悉心规画，实力推行"，各种弊端"有，则急图改良；无，则益求精进"。文件还特别强调认真填写"督课簿"，要求高等专门各校应由校长或教务长逐日登记，以便掌握教师上课情况，如有缺课，应于一周内补齐，"勿稍搁延"①。

国学院应该是受此影响，开始规定所用教材以及每周课时安排等事宜，前文已有相关内容，此不赘述。需提出的是他们也开始使用督课表，现在仍存一份当时的空白督课表（图6—1），该表前附说明，称："此表除小学外，无论何校每班必置一册，每册限六十页，足供二十星期用，共计五栏。"其中第一栏为学科，第二栏为授课时间，第三栏填写教科书名目，第四栏填授课章节，第五栏为教员姓名。如果教员缺课或放假，则记

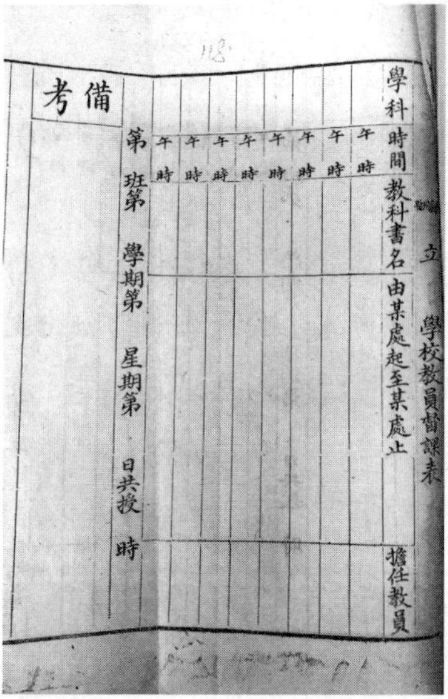

图6-1 教员督课表（源自四川大学所存国学档第12卷）

① 本段引用均来自《关于使用教授授课情况一览表的通知》（1913.5.28）[A]，国学档，第13卷-13，第46—48页。

入备考项。每周管理员安排授课时间表时，预先填写一、二、三、五栏，每班值日生负责填写其他内容，并署名，校长或监学也要签名①。实际上，这种通过填写督课表考查上课情况的措施现在仍然在使用。

另外，他们还开始印制专门的试卷。分为学期、学年试验及临时试验两种，其首页都要"照式刊盖图章"作为标记。首页还留有填写考试年月、地点、学校名称、学校性质（公立或私立）、学年、学期、学科、教员姓名、班级、考生姓名等信息的空白处。试卷内页分方格纸和无行纸两款，修身、国文、历史等科用方格纸，其余如算学、图画、地理等因涉及绘图、列表因而用无行纸。试卷一律印成蓝色。又规定国文一科出一道或两道题，其他各科应有四至五道题，满分均为一百。评阅后还需在卷上加盖记分图章、考试班级图章。而学期、学年试卷概不发还学生，只在揭榜后或下期开学时，于讲堂交给学生查看，然后收回由学校保存，临时试验卷则由学生保存，都不得遗失，以备毕业时查核②。从这些细微的事情中不难发现学校运作的规范化进程。

最后，还有一件出乎许多人意料之事，就是国学院其实还

① 本段引用均来自《学校休业原有定期乃往往有别项休业时间与日休业同日令大相违背兹特申明禁令》（1912. 11）［A］，国学档，第 12 卷-23，第 117 页。按：该表格似误编入此卷宗，因为内容与题目相差甚远，但为查阅之需，姑且按此编目。

② 本段引用均来自《学校休业原有定期乃往往有别项休业时间与日休业同日令大相违背兹特申明禁令》（1912. 11）［A］，国学档，第 12 卷-23，第 124—126 页。按：该部分似误编入此卷宗，因为内容与题目相差甚远，但为查阅之需，姑且按此编目。

积极解决学生就业问题。1913年，第一届存古学堂学生临近毕业，国学院院正、院副联名致函四川民政长请求在学生就业问题上给予帮助，其中写道："此项学生在前清末造，又系举贡廪附暨中学毕业考入类，皆具有根柢，早征实际盘深，办理以来，分科专肄，学级实同于高等，造诣远超乎中学，历年成绩似属优异，拟请量才器使，以收作人之效，并恳转饬各县所属各学校，国文教员有需才之处，均祈酌予聘用。[①]"信函对于学生褒奖有加，还希望民政长广而告之各潜在用人机构，可谓是学校推荐信的先河与范例。

以上为"平稳过渡"阶段的情况，时间大致从1912年馆院合并到1913年上半年为止。这段时期，在教学工作方面，虽然也发生了一些改变，但总体还是延续着国学馆的做法，呈现出温和过渡的特点。

## 第二节　悄然变革

1913年下半年，国学院的财政危机开始出现，这也直接导致次年的大变化，即1914年发生的"废院存校"事件，它成为国学院发展过程中一个非常重要的节点。从此以后，国学学校作为独立主体出现在历史舞台上。由此，学校的发展也进入一个新的时期。本章所谓的第二个阶段正是以"废院存校"事件

---

① 《咨请民政长转饬各县所属量材聘用我校毕业生》（1913. 8）［A］，国学档，第26卷-15，第52—53页。

为核心时间点，上及 1913 年，下至 1918 年四川公立国学专门学校成立，那么这段时期该校教学工作又有怎样的发展变化呢？

首先，1913 年下学期，学校短暂更名为四川国学专修学校期间，出台了一系列政策，令人耳目一新。这时校方首次明确表示"援照教育部部令高等师范专修科规定"进行办理。这是一个大变化，说明国学院对办学方向有了清晰界定，已经基本摆脱国学馆模式。随之，院方不仅相应设立了预科、本科，而且调整了课程。其学科以经、史、国文为主要课，地理、伦理、政法学、教育、数学为补助课。预科则治经学、小学、史要、国文、算术等五学科。本科治群经大义、中外历史、中国文学、周秦诸子、宋理学、地理、伦理、教育共八学科①。表面看，似乎也与过去差别不大，但是倘若较之于教育部制定的大学章程，就会了解其意义所在。

1913 年元月，民国政府教育部颁布了《大学规程》（民国二年第一号部令），规定大学分为文科、理科、法科、商科、医科、农科、工科七大种类。而文科又分哲学、文学、历史、地理四门。规程同时开列了各门的课程清单。其中哲学分为两类：一是中国哲学类，课程包括中国哲学（《周易》、《毛诗》、《仪礼》、《礼记》、春秋公穀传、《论语》、《孟子》、周秦诸子、宋理学）、中国哲学史、宗教学、心理学、伦理学、论理学、认识论、社会学、西洋哲学概论、印度哲学概论、教育学、美学及

---

① 本段引用均来自《四川国学院附设国学专修学校规程册》（时间不详）[A]，国学档，第 6 卷-5，第 14 页。

美术史、生物学、人类及人种学、精神病学、言语学概论。二
是西洋哲学类，包括西洋哲学、西洋哲学史、宗教学、心理学、
伦理学、论理学、认识论、社会学、中国哲学概论、印度哲学
概论、教育学、美学及美术史、生物学、人类及人种学、精神
病学、言语学概论。文学门又分为国文学、英文学、梵文学等
八类。其中文学课程包括文学研究法、《说文解字》及音韵
学、《尔雅》学、词章学、中国文学史、中国史、希腊罗马文学
史、近世欧洲文学史、言语学概论、哲学概论、美学概论、论
理学概论、世界史。历史门又分中国史及东洋史、西洋史两类。
中国史及东洋史的课程有史学研究法、中国史（《尚书》、《春
秋左氏传》、秦汉以后各史）、塞外民族史、东方各国史、南洋
各岛史、西洋史概论、历史地理学、考古学、年代学、经济史、
法制史（《周礼》、各史志、《通典》、《通考》、《通志》等）、
外交史、宗教史、美术史、人类及人种学。该规程还规定文科
的预科学习外国语、国文、历史、伦理、论理及心理、法学通
论等①。

　　同时颁布的《高等师范学校规程》（民国二年第六号部令）
规定：在师范学校及中学校某科教员缺乏时可以设立专修科，
其科目及授业时间由校长订立，呈请教育总长认可后施行②。这
也成为国学学校争取自己"合法地位"的重要依据。

--------

　　①　本段引用均来自《关于发送大学规程的发文》（时间不详）［A］，国学档，
第 10 卷-5，第 89—93、116 页。
　　②　《关于发送大学规程的发文》（时间不详）［A］，国学档，第 10 卷-5，第
128 页。

按照上述第六号部令，校长可以根据需要自由订立科目。不过如果比较一下，就会发现国学院这时所设置课程向教育部规章靠近的倾向性。实际上，这正是一个起点，拉开了国学学校课程调整的序幕，当然它也不是一蹴而就，相反，这种调整伴随了国学学校此后的整个办学历程，呈现出持续性、渐进性的特点。

课程确定以后，教授内容也被明确下来。预科的经学授《白虎通义》、《五经异义》；小学授《说文》、《尔雅》；国文课则是讲读、作文；其排定的课表中还有心理一门，讲授心理学。本科课表显示中国文学讲授文学研究法、作骈散文；地理讲中国地志、外国地志；伦理授人伦道德之要旨；教育讲教育学、教育史、教授法。这段时期教材的变化不大，只是在原有基础上新增了《资治通鉴》、《昭明文选》、《古文辞汇〔类〕纂》①。和之前有的课程完全靠自学不同，这时每门课程都有老师给予讲授，但授课要求略有差异，经、史、国文这些主要课程先由各科主任教员给学生指定书籍进行学习，讲课则以洞达古今、发明学理为主，其余地理、伦理、教育、数学等学科按照师范程度教授。总课时也被明确设定了，预科、本科每周阅校钟点均以 30 小时为限，其余作为抄书、诵读、札记时间②。1913 年8 月至 1914 年 2 月，每周经学课程 13 小时，史学 4 小时，词章

---

① 《四川省国学学校一览表》（1914.8）〔A〕，国学档，第 1 卷 -15，第42 页。

② 本段引用除单独标注外均来自《四川国学院附设国学专修学校规程册》（时间不详）〔A〕，国学档，第 6 卷 -5，第 14—15、19—20 页。

6 小时，理学 1 小时，教育 1 小时，算学 2 小时。1914 年 3 月至 7 月，周课时为经学 14 小时，史学 2 小时，算学 4 小时，又增加国文 4 小时，习字 1 小时①。虽然上下学期有所不同，但经学课程的分量依然是最重的。

应该指出，"四川国学专修学校"的存在时间极短，如昙花一现，基本可以忽略不计，但其制定的政策却在很大程度上改变了学校的风貌，奠定了建立高等院校的基本框架，因此在后面较长时间内都被沿用。

废院存校后，四川国学学校就基本承袭了国学专修学校的各项规定，并将其逐一落实。课程设置，大致维持原貌，不过补助课中新开设了医学课代替之前的政法课②，这很可能是越来越热衷医学的校长廖平的主意。医学课还允许校外的人旁听、提问③。

另外，这段时期在考试工作方面也有值得一提的地方。首先，考试前都会张贴"校长告"通知学生。1914 年 6 月 16 日，便贴出"校长告"："现值暑假，照章应举行学年试验。凡在校学生宜留心温习，不得托故请假。兹特于下周星一（阳历二十二号）开始定期考试，每日限午前九钟至十一两点钟。"并排定周一考经学、周三为史学、周四是习字、周五为算学、周六是国文。考试期间，又出"校长告"："现在学年试验，学生等各

---

① 《四川国学学校中华民国二年八月到三年七月周年概况报告书》（1914. 11. 6）［A］，国学档，第 1 卷-17，第 51 页。

② 《四川国学学校简章》（时间不详）［A］，国学档，第 7 卷-9，第 23 页。

③ 《民国三年三月至四年七月函件牌告通录》（时间不详）［A］，国学档，第 23 卷-1，第 53 页。

宜静心温习功课，停止会客，以免纷扰。"违反此规定的学生还会受到处罚。12月5日，又通告："现在学期伊迩，应宜照章分科举行试验。兹定于本月十七号停课温习，廿二号开始试验。"并要求上届因事缺考学生"同试"，"逾期不补"。考试安排是22日为《尚书》、23日是《周礼》《小学》、24日为《春秋》、25日考《王制》、26日试国文、28日为史学、29日是算学、30日为习字①。1915年12月的学期考试中增加了教育、地理、词章等科目。次年6月的考试又新增《诗经》一门。12月考试中又添加《易图》一科②。

　　考试结束后，学校会公布成绩，并嘉奖优秀者。可以看到，1914年第一学期新班、旧班公布的期末成绩均被划分为四等，平均分80分以上者为甲等，70分以上为乙等，60分以上为丙等，60分以下为丁等，另外还单独注明缺考者。这年12月14日，学校又奖励了季课考试中的优胜者。其中何恩崇、向承周、季阳、廖宗泽四位各奖励书籍及一元奖金。曾光宇等三位奖励书籍及五角奖金。张光新等两位奖两元。潘曾等四位奖书籍。童润千等十位各奖《国学杂志》四本。而对逃避考试者则给予处罚，这次季课考试前有两位学生请假外出取物品，但竟"率意归家"，校方认为这是"有心规避"，因而均记大过一次③。

---

① 本段上述引用均来自《民国三年三月至四年七月函件牌告通录》（时间不详）［A］，国学档，第23卷-1，第23—24、40—41页。
② 《民国四年八月一日起至六年十二月止函件牌告通录》（时间不详）［A］，国学档，第24卷-1，第7—8、16、23页。
③ 本段引用均来自《民国三年三月至四年七月函件牌告通录》（时间不详）［A］，国学档，第23卷-1，第42、49—51页。

现存《国学学校春季课题目》（1914 年 3 月 3 日）①，照录如下：

> 列子尊孔诟儒分类钞
>
> 庄子尊经诟儒分类钞
>
> 墨子尊经诟儒分类钞
>
> 《灵枢》疾病每门分类表（如五脏十二经之类，每门分列一表，即以其病状异同分列于下）
>
> 《素问》疾病每门分类表（同上）
>
> 《论衡》疑经攻孔驳义
>
> 《史通》疑经攻孔驳义
>
> 《经学不厌精》攻孔疑经驳
>
> 章太炎攻孔疑经驳
>
> 辑春秋以前中人以上程度与今欧美风气习俗相同（《左》、《国》诸子事迹）
>
> 立孔教为国学议（略具题解发挥，补足刊入《尊孔·杂说》②。孔教包天人兼大小，不应以国字囿之。中国于孔学服习二千余年，国教为外国法。诸请立国教者皆属空词泛论，未有草案及组织范围之细则。驳者动以外国争教为恫赫之词。孔教广大，无所不容，且教与政混合为一，与海外性情资格迥不相同，孔教与外教迥殊，未见规条所虑，

---

① 《国学学校季课题目》[J]，《国学荟编》，1914 年第 1 期，第 70 页。

② 1914 年《四川国学杂志》曾拟更名为《尊孔》，此处所指疑即为该刊。参见《民国三年三月至四年七月函件牌告通录》（时间不详）[A]，国学档，第 23 卷-1，第 15—16 页。

应无庸议。《周礼》有十二，教明文，海邦各教不能消灭，然皆在大同之中。孔经宗旨已出外教范围，以孔统系各教，因时随地而易，十二教与孔经固并行不悖。国教之请原仿外人，彼国来我国不得不以国字为题，本国无须立国教；而南洋华侨亟宜开导，遣人仿教堂之法传教海外，即以国教为名。《周礼·地官》十二教：一曰以祀礼教敬，则民不苟；二曰以阳礼教让，则民不争；三曰以阴礼教亲，则民不怨；四曰以乐礼教和，则民不乖；五曰以仪辨等，则民不越；六曰以俗教安，则民不愉①；七曰以刑教中，则民不虣；八曰以誓教恤，则民不怠；九曰以度教节，则民知足；十曰以世事教能，则民不失职；十有一曰以贤制爵，则民慎德；十有二曰以庸制禄，则民兴功）

从中可了解当时出题的情况，首先，题目是围绕几个核心内容展开的，以这次季课为例，关键词就是"尊经诟儒"、"疑经攻孔驳义"、"疾病分类"以及立国教、中西风俗等，在此基础上根据学生所习书籍之不同，再分列小题目。因而，学生实际上有一定的自主选择空间。同时可以发现 11 道题目中有 7 道直接涉及"诟儒"、"疑经攻孔"，这一方面体现出国学学校在时代风潮下的紧张，另一方面也体现出他们欲从学理上维护传统文化合法性的努力。而且其驳斥的对象涵盖古今中外②，视野还是比较开阔的。另外末一题之题解也反映出校方并不支持当

---

① 愉，原文为"偷"，有误，今改。
② 按：《经学不厌精》著者花之安是德国基督教新教传教士，汉学家，在华居住 30 余年，对中国古代经典文献有深入细致的研究。

时立孔教为国教的提议，这是值得注意的。

又有1914年5月的季课题目①，照录如下：

五运六气民病考（《月令》、《董子》、《淮南》、纬书诸言：政失民病者）

诸子医国说（先钞《图书集成》"总论"再补之）

《尚书》干支五运六气考（移光定位六合卅度）

春秋以前字母文字遗迹考（如《礼记》鲁薛鼓□□音律工尺，《左传》手纹苗人铜鼓花纹之类）

辑《容斋五笔》驳古器款识

孔子以前金石文字驳（引《图书集成》春秋以前文字诸说而驳之）

《史记·扁鹊仓公传》释

引《灵素五解篇》（附：经下为解。经顶格写，解低一格）

《周礼注疏》以律吕调阴阳考

分野州国皆翻译，非《春秋》师说考（详《诗》、《易》，非《春秋》以国名。详一统，非中国一隅地名）

《灵》、《素》经说考（凡与经传相同辑出）

《灵》、《素》分科篇目（分为数种：天学、帝学、全体、卫生、政治、疾病、针灸）

纬书经说汇钞

① 《民国三年三月至四年七月函件牌告通录》（时间不详）［A］，国学档，第23卷-1，第21页；《国学学校季课题目》［J］，《国学荟编》，1914年第1期，第70—71页。其中加 * 者仅见于《国学荟编》。

辑古书藏府异同说

旧医略于外肾，后乃代以命门考（所称命门，作用大抵指外肾言）

督、任、冲为京师，十二经为十二牧说

《伤寒》、《金匮》脉法三部九候钞

九针十二原即九州十二牧说（针与镇同，王土以原为首，如九洛八十一州）

辑上古至隋全文医书医学说＊

辑《全唐文》医书序及医学说＊

辑纬书字说（与《说文》不同者，不用篆）＊

辑纬书北斗七星散为各物考＊

这套题目的内容有着鲜明的廖平风格。担任四川国学学校校长期间，正是廖平学术思想的"四变"期（1905—1917），其代表作为《孔经哲学发微》。该书云："《内经》旧以为医书，不知其中有天学，详六合以外；有人学，详六合以内。"专就"天人之说"加以阐发①。这套季课题目显然打上了廖氏此期的学术思想烙印。

概括而言，自国学馆并入国学院，经历了前期的磨合阶段后，特别是随着教育部制定的《大学规程》颁布，可以看见，国学院的教学工作悄然发生着变化。这首先体现在其办学方向的明确上，国学院清晰地表示学校将按照教育部高等师范专修

---

① 向楚：《廖平》［M］，廖幼平：《廖季平年谱》，成都：巴蜀书社，1985 年第 1 版，第 108、115 页。

科规定办理，这实际上宣布了国学学校的建设蓝图。而之后进行的课程调整其实都是这个理念的具体实践。应该说，这段时期国学学校显现出一种新的气象，其内部也在酝酿着变革。

## 第三节　华丽蜕变

1918 年，四川国学学校更名为四川公立国学专门学校，实现了校方长久以来的愿望，就是名正言顺跻身专门学校之行列。他们称："本校名曰国学，虽属本省特有，而学科则缘于大学哲学门，采择而取其专精，名曰专门。其关系于中国学术，融通于欧西哲学，实为宏大。"① 这之后，校方颁布了不少新的政策措施，积极促进学校的现代转型。

更名不久，10 月，以四川靖国各军总司令部名义发布的《国学学校暂行章程》便要求："参照大学规程，文科国学类约定为哲学科、国文学科、历史学科。"由此进行了专业的划分，当时准备先开设哲学科及国文学科，待条件成熟，再增加历史学科。又增设"研究科"，作为本科毕业后的继续学习阶段，从而形成预科、本科、研究科三个学习梯度②。从这些变化中不难看出西方学科分类方法及教育模式带来的影响。

随之，进行了课程调整，本科阶段，专业不同，课程也就

---

① 郭勇，张丽萍:《四川存古学堂及四川国学学校考略》［J］,《蜀学》, 2008年第 3 辑，第 40 页。
② 《关于国学学校下设机构及颁发章程的通知》（1918. 10. 1）［A］, 国学档，第 7 卷-8，第 21 页。

有所不同。哲学科主要课程是经学、子学、史学、国文、小学。其中经学课第一年讲授"汉注唐疏《易》，用《李氏集解》；《书》用孙辑马、郑注；总授《白虎通》"，第二年"授大义，主西汉学说"，第三年授微言，用周秦诸子学说。子学第一年讲宋元明清诸儒语录，第二年授汉魏晋唐诸子，第三年授周秦诸子。史学第一年授《史通》、《文史通义》、《史通削繁》，第二年授《史记》、《汉书》，各人专习一部，兼习古史、外史，下至汉魏六朝各史，第三年继续《史记》、《汉书》的学习，兼习则下至唐宋元明清诸史。国文、小学课与文学科大致相同，但要求有所差别。辅助课包括中国哲学史、西洋哲学概论、印度哲学概论、伦理学、社会学、生物学、美学兼美术等。中国哲学史采用中华书局本，参考胡氏及各家学派要旨进行讲授。西洋哲学概论、印度哲学概论均采用商务印书馆本，并结合各自哲学要义教授。伦理学则由教习摘录经学、子学中关于伦理的精义加以讲授。社会学使用欧阳氏编写的教材。生物学由教员参考生物学原理编辑讲义。美学讲授美学原理以及审美概要，由教员参考美术资料编写讲义①。

　　文学科的主要课程是国文、小学，也有史学、子学、经学，但要求与哲学科有所不同。其中国文课第一年的散文学习，以金元明清各大家作品为主，兼习古、近体诗、赋及诗余；骈文学习以清朝胡、邵、汪、洪各大家文章为主，兼习金元明以来

----

① 本段引用均来自《四川公立国学专门学校章程（附各项规则）》（时间不详）[A]，国学档，第7卷-12，第60、62—63页。

的四六文等。第二年散文学习以唐代大家的古文为主，其他体裁兼习；骈文则以初唐四杰体及中晚唐大家为主，兼课宋人四六文。第三年散文学习以汉魏各家作品为主，上溯至周秦诸子之文，兼习古诗、乐歌及辞赋、杂文等；骈文以汉魏六朝各家作品为主。小学课程第一年有字形学习，教学内容根据二徐本《篆文异同》，参考胡氏《字原》、张氏《孳乳表》、段、王两家《补删篆文异同》。字音学习，根据二徐本《从声异同》，参考姚氏《说文声系》、苗氏《声读表》、段氏《六书音韵表》，如此可以掌握古韵学。字义学习则根据二徐本《解说异同》，参考段、王、朱各家以及《方言》、《释名》、各经诂故训，由此可掌握《尔雅》学。第二年字形学习根据二徐本之篆书，参考王氏《说文释例》中的篆字，许慎所书通行篆文以及薛、阮等人的钟鼎款识，基本可以掌握篆书。字音学习应考究许慎的"双声叠韵"，并以二徐本反切参考《说文篆韵谱》、宋明两本《广韵》反切之间的异同，大体可知音韵学。字义学习根据许书、二徐本《解义》，与《尔雅》的解释以及《小尔雅》、《广韵》中的解释相互参照，同时采纳郭注郝疏，可了解《尔雅》学。第三年字形学习根据二徐本篆字，探究篆体改为隶书的分合源流，又依据宋代李氏《汉隶字原》、洪氏《隶释》、《隶续》、顾氏《隶辨》，以及汉魏晋唐各碑帖，探究草书、楷书的由来，从而了解字体的源流。字音学习根据江氏《古韵标准》、苗氏《古音表》、严氏《说文声类》、孔氏《诗声类》，以及《唐韵正》、纪氏《唐韵考》、两《集韵》、《韵会至》、《佩文诗韵》等书籍，及汉魏六朝、唐宋元明名家诗赋中的用韵，了解音韵学的分合源流。字义学习选取经史子集中的古注，与许慎之说不同者，参考陆氏《释文》、司马氏《类篇》，详细订正，如此则强化了《尔雅》之学。史学、经学、子学所授内容大体与哲学科相同，只是侧重点有差别。辅助课开设中国文学史、哲学概论、世界史、伦理学、言语学概论、社会学、美学兼美术。中国文学史采用曾毅编辑的教材，结合各家观点，讲授文学源流。世界史概要教授西洋通史、东南洋各史。言语学概论讲解中外语言的源流及其应用①。其余课程要求与哲学科相同。

并计划历史学科开设国文、中国史、史学研究法、东方各国史、南洋各岛史、历史地理、人种学、法制史、经济史、外交史、美术史、美学等课程②。

预科则不分专业，学时一年，主要课有经学、子学、史学、小学、国文，辅助课有法学通论、论理学、美学。其中经学讲《经典释文序录》、《汉学师承记》、《国朝汉学师承记》，摘授《四库提要·经部·序跋》；子学摘授《四库提要·子部·序跋》；史学摘授《四库提要·史部·序跋》、《三通序》、《廿二史札记》、《顾氏总论》；小学授《说文》部首、江氏《六书说》、郑氏《六书浅说》、王氏《文字蒙求》、赵氏《六书本义》、戴氏《六书故》等；国文授《文心雕龙》、钟嵘《诗品》、赵氏《声调谱》、《金石三例》及历代大家论文之文等。法学通

---

① 本段引用均来自《四川公立国学专门学校章程（附各项规则）》（时间不详）[A]，国学档，第7卷-12，第60—61、63—64页。

② 《关于学校现行规则缮册给四川省长公署的呈文》（1919.8.11）[A]，国学档，第7卷-16，第91页。

论则由教习讲授要点，论理学由教习参考中外资料讲授，美学课兼习美术①。

无论是预科还是本科，课程的设置都很有特色，既有教育部规定的西学课程，也保留了中国传统文化课程，体现出中西思想文化的融合，而且他们对教材的选用也非常精当。体现了当时川省政学界对于"国学""国粹"的理解，其认识是有一定价值的，对于今天的国学教育也有一定启示作用。并且也是从这个时期开始，"国学"分专业分科教学的模式真正建立起来，学科的专业化成为一种发展趋势。

但也需要指出另一方面，就是在专业细化的背景下，国学学校在教学中也注意兼顾文史哲三个专业的融合，同时强调各自的侧重。他们告知学生种种治学路径：如经学学习应以《白虎通》为要旨，先掌握训诂。而且不宜贪多，应专治一经，"以群经为辅"，久而久之，便能"会通群经，左右逢源"，由此方得归宿。哲学科学生应特别注意经书创作的缘由以及书中的言外之意。文学科则应偏重于经文中的至理名言、文采等，从而"吐辞为经，不啻口出"。而子家是各抒己见，"道源于周秦，波澜于汉魏，过渡于唐，沿流于宋元明清"，学习时应"泛流溯源"，不断探求，在作文时无论内容多寡，只要依理行文，就可"独自成家"。子学学习中，哲学科应重视研究各家精深之理，启发自己的灵感。文学科则应揣摩其文章，从而奇文共赏。史

① 本段引用均来自《四川公立国学专门学校章程（附各项规则）》（时间不详）[A]，国学档，第7卷-12，第61页。

学的学习，史学科应从四史入手，尤其是《史记》、《汉书》，旁及历史摘要钩玄等。哲学科就应从历史中探究治乱兴衰的根源，为此需特别注意书、表、志。文学科则应注意史家体例以及典章、人事等内容，需着意研究纪传、世家。小学的学习以《说文》为主纲，注意六书以及形、声、义三门。研究字义重点在于故训，并与《尔雅》学相互贯通，由此开启音韵学。学习字形应留意汉字的起承转合：从古籀开始，由篆书演变为隶书，又发展出草书、楷书这条脉络。小学中也有文学科借鉴处，如"形声所著，远取近取，通德类情"。而中国的哲学思想集中在子学，子学又源于经学，没有小学的知识，如何理解那些道理？因此哲学科的学生也需学习小学，才能取得进步。至于国文课程，古代本没有骈文散文之分，近代才出此说。大致而言，哲学类的文章比较接近散文，文学类的比较接近骈文，但也不必拘泥。无论作何种文章，其实都有赖于习性。如果偏好散文，就应先读《尚书》，次读《左传》，再选择阅读三礼、传记以及孟荀老庄、秦汉诸子、四史、汉魏唐宋元明清各大家的作品。如偏好骈文就阅读《楚辞》、《昭明文选》、《骈文类苑》、《骈体文钞》、《四六法海》，下至前清胡、邵、汪、洪诸家骈文。再根据各人性情学习古、近体诗、赋、诗余及杂文①。善于指导学习门径，既注意专业的区分，又兼顾学科的内在联系，注重汇通，这是国学学校教学的一大特点。

---

① 本段引用均来自《四川公立国学专门学校章程（附各项规则）》（时间不详）[A]，国学档，第7卷-12，第58—60页。

另外，在教学中注意发挥学生的主动性，这是一个过去常常被人们忽视的地方。当时，各科教员都在开学时指定学习用书，要求学生认真点阅。上课时老师只讲纲要，剖析疑难，不会照章全讲。为此，学校还减少了课时量，每周课时减到24点钟，其余时间都为自习，给了学生更多的自由支配时间。也鼓励学生积极质疑问难，凡是学习过程中产生的疑问都要求记录下来，周六交给学监，由各科教习批阅后在课堂上发还。同时提倡博闻强记，学习的国文名篇，需全文背诵，每两周还要当堂默写一次①。注重学生的自学能力、质疑能力、记忆能力的培养，自然并非国学专门学校所独有，其实从存古学堂开始，这套方法就一直在教学中使用，可视作一种行之有效的"国学"教育法。

那时，学生还可参加一些课外活动。骆成骧担任校长期间（1922—1926），喜欢教学生射箭、击拳，一时成为风尚。学生每年参加省国术馆春秋季比赛，往往能获得金奖、银奖。毕业后不少学生还出任国术教练②。

除此之外，这段时期学校还加强了教学秩序的管理。校规要求学生需按时上课，不得迟到，也不得先于教习走出教室。座位也依照名次排定，各就各位。上课、下课时，值日生都要呼起立，同学须向老师致敬。学生上课时应携带教材、笔墨、

---

① 《关于学校现行规则缮册给四川省长公署的呈文》（1919. 8. 11）［A］，国学档，第7卷-16，第91页。
② 何域凡：《存古学堂嬗变记》［G］，四川省政协文史资料委员会编：《四川文史资料集粹》第4卷，成都：四川人民出版社，1996年第1版，第425页。

笔记本，认真听讲，不能"倾倚谈笑"，或者进入"无意识状态"，或者睡觉，也不能看其他书籍。回答教员的问题或提出问题时，都必须起立。而且上课时间内不能自由出入教室，如有特殊事情，需征得教员同意。下课后，值日生应填写督课簿，写明某课某教员及上课内容。对于学生自习，也有相应要求。自习时可以诵读，也可抄写辑录。每日安排三次自习，分别为：早起后一小时，午后二小时，晚间二小时，均以摇铃为号。自习时学生应按照当天讲授的课程依次复习，不得聚谈，也不得去做其他事情。为了更有效地管理，学校还配备了种类繁多的表簿，记载相关事宜，比如学生每日寝食时间表、教室每星期授课表、教习担任科目及时间表、教职员姓名履历簿、考勤簿、学生学籍簿、出席簿、请假簿、记过簿、因病退学簿、因事退学簿、有故易名簿、试验问题簿、成绩表①。与传统书院相比，那种较为随意散漫的情形逐渐消失了，井然有序的教学秩序基本建立起来。

　　总之，四川公立国学专门学校不仅仅在校名上实现了夙愿，而且通过一系列措施，完成了对学校的变革，学制、学科、课程设置都出现了新的变化，一所现代意义的大学也真正建立起来，为之后组建公立四川大学作好了充分准备。从国学馆一路走来，历经数次变革，现在终于实现华丽蜕变。

---

① 本段引用均来自《四川公立国学专门学校章程（附各项规则）》（时间不详）［A］，国学档，第 7 卷-12，第 73—74、79—80 页。

# 第七章　四川国学院的老师

国学院成立后，曾聘请多位院员，皆为蜀中名士。国学馆并入后，院员们或执教杏坛，或管理校务。随着学校的发展，也先后延聘不同领域的学者授课于此。在这期间，刘师培与廖平的学术纷争还成为学界热议之风景。显然，要全面了解国学院及其学校的历史，不能不谈谈这批学者。应该说，正是他们，影响和决定了国学院及其学校的学术风貌与走向，很大程度上也决定了院校的总体格局，是非常关键的灵魂人物。

## 第一节　国学院众师谱

国学馆并入国学院后，除算学、法学两门单独延聘教员外，其余各科均由院正、院副以及各院员分门讲授①。由此，院员兼任教师、兼管学校事务的格局形成了。

1912 年 10 月，国学院院副刘师培，接替吴之英担任校长，

---

① 《国学院国学学校章程》（时间不详）［A］，国学档，第 7 卷-11，第 34 页。

并兼经学、词章主课教员。院正吴之英兼任经学教员。院员廖平任经学教员，杨赞襄、曾瀛为史学教员，曾学传为理学教员，李尧勋为教育学教员，又聘蒲助孜为算学教员。另外罗元黼管理斋务，兼存古书局经理员①。这时院员还有楼黎然、释圆乘、张梦渔、黎尹聪，以及院副谢无量。

1914 年，改名四川国学学校后，廖平由四川省行政公署延聘充任校长，并继续兼任经学教员。又聘廖平弟子黄镕、季邦俊为经学教员；陈文垣、伍肇龄任国文教员；吴开甲为数学教员②。此后廖平长期任校长，仅在 1917 年 12 月至次年 6 月，由宋育仁短期接任③。

1918 年，公立国学专门学校成立后，廖平继续任校长，增聘留日学生陈希虞讲授伦理、论理课。1922 年，骆成骧任校长后，新聘蔡锡保任心理学、哲学教员；易铭生教《仪礼》；邓宜贤为经学教员；李永庚、甘麟、尹端为国文教员；胡忠渊教词章；骆孝驷讲《左传》；龚道耕授《经学通论》；徐炯教伦理学；蒲殿钦教论理学；饶焱之授小学；曾瀛讲史学。1925 年，学生毕业时制作的《同学录》中记载时任教职员为：骆公骕（资中）、廖季平（井研）、徐子休（华阳）、颜雍耆（华阳）、曾海敖（新繁）、饶焱之（资中）、陶调甫（资阳）、李榕庄（华阳）、蔡松佛（酉阳）、蒲宾虞（阆中）、甘石甫（资阳）、

---

① 《四川省国学院附设国学学校一览表》（1913. 4）［A］，国学档，第 1 卷-14，第 38—40 页。

② 《四川省国学学校一览表》（1914. 8）［A］，国学档，第 1 卷-15，第 41—45 页。

③ 廖幼平编：《廖季平年谱》［M］，成都：巴蜀书社，1985 年第 1 版，第 76 页。

盛璜书（成都）、邓辅相（资中）、骆孝驯（资中）、宋吉臣（双流）、胡云谷（资阳）、冯春翘（绵竹）、皮怀伯（开县）、喻德奄（双流）、林伯熙（资阳）、李焕臣（资阳）、吴雪琴（简阳）①。骆成骧去世后，蔡锡保接任校长，任职到公立四川大学成立，此期聘谭焯任国文教员，李思纯教西洋哲学，刘恒如讲印度哲学，余舒授《庄子》，肖仲崙讲诸子哲学，朱青长讲词，龚圣予教昆曲②。

国学院可谓集中了当时蜀中的学界翘楚，其中又以尊经书院毕业之高材生为主，"师资堪称一时之盛"③。院正吴之英便不无自豪地说："院中人士，美尽西南。德行如伯春，鸿括如季雅，记室如傅毅，主簿如崔骃，辐凑毂函，谓皆翘足独步。至于谢、刘、曾、廖，脱颖出囊，尤堪宗主关西，弁髦岷嶓。"④又说："院中群才济济，譬入瑶林。最著者谢无量，硕学通敏；刘申叔，渊雅高文；重以曾笃斋、廖季平，淹该多方，历年历事之数子，佚足绝驭，负重致远。"⑤其说也并非完全溢美之词。

刘师培在《〈国学学校同学录〉序》中也谈到这种盛况：

① 《四川公立国学专门学校同学录》（乙丑仲夏）［A］，四川省档案馆藏，第3—4页。
② 本段引用均来自何域凡：《存古学堂嬗变记》［G］，四川省政协文史资料委员会编：《四川文史资料集粹》第4卷，成都：四川人民出版社，1996年第1版，第424—425页。
③ 杨正苞：《四川国学述略》［J］，《西华大学学报》（哲学社会科学版），2009年第28卷第1期，第29页。
④ 吴之英：《答张培爵书（一）》［M］，吴洪武等校注：《吴之英诗文集》，成都：四川大学出版社，2008年第1版，第259页。
⑤ 吴之英：《辞国学院院正致尹昌衡、张培爵书》［M］，吴洪武等校注：《吴之英诗文集》，成都：四川大学出版社，2008年第1版，第264页。

"前清宣统二年，四川总督请于朝，并设存古学校……于是，耆德故老吴之英、廖平之伦，潜乐教思，朝夕讲习，善诱恂恂。"① 吴虞在《国立四川大学专门部同学录序》中也称赞道："国学专校，创自民国。其时，吴伯朅师，廖平前辈，刘申叔、谢无量诸公，聚于一堂。大师作范，群士响风，若长卿之为师，张宽之施教。蜀才之盛，著于一时。"②

下面分别介绍其中一些代表人物。

一、吴之英（图7—1）

吴之英（1857—1918）字伯朅，号蒙阳愚（渔）者、西蒙愚（渔）者、愚（渔）父、老渔（愚），四川名山人。文学家、经学家、方志学家。少时勤奋好学，15岁雅州府试第一，1881年（光绪七年）优贡，入京朝考位列二等。因成绩优秀，被选为成都尊经书院首届学生，与杨锐、宋育仁、廖平并称"院中四杰"。曾先后在资州、简州、灌县、名山等地任讲席、训导。1898年（光绪二十四年）执教尊经书院，与宋育仁等组织"蜀学会"，创办

图 7-1-1　吴之英画像
（源自《吴之英诗文集》）

--------

① 刘师培：《〈国学学校同学录〉序》［M］，《刘师培全集》第3册，北京：中共中央党校出版社，1997年第1版，第598页。

② 吴洪武等：《吴之英先生年谱》［M］，吴洪武等校注：《吴之英诗文集》，成都：四川大学出版社，2008年第1版，第535页。

图 7-1-2　吴之英晚年隐居地——寿栎庐（源自《吴之英诗文集》）

《蜀学报》，宣传维新变法①。

1910 年，四川开办存古学堂，谢无量任监督，多次邀请吴氏任教。年过半百的吴之英将谢比作东汉末太学生首领郭泰，称"郭泰爱士，传食茅容之蔬"，又自比东汉初的梁鸿，以"梁鸿避言，借息（皋）伯通之庑"的典故，含蓄表明接受聘任的意愿，并表示要以"张华老病，强封册文；江淹昏忘，犹握秃管"的精神，尽职尽责，遂前往担任词章教员②。此时，谢无量仅 20 余岁，"谦逊地拜蜀学前辈吴之英为师，既作校长，又当

---

　　①　本段引用来自吴洪武等：《吴之英先生年谱》［M］，吴洪武等校注：《吴之英诗文集》，成都：四川大学出版社，2008 年第 1 版，第 515、518、519—520、522、523、524、525、527、531 页。

　　②　吴洪武等：《吴之英先生年谱》［M］，吴洪武等校注：《吴之英诗文集》，成都：四川大学出版社，2008 年第 1 版，第 533 页。

学生，一时传为美谈"①。

这期间，吴之英除教学外，还建议并协助谢无量将原尊经、锦江书院遗留的古籍以及刻板全部移至存古学堂，由此保存了大量文献资料。他还代为撰写《王护院许将尊经锦江书刻移存古书院启》，云："此后两文读传，可证淮雨别风；三体书石，再核鲁鱼帝虎。庶几伯鸾窃通人之号，曼山据卖书之资。"② 意指学子今后将能博览群书，从而受益良多。此举一方面保存了文献；另一方面又解决了学堂初办，书籍缺乏的问题；同时还为印刷出版提供了可能，有助于文化传播，可谓一举多得。并且这项举措惠及之后的国学馆、国学院，乃至于四川大学，确实为一项善举。

1912 年，四川军政府将所属枢密院改组为四川国学院，吴之英被聘为首届院正。他推荐刘师培为院副，国学馆并入后，又增聘谢无量为院副。各位院员也皆学界名流。吴氏还手书"国学院"三个大字于校门，并撰书一联："斯道也将亡，留此四壁图书，尚谈周孔；后来者可畏，何惜一池芹藻，不压渊云。"③ 众人于此研究国学，培养后进，为一时之盛。

吴之英告知学生，学习贵在专精。只有专执一业、精通一家，才能有所成就。否则，四处涉猎，"枉媚心目"。他还指出

① 吴洪武等：《吴之英先生年谱》［M］，吴洪武等校注：《吴之英诗文集》，成都：四川大学出版社，2008 年第 1 版，第 533 页。

② 吴之英：《王护院许将尊经锦江书刻移存古书院启》［M］，吴洪武等校注：《吴之英诗文集》，成都：四川大学出版社，2008 年第 1 版，第 287 页。

③ 吴洪武等：《吴之英先生年谱》［M］，吴洪武等校注：《吴之英诗文集》，成都：四川大学出版社，2008 年第 1 版，第 534—535 页。

专精并不妨碍博通，所谓"孟子习《诗》，尚记《周官》。伏生传《书》，兼及《曲礼》"①。这与国学学校的要求是完全相同的。

吴之英又撰写诗文，汇成《西蒙面父集》，刊载于《四川国学杂志》。现录一首《桂湖》：

> 明新都杨慎以宰相子擢修撰，博闻姟〔赅〕通，极称翰苑。为议大礼，寻罪谪永昌，肆竟文酒以终。其故居邻县署，倚城筑室，湖光桂采相照耀，祀慎象其间。人士来游，辄有余爱。英尝谓吾蜀自汉室初兴，司马相如以文章冠天下，厥后异代间生，虽类聚无多，皆有清拔之才震轹当世。慎之于明，亦天生使独者也。而由慎至今，我清未有作者，是可慨已！

> 江山有神才人秀，才人无福江山寿。自古明德旧居游，一丘一壑启灵窦。维明达者杨新都，少袭金貂绾玉符。姓字无辜入丹书，家山桂树老绿湖。功名幡为气节苦，精华仅借文章补。春水盈塘魂未归，秋香满地花无主。从此游车棼骖骦，争醉风月饱蔚蓝。岂知湘君殉兰芷？更无《招隐》赋淮南。我是少微第一宿，初谪蒙山箸东麓。竹石缭垣草阁新，莺花媚景春江绿。几回开卷读故文，清才雅调猗歠芬。卜邻愿近屈平宅，笠冢拟凿伯鸾坟。转慨吾蜀灵秀积，媒如荧如翕复辟。扬子翩翻马王法，苏家拿矫严陈

---

① 吴之英：《答人问博学书》［M］，吴洪武等校注：《吴之英诗文集》，成都：四川大学出版社，2008 年第 1 版，第 285 页。

迹。二百年来绝《广陵》，林泉佳气尚葱菁。天开秋爽延西
颢，地郁灵种诞先生。先生以后竟萧索，山光淡淡水漠漠！
馨香徒荐《云中君》，飞来莫识华表鹤！曾跨嶓岷操古弄，
井络高峣空谷雾。每临奇崄泣薜萝，频托消息祝琴梦。老
死龙吉讱狂辞，社虚鬼子摇树枝。齐竽不吹诩长技，普钟
未调欺后师。长技相蒙不相忌，后师讵解前师意？且幸海
鳌坐眙鼃，饶它井蛙跳梁地。我来谒君秋已深，霜风槭槭
晓云阴。《赋》就投波长沙憾，《曲》成独泣海上心。呜呼
噫嘻！近传蕞收杖钺起，为与王母说治理。白天自胞金玉
音，坚白应有长鸣子。昨宵寐思若尔尔，美人戴胜纳珠履。
荒忽诒我双瑶琚，晤时桂阴照湖水①。

桂湖是明代杨慎故居，为蜀中名胜，今犹存。该诗称颂杨
慎的才华，对其不幸的遭遇表达了深切同情，又对蜀中人才凋
零的现状表示了忧虑，是相同题材诗歌中的上乘之作。

由于积劳成疾，1913 年，吴之英辞职。致信尹昌衡、张培
爵、胡景伊等，对院务进行了总结和安排，称："遂以开院之
初，略张大例……造端所由，咸为平议。编辑庶务，理不宜阙。
考镜保存留其名，不必遽设其任。调查视事为限，无常职诸科。
自杂志始与方土志相维，先责其成，渐及其次。司专科者给薪
饩，属平议者赠舆资。佥谓可行，以是定论。规模仅具，徐俟

---

① 吴之英：《桂湖》［J］，《四川国学杂志》文苑，1912 年第 3 期，第 3 页。
个别字据吴洪武等校注《吴之英诗文集》改。

贤劳。"① 对院中工作、职位设置、薪酬等给予了诸多建议。又云"王允收书尚七十乘，刘表兴学得千余士"②，以东汉末年王允收集保护图书档案，以及刘表兴学之典故，寄望国学院的未来。并举荐院中贤能，称廖平与刘师培"同治院事，尤为身臂相扶"③。

临行又捐助银元 900 元给学院。谢无量赠予一联："自王（闿运）伍（肇龄）以还，为人范，为经师，试问天下几大老？后扬（雄）马（司马相如）而起，有文章，有道德，算来今日一名山。"此联后来镌刻在吴氏祠堂里④。

吴之英工于书法，自成一家。1913 年，四川人民为纪念在保路运动中牺牲的英烈，准备于少城公园（今人民公园）修建一座雄伟的纪念碑，邀请时任国学院院正的吴之英与赵熙、颜楷、张学潮几位书法家各自以不同字体撰写碑名——辛亥秋保路死事纪念碑。时人为此奉送润笔费纹银 500 两，被吴之英谢绝，他说："烈士们热血可流，我吴某何惜这点力！"该碑现在依然屹立于此，碑东面的隶篆体大字，正是吴氏墨宝⑤（图7—2）。

---

① 吴之英：《辞国学院院正致尹昌衡、张培爵书》［M］，吴洪武等校注：《吴之英诗文集》，成都：四川大学出版社，2008 年第 1 版，第 264 页。
② 吴之英：《答张培爵书（二）》［M］，吴洪武等校注：《吴之英诗文集》，成都：四川大学出版社，2008 年第 1 版，第 260 页。
③ 吴之英：《与胡文澜书》［M］，吴洪武等校注：《吴之英诗文集》，成都：四川大学出版社，2008 年第 1 版，第 261 页。
④ 本段引用均来自吴洪武等：《吴之英先生年谱》［M］，吴洪武等校注：《吴之英诗文集》，成都：四川大学出版社，2008 年第 1 版，第 536 页。
⑤ 本段引用均来自吴洪武等：《吴之英先生年谱》［M］，吴洪武等校注：《吴之英诗文集》，成都：四川大学出版社，2008 年第 1 版，第 535 页。

图7-2-1　吴之英手书：辛亥秋保路
死事纪念碑（源自《吴之英诗文集》）

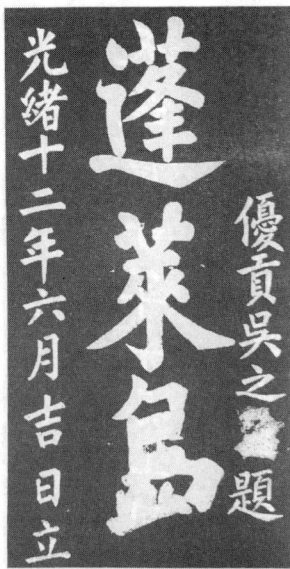

图7-2-2　吴之英书法
（源自《吴之英诗文集》）

　　吴之英归家后，仍挂念国学院诸公，与刘师培、谢无量多有书信往来，念及众人雅集，云："稷下之宴，旁贯六家。南皮之游，消遥百氏。为乐难再，咸谓无忘。既而追思，幡生他感。"[①]"还忆后园敷席，二斗径醉。"[②] 之前在国学院的一次聚会时，教员龚煦春展示收藏的张船山与丹棱彭田桥《南台寺饮酒图》，并以之为题，吴之英作五律二首，刘师培、谢无量、曾

---

　　① 吴之英：《答刘师培、谢无量书》［M］，吴洪武等校注：《吴之英诗文集》，成都：四川大学出版社，2008年第1版，第267页。

　　② 吴之英：《答谢无量书（一）》［M］，吴洪武等校注：《吴之英诗文集》，成都：四川大学出版社，2008年第1版，第265页。

学传、朱山均有诗，廖平因不能诗，写了顺口溜①。吴氏诗云：
"风雅乾嘉老，蜀才得几人？天生名进士，醉过太平春。真性随
时活，豪情入韵新。超然图画表，夷宕尚精神。"②亦可见当时
的热闹情形。辞归后吴之英还与刘师培一起慷慨解囊，拿出薪
水购买书籍，提供给《国学荟编》刊印③。

吴之英著述甚多，现存《寿栎庐丛书》10 种，73 卷，约
200 万字，含经学、小学、文论、书信、诗词等各门类。包括
《仪礼奭固》、《仪礼奭固礼器图》、《仪礼奭固礼事图》各 17
卷，《周政三图》3 卷，《汉师传经表》1 卷，《天文图考》4 卷，
《经脉分图》4 卷，《文集》、《诗集》各 1 卷，《卮言和天》
8 卷④。

其学术以在三礼方面的研究最有成就，黄崇麟评论"其创
通大义，发疑正读与二戴（西汉大礼学家戴德、戴圣）、高密
（郑玄，高密人）未知孰为后先，贾公彦以下弗及也"⑤。极为
自负的刘师培也认为："近吴伯碣撰《仪礼注》（即《仪礼奭
固》），简明雅洁，《图》（即《仪礼奭固礼器图》和《仪礼奭

① 吴洪武等：《吴之英先生年谱》［M］，吴洪武等校注：《吴之英诗文集》，
成都：四川大学出版社，2008 年第 1 版，第 535 页。
② 吴之英：《题龚熙台藏张船山〈宴南台寺图〉二首》［M］，吴洪武等校注：
《吴之英诗文集》，成都：四川大学出版社，2008 年第 1 版，第 83 页。
③ 《批国学学校详报将前院正吴之英副院刘师培拿薪购备书籍分刊国学荟编一
案》（1915．6）［A］，国学档，第 18 卷-20，第 44 页。
④ 吴洪武等：《吴之英先生年谱》［M］，吴洪武等校注：《吴之英诗文集》，
成都：四川大学出版社，2008 年第 1 版，第 539 页。
⑤ 黄崇麟：《寿栎庐丛书序》［M］，吴洪武等校注：《吴之英诗文集》，成都：
四川大学出版社，2008 年第 1 版，第 565—566 页。

固礼事图》）亦较张（惠言）《仪礼图》为优。"① 《续修四库全书总目提要》也评价其"精'三礼'"②。

吴之英的文学成就更为人推崇。吴虞读《蒙山诗录》后，在日记中写道："吴伯朅先生《蒙山诗录》为最工……吴诗沉博郁厚，独立绝代，而又非常入古，并世未见其匹也。"③ 又称赞其文："名山为文出于周秦诸子。刘申叔谓名山人品文学，当于周秦间人求之。"④ 谢无量在《骈文读本序》中也认为："（伯朅）卓发名山……蕴思成韵，放言为绮，连镳蜀郡，擢誉区内。"⑤ 钱基博所著《现代中国文学史》中也指出："（吴之英）熟精《（文）选》理，尤好诵说司马相加、扬子云之文，曰：'吾蜀人，当为蜀文尔。'"⑥ 均对吴之英的诗文给予了高度肯定。

吴之英学术、词章俱佳，人品高洁，赢得时人敬重。他在国学院时，与院中诸公情谊甚笃，留下许多佳话。除前文已谈

① 彭静中，吴洪武：《〈仪礼奭固〉三书：空前启后的杰作——吴伯朅先生〈仪礼奭固〉三书管窥》[M]，吴洪武等校注：《吴之英诗文集》，成都：四川大学出版社，2008 年第 1 版，第 584 页；吴虞：《吴虞日记》上（1912 年 5 月 26 日）[M]，成都：四川人民出版社，1984 年第 1 版，第 45 页。

② 续修四库全书总目提要编纂委员会编：《续修四库全书总目提要·经部》[M]，上海：上海古籍出版社，2015 年第 1 版，第 193 页。

③ 吴虞：《吴虞日记》上（1916 年 3 月 5 日）[M]，成都：四川人民出版社，1984 年第 1 版，第 248 页。

④ 钱基博：《现代中国文学史》[M]，长沙：岳麓书社，1986 年第 1 版，第 70 页。

⑤ 吴洪武等：《吴之英先生年谱》[M]，吴洪武等校注：《吴之英诗文集》，成都：四川大学出版社，2008 年第 1 版，第 537 页。

⑥ 钱基博：《现代中国文学史》[M]，长沙：岳麓书社，1986 年第 1 版，第 67 页。

及的与谢无量亦师亦友的交往外，其与刘师培也感情深厚。刘师培天资聪慧，学养深厚，自视也甚高，对当世学者，少有嘉许，唯对吴之英极为尊崇。在来往书信中，认为吴之人品学问，可比肩庄遵、司马相如、张宽、林间翁孺、杨终、扬雄等蜀贤，字里行间颇多赞许，"这是所有刘氏书信中所仅见的文字"①。管中窥豹，可见一斑。另外，吴之英还与院中诸君多有书信往来以及诗词唱和，畅叙友情，恳谈学问，其乐融融。

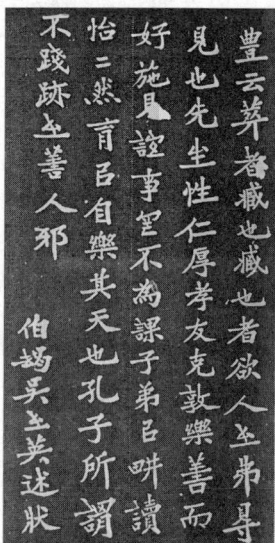

图7-3 吴之英书自述状
（源自《吴之英诗文集》）

吴之英曾作自述状："《礼》云：'葬者，臧也。'臧也者，欲人之弗得见也。先生性仁厚，孝友克敦，乐善而好施，见谊事罔不为。课子弟以耕读，怡怡然有以自乐其天也。孔子所谓不践迹之善人耶？"②（图7—3）他对自己的评价非常谦逊，敦厚长者形象跃然纸上。

1918年5月，吴之英病逝，终年62岁。友朋弟子云集悼念，集一时之盛。

宋育仁挽联："拜母犹忆升堂，异境不消千古恨；故人实伤陟屺，重行

---

① 彭静中，吴洪武：《吴伯朅先生与古典蜀学的终结》［M］，吴洪武等校注：《吴之英诗文集》，成都：四川大学出版社，2008年第1版，第574页。

② 吴之英：《吴先生述状》［M］，吴洪武等校注：《吴之英诗文集》，成都：四川大学出版社，2008年第1版，第500页。

遥帐九秋情。"

弟子颜楷挽联:"义蕴阐高堂,制待五百年来重熙礼乐;典型存石室,窃随三千人后共拜衣冠。"

吴虞挽联:"品节在严、郑之间,白首孤行,自有千秋型蜀士;文学继卿、云而后,玄亭重过,空悲一国失人师。"

举人赵正和挽联:"蜀士号能文,自扬马而还,旷世逸材人几个?名山留胜迹,览蔡蒙毓秀,南州冠冕独先生。"

举人王炳阳挽联:"知交零落,旧雨难忘,对我体恤周旋,一年提携紫霞舍;斯道将亡,老成凋谢,如君文章德行,千秋不朽寿栎庐。"①

吴虞还曾作诗三首颂扬恩师,其诗云:"益都自昔多豪杰,儒林文苑今寥寂。蜀才谁复继周秦?旷祀蒙山异人出……出入百家有真宰,厥协六艺成通儒。菁华聊藉文章露,手剖鸿蒙入词赋……文翁石室讲筵开,当时同辈夸英才……先生缪许狂狷流,意气已足倾九州。"②

吴之英不仅在生前教导了众多蜀中弟子,而且其影响泽被后世。国立成都大学学生赖高翔曾深情回忆:"少游太学③,从爱智先生④学为诗歌。先生诵名山⑤桂湖之篇,气节精神,春水

---

① 上述挽联均引自吴洪武等:《吴之英先生年谱》[M],吴洪武等校注:《吴之英诗文集》,成都:四川大学出版社,2008 年第 1 版,第 538—539 页。

② 吴虞:《寄吴伯朅先生》[M],吴洪武等校注:《吴之英诗文集》,成都:四川大学出版社,2008 年第 1 版,第 696 页。

③ 按:赖高翔 1925 年入国立成都大学。

④ 按:即吴虞(1872—1949),号爱智,宅名爱智庐。

⑤ 按:吴之英,名山人,此以山代人。

归魂之句（寿栎庐·桂湖诗：功名翻〔幡〕为气节苦，精神仅借文章补。春水盈塘魂未归，秋香满地花无主。），长言永念，感兴遥深；讽味遗言，于今未沫。"[1]

二、谢无量（图7—4）

谢无量（1884—1964），原名蒙，又名沉，幼名锡清，书名大澄，字仲清，号希范，别号啬庵，四川乐至人。祖籍四川省梓潼县，故其多署名"梓潼谢无量"[2]。中国近现代著名的社会

图7-4 谢无量
（源自《谢无量文集》）

活动家、杰出的诗人、非凡的书法家、顶级的学者、成功的宣传家、优秀的教育家[3]。少从家学，毕业于南洋公学（今上海交通大学），与邵力子、黄炎培、李叔同等是同窗好友，蔡元培时任中文系主任，谢受其影响很大。1901年，谢无量与马一浮、马君武等在上海创办"翻译会社"，出版《翻译世界》月刊。又参加《苏报》、《国民公报》的编辑和撰稿工作。期间赴日学

① 赖高翔：《桂湖题咏录序》［M］，张学渊校注：《赖高翔文史杂论》下（内部资料），2003年，第322页。
② 彭华：《谢无量年谱》［J］，《儒藏论坛》第3辑，2009年，第132页。
③ 舒大刚：《谢无量先生传略》［M］，陈恩林等主编：《金景芳学案》上册，北京：线装书局，2003年第1版，第436页。

习，回国后任《京报》等报主笔，得到孙中山器重①。

成都创办存古学堂，学部左丞乔树楠和四川高等学堂总理周紫廷，向四川提学赵启霖推荐谢无量任监督。谢到任后，一方面积极延聘省内外学者担任教职，一方面又四处奔波，终于将停办的锦江、尊经两书院所藏典籍3万余册，以及尊经阁原藏碑碣，全部移交存古学堂②。又将堂后三楹旧房开辟为镌刻印装之所，设立存古书局，聘罗元黼为纂校，总理书局事务。《四川国学杂志》、《国学荟编》以及大量的国学典籍都在此刊印。为方便流通，还在城内卧龙桥设存古书店（后移至青石桥）③。赵启霖离蜀时，两人曾诗歌唱酬。赵诗序言："予于成都南门外立祠祀范景仁、范纯夫、张南轩、魏鹤山四先生，即于祠内设存古学堂，择无量为监督。"诗中称赞谢无量："斯文落落辄相许，并世滔滔谁与俦。"④

存古学堂改名国学馆，并入国学院后，谢无量被聘为院副，兼办搜访遗书事宜。此时，谢很年轻，又博闻强记，被大家誉为"神童"，颇为学界所重。他专攻古典文学、哲学，在学校讲

① 本段引用除单独标注外均来自刘长荣，何兴明：《谢无量年谱》[J]，《文教资料》，2001年第3期，第5—8页。

② 刘长荣，何兴明：《谢无量年谱》[J]，《文教资料》，2001年第3期，第9—10页。

③ 何域凡：《存古学堂嬗变记》[G]，四川省政协文史资料委员会编：《四川文史资料集粹》第4卷，成都：四川人民出版社，1996年第1版，第420—421页。

④ 赵启霖：《步韵赠谢无量》[M]，赵启霖著，易孟醇校：《赵启霖集》卷6，长沙：湖南人民出版社，2012年第1版，第240页。

授词章①，课余又谦虚向廖平、吴之英等学者请教。后来他还津津乐道，称："廖吴把臂谈经学，齐鲁风流嗣古人。"② 1912 年 9 月，谢与刘师培、廖平、吴虞等发起成立"四川国学会"，会址就设在国学馆内。谢无量又在《四川国学杂志》撰文，如《蜀学系传》系列文章都发表于此③。这期间，他还勤于练习书法，"吸收晋唐二王之秀媚、汉魏之刚健，结合自己童贞笔法，时称孩儿体"④。

另据其子谢祖仪回忆，当时，学堂学生年龄较长，起初对谢无量颇不以为然，常常用艰深的问题为难他。哪知谢无量总能引经据典，侃侃而谈，学生深为折服⑤。那时国学院人才荟萃，20 余岁的谢无量"置身其间"，"担任主讲"，竟然"旗鼓

① 《谢无量年谱》（刘长荣，何兴明撰）、《回忆父亲谢无量》均记谢讲授词章，《谢无量年谱》（彭华撰）、《存古学堂嬗变记》则记讲授理学。见谢祖仪：《回忆父亲谢无量》[G]，重庆市政协文史资料研究委员会编：《重庆文史资料选辑》第23辑，重庆：重庆市政协文史资料研究委员会，1984 年第 1 版，第 94 页；彭华：《谢无量年谱》[J]，《儒藏论坛》第 3 辑，2009 年，第 137 页；何域凡：《存古学堂嬗变记》[G]，四川省政协文史资料委员会编：《四川文史资料集粹》第 4 卷，成都：四川人民出版社，1996 年第 1 版，第 419 页。

② 郭君穆：《一代才人谢无量》[G]，四川省政协文史资料研究委员会、四川省文史馆编：《四川近现代文化人物》，成都：四川人民出版社，1989 年第 1 版，第 195 页。

③ 彭华：《谢无量年谱》[J]，《儒藏论坛》第 3 辑，2009 年，第 139 页。

④ 本段引用除单独标注外均来自刘长荣，何兴明：《谢无量年谱》[J]，《文教资料》，2001 年第 3 期，第 9—10 页。

⑤ 谢祖仪：《回忆父亲谢无量》[G]，重庆市政协文史资料研究委员会编：《重庆文史资料选辑》第23辑，重庆：重庆市政协文史资料研究委员会，1984 年第 1 版，第 94 页。

相当，游刃有余"，确实相当难得①。吴之英辞职时也将谢列为首选继任者，称其"硕学通敏"②。

不过，馆院合并后，国学院规模、师生人数都较过去扩大不少，事务繁杂，谢无量称"累至无隙"，1913 年 4 月也因病辞职③。

谢无量离蜀后，对其学生依然热心帮助。他在存古学堂的学生王光祈（音乐理论家）后来担任四川《群报》、《川报》驻京通讯记者，积极投身五四运动。在其遇到困难时，谢无量去信安慰鼓励。1920 年 4 月，王赴德国深造，谢赋诗送别：

西台痛哭谢皋羽，东观淹留定远侯。

投笔声威闻万里，临风涕泪亦千秋。

布衣长笑轻秦帝，残照相看类楚囚。

枯柳飘蓬无限意，还如王粲赋登楼④。

1957 年谢无量举家迁往北京前，又赋诗赠予存古学堂、国学院时的学生蒙文通，表达不舍之情：

杯酒从容惬素襟，还乡不觉二毛侵。

---

① 郭君穆：《一代才人谢无量》[G]，四川省政协文史资料研究委员会、四川省文史馆编：《四川近现代文化人物》，成都：四川人民出版社，1989 年第 1 版，第 191 页。

② 吴之英：《辞国学院院正致尹昌衡、张培爵书》[M]，吴洪武等校注：《吴之英诗文集》，成都：四川大学出版社，2008 年第 1 版，第 264 页。

③ 刘长荣，何兴明：《谢无量年谱》[J]，《文教资料》，2001 年第 3 期，第 10 页。

④ 刘长荣，何兴明：《谢无量年谱》[J]，《文教资料》，2001 年第 3 期，第 14 页；江仁忻：《音乐学家王光祈》[G]，四川省政协文史资料研究委员会、四川省文史馆编：《四川近现代文化人物》，成都：四川人民出版社，1989 年第 1 版，第 202—203 页。

余生尚有观周日，远别难为去鲁心。

邛竹一枝扶塞步，秋光千里送微吟。

山川草木怀新意，他日重逢倍感深①。

1964 年 12 月 10 日，谢无量病逝于北京，享年 80 岁②。

谢曾历任东南大学、四川大学教授，川西博物馆馆长、四川省文史研究馆馆员、中央文史馆副馆长等职。研习领域广泛，著有《中国大文学史》、《中国哲学史》、《中国妇女文学史》、《诗学指南》等书，多有开先河的意义。其中《中国大文学史》是"早年较有影响的第一部由上古至清代的系统文学史专著"，"是我国率先出现的一部体制庞大、内容广博的文学史，具有开创意义"③。袁行霈也认为"（该书）影响最大，可以作为这个时期（20 世纪二三十年代）文学史著作的代表。就这部书而言，已经建立了比较完整的文学史著作的体系"④。而《中国哲学史》在国内是第一部，早于胡适的《中国哲学史大纲》（卷上）、冯友兰的《中国哲学史》（上下册）。《中国妇女文学史》更是"中外历史上第一部妇女文学史"⑤。2011 年，中国人民大学出版社出版了《谢无量文集》九卷。作为近代著名书法家，

---

① 刘长荣，何兴明：《谢无量年谱》［J］，《文教资料》，2001 年第 3 期，第 22—23 页。

② 刘长荣，何兴明：《谢无量年谱》［J］，《文教资料》，2001 年第 3 期，第 23 页。

③ 吉平平，黄晓静：《中国文学史著版本概览》［M］，沈阳：辽宁大学出版社，1992 年第 1 版，第 46 页。

④ 袁行霈：《守正出新及其他——关于中国文学史的编写与教学》［J］，《中国大学教学》，1999 年第 6 期，第 8 页。

⑤ 彭华：《谢无量年谱》［J］，《儒藏论坛》第 3 辑，2009 年，第 142 页。

谢无量书法自成一格，被于右任赞叹为"笔挟元气"①，曾自写诗卷，由中国文联出版公司影印流传（图7—5）。总之，谢无量是一位"系统研究中国传统文化的先驱，学识渊博，见识远卓，对中国传统文化和近代变革均有深入的体认，许多著作具开创之功。同时，他也是一位在诗词、书法、文史研究、文物鉴赏等方面卓有成就的大家"②。

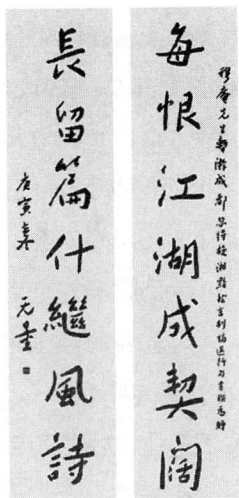

图7-5-1　谢无量书法（源自《谢无量自写诗卷》）

图7-5-2　谢无量书法（源自董宏伟主编《中国私家藏画丛书·谢无量卷》，河北美术出版社2014年版）

---

① 刘君惠：《谢无量先生自写诗卷引言》［M］，谢无量：《谢无量自写诗卷》，北京：中国文联出版公司，1987年第1版，第1页。

② 谢无量：《谢无量文集》第1卷［M］，北京：中国人民大学出版社，2011年第1版，扉页。

### 三、刘师培

刘师培（1884—1919），字申叔，号左盒，江苏仪征人。出身于世代书香门第，家学深厚。从其曾祖父开始，"一门四代都是扬州学派（清代乾嘉学派皖派分支）的知名学者"。曾先后任《警钟日报》、《中国白话报》、《国粹学报》主笔。1907年2月携妻何震赴日本，加入同盟会，又创办《天义报》、《衡报》，宣传社会主义与无政府主义。1909年为清官僚端方笼络入其幕。1911年随端方入川期间，辛亥革命爆发，端方被戮，章太炎特电川军政府谓"杀方孝孺，则读书种子绝矣"①，因而得以幸免，遂流亡成都，被聘为国学院院副。袁世凯当政时又加入筹安会，袁氏称帝闹剧失败后，刘师培再次进退失踞。后受聘于北京大学任教。刘氏家传文字训诂之学，又擅骈文，为著名的经学家、文学家，后人辑有《刘申叔遗书》凡74种，近400万字②。

关于刘师培后文将专章论述，此处从略。

### 四、廖平

廖平（1852—1932），字季平，号四益、六译，四川井研人。1879年（光绪五年）中举，1889年中进士，为成都尊经书院高材生。一生主要从事教育，历任龙安府学教授，嘉定九峰

---

① 万仕国：《刘师培年谱》［M］，扬州：广陵书社，2003年第1版，第204页。
② 本段引用除单独标注外均来自中共中央党校出版社传统文化研究组：《刘师培全集》前言［M］，刘师培：《刘师培全集》第1册，北京：中共中央党校出版社，1997年第1版，第1—6页；杨正苞：《四川国学院述略》［J］，《西华大学学报》（哲学社会科学版），2009年第28卷第1期，第29页。

书院山长，尊经书院襄校等职。保路运动期间，曾任《铁路月刊》主笔。辛亥革命后，先后担任四川军政府枢密院院长、国学院教员、国学学校校长、华西大学教授。为近代著名经学家，宗春秋公羊今文，治学凡六变，著述甚丰，有《六译馆丛书》传世①。

关于廖平后文将专章论述，此处从略。

五、曾学传

曾学传（1858—1930），字静初、习之，四川温江人。因有皂江流经家乡，自号皂江逸人、皂江子。清末廪生。学于同邑前辈赵三麒，"沉潜宋学，尤以象山为宗"，其《皂江学言·自序》云："余生有清衰末之世，孤处独学，不与世谐。弱冠读象山书，憬然汗下，知斯非反诸心，万无一获，奋然脱弃俗儒科〔窠〕臼，杜门扫轨，朝夕于斯，积三四年，不觉有俯视千秋之慨。盖自道渊源所在者如是。"曾有一友人，性情刚直，不谐于世。曾学传谓之曰："今天下之病深矣，有华扁所不能施手者，君须怜之，勿重恶之而反为己心病也。子思子曰：致中和，天地位焉，万物育焉，必也吾心无病而后能使天地万物无病也。然则天地万物之病，非皆吾心之病乎，而又何求焉。"被认为深知"忠恕恻侧"之道，时人称之"曾大圣人"。

曾任温江学务总理，支持变法维新，改万春书院为师范传习所。被聘为国学院院员，先后在成都高等学堂、存古学堂、

① 本段引用均来自廖幼平编：《廖季平年谱》〔M〕，成都：巴蜀书社，1985年第1版，第1、2、21、44、48、70—73、75页；杨正苞：《四川国学院述略》〔J〕，《西华大学学报》（哲学社会科学版），2009年第28卷第1期，第29页。

四川国学院任教。为理学家、经学家、方志学家。撰有《温江县乡土志》、《温江县志》，又有《皂江全书》，收录其《春秋大义绎》、《孝经释》、《诗文集》等作品①。

曾学传在国学院教授理学，编有《宋儒学案约编》作为教材。求学于此的蒙文通后来谈道："少时从曾习之（学传）先生学，曾先教以为学须从体认良知入手，谓此理不从身心体认，纵博极群书、剖析毫芒，不过比较于文字，于实理究无所得也。"② 以"体认良知"作为学习的出发点与皈依，正是理学的宗旨所在。曾氏还在四川高等学堂（1903—1916，成都尊经书院改建）教授伦理学，据学生回忆："伦理学不是讲西洋伦理而是讲宋学，由温江曾学传（习之）先生担任。他笃信程朱之学，尤崇拜陆象山。"③ 四川大学张志烈教授是曾学传的再传弟子，他说：少时入私塾学习，其师曾师从"有名的经学家'皂江先生'曾学传"，"传授孔孟之道，重在宋明理学，又以曾先生的

① 以上两段引用均来自文丕衡编：《蜀风集——文守仁先生遗著》（内部资料）[M]，新津县政协文史资料委员会审定，1998 年，第 135 页；杨正苞：《四川国学院述略》[J]，《西华大学学报》（哲学社会科学版），2009 年第 28 卷第 1 期，第 28 页。另据傅德岷等主编：《巴蜀人文天下盛——近代巴蜀散文选读》[M]，北京：中国文史出版社，2004 年第 1 版，第 83 页："曾学传，为人高旷耿直。著有《皂江文集》十八卷、《皂江诗集》六卷，编有《唐宋文轨》十二卷。他说：'余质本凡下，惟生平读书行已，本心是非未尝泯没。'"

② 蒙文通：《理学札记》[M]，《蒙文通文集》第 1 卷：《古学甄微》，成都：巴蜀书社，1987 年第 1 版，第 131—132 页。

③ 陆殿舆：《四川高等学堂纪略》[G]，中国人民政治协商会议四川省委员会文史资料研究委员会编：《四川文史资料选辑》第 20 辑，成都：四川人民出版社，1980 年第 1 版，第 158 页。

著作为教材"，由此接受了正统的国学教育①。

曾氏曾作《青年赋》云："畴考鼓而鸣钟，用省发乎宵晨。望尧宇之再旦，还赤子之天真。瞻太平之有日，吾虽老而犹新。"② 勉励青年珍惜光阴，勤奋努力，有所作为。

下录曾学传 37 岁诗作：

乙未寓新江感秋作歌四首（录一首）

汲黯已老仲舒死，关东鄙儒相天子，当时只有辕固生，烈烈风霜翻舌底。长安甲第争崔嵬，五侯七族已成灰；司隶声名高日月，黄河泰岱谁能摧，男儿只分死忠孝，富贵功名堪一笑；不然掉臂恣游行，蚤向五湖弄孤棹。芦花打窗月满蓬，足抵白鸥同梦觉，寒蜩胡为徒噪噪③。

六、杨赞襄

杨赞襄（1872—1917）④，字兰皋，四川天全人⑤。早年为成都尊经书院高材生，积极投身维新变法运动，协助其师宋育

---

① 陈艺嘉，毛张琳：《学问毕生事，诗词老顽童——访退休教授张志烈先生》[G]，曹顺庆等主编：《濯锦录——名宿与旧事中的百年川大》第 2 卷，成都：四川大学出版社，2016 年第 1 版，第 166—167 页。

② 傅德岷等主编：《巴蜀人文天下盛——近代巴蜀散文选读》[M]，北京：中国文史出版社，2004 年第 1 版，第 412 页。

③ 文丕衡编：《蜀风集——文守仁先生遗著》（内部资料）[M]，新津县政协文史资料委员会审定，1998 年，第 135 页。

④ 郭书愚：《四川存古学堂的兴办进程》[J]，《近代史研究》，2008 年第 2 期，第 92 页。

⑤ 何域凡：《存古学堂嬗变记》[G]，四川省政协文史资料委员会编：《四川文史资料集粹》第 4 卷，成都：四川人民出版社，1996 年第 1 版，第 419 页。

仁开办"蜀学会"、《蜀学报》，担任蜀学会载笔①。自认继承宋育仁（富顺人）的思想，主张以教养致富强，通经致用，为"富顺学派"之一员②。

民国初年，被聘为四川国学院院员，精通历史，先后在存古学堂、四川国学院主讲史学。其《书刘申叔〈南北考证学不同论〉后》是学界最早研究刘师培学术思想的文章，发表在1912年的《四川国学杂志》第3期③。1914年1月，任马边厅知事④，就《马边志例》征询刘师培意见，刘肯定其体例："考物土，别淑匿，用绍古，诵训形，方之职，意至善也。"⑤ 杨赞襄还著有《史记发微》、《龙门吉羽续》等。

七、罗元黼⑥

罗元黼（1856—1931），字云裳，四川崇庆人。幼时聪颖，有文童之称。为成都尊经书院高材生，与廖平、宋育仁、张子苾、刘子雄齐名。1894年（光绪二十年）优贡，朝考得教谕。曾在四川岳池、丰都等县县学任教。

---

① 杨赞襄等记：《附蜀学开会记》[N]，《蜀学报》第1册，1898年5月5日，第29页。

② 杨赞襄：《书刘申叔〈南北考证学不同论〉后》[J]，《四川国学杂志》通论二，1912年第3期，第2页。

③ 郭院林：《清代仪征刘氏〈左传〉家学研究》[M]，北京：中华书局，2008年第1版，第13页。

④ 马边彝族自治县地方志编纂委员会编：《马边彝族自治县志》[M]，成都：成都科技大学出版社，1994年第1版，第394页。

⑤ 刘师培：《与杨赞襄书》[M]，《刘师培全集》第3册，北京：中共中央党校出版社，1997年第1版，第547页。

⑥ 本部分引用除单独标注外均来自四川省崇庆县志编纂委员会：《崇庆县志》[M]，成都：四川人民出版社，1991年第1版，第802页。

存古学堂更名为国学馆后，任教习。国学院时被聘为议董。馆院合并后以及国学学校时期历任教员、斋务长，并经理存古书局，"校刻蜀中文献，注疏经史要籍"。1913 年罗元黼以明汲古阁本为底本，校刻《唐诗纪事》，刊成存古书局本，并亲撰《识语》，对版本以及校刊情况进行了详细介绍，非常精当。其友周翔为该书题跋言："罗君云裳校订《唐诗纪事》八十一卷，阅月凡廿有八乃毕。"称赞其证误"皆能斟酌群籍，指瘢索隐"，并有独到见解，认为"今之士夫，稗贩新学，上者耽饮博，下者攫金于市，求如罗君之萧然人外，捃〔俊〕逸残竹，俾政和以来，风流不坠，岂可得哉。手此一编，自成馨逸，质诸当世，是真诗林之佳话尔"①。

国学院院正吴之英辞职归家后，罗元黼等去信挽留，吴回信称："十年阔隔，忽枉存书。执笺反覆，如对故人。足音清迤，空谷答响。风回兰径，春满薜萝。东昞停云，嗢然成笑。"②不过，吴婉言拒绝了重返国学院的邀请。

1923 年，罗元黼担任崇庆县修志局局长，亲任纂修，协同 30 余人，历经三年编写完成《崇庆县志》，共 10 册，近 40 万字。这是崇庆废州改县后第一部县志，和现存清代几部州志相比，这部县志在内容及体例安排上都有显著提升与突破，被认为"详于考证，严于去取"，"立言不苟，俨然史笔"，新编

---

① ［宋］计有功撰，王仲镛校笺：《唐诗纪事校笺》第 8 册 ［M］，北京：中华书局，2007 年第 1 版，第 2599—2604 页。

② 吴之英：《答罗元黼、谭焯书》 ［M］，吴洪武等校注：《吴之英诗文集》，成都：四川大学出版社，2008 年第 1 版，第 274—275 页。

《续四库全书总目提要》评价其"实足以信今传后"①。罗还在家乡创办贫民教养工厂，以及当地第一家女校——味江女子学校，开启该县女子入校读书的历史。

罗元黼一生致力于考据，尤其擅长历史。曾补正彭洵所辑《青城山记》，后来四川师范大学教授王文才在彭、罗二人著作的基础上订正、删补，完成《青城山志》②。罗氏还补订彭洵所著《彝军纪略》，并著有《蜀画史稿》、《蜀中名画记续集》等书，又整理、圈注蜀中古寺所藏佛经。他还善于书画，《益州书画录》称其："工书，摹欧阳询帖，神形酷似。善画花卉草虫，气韵生动。"③ 今青城山天师洞尚存罗1927年所撰楹联："眺高台宝室仙都，真日月分精，蹑屐快寻三岛石；读琳崖玉霄好句，倍云霞难画，扪萝欲觅五幢符。"联高3.3米，宽0.27米。正书，字径0.13米④。另外，2005年8月，一本名为《词科掌录撷》的抄本在罗元黼家乡被发现。经初步鉴定，该书可能是罗在存古学堂担任教习时所作，全书用秀丽谨严的蝇头小楷抄录了大量前人诗词⑤，极见功力。

① 杨明春：《罗元黼与民国〈崇庆县志〉》[G]，四川省崇州市政协文史学习委员会编：《崇州文史资料》第20辑，2006年，第12、16页。

② 朱越利：《三十七年来的道教学研究》[M]，《回首集》，成都：四川大学出版社，2014年第1版，第500页。

③ 李国钧主编：《中华书法篆刻大辞典》[M]，长沙：湖南教育出版社，1990年第1版，第424页。

④ 杨明春：《罗元黼与民国〈崇庆县志〉》[G]，四川省崇州市政协文史学习委员会编：《崇州文史资料》第20辑，2006年，第15页。

⑤ 杨黎：《清末崇州大儒手迹初露真容——街子镇居民刘万君捐献罗元黼〈词科掌录撷〉》[G]，四川省崇州市政协文史学习委员会编：《崇州文史资料》第19辑，2005年，第218页。

罗元黼还曾撰写并亲书《香积寺记》，700余字，刻碑立于寺中。香积寺，原名灵岩寺，在青城山东十余里香积山之孤鹤顶，传为西魏鸡骨禅师所建。明末破败，清康熙初年重修，清末又曾扩建。其文语言质朴优美，有唐宋散文之风，摘录部分如下：

> 山最高处，矫焉特立，名孤鹤顶。其下冈峦竞秀，长林蓊蔚，幽篁曲涧，隔绝尘嚣。寺居其中，别有天地。入山石梁曰鸡香桥，岩瀑飞流曰五迭泉，左右二亭曰摩云、虎啸。又有龙门洞。观陆游诗所状，峰撑苍昊，鏊裂厚坤，穴吹腥风，壁挂爪痕，信为奇绝。池名鸡骨，清可鉴影，云昔禅师濯足处。而龙池水最甘冽，故老传有龙出于此地，如石能化虎，能点头，或后人借远、生二公故实，略为点窜，无俟深求。要兹山名胜，自务观留题，久已脍炙人口。师灵塔尚岿然，来游者摩挲苔藓，恒想象当年示寂之异焉①。

八、释圆乘②

释圆乘（1856—1920），成都大慈寺住持，为国学院院员之一。俗姓廖，字性征。贵筑（今属贵州贵阳）人。幼年受家人影响，喜好佛事。21岁在东山出家。1881年入川，在新都宝光寺受具足戒。次年，返回贵州，闭关三年，穷究佛理，终于悟

① 罗元黼：《香积寺记》[G]，龙显昭主编：《巴蜀佛教碑文集成》，成都：巴蜀书社，2004年第1版，第883—884页。

② 本部分引用除单独标注外均来自张志哲主编：《中华佛教人物大辞典》[M]，合肥：黄山书社，2006年第1版，第1321页。

道。又回到宝光寺居住。

时大慈寺住持行公和尚年老，寺庙荒废，负债甚多，难以维持，遂以圆乘为主席。圆乘率领众僧努力行道，辛苦经营，终于清偿了债务，"百废俱举，官绅居士，咸相敬仰"。

释圆乘治学"刚猛精进，律戒至严"，平日外表严肃，而"立心最慈"。教导后学，必定让他们独自参悟，一直要"疑根尽拔"，真正通达方止。他出家后40余年间，尽心竭力"悲愿众生，弘护三宝，善巧如日，雨润加彼"，却从不宣扬。1910年，传法嗣宗理后退隐于寺中。

虽然退隐，他于丛林要事，仍然倾心维持之，与国学院诸君也多有交往，曾邀请廖平、林思进等前往大慈寺观赏佛像画卷，林氏有诗记之："破寺千年佛，开堂一老僧。高颧澄观似，画手贯休能。应请随缘遍，题名记昔曾。道场销歇久，此会见传灯。"[①] 吴之英在向好友宋育仁推荐蜀中高士时称："大慈寺主僧，博识佛籍。瞿昙贤嗣，明晓宗派。兼差止观，虽所得未多，亦今时支遁、维摩。宏植因缘，谢傅特重情感。法海逆汇，诸天可观。"[②] 对圆乘大加赞赏。

1920年12月29日，圆乘告知弟子："以究竟为要，勿昧因果，以此自勉，吾将行矣。"是日圆寂。在宝光寺经楼后紫霞山旁建有释圆乘之石塔。

---

① 林思进：《圆乘长老招同廖季平师、王咏斋丈，太慈寺看近人所摹尊宿像百轴，并约题名其后》[M]，林思进著，刘君惠，王文才等选编：《清寂堂集》，成都：巴蜀书社，1989年第1版，第136—137页。

② 吴之英：《覆宋育仁书（二）》[M]，吴洪武等校注：《吴之英诗文集》，成都：四川大学出版社，2008年第1版，第251—252页。

圆乘曾校四川仁寿松峰寺惟静所著《佛教略史》。全书八卷，仿教科书体例，以年代为经，事件为纬，叙述佛教历史。从佛陀诞生、成道、佛法东传，到唐代佛教兴盛，明清佛教衰落，囊括了中国佛教史上的重大事件、著名高僧，是一部中国佛教通史。书中各事件均列小标题，言简意赅，叙述简明扼要，遍采传记诸书，资料广博。民国初年有刻本，江苏广陵古籍刻印社 1996 年出版影印本，书名改为《佛教历史》①。圆乘所作书序云："近世政教陵迟。中国数千年治国安民之大道，听其败坏一日甚一日，不事振修，于是只有流弊，不见真理。士大夫之无学识者遂以为中土之法，不足以为富强之基，而醉心欧化，趋重科学，轻侮宗教。宗教可以包科学，科学不可以包宗教。宗教者，首重治心，岂有丧其本心而可言科学哉？"②

释圆乘去世后，曾在国学院任职的林思进有《过太慈寺，追忆圆乘长老》："参间③人静坐长廊，梵放无声觉昼长。斋散鸟稀钟后食，雨余僧上佛前香。身疑戏瓦间④童子，心识粗毡旧道场。若道西来法力胜，如何鹿苑转茫茫。"⑤

① 该书情况均摘录自释惟静著，释圆乘校：《佛教历史》[M]，扬州：江苏广陵古籍刻印社，1996 年第 1 版，扉页，影印说明。

② 释圆乘：《佛教略史·序》[M]，释惟静著，释圆乘校：《佛教历史》，扬州：江苏广陵古籍刻印社，1996 年第 1 版，第 4—5 页。

③ 按：间，通"闲"。

④ 按：间，通"闲"。

⑤ 林思进著，刘君惠、王文才等选编：《清寂堂集》[M]，成都：巴蜀书社，1989 年第 1 版，第 376 页。

九、楼黎然

楼黎然，字廥庵，浙江诸暨人①。少年时勤奋学习，县试府试均为第一，被赞为"小三元"。为俞樾弟子，俞称其性格"沉潜"。1879年举人。历任四川南川、开县、梁山、德阳、威远、合州等知县以及汉州、巴州等知州，荐升道员②。曾以在任候选道四川汉州知州身份，于1906年9月被四川总督派往浙江考察铁路。期间，又奉浙江巡抚之命赴日考察教育，历时三月，撰有《蔷盒东游日记》（1907年出版）。该书记录了楼在日本参观上野美术学校、女子职业学校、盲哑学校、高等师范学校、商船学校、东京帝国大学、早稻田大学等众多学校以及博物馆等机构的情况，附有"学校系统图"、"官公私立学校学生生徒儿童统计表"等③。回国后任四川督辕礼、邮传、农工商各科参事及民政科长④。还曾任名山知县⑤。又入四川总督锡良幕中⑥。

--------

① 何域凡：《存古学堂嬗变记》［G］，四川省政协文史资料委员会编：《四川文史资料集粹》第4卷，成都：四川人民出版社，1996年第1版，第421页。另外《吴之英诗文集》（72页）注"楼蔷庵，即楼黎然"。按：其字为廥庵？或蔷庵？或二者皆是？存疑。又有谓"楼蔷庵，又名藜然"。见诸暨县地方志编纂委员会：《诸暨县志》［M］，杭州：浙江人民出版社，1993年第1版，第956页。
② 诸暨县地方志编纂委员会：《诸暨县志》［M］，杭州：浙江人民出版社，1993年第1版，第956页。
③ 吕顺长：《清末中日教育文化交流之研究》［M］，北京：商务印书馆，2012年第1版，第38页。
④ 诸暨县地方志编纂委员会：《诸暨县志》［M］，杭州：浙江人民出版社，1993年第1版，第956页。
⑤ 何域凡：《存古学堂嬗变记》［G］，四川省政协文史资料委员会编：《四川文史资料集粹》第4卷，成都：四川人民出版社，1996年第1版，第421页。
⑥ 吴之英：《送楼蔷庵东归》［M］，吴洪武等校注：《吴之英诗文集》，成都：四川大学出版社，2008年第1版，第72页。

楼曾为《洪度集》作序，该集是唐代著名女诗人薛涛的诗集。楼黎然在序中对身为官妓的薛涛给予了公允的评价，称："涛不幸流入乐籍，不获以名节显……犹幸而陷于乐籍，以才自拔，俨然与卓文君、巴寡妇鼎峙于蜀也。"又指出"涛死且千余年，古井新笺，脍炙人口，后人犹有刻其集者"，较之须眉男子，"当时则荣，没则已焉者"，高下自明。并认为若薛涛生于今日，在女校教员中必当"高置一席"。还引袁枚之语："数百年后，人但知有苏小，不复知有我辈。"① 从序文中可以看出楼黎然思想的开明，他也是历史上为薛涛诗集作序的第一人。

四川保路运动开始后，楼黎然支持民众维护主权的正义举动，曾率众上书赵尔丰希望其能联合官绅，尽快解决罢市罢课问题。他提议赵应召集特别大会，"届时径往，开诚布公，挺身担任，就众要求各件，分别磋商至当，即予专电奏咨，得允固佳，否则力陈利害，以行政官全体去就争之"。还一针见血地指出："自古圣君贤相，皆以保民为根本；封疆大吏，尤以社稷安危，民心向背为主要；此外利害，一切可以不顾。"②

辛亥革命成功后，四川军政府设枢密院，廖平任院长，楼黎然任副院长③。四川国学院成立后，楼被聘为院员。他与吴之

① 本段引用均来自楼黎然：《洪度集序》［G］，《中华大典》编纂委员会：《中华大典·文学典·隋唐五代文学分典》第3册，南京：江苏古籍出版社，2000年第1版，第689页。

② 本段引用均来自《楼黎然等请赵尔丰联合官绅解决罢市罢课书》（1911.8. 27）［G］，戴执礼编：《四川保路运动史料》，北京：科学出版社，1959年第1版，第278—279页。

③ 廖幼平编：《廖季平年谱》［M］，成都：巴蜀书社，1985年第1版，第71页。

英友善，常有诗文唱和。离蜀时，吴以诗相送：

> 秦皇当日弃文德，诸生避祸辩南北。伏家博士解藏书，衡门环堵离不得。溷迹渔樵数十年，春华秋月佐醉眠。后生争说新朝市，老子唯见旧山川。铤鹿狡兔偏闲憩，跂望真人出天际。处处草泽有侠儿，相逢尽道东西帝。苏秦破股披新袤，张禄灰死舌仍留。宾客纷盈四君座，也教楼缓旅诸侯。跨郡兼州习割据，鲁连突出围城去。纵辔来寻青衣江，笑指蒙山朝爽气。蒙山深处隐茅庵，竹林石涧抱佛龛。境既无心居者静，自然见道阿那含。我是岩室老皈父，麋鹿比邻鸥鹭伍。亶引陈蕃下榻宾，不作张俭亡命主。德操衰病庞公贫，手拨薜萝延故人。各有艰难不可说，直叙闲语便酸辛。一瓯露芽摘新翠，阇黎春粝有真味。萝中忽得《广武吟》，清韵潊潊穷途泪。幽壑答响岭云重，坐守玄珠养寓公。承先家法本忠孝，心血杂迸到茶丛。乍感西风怀乡里，三天子都出浙水。庐山古松栖金鹅，雁荡石梁滴青髓。苏李结发悲路岐〔歧〕，皓首况堪经乱离。自别君卿无快论，相思寄与淮南枝①。

楼黎然还曾将避暑所作寄给吴之英，吴读毕，欣然命笔六首，诗中颇有禅意。录其中一首，《禅那》：

> 熊魂烈景苴荷光，坐蕞新衣竹簟凉。碧树留云孚晓露，

---

① 吴之英：《送楼蕾庵东归》［M］，吴洪武等校注：《吴之英诗文集》，成都：四川大学出版社，2008年第1版，第72—73页。

清空一气懒焚香①。

之后，楼黎然拒绝了袁世凯、徐世昌的任职邀请，返回家乡②。1919 年 9 月，在诸暨苎萝山下创建诸暨县立图书馆，藏书 6 万余卷。1921 年又在城内设立分馆，向民众开放。两馆均毁于 1939 年的战火。1948 年他又在旧县署内建立苎萝图书馆③。

另外，《中国美术家人名辞典·补遗一编》记楼黎然号蕃庵，又号小竹素园，工书法，尤其精通隶篆④。

十、宋育仁（图 7—6）

宋育仁（1858—1931）⑤，字芸子，号芸岩，晚号复庵、道复，四川富顺人。1874 年（同治十三年）考取秀才。1876 年（光绪二年），他与杨锐、廖平、张祥龄、吴之英等 12 人作为各州县的高才生入选成都尊经

图 7-6　宋育仁
（源自《宋育仁思想评传》）

---

① 吴之英：《楼蕃庵寄辟暑所作，读毕，赋所怀却寄六首》[M]，吴洪武等校注：《吴之英诗文集》，成都：四川大学出版社，2008 年第 1 版，第 88 页。

② 诸暨县地方志编纂委员会：《诸暨县志》[M]，杭州：浙江人民出版社，1993 年第 1 版，第 957 页。

③ 浙江省图书馆志编纂委员会：《浙江省图书馆志》[M]，北京：中国书籍出版社，1994 年第 1 版，第 143 页。

④ 乔晓军：《中国美术家人名辞典·补遗一编》[M]，西安：三秦出版社，2007 年第 1 版，第 515 页。

⑤ 黄宗凯等：《宋育仁年谱》[M]，《宋育仁思想评传》，成都：西南交通大学出版社，2007 年第 1 版，第 215 页。该书订正了刘海声的《宋育仁年谱》所记出生时间，由 1857 年改为 1858 年，且记当年为一岁。

书院学习。为张之洞、王闿运等赏识。1879 年举人。1886 年进士，授翰林院庶吉士，升翰林院检讨。1894 年 4 月，以英法意比四国公使馆二等参赞身份随同公使龚照瑗出使欧洲。撰有《时务论》、《泰西采风记》等，被誉为"新学巨子"。

1896 年 3 月，宋育仁回川，先在重庆开设四川商务局，倡导发展民族工商业。1898 年 3 月，被川督鹿传霖聘为成都尊经书院山长。他在书院设立蜀学会，开办《蜀学报》，积极推动维新变法。变法失败后返回北京①。

1915 年，宋育仁再次回到成都。1917 年 12 月接替廖平担任国学学校校长②，时间不长。因为廖 1918 年 7 月从井研返回成都后，重任校长。宋育仁还开办《国学月刊》，从 1922 年到 1924 年，共出版 25 期。此际他又被聘为四川通志局总纂，主修《四川通志》。1924 年，重修四川通志局成立，宋任总裁。同时

---

① 黄宗凯等：《宋育仁其人》（代序）、《宋育仁年谱》［M］，《宋育仁思想评传》，成都：西南交通大学出版社，2007 年第 1 版，第 3、215—218 页。宋育仁的生平还可参考拙作《成都尊经书院史》（巴蜀书社，2016 年）中《宋育仁与尊经书院》的相关论述。

② 《廖季平年谱》记 1917 年 12 月宋继任校长，1918 年 7 月廖平复任校长，8 月改名为公立四川国学专门学校。廖幼平编：《廖季平年谱》［M］，成都：巴蜀书社，1985 年第 1 版，第 76 页。而《宋育仁年谱》记：宋 1916 年继廖平任国学学校校长，1917 年延任。见黄宗凯等：《宋育仁年谱》［M］，《宋育仁思想评传》，成都：西南交通大学出版社，2007 年第 1 版，第 219 页。查林思进的诗《戊午正初，谒廖井研师（平）南郊村居，时方罢国学院讲席，因有是赠》，戊午年即 1918 年，1917 年底廖辞职，1918 年正月称"方罢"是恰当的。见林思进著，刘君惠，王文才等选编：《清寂堂集》［M］，成都：巴蜀书社，1989 年第 1 版，第 131 页。又宋育仁所办《国学月刊》刊载他自己的信函称："上年主国学院时间……甫一学期而院务变更。……越三年，续倡学社。"据此可见其担任校长应仅一学期。见宋育仁：《问琴覆函》［J］，《国学月刊》，1924 年第 18 期，第 85 页。综上，以《廖季平年谱》所记为是。

他还续修《富顺县志》。去世前完成了《四川通志》的初稿，《富顺县志》也完成刻印①。

宋育仁又擅长诗词，他与赵熙、胡薇元、方旭、邓鸿荃结词社，"诗酒联吟，一时文士，欣向往之"②。宋有《诗社作、即酬胡孝博先生、林山腴、胡铁华，兼柬同社赵尧生、杨范九、尹仲锡、邹怀西、周紫庭》："近亲水竹诗成社，不厌瓜花醉似泥。异代果教逢庾信，草堂自合住城西。"③ 人谓宋育仁的诗"沉博典丽，心期盛唐"，感时伤世，堪称诗史④。

回川后，宋育仁还在成都东郊买地修建"东山草堂"，自此，半年居乡，半年居城⑤。曾在国学院及国学学校任职的林思进作有《答宋问琴暂往东山新筑草堂题诗见寄》记载此事：

> 近来闻宋玉，无事赋山居。高揖谢衡牧，资生饶稼蔬。
>
> 筑亭新拓地，闭户早成书。惭负华阳逸，依然十赉虚⑥。

在尊经同学中，宋育仁与吴之英特别友善，两人书信频繁。现存吴的书信中，以给宋的信件为最多。其中有对同窗生活的

---

① 本段引用除单独标注外均来自黄宗凯等：《宋育仁年谱》［M］，《宋育仁思想评传》，成都：西南交通大学出版社，2007 年第 1 版，第 219—220 页。

② 文丕衡编：《蜀风集——文守仁先生遗著》（内部资料）［M］，新津县政协文史资料委员会审定，1998 年，第 75 页。

③ 林思进著，刘君惠、王文才等选编：《清寂堂集》［M］，成都：巴蜀书社，1989 年第 1 版，第 66 页。

④ 文丕衡编：《蜀风集——文守仁先生遗著》（内部资料）［M］，新津县政协文史资料委员会审定，1998 年，第 75 页。

⑤ 黄宗凯等：《宋育仁年谱》［M］，《宋育仁思想评传》，成都：西南交通大学出版社，2007 年第 1 版，第 219 页。

⑥ 林思进著，刘君惠、王文才等选编：《清寂堂集》［M］，成都：巴蜀书社，1989 年第 1 版，第 140 页。

眷恋："回忆当日，从容文酒，高谈巢、许、伊、皋。"有难掩的思念："青城烟萝，猗然怜我。蒙山芳草，东望思君。""相思难罄，寝兴自卫。"有对现实的刻画："近日人事，渐就萧条。土匪狂，且横行白昼。当道官吏，匪猾即顽。"① 有对相聚的期盼："共结精庐，呼吸蒙云。""细草同坐，乱石相扶。""屋梁月满，琼树花香，差君聚首尔。"② 也有探讨学问，评点学界人物等等。从中不难看出两人的深情厚谊。

宋育仁完成《四川通志》初稿后，于1931年12月5日病逝，享年74岁，葬于成都东山。其一生著述很多，一部分编成《问琴阁丛书》，包括《文录》、《诗录》、《哀怨集》、《三唐诗品》、《夏小正文法今释》等，吴之英为之序③。

录其诗作一首：

### 庚子出都留别

铜仙辞月易潺湲，曾指铜驼戒夜寒。果见陆沉飞海水，却看日近远长安。侧身天地惊龙战，反掌风尘怨鸟翰。坐听宫槐悲落叶，不堪此客独南冠④。

### 十一、骆成骧（图7—7）

骆成骧（1865—1926），字公骕，资州（今资中）人。原就

---

① 吴之英：《与宋育仁书（一）》［M］，吴洪武等校注：《吴之英诗文集》，成都：四川大学出版社，2008年第1版，第243—244页。

② 吴之英：《与宋育仁书（三）》［M］，吴洪武等校注：《吴之英诗文集》，成都：四川大学出版社，2008年第1版，第246—247页。

③ 吴之英：《宋芸子〈问琴阁丛书〉序》［M］，吴洪武等校注：《吴之英诗文集》，成都：四川大学出版社，2008年第1版，第131—132页。

④ 文丕衡编：《蜀风集——文守仁先生遗著》（内部资料）［M］，新津县政协文史资料委员会审定，1998年，第77页。

读于成都锦江书院。17岁应州试，为知州高培谷及襄理考试的杨锐、范溶等人赞许，特置首选，"旋以岁试第一调成都尊经书院深造。因其刻苦勤奋，学业大进，为书院主讲王闿运所器重"。1895年，会试得中，殿试"钦定第一"，成为清代四川唯一的状元，授翰林院修撰。1898年，他与杨锐等在北京创设"蜀学堂"，讲习新学，积极参与维新运动。曾任京师大学堂提调。后被派赴日本，学习法政，回国后任广西政法学堂监督。辛亥革

图7-7 清朝四川唯一的状元骆成骧（源自曾训骐著《末代状元骆成骧评传》，中国文史出版社2014年版）

命后，被推为四川省临时省议会议长。历任四川高等学校校长、四川大学筹备处处长、成都"武士会"会长等。著作有《清漪楼遗稿》①。

1922年夏，骆成骧任四川公立国学专门学校校长。同时兼授毕业班国文课，偶尔讲诗学。他主张：以宋学持身，汉学治经，求切于实用②。于前任校长廖平的学说颇不认可，评价其"专务新奇"，因而到校后，尽废廖氏之说。据传，当廖平来校

---

① 本段引用均来自四川省地方志编纂委员会：《四川省志·人物志》[M]，成都：四川人民出版社，2001年第1版，第447—448页。
② 何域凡：《存古学堂嬗变记》[G]，四川省政协文史资料委员会编：《四川文史资料集粹》第4卷，成都：四川人民出版社，1996年第1版，第425页。

第七章 四川国学院的老师 ｜ 277

时，有学生还质问骆："廖先生学说，骆先生乃谓全不可用？"骆成骧徐徐答之："吾与廖先生之争，数十年矣，岂自今日始耶！"廖平闻之大笑。而这丝毫没有影响两人的友谊①。

骆又被川人推选为"武士会"会长，自己也学习柔术，并练习箭法，还乐于教学生射箭、击拳，因其认为"国于斯世，临阵肉搏之术，不可不讲"②，曾作《观射示国学院诸子》诗③。当时每年都要举办全省国术馆春秋季比赛，骆所教学生总能在大赛中获奖，他每每引以为豪，有的学生毕业后甚至担任了国术教师④。

骆成骧一生主要从事文化教育工作，担任国学学校校长期间，屡屡致函省署要求解决办学经费紧张等诸多问题，言辞犀利。他对于四川军阀混战、生灵涂炭的现状多有不满，往往诉诸笔端，因而"渐与时忤，常厨灶屡空"，但依然如故。时人称之"穷状元"⑤。

1926年暑期，骆成骧在校长任上猝然离世。清朝两百余年

① 本段引用除单独标注外均来自周叔平：《毕生从事文化事业的状元骆成骧》[M]，四川省政协文史资料研究委员会、四川省文史馆编：《四川近现代文化人物》，成都：四川人民出版社，1989年第1版，第93页。

② 周叔平：《毕生从事文化事业的状元骆成骧》[M]，四川省政协文史资料研究委员会、四川省文史馆编：《四川近现代文化人物》，成都：四川人民出版社，1989年第1版，第93—94页。

③ 中国人民政治协商会议资中县委员会文史资料委员会：《骆成骧年谱（简要）》[G]，《末代状元骆成骧》，1995年，第131页。

④ 何域凡：《存古学堂嬗变记》[G]，四川省政协文史资料委员会编：《四川文史资料集粹》第4卷，成都：四川人民出版社，1996年第1版，第425页。

⑤ 周叔平：《毕生从事文化事业的状元骆成骧》[M]，四川省政协文史资料研究委员会、四川省文史馆编：《四川近现代文化人物》，成都：四川人民出版社，1989年第1版，第94页。

间，四川状元仅此一人，蜀中对其极为景仰，为之举办了非常隆重的哀悼活动，仅省内外吊唁文联就收到 5000 余件。出殡当天，万人空巷，从上莲池到牛市口一线，民众自发路祭，香火缭绕，炮声震耳，备极哀荣①。

录其诗作一首：

与尹经略登大相岭

蜀疆四塞与云齐，匹马将军万丈梯。兵力直穷三国外，叱声遥度二王西。侵肌暑雨炎风冷，回首峨眉剑阁低。雪岭横天知远近，夕阳明灭下清溪②。

## 十二、林思进③（图 7—8）

林思进（1873—1953），字山腴，别署清寂翁，四川华阳人，近代著名的文学家和教育家。

幼承家教，又求学于乔树楠、严岳莲、王增祺、廖平等学界前辈。1903 年举人。1905 年春东渡日本，考察政教风俗，眼界愈宽，也与蒲殿俊、杨庶堪等人结下深厚

图 7-8　林思进
（源自《清寂堂集》）

①　何域凡：《存古学堂嬗变记》[G]，四川省政协文史资料委员会编：《四川文史资料集粹》第 4 卷，成都：四川人民出版社，1996 年第 1 版，第 425 页。

②　《近代巴蜀诗钞》编委会：《近代巴蜀诗钞》上册 [M]，成都：巴蜀书社，2005 年第 1 版，第 775 页。

③　本部分引用除单独标注外均来自《清寂堂集·前言》[M]，林思进著，刘君惠，王文才等选编：《清寂堂集》，成都：巴蜀书社，1989 年第 1 版，第 1—11 页。

友情。1907 年回国后任内阁中书①。

1911 年上巳，与京城诗坛诸老修禊南河泊。参加者有陈宝琛、陈衍、罗惇曧、林纾、冒钝宧、赵熙等，林纾作《南河修禊图》，众人赋诗。林思进诗云："良辰不欢娱，为乐将奈何……朝彦美禊除……颓阳忽西驰。轩窗一俯仰，林树非前柯。"② 后来思进将画作带回成都，传之诸君，皆有题咏。吴之英题曰："今观修禊图，历律振遥思。土物更盛衰，人理变欢嗟。新乐自逝水，旧感复如何。"谢无量诗云："林生美如英，芬华邑乡县……繇来高洁徒，赏悟同一贯。魃服方见求，咏归匪徒羡。"刘师培亦题诗："沧浪如未远，兰亭焉足多。"③

四川国学院成立后，林思进被聘为议董。与国学馆合并后，又被聘为编辑员。在国学院中，他与刘师培相互欣赏，刘视之为"诗国长城"，林则赏其绩学。二人与谢无量曾同游花市，还约定在少城买园居住。林思进赋诗云："佳客自南来，羁孤逢世难……鲂鱼毁自深，山鸟嘤相唤……勤君抱瓮期，跂

① 本段引用均来自王仲镛：《古典文学家林思进》［M］，四川省政协文史资料研究委员会、四川省文史馆编：《四川近现代文化人物》，成都：四川人民出版社，1989 年第 1 版，第 147—148 页。
② 林思进：《巳日招同叟老、尧翁、石遗、瘿公、毅甫、畏庐、若海、漱唐、鹤亭、刚父，南河泊修禊。曾参议、赵、温、胡三侍御并以事未至，晚仍集晤》［M］，林思进著，刘君惠，王文才等选编：《清寂堂集》，成都：巴蜀书社，1989 年第 1 版，第 18 页。
③ 吴、谢、刘诗作引自林思进著，刘君惠，王文才等选编：《清寂堂集》［M］，成都：巴蜀书社，1989 年第 1 版，第 23—24 页。

余买园灌。"① 诗中的"客"即指刘师培。刘后来撰《君政复古论》，助推袁世凯复辟，成为"筹安六君子"之一。林思进语谢无量："此剧秦美新也。"遂与师培断交。但刘师培去世后，林思进则取出当年刘留下的《左盦诗》，为之作序并刊印。其序言："（虽）挫厄之于生前，而必不令其泯灭于身后"②。论者认为：林在刘师培附袁时，与之绝交，当其去世，又为之出版遗作，实爱憎分明，君子之风。

林思进与曾在国学学校授课的吴虞是少年故交，两人也多有诗歌唱和。吴虞有《夏雨杜门感念时事书寄云沧山腴》："阿腴意潇洒，脱绊追骅骝。开怀纳宇宙，日替苍生忧。"③ 晚年，林思进作《偶检昔年书札，见吴幼陵曾阖君两君旧作。今垂垂余四十〔四十余〕年，踪迹晚疏，而情自不忘，乃题诗寄之》："少年狂态说吴曾，每忆城南风雨灯。未觉向来名寂寞，只怜今日发鬇鬙。谈天往事知何有，斫地高歌谢不能。开帙故人如在眼，吟香笺上角花棱。"④ 吴虞则有《答山腴见赠》："入门把臂问何来，怀抱逢君得暂开。闭户好修《高士传》，补天常笑古人才。长杨寂寞扬云贱，枯树婆娑庾信哀。赖有平生同调在，不

---

① 林思进：《壬子二月，申叔、无量同游花市，时并有买园少城之约》［M］，林思进著，刘君惠，王文才等选编：《清寂堂集》，成都：巴蜀书社，1989 年第 1 版，第 25 页。

② 林思进：《刘申叔〈左盦遗诗〉序》［M］，林思进著，刘君惠，王文才等选编：《清寂堂集》，成都：巴蜀书社，1989 年第 1 版，第 620 页。

③ 赵清，郑城编：《吴虞集》［M］，成都：四川人民出版社，1985 年第 1 版，第 327 页。

④ 林思进著，刘君惠，王文才等选编：《清寂堂集》［M］，成都：巴蜀书社，1989 年第 1 版，第 504 页。

妨疏懒卧蒿莱。""我生颇澹百不爱，独有阿脮见识真。短后衣同称漫士，长镵柄好托诗人。十年磨剑终萧瑟，三日吹竽合贱贫。习凿齿诚空四海，入林一笑许相亲。"① 另外还有《端秀画马为林山腴（思进）题》（《吴虞集》第 307 页）、《题林山腴〈明珠曲〉》（《吴虞集》第 357 页）等，足见两人之友情。

宋育仁在成都结诗社，林思进也是其中重要一员。林有《喜赵尧翁来成都，宋芸老（育仁）招饮问琴阁为诗社，因作赠赵、兼呈芸老及同社诸子》："酤酒重开旧时社，作诗不悔平生误。岂惟文采映乡邦……一尊且可捐愁虑。"② 类似作品还有不少，从中可见诗社当时的热闹景象。

林思进还是较早指出成都尊经书院于四川学术文化发展具有引领作用的学者，他在诗中写道："百年窳陋不迎师，王翁西来开讲帷（湘绮楼）。昔祀南皮配叔党，尊经一阁今欲阤。弟子成名尽飙起，廖经宋赋张雠史……小年我从四译游……名山著述不肯休。"③

思进学识淹博，于政治、军事、经济、教育文化、艺术等领域都有洞见，尤精于诗歌创作，诗作凡数千首，为近代有名的诗人。其诗歌关注社会，为时而作，为事而作，内容涵盖四

① 赵清，郑城编：《吴虞集》［M］，成都：四川人民出版社，1985 年第 1 版，第 358 页。

② 林思进著，刘君惠、王文才等选编：《清寂堂集》［M］，成都：巴蜀书社，1989 年第 1 版，第 65—66 页。

③ 林思进：《癸亥冬日小集霜甘阁，酒后感时作歌，呈廖井研师（平）、张式翁及同坐诸子，兼柬宋问琴东山》［M］，林思进著，刘君惠、王文才等选编：《清寂堂集》，成都：巴蜀书社，1989 年第 1 版，第 72 页。

川的文化教育、历史人物、乡邦文献、民生疾苦、惨痛兵祸等等，被誉为"四川的诗史"。他的诗风格冲虚澹远，庞石帚赞赏其诗的"渊放之旨，要眇之情"。樊樊山在《题〈霜甘阁集〉》诗中也称道："诗笔已兼三六胜，溪堂合与拾遗邻。水中盐味寻无迹，茶后甘香咽有津。天意故应怜庾鲍，不然六代有何春。"[1]

林思进一生致力于文化教育事业，曾任四川图书馆馆长、成都府中学堂（今石室中学）监督、华阳中学校长、成都高等师范学校、成都大学、四川大学、华西协合大学等校教授、川西人民代表大会代表、四川省文史研究馆副馆长等。著有《中国文学概要》、《华阳人物志》，主编《华阳县志》，又有《清寂堂集》、《清寂堂日记》等。

十三、李思纯[2]（图7—9）

李思纯（1893—1960），字哲生，四川成都人。曾就读四川法政专科学校。1919年加入"少年中国学会"，从事新文化运动（图7—10）。是年秋，与李劼人、何鲁之等赴法国勤工俭学。在巴黎大学主修法学，兼修史学。1922年转入德国柏林大学。1923

图7-9 李思纯（源自刘国铭主编《中国国民党百年人物全书》（上），团结出版社2005年版）

---

① 林思进著，刘君惠，王文才等选编：《清寂堂集》[M]，成都：巴蜀书社，1989年第1版，第202—203页。

② 本部分引用除单独标注外均来自李思纯：《川大史学·李思纯卷·前言》[M]，成都：四川大学出版社，2006年第1版，第1—3页。

**图 7-10　少年中国学会成都分会会员赴法国前合影（二排右一李思纯）**
（源自党跃武主编《四川大学校长传略》第 1 辑，四川大学出版社 2014 年版）

年春归国，先后任教东南大学、北京大学、北京师范大学。

回川后，曾受聘于四川公立国学专门学校，讲授西方哲学。又曾任西康建省委员会顾问，撰有《康行日记》，这是研究西康社会的宝贵史料。还长期任教于四川大学。

李思纯性好山水，交游甚广，留有大量唱和及游历诗，约千余首。其中"寥天沙屿小，圆塔海潮明"等诗句多为人称道，被誉为"诗清到骨"①。他还翻译法国诗歌 376 首，汇成《仙河集》，吴宓评价称："译笔精确而能传神，即论其篇幅数量之多，

---

①　文丕衡编：《蜀风集——文守仁先生遗著》（内部资料）[M]，新津县政协文史资料委员会审定，1998 年，第 35 页。

又代表法国文学史上各个时代、前后完整成一统系。亦吾国翻译介绍西洋文学者所未见也。"① 吴氏还称赞李思纯的旅欧诗作："以新材料入旧格律，而其诗作又甚工美，风情婉约，辞彩明丽，使人爱诵不忍释者。"②

而李思纯在史学方面的成就更为突出。先是翻译法国史学家瑟诺博司与朗格诺瓦合著的《史学原论》，为国内最早译介西方史学理论的作品之一。同时，他也依照西方理论研究中国历史，撰有《元史学》、《中国民兵史》、《成都史迹考》、《大慈寺考》等著作，其作品得到王国维等大家的赞赏。李氏在中国民兵史、成都城市史的研究方面都是开拓者。

另外，还在欧洲留学时李思纯已是《学衡》杂志的主要撰稿者。他在第22期发表《论文化》，表达了对文化继承的看法："反观吾国廿四史，何番达主义（即摧毁主义）之众且多，而番达主义实施之频繁也……故国人之正确态度，当对旧文化不为极端保守，不为极端鄙弃；对于欧化不为极端迷信，亦不为极端排斥。所贵准于去取适中之义以衡量一切，则庶几其估定文化改正旧物之态度，成为新生主义之实现，而不成为番达主义之实施……吾念人类文化进退之循环无端，思将来文化发挥光大之荣，怀番达主义之恐惧，怦怦中心，无可解答。钟山当窗，似告我以伟大文化之沉埋于地下者无量，此荒寒颓废之景，所

---

① 李德琬：《吴宓与李哲生》［M］，陈廷湘主编：《川大史学·专门史卷（一）：中国文化史》，成都：四川大学出版社，2006年第1版，第526页。
② 李德琬：《吴宓与李哲生》［M］，陈廷湘主编：《川大史学·专门史卷（一）：中国文化史》，成都：四川大学出版社，2006年第1版，第526页。

以使人触目惊心者深矣。"① 他反对对传统文化的破坏，认为应秉持客观清醒的态度，兼容并受，吸收一切文化的长处。这种立场是值得肯定的。也因为《学衡》杂志的缘故，李思纯结识了吴宓、梅光迪、柳诒徵、汤用彤等人，为学衡派重要成员。后来，吴宓论及蜀中学人时说："独李哲生思纯尚能勉为真名士、真学者，笃于故旧之情，而气味渊雅，高出一切人上。为难能可贵矣。"②

吴宓可谓李思纯的知音，他们两人志同道合，友情极为深厚，留下许多唱和之作。当 1960 年李思纯去世后，吴宓闻讯，悲痛难抑，作诗悼念："有泪哭君岂欠诗，同心尔我共孑遗。十年啼慰亲亡后，万事革新世变时。辞美情深诗最上，才赡学富译咸宜。楹书此日须藏壁，寄语贤郎好护诗。"③

下录李思纯《欧行旅程杂诗》一首：

> 布金芜坏殿，说法废遗经。大教犹尘劫，浮沤况众生。寥天沙屿小，圆塔海潮明。白马西来客，凄凄向晚情。（印度锡兰佛寺）④

① 李德琬：《吴宓与李哲生》［M］，陈廷湘主编：《川大史学·专门史卷（一）：中国文化史》，成都：四川大学出版社，2006 年第 1 版，第 524—525 页。
② 李德琬：《吴宓与李哲生》［M］，陈廷湘主编：《川大史学·专门史卷（一）：中国文化史》，成都：四川大学出版社，2006 年第 1 版，第 530 页。
③ 李德琬：《吴宓与李哲生》［M］，陈廷湘主编：《川大史学·专门史卷（一）：中国文化史》，成都：四川大学出版社，2006 年第 1 版，第 534 页。
④ 文丕衡编：《蜀风集——文守仁先生遗著》（内部资料）［M］，新津县政协文史资料委员会审定，1998 年，第 36 页。

## 十四、曾培

曾培（1853—?），字笃斋，四川成都人，进士。早年在成都尊经书院学习，是尊经十六少年之一。四川学政谭宗浚称赞其："南丰诗卷清而浏，独鹤矫矫鸣霜秋。"[①] 1907 年 9 月任普通司郎中[②]。曾任四川商办川汉铁路有限公司驻川总理[③]，为宣传保路运动，办《铁路月刊》，聘请廖平任主笔[④]。国学院成立后，曾培主要负责编辑《四川国学杂志》，1913 年曾一度代理院正之职。

## 十五、李尧勋

李尧勋，字冀臣，四川资阳人，京师大学堂毕业，参与辛亥革命者[⑤]。国学院院员。曾撰写《中国文字问题》、《中国文

---

① 张远东，熊泽文：《廖平先生年谱长编》［M］，上海：上海书店出版社，2016 年第 1 版，第 37—38 页。谭宗浚曾作《尊经书院十六少年歌并序》，此为其中的诗句。

② 朱有瓛等编：《中国近代教育史资料汇编：教育行政机构及教育团体》［G］，上海：上海教育出版社，2007 年第 2 版，第 27 页。

③ 宓汝成编：《中国近代铁路史资料（1863—1911）》第 2 册［G］，北京：中华书局，1963 年第 1 版，第 1056 页。

④ 张远东，熊泽文：《廖平先生年谱长编》［M］，上海：上海书店出版社，2016 年第 1 版，第 203 页。

⑤ 何域凡：《存古学堂嬗变记》［G］，四川省政协文史资料委员会编：《四川文史资料集粹》第 4 卷，成都：四川人民出版社，1996 年第 1 版，第 421 页。该文记李尧勋为资中人。而《四川省国学学校一览表》（1914. 8，国学档，第 1 卷-15，第 44 页）记载李为资阳县人。且以档案为是。另外，又据何域凡记骆成骧去世后，蔡锡保曾聘请资阳李焕臣（京师大学堂毕业）管理教务。疑此李焕臣即是李尧勋。因房兆楹辑《清末民初洋学学生题名录初辑》（台北：中研院近代史研究所，1962 年第 1 版，第 124 页）记师范新班第四类四川省学生中第二名为李尧勋：字焕成，二十六岁，四川资阳县民籍，监生，师范馆习英文、东文。又张远东，（转下页注）

字问题三十论题解》，刊载于《四川国学杂志》第 3 期、第 4 期。他论述的问题有：声音，直言之，数十年一小变，数百年一大变，故《尔疋》专为通今古语而设。声音，横言之，每因大山大川所囿，自成一种。即以中国言，方音不下数百种，一人精力万不能通。字母专为耳学，图画则为目学，无古今中外彼此之殊，尽人可晓。若方言则囿于方隅，万难统一①。等等。其文云："（学者）醉心欧化……病六经，诋孔子，并文字亦屡议变易……自有史以来，世界文字，淘汰消灭，不知几千百种……独中国六书，字体行之最久，且远……乃生长于是邦，不究其本，辄附和一二欧人学汉文不便者（日人山本宪语），思变易之，遽谓欧西言文一致，易于科学，是岂然哉。言文不能一致，亦不必一致……字母连缀，谓可通行，必无是理……中国六书，形、声、义毕具，望而即知，不必由音造，此大同文制也。"虽然其 30 个论题未必皆为定论，但在欧风劲吹，废黜汉字说滋生之际，能肯定汉字的价值，捍卫中国文字之地位，并相信"中国文字将来必遍布于宇内"②，确实是难能可贵。刘师培为该文作序也称："盖挢为悚世之言，以干俗失。"③

---

（接上页注）熊泽文著《廖平先生年谱长编》（第 203 页）记国学院成立，廖平与李尧勋（奂成）等均与焉。但何域凡《存古学堂嬗变记》记李尧勋字冀臣，又另言李焕臣云云，是否即为同一人，存疑。

① 李尧勋：《中国文字问题三十论题解》［J］，《四川国学杂志》通论一，1912 年第 4 期，第 1—2 页。

② 李尧勋：《中国文字问题》［J］，《四川国学杂志》通论一，1912 年第 3 期，第 1 页。

③ 刘师培：《中国文字问题序》［J］，《四川国学杂志》，1913 年第 6 期，第 8 页。

十六、龚道耕

龚道耕（1876—1941），字向农，又字君迪，别署蛛隐，又号辟翁，四川成都人。成都尊经书院高材生。博学而勤勉，未及30岁，成书数十种。历任四川省立一师、眉州联合县立中学、成都县立中学、国立成都师范大学校长，以及四川大学、华西大学教授[1]。

曾被聘为国学院议董，后又在四川公立国学专门学校讲授《经学通论》。《经学通论》一书是龚氏集多年教学心得编写而成的经学概论著作，林思进为之作《叙》。该书简明扼要地论述了传统经学的概貌及其发展演变大略，条分缕析，颇为精当。其好友庞俊认为："著论明经学流变，秩如有条，视皮鹿门《经学历史》，有过之无不及也。"[2]

龚道耕一生著述约有140余种，涵盖经学、历史、诸子、文集等领域，又以经学论著为多。除《经学通论》外，《中国文学史略论》也成为当时成都各大、中学校的通用教材。该书不局限于狭义的文学作品，而是纵论经史子集四部的发展变化，为"自成体系的代表之作"。另外《唐写残本尚书释文考证》、《字林考逸补遗》等均为精审之作，深受学界好评[3]。

其弟子姜亮夫指出龚道耕虽亦习今文经学，但不同于廖平

---

① 本段引用均来自刘绍唐主编：《民国人物小传》第4册［M］，上海：上海三联书店，2014年第1版，第437—438页。

② 庞俊：《记龚向农先生》［M］，龚向农编著：《旧唐书札迻》，成都：四川大学出版社，1990年第1版，第189页。

③ 本段内容参见李冬梅：《龚道耕现存四部学术著作叙录》［G］，舒大刚主编：《巴蜀文献》第2辑，成都：四川大学出版社，2015年第1版，第202—211页。

的"恣睢不实",其对今古文之议"最为诚质","但以事实,不作褒贬,不事优劣"。此说是针对龚氏区别汉儒今古治学差异而言,龚道耕认为差别有五:一是"今文明大义,古文重训诂",二是"今文多专经,古文多兼经",三是"今文守章句,古文富著述",四是"今文多墨守,古文多兼通",五是"今文多朴学之儒,古文多渊雅之士"①。龚之论述也自成一家之言,诚质确为其治学风格。

周积厚回忆:"(龚道耕)性既疆〔强〕识,过目不忘,所读书至老成诵,世多以王伯厚称之。每升堂为诸生讲授,口所疏举,淹洽通贯,繁简得中,诸生记录反手不及追。且于稗官小说,朝野掌故,逸闻遗事,尤烂熟,能道其流,不失先后。诲人不倦,弟子多踵门受业,一读至日晨罔罄。业成去者,终身服膺。"②

姜亮夫慨叹曰:"先生(龚道耕)生清季昏乱之世……始终以儒师为职志,牖启民愚,成就多材,贞壮为世所罕见。""先生于学为大儒,于行为大师,则两肩道义,经师、人师,为完人矣!"③

---

① 姜亮夫:《龚向农先生传》〔M〕,《姜亮夫文录》,昆明:云南人民出版社,1999 年第 1 版,第 26—28 页。

② 周积厚:《龚向农先生生平事略》〔G〕,中国人民政治协商会议成都市金牛区委员会文史资料研究委员会编:《金牛文史资料选辑》第 4 辑,1987 年,第 19—20 页。

③ 姜亮夫:《龚向农先生传》〔M〕,《姜亮夫文录》,昆明:云南人民出版社,1999 年第 1 版,第 32 页。

十七、黎尹骢

黎尹骢（1872—?），字班孙，贵州遵义人。为著名外交家黎庶昌之子[①]。其性情博雅，能诗文，喜好收藏金石书画。所藏古代钱币尤其丰富，著有《古泉经眼图考》、《古泉书录解题》。后者收录从晋至清代各种关于古泉之著述共 115 部 751 卷，分别加以评点。江瀚、戴锡为书作序，江序认为黎氏"持论颇为精审"，戴序说："其书体例阔整，考据赅洽，持论亦多名通。虽小有遗漏，不足病其宏旨，诚谱录家必不可少之书，为著述中别开生面。"[②] 其亦为国学院院员。

十八、陈希虞[③]

陈希虞（1881—1941），字爕周[④]，号元龙，四川彭山人。留学于日本早稻田大学。在日期间加入同盟会。辛亥革命前夕返回家乡，四川保路运动爆发后，陈希虞在彭山率众起义，宣布独立。民国初年，曾任四川省临时参议会参议员，后担任孙中山组建的中国国民党四川省教育组副组长，负责全省教育工作。又曾为邓锡侯、田颂尧、刘文辉三军联合办事处顾问，协

① 侯清泉编：《贵州历史人物》［M］，贵阳：贵州人民出版社，2000 年第 1 版，第 203 页。

② 本段引用除单独标注外均来自王荣国、王清原编：《罗氏雪堂藏书遗珍》第 6 册［G］，北京：中华全国图书馆文献缩微复制中心，2001 年第 1 版，第 586、589—590 页。

③ 本部分引用除单独标注外均来自四川省彭山县地方志编纂委员会：《彭山县志（1986—2000）》［M］，呼和浩特：远方出版社，2002 年第 1 版，第 635 页。

④ 四川省彭山县志编纂委员会：《彭山县志》［M］，成都：巴蜀书社，1991 年第 1 版，第 538 页。

调处理三方间的矛盾。

因见军阀长期混战不休，陈希虞愤而辞职，转入文教工作。先后在成都高等师范学堂、成都大学、四川大学、华西大学任教，讲授心理学、伦理学、哲学等。四川公立国学专门学校成立后，陈希虞也在此教授伦理、论理课，他是该校历史上第一位留学生教员。

据成都高等师范学堂学生曾莱记载当时的课堂情况："（1923 年 12 月 28 日）午前上课三钟，陈希虞先生讲人格上之修养，社会之救济。""（1924 年 1 月 5 日）上伦理学二钟，论'快乐与目的'之不相容。""（1924 年 4 月 25 日）午前上伦理二钟，于叔本华之学说深以为然。"① 由此可以了解陈希虞的上课内容已经全然为新学了。陈氏还于 1923 年在成都高校开设社会学课程，这在当时的中国是颇具领先性的②。

另外，陈希虞还擅长书法，行草尤佳，自成一格。其书法潇洒飘逸，圆润秀丽，柔中见刚。晚年回归家乡隐居，潜心佛学。1941 年冬病逝。刘文辉送的挽联是：湖海丧元龙，忆昔日朝阳庵前，梅花绕屋供诗料；人天同悲仰，到今朝菩提果证，具叶无声失导师。

十九、吴虞（图 7—11）

吴虞（1872—1949），原名姬传、永宽，字又陵，亦署幼

---

① 曾莱：《曾莱烈士日记选》［G］，荣县政协文史学习委员会，荣县档案馆：《荣县文史资料选辑》第 15 辑，1999 年，第 48、50、71 页。
② 成都市社会科学院编：《成都市志·哲学社会科学志》［M］，成都：巴蜀书社，2006 年第 1 版，第 93 页。

陵，四川新繁人。1891 年进入成
都尊经书院，跟随吴之英学习诗
文，受其影响很大。戊戌变法后，
他积极学习西方资产阶级思想学
说。1905 年，留学日本。回国后
担任成都县中学、嘉定府中学、官
班法政教习，辛亥革命后任《西
成报》总编辑、《公论日报》主
笔、四川《政治公报》主编等职。
吴虞对孔学和封建礼教、宗法、伦
理及其专制制度进行了较为系统且

图 7-11　吴虞赠青木正儿照
（源自《章太炎吴虞论集》）

猛烈的批判，他长期不遗余力的奋斗为反封建斗争立下了汗马
功劳，因而被称为"'只手打倒孔家店'的老英雄"。五四新文
化运动后，他先后在北京大学、北京师范大学、南方大学京校、
中国大学、北京学院、成都大学、四川大学任教。著有《吴虞
文录》四卷，《别录》一卷，诗《秋水集》一卷①。

　　吴虞曾在国学学校任课，其 1919 年 8 月 22 日记云："曾慎
言来，代表廖季平丈送国学院本期关聘，每周予止认国文六钟，
余诗二钟推与蒲芝仙。每钟脩金一元伍角。"24 日又记本学期各
学校授课钟点，其中国学学校为周三、周六，每次"午前二钟，

　　① 本段引用均来自赵清，郑城编：《吴虞集·前言》[M]，成都：四川人民出
版社，1985 年第 1 版，第 2—16 页；范朴斋：《吴又陵先生事略》[M]，赵清，郑城
编：《吴虞集》，第 487 页；赖鸿翱等：《吴先生墓志铭》[M]，赵清，郑城编：《吴
虞集》，第 490 页；四川省地方志编纂委员会：《四川省志·人物志》[M]，成都：
四川人民出版社，2001 年第 1 版，第 493—495 页。

午后一钟"。10月25日，曾慎言来谈改为专聘之事："予约每周止讲四钟国文，但任批阅，不能细改，慎言均认可。"29日即送来专聘关书，月薪50元，而骆成骧此时也仅30元①。吴虞任教国学学校一事，依目前所见，仅《民国人物小传》、《章太炎吴虞论集》提及②，其他文献未见记载，特录于兹。

又据吴氏门人赖鸿翾回忆：吴虞在国学校上课时，表达了反孔，尤其是非孝、非礼的观点，被坐在教室门外的校长廖平听到。课后，廖问吴："吴先生，你有多大本事，敢非孝非礼？"吴回答："这都是古人早说过的，又不是我的创见。"廖平也无话可说③。

吴虞为国学院院正吴之英弟子，他自述："始予年二十岁时……从蒙山吴伯朅先生游。侧闻绪论，始知研讨唐以前书……余学七言古诗，大抵本于蒙山而稍变耳……而予之文……于蒙山门下为小卒矣。"④ 对于伯朅师，吴虞终身崇敬，每每颂扬，深情款款。

吴虞还向国学院院副刘师培请教，刘为之开列书单，并附简明扼要的点评，包括：王筠《说文释例》（此为通六书之门

---

① 本段引用均来自吴虞：《吴虞日记》上 [M]，成都：四川人民出版社，1984 年第 1 版，第 481—482、492—493 页。

② 该书记吴虞从日本回川后，"尝应廖平之聘，任国学院（后改名为四川国学专门学校）教习"。见刘绍唐主编：《民国人物小传》第 6 册 [M]，上海：上海三联书店，2015 年第 1 版，第 116 页。

③ 唐振常：《章太炎吴虞论集》 [M]，成都：四川人民出版社，1981 年第 1 版，第 87—88 页。

④ 吴虞：《邓守瑕〈荃察余斋诗文存〉序》[M]，赵清，郑城编：《吴虞集》，成都：四川人民出版社，1985 年第 1 版，第 140—141 页。

径）、段玉裁《说文解字注》（虽非悉当区辨近精）、《六书音均
〔韵〕表》（此为通古均〔韵〕之祖，必宜深肄），郝懿行《尔
雅义疏》（此书深明音转，当观其古字互通之例）等等①。刘师
培对每部书的评价都非常精当，可谓画龙点睛，这份书单也堪
称治经之门径。

吴虞又曾作《过国学院》一诗，发表于 1920 年的《青年进
步》杂志上："风雨城南路，秋清石径斜。人存三古味，树老百
年花。（院有辛夷一株，廖季平丈以为百年外物也。）台上宜观
稼，门前学种瓜。（院为杨忠武时斋，旧宅。）叔孙徒制礼，今
世薄儒家。"② 从中可以约略想见国学院当时的风貌。

二十、曾瀛

曾瀛字海敖，郫县人。尊经书院高材生，1897 年举人，文
武双全。由云南讲武堂教席回川后被国学院聘为院员，兼任地
理教员③。

在国学院、国学学校历史上，曾经任职于此的人员还很多，
可谓人才济济，限于篇幅原因，无法一一介绍，仅列 20 位学者
于上，管中窥豹，可见一斑。其余可记之人实还不少，如罗时

---

① 吴虞：《吴虞日记》上（1912 年 5 月 26 日）[M]，成都：四川人民出版
社，1984 年第 1 版，第 43—44 页。
② 吴虞：《过国学院》[J]，《青年进步》，1920 年第 29 期，第 97 页。
③ 何域凡：《存古学堂嬗变记》[G]，四川省政协文史资料委员会编：《四川
文史资料集粹》第 4 卷，成都：四川人民出版社，1996 年第 1 版，第 421 页。该文
记曾瀛为新敏人。另据《四川省国学学校一览表》（1914. 8，国学档，第 1 卷-15，
第 43 页）记载曾瀛为郫县人，本文依档案改。

宪，曾任存古学堂监学，馆院合并后，被聘为《下川南道志稿》采访员。他早年就读于成都尊经书院，编有《毛诗尊闻录》、《尚书酌中录》、《周易尊闻录》、《周礼酌中录》、《小学达诂录》，又著《说文广诂录》、《说文新附录》等。《小学达诂录》等书得到民国政府内务部"褒扬"，罗氏还被授予银质民国褒章并证书①。另外，公立国学专门学校时期，教授伦理学的徐炯也是赫赫有名之人。他亦为尊经书院高材生，曾前往日本考察教育。回国后提倡学子"游学海外，求新知以救亡"。长期担任四川通省师范学堂监督及附设高等小学校长，并被推选为四川教育总会首任会长。与宋育仁等被川人称为"五老七贤"②。国学院及学校聚集了众多蜀中大儒、名流，从而成为当时国内国学教学研究的重镇。

这批人常聚会于此，吟诗唱和，颇为风雅。吴之英有《题龚熙台藏张船山〈宴南台寺图〉二首》，即为聚会所作。龚煦春字熙台，井研人，为国学院同事，好收藏古董。《吴之英先生年谱》记载了此事：1912 年，国学院教师龚煦春以所藏张船山与丹棱彭田桥《南台寺饮酒图》征题，先生题五律二首，刘师培、谢无量、曾学传、朱山均有诗，廖平素不能诗，写了顺口溜③。

---

① 郭书愚：《四川存古学堂的兴办进程》［J］，《近代史研究》，2008 年第 2 期，第 92—93 页；《关于四川存古学堂监学罗时宪著作〈小学达诂录〉等书一案的命令》（1915. 8. 19）［A］，国学档，第 9 卷-10，第 27—28 页。

② 郭书愚：《四川存古学堂的兴办进程》［J］，《近代史研究》，2008 年第 2 期，第 93 页。

③ 吴洪武等：《吴之英先生年谱》［M］，吴洪武等校注：《吴之英诗文集》，成都：四川大学出版社，2008 年第 1 版，第 535 页。

《廖季平年谱》也记此事,并录廖平所作:"几山好收藏,我久厌李杜。强逼人题画,牵牛上皂树。物以罕见珍,宝此荒年谷。寄语后来人,何分鸡与鹜?"① 廖幼平说:"这是我所见到的父亲的唯一的一首诗。"② 吴之英的题诗为:"风雅乾嘉老,蜀才得几人? 天生名进士,醉过太平春。真性随时活,豪情入韵新。超然图画表,夷宕尚精神。""幻象安能久? 刹那变灭多! 纵余诸佛在,其奈醉人何! 帝子新成魄,公孙旧拥戈。先贤知有憾,老树太婆娑。"③

国学院及学校的众学者虽然学术路径不一,治学各有所长,经历也迥异,但也存在一些共同的特点:

第一,皆为博学之士,多为四川乃至全国的知名学者。吴之英、刘师培、谢无量、廖平、宋育仁、骆成骧、吴虞等人自不必说,曾学传、杨赞襄、罗元黼、龚道耕等人,也是学养深厚,勤于著书立说,均为四川文教界的名流;后来陆续来到的新生力量,如林思进、李思纯、陈希虞等人,则是学界新秀,他们之后多长期执教于国内著名高校,成果丰硕,为蜀学之中坚。而且应该注意到,他们之中不乏留学归来人士,或有出洋考察经历者,可以说,国学院及其学校是中国较早一批聘用留学人员任教的机构,对于开拓学生视野,促进中外文化交流,推动四川学术发展,都具有重要意义。公立国学专门学校时曾

① 廖幼平编:《廖季平年谱》[M],成都:巴蜀书社,1985年第1版,第72页。
② 廖幼平:《我的父亲廖平》[M],张远东,熊泽文编著:《经学大师廖平》,上海:上海书店出版社,2015年第1版,第206页。
③ 吴之英:《题龚熙台藏张船山〈宴南台寺图〉二首》[M],吴洪武等校注:《吴之英诗文集》,成都:四川大学出版社,2008年第1版,第83页。

规定教员选用的标准是："中学教员以品行纯粹，有精深之著述，或久经办学，富有经验者；科学教员以国立大学毕业及外国大学毕业者为合格。"① 从其人员构成看，这项规定确非虚言。实际上，一座学校哪怕只有这些学者中的一两位，也可谓学校之骄傲，而在国学院及学校短短 10 余年的办理时间中，并非只是一两位，而是众多著名学者云集于此，确实极为难得。

第二，为品行高洁，学而不厌，诲人不倦的师长群体，保持着与时俱进的姿态。中国"国粹派"研究的开拓者郑师渠先生曾指出："1912 年初《国粹学报》停刊，国学保存会也实告寿终正寝……宣告了（清末国粹派和国粹思潮的）终结。"并进而认为从总体而言，辛亥以后国粹派"在政治上消极、落伍"，思想也"失去光泽"，"趋于僵滞"②。不过这一论断是基于以国学保存会为核心的考察，却并不完全适合于四川国学院的发展情况。如前文所述，成立于 1912 年的四川国学院深受国粹思潮影响，是 20 世纪初中国国学运动的重要代表，从其发展规模与时间长度看，堪称国粹运动的集大成者。它与国学保存会固然有一定相通之处，但也存在差异，有自己的特点。其中很大的一个不同，就在于国学院的教学、研究人员在辛亥以后，总体上体现出与时俱进的姿态，而且保持了知识分子的高洁。这种与时俱进首先体现在从国学院到公立国学专门学校的发展历程

---

① 《四川公立国学专门学校章程（附各项规则）》（时间不详）［A］，国学档，第 7 卷-12，第 80 页。

② 郑师渠：《晚清国粹派：文化思想研究》［M］，北京：北京师范大学出版社，1997 年第 2 版，第 320、321 页。

中，一次次的院章校规修订，最后终于实现了完美蜕变，学校真正建立起完善的现代大学制度体系，从而为组建四川大学作好了准备。其次还表现在其代表人物廖平、吴之英、宋育仁等终身勤勉治学，笔耕不辍，学而不厌，诲人不倦。廖平最为典型，他晚年不断推陈出新，其经学思想于此期经历四变（1905年）、五变（1918年）、六变（1919年）①，这种敢于否定自己，锐意进取的精神是极为难能可贵的。廖氏自述其为学之甘苦云："学经六变，各有年代，苟遇盘根错节，一再沉思，废寝忘食，动以数年，豁然理解，如有鬼谋天诱，千溪百壑得所归宿，旧日腐朽，旨为神奇。"又有弟子胡孝廉前往请教，师生同榻，夜半胡生稍动，廖师呼之："醒否？醒则不宜再睡，凡白昼不能解决之疑案，一思多能省悟。余生平著书，实得力于此。"② 其勤勉如此。另外宋育仁去世前都还在撰写《四川通志》。吴之英也是著作等身。总之，较之于邓实等国学保存会成员在辛亥之后的消沉、颓唐，国学院诸君显然并未受到太多政治环境的影响，这也许与他们基本是学者、教员的身份有关。

同时，这批学者的正直、高洁也历来为人称道。在大是大非面前，他们保持了清醒。袁世凯复辟期间，除已经离川的刘师培附逆之外，其他学人都能洁身自好。吴之英辞去国学院院正之职，一个重要原因就是厌恶时任四川都督的胡景伊投靠袁

①　廖平思想分期时间点据廖幼平：《廖季平年谱》［M］，成都：巴蜀书社，1985年第1版，第67、77、78页。

②　向楚：《廖平》［M］，廖幼平：《廖季平年谱》，成都：巴蜀书社，1985年第1版，第109页。

世凯，"卖官殃民，蹂躏议会"①。宋育仁在王闿运担任国史馆馆长时，曾前往任职，但旋即归蜀。袁世凯的亲信陈宧后来到四川纠结绅耆劝进，屡次胁迫宋育仁领衔，宋均不应。宋育仁甚至"逃之蒙山以避之"②。而年轻一辈的陈希虞也是因为不满四川军阀混战，辞去政务。1935年，当国民党特务抓捕华西大学进步学生时，陈希虞又与其他教授积极参与营救，终于使学生得以无罪释放③。

此外，还需特别分析一下国学院诸君与新文化运动之间的关系。郑师渠先生在其书中指出国粹派对于新文化运动的兴起，多抱抵触和反对的态度，认为这是其落伍的一个表现④。不过，这也确实需要具体分析，不能一概而论。就四川国学院及学校来看，其人员构成在年龄上呈现出明显的梯度，国学院院员年龄总体偏长，其中多位在20世纪20年代前已先后去世，如吴之英、杨赞襄、释圆乘等，他们实际上对于即将出现的这场运动并未置辞。

这里有必要具体分析一下的是宋育仁1924年在《国学月

---

① 彭静中：《吴伯朅与吴虞》[M]，吴洪武等校注：《吴之英诗文集》，成都：四川大学出版社，2008年第1版，第643页。

② 黄宗凯等：《宋育仁年谱》[M]，《宋育仁思想评传》，成都：西南交通大学出版社，2007年第1版，第219页。

③ 四川省彭山县地方志编纂委员会：《彭山县志（1986—2000）》[M]，呼和浩特：远方出版社，2002年第1版，第635页。

④ 郑师渠：《晚清国粹派：文化思想研究》[M]，北京：北京师范大学出版社，1997年第2版，第321页。

刊》上发表的《评胡适〈国学季刊〉宣言书》一文①。胡适的宣言书实为 1923 年 1 月出版的《国学季刊》第 1 卷第 1 号的发刊词，它被认为是国学运动新思潮，也即整理国故运动出现的标志。而宋育仁对胡适之文逐句逐条进行批评，由此被视作最能反映当时四川国学运动中的守旧势力。

诚然，宋育仁一文对胡适多有反对，而其根本的分歧在于学术道路的差异。宋批评道："今之自命学者流多喜盘旋于咬文嚼字，所谓旁搜博采……尚不知学为何物。"而他所谓"学"依然为"经世致用之学"，即"施之于一身，则立身行道，施之于世，则泽众教民"。这与胡适倡导的"为学术而学术"的理路自然不同。相应的，两人在评价经学的地位、清代学术的价值以及治学方法等方面，也多有不同。如胡适认为清儒"没有高明的参考资料"，"说《诗》的回到《诗序》，说《易》的回到方士《易》，说《春秋》的回到《公羊》，可谓陋之至了"。宋育仁却指出，"此所谓资料，就是觅得西洋显微镜之比"。他认为："原来近视，本光固在，即应由此循步而进……还须由本地本光本视线，移远再看再看，不可再觅显微镜把眼光弄坏。"

不过，在文中宋对于胡适的一些观点也表示赞同。如胡适说："甚至于有人竟想抄袭基督教的制度来光复孔教。"宋评："此固可笑。"胡又说："有些人还以古文古诗的保存就是古学的保存了，所以他们至今还想压语体文字的提倡。至于那些静坐

① 下文关于该文所引均来自宋育仁：《评胡适〈国学季刊〉宣言书》[J]，《国学月刊》，1924 年第 16 期，第 38—41 页。

伏乱，逃向迷信里去自寻安慰，更不用说了。在我们看起来，这些反动都只是旧式学者破产铁证，这些行为不但不能挽救，反增加国中少年对于古学的藐视。如果这些举动可以代表国学，国学还是沦亡了更好。"宋评："此数语是真正不错。"胡称："眼前，国内国外的学者研究中国学术现状，我们不能抱悲观，并且还抱乐观。"宋评："我亦云然。但非到底只是多读几卷线装书，能翻书本，便算学问。"另外，胡适言甲骨文的发现为历史研究提供了新的证据，宋亦赞成："此件是真物，有裨研究古文。"对于胡适说："专攻本是学术进步的一个条件，但清儒狭小研究的范围却不是没有成见的分功。"宋也称："此言却是。"等等。

总体来看，胡适之文，确有学术上开风气之效，而宋氏之论，其核心观念的确较为保守，但并非皆为谬论。如上述他提出不要把西洋显微镜拿来把自己的眼光弄坏一说，以此批评食洋不化、生搬硬套的学术研究，这还是有见地的。而且他对语体文字的改革，也就是白话文运动，显然还是肯定的；对于设立孔教，也不以为然。因此若将其断定为落后，似乎也非公道之论。

较之于宋育仁，晚年的廖平思想则更为活跃。1918 年，他发表《中外解剖学说异同互相改良说》，倡导中西医学术交流。其文云："海外解剖学说，新益求新，每数年小变，数十年大变，不敢故帛自封。将来必有绝大改良……"为此，他将中国从前的解剖学说，如《内经》、《医林改错》、《癸巳类稿》等十余种，交给华西医校的莫医生，请其翻译为英文，并通告欧美医会，以研究改良之法。他还说："愿中外各去骄心，实事求是，既有导师，则不似从前之自辟蹊径，苦无印证，彼此会通，形神交尽。"① 这其中体现出的观念是开放而积极的。另外，谢无量1918年出版《中国大文学史》专辟"平民文学"一章，被认为"为新文化（白话）运动砸开了铁门"②。至于吴虞，那更是新文化运动的先锋。

此外，1927年6月，《四川公立国学专门学校学生会季刊》出版，其投稿简章表明："稿件不拘文言白话"，"须加新式标点符号"，还欢迎翻译作品③。这都体现出学校的新气象。

因此，笼统地将国学院诸君视作落伍甚至反动之流，是缺乏对历史事实的深入具体分析及必要尊重的。在这个问题上，郑师渠先生在论及"辛亥后国粹派的落伍"时，就既指出其主体的消沉，也特别提出对他们的评价要秉持"科学的态度"，把问题放到特定的历史范围加以考察。这是非常有见识的。郑先生同时也提出："中国近代历史发展的一大特色，就是新旧更迭十分迅速。一些本是虎虎有生气的人物、派别或思潮，曾几何时，便因落伍而黯然失色。"④ 这实际也是近年学术界关注的一个问题，就是如何看待激进与保守。国学院诸君应该是提供了

---

① 舒大刚，杨世文主编：《廖平全集》第8册［M］，上海：上海古籍出版社，2015年第1版，第585—586页。

② 刘长荣，何兴明：《谢无量年谱》［J］，《文教资料》，2001年第3期，第12—13页。

③ 谢桃坊：《四川国学小史》［M］，成都：巴蜀书社，2009年第1版，第13—14页。

④ 本段引用均来自郑师渠：《晚清国粹派：文化思想研究》［M］，北京：北京师范大学出版社，1997年第2版，第324页。

一个生动案例，他们在历史上被视为保守势力，但其人品学问可圈可点，不乏闪光之处，他们的一些思想观点也是有价值的，不宜一概否定。

第三，这批学者群体呈现出较为明显的梯度分布，对于四川国学的传承发展起到承上启下的作用。国学院在发展过程中，1914年是个重要节点，以此分界，前期是国学院时期，后面是独立的国学学校时期。从人员情况看，前后两期可谓各有特色。国学院时期以院员为核心的成员多为川内耆儒，德高望重。其中又以成都尊经书院的毕业生为主，如吴之英、廖平、杨赞襄、曾培、曾瀛、罗元黼、龚道耕、罗时宪等皆为尊经高材生。他们继承了尊经沉潜务实的学风，为国学院的发展奠定了较高的起点和雄厚的基础。1914年后，老一批的学者先后离开，新生力量逐渐成为主角。起初还仅仅是尊经的再传弟子加入，如四川国学学校时担任教职的黄镕、季邦俊均为廖平的学生，之后尤其是公立国学专门学校时，学者学术背景更为多元，既有本省也有外省还有留学归国者纷至沓来，其中京师大学堂毕业者有蔡锡保、曾缄等，留学归来人员有陈希虞、蒲殿钦、李思纯等，他们普遍较为年轻，为学校增添了新的生机与活力。总体来看，前后两个阶段的学者在年龄上形成梯度，在学术上也有变化，前期以传统学术为主，后期传统学术与西方思想并存，这个发展变化也从一个侧面展现了学校越来越开放的办学理念。同时需要指出，这批学者很多成为后来四川大学中国文学院的主力，并且国学院及学校培养的人才也相继成为学界中坚，由此学术薪火相传，源源不断，应该说，国学院在四川国学传承发展中所起作用是不容小觑的。

## 第二节　廖平与刘师培

廖平与刘师培均为近代著名学者，一位是今文经学家，一位是古文经学家，两人曾一度共事于四川国学院。关于二人在此期间的交往，有许多传说，真实情况如何，有必要加以梳理。

一、国学院时的廖平（图**7—12**）

廖平（1852—1932），原名登廷，字旭陔，又字勖斋，后改名为平，字季平，号四益，继改四译，晚年又号五译、六译。四川井研县青阳乡盐井湾人。清末今文经学派的代表人物，近代著名经学家。1876 年入尊经书院。与同学张祥龄、杨锐、毛瀚丰、彭毓嵩为张之洞所器重，号"蜀中五少年"，友谊亦最笃。在院肄业近十年，沉浸经学，潜心研究，著有多本经学著作。1889 年中进士。曾先后兼任嘉定九峰书院主讲、山长，资州艺风书院讲席，安岳凤山书院主讲，存古学堂教席等。其著述甚丰，"著书一百二十一种"，除经学论著外，兼及医术、堪舆，汇为《四益馆经学丛书》，后又增益为《六译馆丛书》。他的著述对光绪年间的维新变法运

**图 7 - 12 - 1　廖平（源自《经学大师廖平》）**

图 7-12-2　1918 年国学院诸同学与廖平摄于国学院花厅前，时廖平 68 岁。前排在廖平左侧者为蒙文通，后排第一人（从左到右）为彭芸生，前排第八人为廖宗泽（源自《经学大师廖平》）

图 7-12-3　20 世纪 20 年代初，廖平参加萧仲仑与杨励昭婚礼，并担任证婚人，中间长者为廖平。萧曾任国学学校教师（源自《经学大师廖平》）

动提供了理论依据，康有为正是受廖平《辟刘编》、《知圣编》启发，写成《新学伪经考》、《孔子改制考》，奠定了维新变法的理论基础，由此朝野震惊。辛亥革命后，先为枢密院院长，继而被聘为国学院院员，又任四川国学学校校长。1916 年后，还曾兼任华西大学、成都高等师范学校教授①。

据时在成都的文守仁先生回忆：廖平曾与骆成骧等组建武德社，练习射击。"诸老不时在国学院前，御长袍，着马褂，张弓曳箭，指手划足，其乐融融，行人每驻足观之。"而廖氏"身材中等，体肥硕"②。这正是其在国学院时的情形。

廖平在国学院时为院员，并兼任主课教员。1914 年 3 月至 1922 年 7 月（期间曾短暂辞职），任四川国学学校（1918 年改为公立国学专门学校）校长。其在国学院（校）任职时间最长，给学生留下深刻印象。弟子蒙文通在《廖季平先生传》中说："（廖平）豪于饮，数十杯一举立尽。在国学学校时，每夜醉，辄笑语入诸生舍为说经，竟委曲无误语。积书至万余卷。尝示文通《汉书》中事，于积帙中信手抽出，展卷三数翻，直指某行，同学侍立者皆惊愕。"③

廖平主今文经学，他也以此指导学生，见蒙文通好读段玉

① 参见廖幼平编：《廖季平年谱》[M]，成都：巴蜀书社，1985 年第 1 版，第 1—2、17—18、44、46、58 页；胡昭曦：《四川书院史》[M]，四川大学出版社，2006 年第 1 版，第 377—378 页。

② 文丕衡编：《蜀风集——文守仁先生遗著》（内部资料）[M]，新津县政协文史资料委员会审定，1998 年，第 325 页。

③ 蒙文通：《廖季平先生传》[M]，廖幼平：《廖季平年谱》，成都：巴蜀书社，1985 年第 1 版，第 104 页。

裁书，便责备道："郝、邵、桂、王之书，枉汝一生有余，何曾能解秦汉人一二句？读《说文》三月，粗足用可也。"[①] 他又告诉吴虞："凡考据家不得为经学家，真正经学家即当以经为根据，由经例推言礼制。""《白虎通》为十四博士专门之说，实诸经之精华。"看此书，"宜先看陈左海《五经异义疏证》，方易了晰"。吴虞表示赞同，认为"有益学子，正不浅也"[②]。

在治学上，廖平一直反对以小学来治经的路径，他明确表示："近贤论述，皆以小学为治经入手……近贤声训之学，迂曲不适用，究其所得，一知半解，无济实用……如《段氏说文》、王氏《经传释辞》、《经义述闻》，即使全通其说，不过资谈柄，绣盘帨，与贴括之墨调滥套，实为鲁卫之政，语之政事经济，仍属茫昧。"[③]

廖平的治学理念对于蒙文通等学生产生了很大影响。蒙氏后来论治学时尤强调："每一学问必有其基础典籍"，"清代汉学，不离《说文》；今古文学，则不离《五经异义》、《白虎通义》。"[④] 他教导蒙季甫研究经学，就先习《今古学考》、《新学伪经考》、《经学导言》、《王制笺》、《白虎通义疏证》等书。还告知："今、古文学派的准确判定则始于廖季平先生。"蒙文通

① 蒙文通：《廖季平先生传》［M］，廖幼平：《廖季平年谱》，成都：巴蜀书社，1985 年第 1 版，第 98 页。

② 吴虞：《爱智庐随笔》［M］，赵清，郑城编：《吴虞集》，成都：四川人民出版社，1985 年第 1 版，第 90—92 页。

③ 廖平：《知圣篇》［M］，李耀仙主编：《廖平学术论著选集》（一），成都：巴蜀书社，1989 年第 1 版，第 208 页。

④ 蒙文通：《治学杂语》［G］，蒙默编：《蒙文通学记（增补本）》，北京：三联书店，2006 年第 1 版，第 3 页。

认为廖师的《今古学考》为"判分今、古之圭臬",《新学伪经考》为其补充,而《王制》和《白虎通义》"所载是今文学礼制的中心","要求都能成诵上口"。蒙季甫说:"(这)明显是今文家的路子。"① 从中可以看出蒙文通对廖平治学路径的一脉相承。

廖平还曾撰写《经学初程》,作为指导学生的入门书。其中确也不乏可资借鉴之处,如:"经学要有内心,看考据书,一见能解,非解人也。必须沉静思索,推比考订,自然心中贯通。若徒口头记诵,道听途说,小遇盘错,即便败绩。惟心知其意,则百变不穷……初学见识贵超旷,然不可稍涉狂妄。若一入国学,便目空古今,盗窃玄②远之言,自待过高,于学问中甘苦,全无领略,终归无成。不如一步一趋,自卑自迩之有实迹……先博后约,一定之理。学者虽通小学,犹未可治专经。必须以一二年博览诸经论辨,知其源流派别,自审于何学为近,选择一经以为宗主,则无孤陋扞格之病。"③

在国学院(学校)任职期间,正是廖平学术四变、五变、六变时期。1913 年写成的《孔经哲学发微》是其"四变"的纲领,此后专就天人之说加以演绎。廖平在《四益馆经学四变记》里说:"'天人之学',至为精微……《大学》为'人学',《中庸》为'天学'……'人学'为六合以内,'天学'为六合以

① 蒙季甫:《文通先兄论经学》[G],蒙默编:《蒙文通学记(增补本)》,北京:三联书店,2006 年第 1 版,第 71 页。
② 玄:原作"元",盖避清讳,今回改。
③ 廖平:《经学初程》[M],舒大刚,杨世文主编:《廖平全集》第 1 册,上海:上海古籍出版社,2015 年第 1 版,第 281—282 页。

外。《春秋》言伯而包王；《尚书》言帝而包皇。《周礼》三皇五帝之说，专言《尚书》；《王制》王伯之说，专言《春秋》……至于《诗》、《易》以上征下浮为大例；《中庸》所谓'鸢飞于天，鱼跃于渊'，为'上下察'之止境。周游六漠，魂梦飞身。"① 1918 年为其五变期，"以六书、文字皆出孔子"② 1919 年后进入学术六变期，"以《素问》所言五运六气为孔门《诗》、《易》师说"③。

应该说，在四变之后，廖平在学术上将今文经学推向了极端，陷入了神秘主义的泥潭。有学者即指出："廖平的治学方法脱离不了今文经学的局限，而且他在发掘微言大义时不重事实的客观性，随意曲解或推测经典之意，并与神话、纬书、医书、文学作品等联系，大肆穿凿附会，构成种种荒诞的怪说。"④ 这是客观之论。

其实当年吴之英便婉转提醒过廖平，吴氏曾作长诗《寄廖平》，序言云："（季平）锐思深入，辄撤藩篱，袭宦奥，据所有，作主人，叱咤指麾，肆意焉，规切弗止也。"其语可作两面观，诗中又暗示廖治学有穿凿之弊："自叱凿空得奇趣，动有妖祥为诡遇。说令相遇苦相难，定按新律裁章句。裁去若仍与律

---

① 廖平：《六变记》［M］，李耀仙主编：《廖平学术论著选集》（一），成都：巴蜀书社，1989 年第 1 版，第 550—552 页。

② 廖幼平：《廖季平年谱》［M］，成都：巴蜀书社，1985 年第 1 版，第 77 页。

③ 向楚：《廖平》［M］，廖幼平：《廖季平年谱》，巴蜀书社，1985 年第 1 版，第 109 页。

④ 谢桃坊：《四川国学运动述评》［J］，《西华大学学报》（哲学社会科学版），2008 年第 27 卷第 6 期，第 3 页。

乖，黜为杂种更安排。"①

后人对廖平晚年学术误入歧途的原因，也曾加以分析。其弟子李源澄精通廖师之学，被认为"能传师门之义"，他对蒙文通说："廖师精卓宏深，才实天纵，惟为时代所限，囿于旧文，故不免尊孔过甚，千溪百壑，皆欲纳之孔氏。又时当海禁初开，欧美学术之移入中土者疏浅且薄，不足以副先生之采获。先生虽乐资之为说，而终不能于先生之学有所裨。使先生之生晚二十年，获时代之助予，将更精实绝伦也。"② 按照李源澄的理解，廖氏主观上过于尊孔，客观上未得外来学说之助，是造成其学术虽然屡变，却不能达到更高境界的根源所在。但李未认识到更根本的原因还在于传统经学随着帝制的崩溃，已经走到了历史的尽头，这是任何人的主观愿望都无法改变的现实，廖平作为传统经学的殿军，在这个过程中，即便使出浑身解数，上下求索，却也不可能改变经学的命运，反而使学说走向了神秘。

此外，在这个时期，廖平还参加了一项重要的学术活动，就是1913年作为四川代表，与蒋言诗共同出席在北京召开的全国读音统一会，并将发表在《国学杂志》上的《中国文字问题》一文作为意见提交大会讨论③。该会议要求参会人员应至少

---

① 吴之英：《寄廖平》［M］，吴洪武等校注：《吴之英诗文集》，成都：四川大学出版社，2008年第1版，第67—68、71页。

② 蒙文通：《廖季平先生传》［M］，廖幼平：《廖季平年谱》，成都：巴蜀书社，1985年第1版，第105—106页。

③ 参见廖幼平：《廖季平年谱》［M］，成都：巴蜀书社，1985年第1版，第73页；《代廖平转咨民政府，恐难届时赶赴京会，先寄论文一篇交会讨论》（1913.2）［A］，国学档，第34卷-10，第24—25页。

具备以下四种条件之一：精通音韵、深通小学、通一种或二种以上外国文字、谙多处方言。在长达三个月的会期中，与会者进行了三项工作：一是审定一切字音为法定国音；二是将所有国音均析为至单至纯之音素，再核定所有音素总数；三是采定字母，每一音素均以一字母表之①。该会议是民国时期召开的第一次全国性的读音工作会议，具有里程碑的意义。而廖氏被推选为四川代表参会，也充分说明了其深厚的小学功底。

是年 12 月 20 日，廖平返回成都。此前国学院学生由于不满毕业问题，已全部走尽（详见第三章）。廖遂召回部分学生，又开招新班，其孙廖宗泽即于是时考入。1914 年废院存校后，廖平被任命为国学学校校长。1918 年学校更名为公立四川国学专门学校后，继续担任校长②。

1919 年 3 月 17 日，廖平晚餐时"忽失箸，声喑掌挛，昏迷不省，逾时始苏"，自此以后，"言语蹇涩，右手右足均拘挛"，生活起居不能自理。在这种情况下，廖平改用左手写字坚持著述。并且继续给学生讲课，他让廖宗泽先将教学内容写在黑板上，自己再加以解说，学生听不清之处，则由宗泽给予转述③。也是在这一年，其经学思想进入"六变"期。这种坚韧不拔、老而弥坚的精神是令人钦佩的。

当廖平去世后，在其追悼会上，四川大学校长王宏实说：

---

① 《关于呈送部令第四卷的通知》（1913. 2. 28）［A］，国学档，第 10 卷-3，第 43 页。

② 廖幼平：《廖季平年谱》［M］，成都：巴蜀书社，1985 年第 1 版，第 73、76 页。

③ 廖幼平：《廖季平年谱》［M］，成都：巴蜀书社，1985 年第 1 版，第 78 页。

"我们对廖先生的崇拜有一个共同之点，便是廖先生的治学态度。廖先生有他特殊的地方。他有很强的自信力，无论何人怎样非难，怎样用威势胁迫，他都能不改其说。但是廖先生又不固步自封，总不断为更进一步而努力，一旦得有新的主张，便把旧的抛弃。所以廖先生治学的态度是进步的，发展的，不是一成不变的……"① 这正是对廖平精神境界的肯定。

现在反观廖平于学术的贡献，首先还是应该肯定其对今古文经学的梳理，对于澄清经学发展脉络是有意义和价值的，而且他提出以礼制区分今古的做法，也为此论争提供了一种思路。因此刘师培称赞其"善说礼制，其洞察汉师经例，魏晋以来，未之有也"②。蒙文通也认为："昔人说经异同之故纷纭而不决者，至是平分江河，若示指掌，汉师家法，秩然不紊。"③ 其次廖平对于《春秋》三传的研究，也卓有成效，所谓"长于《春秋》"④，蒙文通亦称："先生起数千载之下，独探其微绪，申其本义，不眩惑乎三家之言。"⑤ 撰写《廖平先生评传》的王森然指出："先生在中国经学史上，既具相当地位；而在晚清思想

① 廖幼平：《我的父亲廖平》［M］，张远东，熊泽文编著：《经学大师廖平》，上海：上海书店出版社，2015 年第 1 版，第 208 页。

② 蒙文通：《廖季平先生传》［M］，廖幼平：《廖季平年谱》，成都：巴蜀书社，1985 年第 1 版，第 105 页。

③ 蒙文通：《议蜀学》［M］，廖幼平：《廖季平年谱》，成都：巴蜀书社，1985 年第 1 版，第 177—178 页。

④ 蒙文通：《廖季平先生传》［M］，廖幼平：《廖季平年谱》，成都：巴蜀书社，1985 年第 1 版，第 105 页。

⑤ 蒙文通：《议蜀学》［M］，廖幼平：《廖季平年谱》，成都：巴蜀书社，1985 年第 1 版，第 180 页。

史上，亦握有严重转捩之革命力量。"① 这个评价还是公允的。而廖平一生致力于教育，培养了众多的青年学者，为蜀学传承起到了非常重要的作用，其贡献也是不容忽视的。

廖平去世后，四川省府举行公葬，并将其生平事迹宣付史馆②。国内政要、名流、学者、门生纷纷志哀，向楚有《六译先生像赞》："有清经儒，卓然一代。先生崛起，扫刮残碎。大义微言，箴盲起废。善说礼制，长于春秋。古今之学，划若鸿沟。先生不言，千载其幽。小大天人，皇王帝霸。屡变复贯，以遗来者。国粹云亡，怅然涕下。"③ 吴虞作《哭廖季平前辈》："四十非儒恨已迟（予非儒之说，年四十始成立），公虽怜我众人嗤（袁世凯尊孔时，公与予步行少城东城根，劝予言论宜稍和平，恐触忌）。门庭自辟心疑古，胆识冲天智过师。垂老名山游兴在（临逝前数周，游乌尤寺），横流沧海叹谁知（近汉奸赵欣伯创立孔学会，则孔学之宜于帝制可知）。益洲〔州〕耆旧凋零尽，下马陵高望转悲。"④

二、国学院时的刘师培（图7—13）

刘师培（1884—1919），字申叔，又名光汉，号左盦，江苏

①　王森然：《近代二十家评传》［M］，北京：书目文献出版社，1987年第1版，第62页。

②　谢持等：《谢持、熊克武等请予褒扬公葬建议书》［M］，张远东，熊泽文编著：《经学大师廖平》，上海：上海书店出版社，2015年第1版，第227页。

③　向楚：《六译先生像赞》［M］，张远东，熊泽文编著：《经学大师廖平》，上海：上海书店出版社，2015年第1版，第232页。

④　赵清，郑城编：《吴虞集》［M］，成都：四川人民出版社，1985年第1版，第378页。益洲，应为"益州"。

仪征人。从其曾祖父始四代传《春秋》之学。少聪颖，1903 年（光绪二十九年）20 岁时参加在开封举行的会试，之后与进步人士接触增多，开始在《苏报》发表革命文章。同年前往上海，与蔡元培等创办《俄事警闻》。并与章太炎相识。1904 年加入光复会。次年与邓实、黄节等人在上海成立国学保存会，创办《国粹学报》，为主要撰稿人。1907 年为躲避清政府的监视，前往日本。在日期间为《民报》撰稿，并创办《天义报》[①]。

图 7-13　刘师培（源自《刘师培年谱》）

　　刘师培是国学保存会的发起者之一，同时也是重要的理论建构者。他在《国粹学报》发表了大量文章，阐述关于国学的相关主张。该刊第 1 期便开始连载其《国学发微》，刘师培在文中提出了自己对国学概念的理解。他在序言里说："诠明旧籍，甄别九流，庄、荀二家尚矣。自此厥后，惟班志集其大成。孟坚不作，文献谁征？惟彦和《雕龙》论文章之流别，子玄《史通》溯史册之渊源，前贤杰作，此其选矣。近儒会稽章氏作《文史通义》内外篇，集二刘之长，以萃汇诸家之学术，郑樵以还，一人而已。予少读章氏书，思有赓续，惟斯事体大，著述

　　① 万仕国：《刘师培年谱》[M]，扬州：广陵书社，2003 年第 1 版，第 1—3、20、25、26、28、32、36、39、60、71、97、102、105 页。

未遑，近撰一书，颜曰《国学发微》。"① 文章详细阐述了中国传统学术的发展演变情况，说明刘师培认为的国学实为传统学术史，是"诠明旧籍，甄别九流"。这是国粹派对于国学概念较早的论述。之后，他又发表《近儒学术统系论》、《儒学法学分歧论》、《近代汉学变迁论》等，继续对传统学术的演变情况加以阐释。

这段时期，他还撰写了《论中土文字有益于世》，反对当时无政府主义者提出的以世界语代替中文的主张。又发表《劝各省州县编辑书籍志启及凡例》、《编辑乡土志序例》、《论中国宜建藏书楼》等，对于地方志编写、图书馆建设等问题进行了探讨。又撰《论古代人民以尚武立国》、《古政原始论》、《两汉种族学发微论》等文章，表达其政治见解，反对君主专制制度，宣传反清排满。在 20 世纪初的国粹运动中，国学保存会之所以能成为运动的引领者和代表者，正是得益于其理论的构建，而这恰恰离不开刘师培的突出贡献。

另外需要指出的是，刘师培还负责编辑了一套国学教科书，于 1905—1906 年出版，包括伦理学、经学、中国文学、中国历史、中国地理共五种。这套教科书立足中国传统学说，同时兼采西方思想，体现出将中西学术思想相互融合的努力，"对即将面向世界潮流的中国民众，产生了较深远的影响"②。

---

① 刘师培：《国学发微》［M］，《刘师培全集》第 1 册，北京：中共中央党校出版社，1997 年第 1 版，第 474 页。

② 中共中央党校出版社传统文化研究组：《刘师培全集·前言》［M］，刘师培：《刘师培全集》第 1 册，北京：中共中央党校出版社，1997 年第 1 版，第 4 页。

1908 年，刘师培秘密投靠两江总督端方，背叛革命。1909 年，因劣迹败露，遂公开进入端方幕府。1911 年，清政府宣布铁路干线收归国有，各地保路运动随即爆发。5 月 18 日，端方被任命为督办粤汉、川汉铁路大臣，强收粤、鄂、川、湘四省铁路公司。刘师培随其入川。11 月 17 日，端方在资州被部将所杀，刘师培被资州军政分府拘押①。

章太炎得知消息，发电报给尹昌衡，请求勿杀刘师培，电文云："姚广孝劝明成祖：殿下入京，勿杀方孝孺。杀方孝孺，则读书种子绝矣。"② 12 月 1 日，太炎又发表宣言，重申此意。刘氏得以幸免，辗转前往成都。

《吴虞日记》"冬月二十五日（12 月 15 日）"称："晤廖季平、谢无量，同至无量处谈。晤刘申叔。"③ 则此时刘师培已至蓉城。

次年，四川都督尹昌衡改枢密院为四川国学院，刘师培被聘为院副。馆院合并后，他负责国学馆的工作，同时兼任教员。他给学生讲授《春秋左氏传》，随其学习者有 11 人，为萧定国、向华国、皮应熊、唐棣农、魏继仁、李燮、李茵、华鬻、杨斌、鄢焕章、马玺滋等④。师生问答情况辑录为《春秋左氏传答问》一卷，其《序》称：

---

① 本段引用均来自万仕国：《刘师培年谱》［M］，扬州：广陵书社，2003 年第 1 版，第 146、172、198、202 页。

② 万仕国：《刘师培年谱》［M］，扬州：广陵书社，2003 年第 1 版，第 204 页。

③ 吴虞：《吴虞日记》上（1911 年 12 月 15 日）［M］，成都：四川人民出版社，1984 年第 1 版，第 14 页。

④ 万仕国：《刘师培年谱》［M］，扬州：广陵书社，2003 年第 1 版，第 211 页。

民国元年，薄游蜀都，承乏国学院事，兼主国学学校讲习。诸生六十人，人习一经。习《春秋左氏传》者计十有一人。讲授之余，课以礼记。有以疑义相质者，亦援据汉师遗说，随方晓答。璧山郑君刘生（兰），粗事纂录，辑为一编，计二十有七条，名曰《春秋左氏传答问》云①。

刘师培幼承家学，曾祖父文淇、祖父毓崧、伯父寿曾均以治《春秋左氏传》闻名。他教授学生也体现出典型的古文经学派的学术理念与治学路径，诸生向其请教如"僖三十三年十二月陨霜不杀草李梅实"、"公孙敖出奔"、"僖传卿不会公侯"等具体的细小的春秋史事考证问题，刘师培都旁征博引，给予详细解说。如皮应熊询问是否"天子之丧，君不亲行，上卿往，为得礼"。刘师培引《荀子·礼论》、《尚书·顾命》之说，指出诸侯亦有奔丧礼；进而解释《左传》之说，源于"诸侯不当同时并弃封守，故以使上卿为得礼"；继而对皮应熊所举事例中的"少卿"非"上卿"进行说明②。

在国学院里，刘师培除传授《左传》外，还讲《说文》。其与学生的问答收入《答四川国学学校诸生问〈说文〉书》，共九题，包括"音近谊通之说"、"古重文考"、"古字通用定例"、"同部之字均从部首得形，所从之形亦或谊殊部首"、"许书读若例"、"许书说字或非本字始初之谊"、"大徐新附得失"、

---

① 刘师培：《春秋左氏传答问》［M］，《刘师培全集》第 1 册，北京：中共中央党校出版社，1997 年第 1 版，第 308 页。

② 刘师培：《春秋左氏传答问》［M］，《刘师培全集》第 1 册，北京：中共中央党校出版社，1997 年第 1 版，第 312 页。

"段本改字得失"、"重编许书以六书为纲"等①。刘师培坚持"读书从识字始",强调小学功夫,这与廖平的主张恰恰相反。他按照古文经学的方法治学,继承了乾嘉学派重视考据学的传统,言必有据,形成了朴素务实的治学风范,深得学界认同。

刘师培教学水平高,而且认真勤勉,弟子彭作桢回忆:"民国二年申叔师任成都国学院副院长,予时厕迹省署内务司,与同司谢子夷及其他三人往受业,因有公务,于每星期内乘暇请授《说文》。别为一室,不在讲堂。师每次讲授逾二小时余犹不止。予与子夷等请曰:'师过劳,可以休憩矣。'始退。其诲人不倦有如此。"②刘师培后来前往北京大学任教,冯友兰听过他讲授"中国中古文学史",冯晚年犹说:"他上课既不带书,也不带卡片,随便谈起来,就头头是道。援引资料,都是随口背诵。当时学生都很佩服。"③

在成都期间,除了教学,刘师培还在存古书局刻印了其早年的文集《左盦杂著》,完成了《庄子斠补》(一卷)、《西汉〈周官〉师说考》(二卷)、《周书补正》(六卷)等著作,并在国学院主办的《国学杂志》发表了许多学术文章,计有《〈白虎通义〉源流考》、《古历经徵》、《〈白虎通义〉阙文补订》、《周书略说》、《〈春秋繁露·爵国篇〉斠补》、《阴氛篇》、《大象

① 刘师培:《答四川国学学校诸生问〈说文〉书》[M],《刘师培全集》第3册,北京:中共中央党校出版社,1997年第1版,第537—541页。
② 彭作桢:《〈周礼古注集疏〉序》[M],刘师培:《刘师培全集》第1册,北京:中共中央党校出版社,1997年第1版,第182页。
③ 冯友兰:《三松堂自序》[M],北京:三联书店,1989年第2版,第329—330页。

篇》、《蜀中金石见闻录》、《周历典》、《周书补正自序》、《左盦诗续》、《〈春秋左氏传〉古例考序略》、《易卦应齐诗三基说》、《〈廖氏学案〉序》、《与廖季平论天人书》、《古本字考》、《〈中国文字问题〉序》、《西汉〈周官〉师说考》、《国学学校论文五则》（附：文笔词笔诗笔考)、《今文〈尚书〉无序说》、《〈白虎通义〉定本》、《校雠通议笺言》、《〈繁露〉佚文辑补》、《定命论》（附：讲学词)、《非虚名篇》、《月令论》、《周明堂考》（附：东宫考)、《古重文考》、《〈匡谬正俗校证〉序》、《〈晏子春秋〉逸文》、《左盦杂著》、《〈春秋〉原名》、《〈国学学校同学录〉序》、《〈荀子〉佚文辑补》、《〈春秋左氏传〉传例解略》、《王畿田制考》、《方伯考》、《休思赋》、《旷情赋》等40余篇①。

刘师培所撰《〈国学学校同学录〉序》，发表于《四川国学杂志》第 11 期。此事源于当时学生即将毕业，遂提议仿照西汉文翁的做法，刻印国学学校师生名录，"凯式后世，光示来裔，以蕲于不朽"。刘师培遂为此名录作序，介绍了学校从存古学堂开始的发展历史以及建校目的、教学情况等，序文称改名"国学学校"后："矩则所沿，颇有改易，叙经志业，相承无改。旧生至者六十人，增选新生三十余人。童冠来诚，束脩厉恪，龀髫入学，有彪其文，野有弦歌，民忘兵旅。"② 云云。

在国学院任职期间，刘师培与院中同仁及蜀中学者多有交

---

① 万仕国：《刘师培年谱》［M］，扬州：广陵书社，2003 年第 1 版，第 205、213、222、223、224、226、227、230、231、232、233、238 页。
② 刘师培：《〈国学学校同学录〉序》［M］，《刘师培全集》第 3 册，北京：中共中央党校出版社，1997 年第 1 版，第 598—599 页。

往，关系相当友善，他也乐于指导学人。吴虞曾求书单，刘氏便为之开列小学、经学书目，并附函叮嘱："今治汉学，惟在谛古言、审国故……汉学大别，约有三端：一曰音诂，二曰师法，三曰数术。三者粗明，肄习古籍，弗啻凤谂。兀于疑谊，涣若冰液，谍若土委地。"① 《刘申叔遗书》中还收有不少与蜀中学人的书信、唱和诗词，如《蜀中赠吴虞》、《蜀中赠朱云石》、《述怀一百四十韵示蜀中诸同好》、《致吴伯揭书》、《与成都国学院同人书》、《与谢无量书二首》、《与杨赞襄书》、《与朱云石笺》、《致圆承法师书》、《答罗云裳书》等，从中也可见一斑。

另外，刘师培还参与了四川国学会的创立，并为该会作序。同时，他很留意川中各类金石文物。1912 年 8 月，刘师培与谢无量寻获一方古塔砖，记入其《蜀中金石见闻录》。1913 年 2 月，垫江李经权、华阳冯鉴平等前往绵州（今四川省绵阳）北芙蓉溪拍摄大通造像（书箱石），绘成《蓉溪访古图》。刘师培为之作《蓉溪访古图记》②。他还为川中名胜古迹撰写了不少碑文，如《成都黄帝庙碑》、《成都黄帝庙别碑》、《成都三皇庙碑》、《成都江渎庙碑》等。

在这段时期，刘师培还游览重庆老君洞、凌云山、浣花溪、杜甫草堂等蜀中名胜，都留有诗篇。其《浣花溪夕望》云：

　　　　肇思缅往欢，幽寻憬孤策。林霏澹霜辰，波镜舒烟夕。
零零湛露晞，瑟瑟流尘集。绪风结孤忧，冰籁警凄魄。远

---

① 万仕国：《刘师培年谱》[M]，扬州：广陵书社，2003 年第 1 版，第 216 页。
② 本段引用来自万仕国：《刘师培年谱》[M]，扬州：广陵书社，2003 年第 1版，第 220、219、226 页。

游思何任，苦羡翻飞翮①。

总之，刘师培在国学院期间，从事教学文化工作，广泛与学者交流，特别是积极倡导重考据的治学方法，为蜀学的发展注入了新鲜血液，对四川文化的进步作出了贡献。

1913 年 6 月 29 日，刘师培坐船离开成都，沿江北上，结束了蜀中生活②。其《癸丑纪行六百八十八韵》记载了这段经历："江海飘零日，风云感会时。黄图新北阙，黑水古西陲……星霜歌舞换，岁月鬓毛衰。往昔三正改，留都七庙隳。"③

1919 年 11 月 20 日，刘师培在北京病逝，年仅 36 岁④。其生命虽然短暂，但著作甚丰，他的撰述经朋友、弟子收集编成《刘申叔先生遗书》出版，共 74 种，内容涵盖：（一）群经及小学；（二）学术及文辞；（三）群书校释；（四）诗文集；（五）读书记；（六）学校课本⑤。

负责整理《刘申叔遗书》的钱玄同为该书所作的序言说："最近五十余年以来，为中国学术思想之革新时代。其中对于国故研究之新运动，进步最速，贡献最多，影响于社会政治思想文化者亦最巨。"他将 1884 年至 1917 年这个阶段称为此新运动

---

① 刘师培：《浣花溪夕望》[M]，《刘师培全集》第 4 册，北京：中共中央党校出版社，1997 年第 1 版，第 18 页。
② 万仕国：《刘师培年谱》[M]，扬州：广陵书社，2003 年第 1 版，第 228 页。
③ 刘师培：《癸丑纪行六百八十八韵》[M]，《刘师培全集》第 4 册，北京：中共中央党校出版社，1997 年第 1 版，第 22 页。
④ 万仕国：《刘师培年谱》[M]，扬州：广陵书社，2003 年第 1 版，第 276 页。
⑤ 钱玄同：《刘申叔先生遗书总目》[M]，刘师培：《刘师培全集》第 1 册，北京：中共中央党校出版社，1997 年第 1 版，第 2—3 页。

的黎明期，认为这段时期"最为卓特者"有 12 位，即康有为、宋衡、谭嗣同、梁启超、严复、夏曾佑、章太炎、孙诒让、蔡元培、刘师培、王国维、崔适。称他们专注于不同的学术领域，"皆能发舒心得，故创获极多"。因而使"黎明运动在当时之学术界，如雷雨作而百果草木皆甲坼，方面广博，波澜壮阔，粘溉来学实无穷极"①。其评论还是非常客观的。

蔡元培论及刘氏著述时也称：所著书，除诗文集外，"皆民元前九年（按：指 1903 年）以后十五年中所作，其勤敏可惊也"，若再虑及其还耗费大量精力为端方作"清客"，为洪宪纪元作"帮闲"，则其著述之勤更令人吃惊，因而蔡元培说："向使君委身学术，不为外缘所扰，以康强其身而尽瘁于著述，其所成就宁可限量？惜哉！"②

三、廖平与刘师培的交往③

尹炎武在《刘师培外传》中记："师培只身流亡入成都，谢无量邀主国学院，与蜀中今文大师廖季平角立。手订《左庵集》，雕版行之，蜀学丕变。"④ 此说流传甚广，因而形成廖、刘

①　钱玄同：《〈刘申叔先生遗书〉序》[M]，刘师培：《刘师培全集》第 1 册，北京：中共中央党校出版社，1997 年第 1 版，第 27 页。
②　蔡元培：《刘君申叔事略》[M]，刘师培：《刘师培全集》第 1 册，北京：中共中央党校出版社，1997 年第 1 版，第 18 页。
③　本部分内容参考了张凯：《"今""古"之争：四川国学院时期的廖平与刘师培》[J]，《四川大学学报》（哲学社会科学版），2009 年第 2 期，第 11—18 页。
④　尹炎武：《刘师培外传》[M]，刘师培：《刘师培全集》第 1 册，北京：中共中央党校出版社，1997 年第 1 版，第 16 页。按：《左庵集》于 1910 年出版（见《刘师培全集》第 1 册，第 6 页），非为此期。据《刘师培年谱》，刘师培的《左盦杂著》于 1914 年在成都存古书局刻印。又钱玄同记：《左庵文集》，1913 年刻于成都，汇集其俪词及韵语（见《刘师培全集》第 1 册，第 8 页）。

二人在院中成"角立"之势的印象。

之所以有此印象，也并非没有原因。此前，廖平、刘师培在学术上便多有分歧。1906年，刘师培发表了《汉代古文学辩诬》，云："今人某氏谓今古学宗旨全不相同：今学祖孔子，古学祖周公；今学以《王制》为主，古学以《周礼》为主；今学主因革，古学主从周；今学用质家，古学用文家；今学多本伊尹，古学原本周公；今学多孔子晚年之说，古学多孔子壮年之说；今经皆孔子所作，古经多学古者润色史册。又谓今为经学派，古为史学派；今学近乎王，古学师乎伯；今学意主救文弊，古学意主守时制。并以'大、小戴记'各篇有今有古，《王制》诸篇为今学，《玉藻》诸篇为古学，亦若今文之于古文，立意相反，犹明三朝要典之有新旧者然。呜乎，何其固也！"其说明显针对廖平的《今古学考》，所列十一项内容均源自廖氏之文，刘师培对其展开了全面批驳，并进而阐明自己的观点："汉代以前经无今古文之分"，"今古文立说多同，非分两派"，其分别"仅以文字不同"①。

就在同一年，刘师培还发表了《论孔子无改制之事》，称："中国自古迄今制度不同，朝名既改，则制度亦更。然改革制度之权，均操于君主，未有以庶民而操改制之柄者。以庶民而操改制之柄，始于汉儒言孔子改制，然孔子改制之说，自汉以来未有奉为定论者。奉汉儒之言为定论则始于近人。夫以庶民而

---

① 刘师培：《汉代古文学辩诬》［M］，《刘师培全集》第3册，北京：中共中央党校出版社，1997年第1版，第177、184页。

改制，事非不美，特考之其时，度之于势，稽之于书，觉孔子改制之说，实有未可从者。①"廖平的《知圣篇》多次论及孔子托古改制，康有为受其启发撰《孔子改制考》，刘师培之论显然正是为此而发。

可以说，两人的学术争议早已有之。廖平站在今文经学的立场，刘氏则居古文经学之立场，其矛盾冲突也恰是这两大流派思想差异的缩影。因而，当刘师培进入国学院后，与廖平朝夕相处，历时一年多，其较量似也不能避免，故人有"角立"之说，也就不难理解了。

而且还应注意，廖、刘二人的思想本身也处于变化中，蒙文通说：关于经学何以形成今古两家，礼制又何以造成今古之不同，"（廖师）初则以为孔子晚年、初年之说不同也，说不安，则又以为孔氏之学与刘歆之伪说不同也，而《大戴》、《管子》乃有为古学作证者，则又以为大统、小统之异，《小戴》为小统，《大戴》为大统……此廖师说之累变而益幽眇者也"。刘师培于此亦有二说："其以明堂有今古两说者，盖一为鄙郊之制，一为雒邑之制，其以疆里有今古两说之异者，一为西周疆里，一为东周疆里。"② 这自然使两人的学术争论更为复杂。

当时，吴之英任国学院院正，他较为开明，不希望仅存一家之言，曾致信挽留刘师培，流露出与廖氏抗衡之意："盖王骀

---

① 刘师培：《论孔子无改制之事》［M］，《刘师培全集》第 3 册，北京：中共中央党校出版社，1997 年第 1 版，第 198 页。

② 本段引用均来自蒙文通：《井研廖师与汉代今古文学》［M］，《蒙文通文集》第 3 卷：《经史抉原》，成都：巴蜀书社，1995 年第 1 版，第 121 页。

鼓舌论道之日，正支离攘臂分米之年。不意张生肆恢今文，竞与通校五经之刘骑骄，同此玄解，美夫造物者之于我拘拘也。唯幼舆断谋东归，意将长寄丘壑，方谈天人之际，胡曳宁合远适邪？正赖惠施，深契庄子。傥违支老，更愁谢公。足下肯曲达此情，浼之暂驻否？望深望切。"[①] 这也多少增加了对廖、刘二人"角立"的想象。

情况似乎也确实如此，当时国学院中刘师培、廖平既意见相左，而且又都还屡有变化，吴之英与他们两人观点又不同，共在讲席，学生们感觉"朝夕所闻，无非矛盾。惊骇无已，几历岁年"。蒙文通的描述正反映了这种情形："于壬子、癸丑间，学经于国学院，时廖、刘两师及名山吴师并在讲席，或崇今，或尊古，或会而通之。持各有故，言各成理。"[②]

但若由此得出廖、刘共处国学院期间，各执己见，互相对峙，则过于片面而简单了。实际上，这段时期，两人切磋学问，交流极为频繁。蒙文通称：刘师培"朝夕与廖氏讨校，专究心于《白虎通义》、《五经异义》之书"[③]，吴之英也说："廖季平，一廛近市，绛帐垂门。近与刘申叔清语，便如忘食忘寝。令与同治院事，尤为身臂相扶。"[④]

---

① 吴之英：《答刘师培书》[M]，吴洪武等校注：《吴之英诗文集》，成都：四川大学出版社，2008年第1版，第268页。

② 蒙文通：《经学抉原·序》[M]，《蒙文通文集》第3卷：《经史抉原》，成都：巴蜀书社，1995年第1版，第46页。

③ 蒙文通：《议蜀学》[M]，廖幼平：《廖季平年谱》，成都：巴蜀书社，1985年第1版，第178—179页。

④ 吴之英：《与胡文澜书》[M]，吴洪武等校注：《吴之英诗文集》，成都：四川大学出版社，2008年第1版，第261页。

通过这种交流，刘师培对廖平的学说有了更深理解，对其评价也转为客观公允。1912 年 5 月，刘师培在向吴虞推荐治学书目时，便将《今古学考》列入其中，并称："廖季平以前治汉学者率昧师法，廖书断古文学为伪诚非定论（今亦不主此说），武断穿凿厥迹尤多，然区析家法灼然复汉学之真，则固魏晋以来所未有也。"①

这种变化还表现在刘师培此期的著述上。他于 1913 年 3 月完成《白虎通义（定本）》。钱玄同对此极为推崇，称："此书在汉代经学书籍中为硕果仅存之唯一要籍，而左庵于此书，用功又极深，其每节下所记'案此节用今文○○说'云云，分析极为精当，虽寥寥数语，实是一字千金，于经学上有极大之功绩。"②《白虎通义》是汉代经今古文礼制的集大成之作，刘师培此前曾于 1911 年 1 月发表《白虎通义源流考》，但仅限于对其版本源流的辨析。此次则对全书进行了全面细致的梳理，对文意有了相当深入的研究。

1913 年刘师培还作《西汉周官师说考》、《周明堂考》，均征引史实，以史证经，虽然结论不同于廖平，但采取的却正是以礼制出发辨析今古的路径。有学者已指出：这段时期，刘师培"治学重心逐渐转向以礼制讲经古文学"③。实际上，当年邵

① 吴虞：《吴虞日记》上（1912 年 5 月 26 日）［M］，成都：四川人民出版社，1984 年第 1 版，第 44 页。

② 钱玄同：《致郑裕孚》［M］，《钱玄同文集》卷 6，北京：中国人民大学出版社，2000 年第 1 版，第 210 页。

③ 张凯：《"今""古"之争：四川国学院时期的廖平与刘师培》［J］，《四川大学学报》（哲学社会科学版），2009 年第 2 期，第 16 页。

瑞彭整理刘氏遗作时，便敏锐地意识到："辛亥入蜀，居成都。蜀人为立讲堂，奉廖先为本师，而君贰之，盍哉！余叚〔暇〕辄相谀讨。时廖先已摈弃今古部分之说，君反惓惓于家法，尤好《白虎通义》。每就汉师古文经说寻绎条贯，溯流穷原，以西京为归宿，其所造述体势义例复异向日。三百年来古文流派至此确然卓立，乌乎！岂不盛哉？①"这也正是体现了刘师培对廖氏学说的吸收。蒙文通也指出廖师以礼制分今古之说一出，"言今文者莫不宗先生，而为古文者亦取先生之论以说古文"。并以刘师培为例，认为其《礼经旧说考略》、《周礼②古注集疏》、《西汉周官师说考》、《周明堂考》等著作均是受此影响而作③。

而刘师培对于自己这批作品评价甚高，他撰成《礼经旧说考略》、《周礼古注集疏》后说："二书之成，古学庶有根柢，不可以动摇也！"④ 1919 年 9 月，他总结一生著述时，又说：清末为《国粹学报》撰稿，"率意为文，说多未莹。民元以还，西入成都，北届北平"，"精力所萃，实在三礼"。并表示《礼经旧说考略》、《周礼古注集疏》两书"堪称信心之作"⑤。

---

① 邵瑞彭：《〈礼经旧说〉题记》［M］，刘师培：《刘师培全集》第 1 册，北京：中共中央党校出版社，1997 年第 1 版，第 98 页。

② 礼：原文为"官"，有误，今改，下同。

③ 蒙文通：《廖季平先生传》［M］，廖幼平：《廖季平年谱》，成都：巴蜀书社，1985 年第 1 版，第 102 页。

④ 蒙文通：《议蜀学》［M］，廖幼平：《廖季平年谱》，成都：巴蜀书社，1985 年第 1 版，第 179 页。

⑤ 陈钟凡：《〈周礼古注集疏〉跋》［M］，刘师培：《刘师培全集》第 1 册，北京：中共中央党校出版社，1997 年第 1 版，第 271 页。

另外，也是在国学院任职期间，刘师培开始关注"天人之学"与"性命之说"。而这时，恰恰正是廖平经学思想的四变时期，因而刘师培的变化绝不是偶然的。1913 年廖平完成的《孔经哲学发微》一书为其四变期的代表作，其文以《内经》为"天人合发之书"，认为由此"孔圣天人之学乃得而明也"。这也开启了廖平以天人之说讲经的理路。他在《四益馆经学四变记》序中称："壬寅后因梵宗有感悟，终知《书》尽人学，《诗》、《易》则遨游六合外，因据以改《诗》、《易》旧稿，盖至此而上天下地无不通，即道、释之学亦为经学博士之大宗矣。"他"以《礼》、《春秋》、《尚书》为人学三经，《王制》、《周礼》为之传；《诗》、《易》、《乐》为天学三经，《灵》、《素》、《山经》、《列》、《庄》、《楚辞》为之传，各有皇帝王伯之四等。"又谓"六经皆孔作"、"六书文字皆出孔氏"等等[1]。刘师培随即作《与廖季平论天人书》，对之提出批评：

> 天学各则，条勒经旨，致极钩深，理据晒然，无假椅榷。惟比同孔释，未消鄙惑。夫经论繁广，条流夼散，仰研玄旨，理无二适。盖业资意造，生灭所以相轮；觉本无明，形名所以俱寂。势必物我皆谢，心行同泯，理绝应感，照极机初，超永劫之延路，拔幽根于始造，非徒经纬地天，明光上下，逞形变之奇，知生类之众已也。至于《诗》、《易》明天，耽周抱一，邹书极喻于无垠，屈赋沉思于轻

① 本段引用均来自向楚：《廖平》[M]，廖幼平：《廖季平年谱》，成都：巴蜀书社，1985 年第 1 版，第 115、116 页。

举，虽理隔常照，实谭遗宿业，使飞鸢之喻有征，迓龙之灵弗爽，然巫咸升降，终属寰中，穆满神游，非超系表。何则？轻清为天，重浊为地，清升浊降，轮转实均，是知宙为迁流，宇为方位，宙兼今古，宇彻人天。内典以道超天，前籍以天为道。玄家所云方外，仍内典所谓域中耳。以天统佛，未见其可①。

廖平欲以天人之学囊括儒、释、道三家之学，刘师培却认为三家各有系统，"部居既别，内外有归"，若生硬地将其划一，会造成"括囊空寂，转蠹孔真"的后果。

廖平还曾阐发"天命之说"："孔子'五十知天命'，实有受命之瑞，故动引'天'为说。使非实有征据，则不能如此。受命之说，惟孔子一人得言之。以下如颜、曾、孟、荀皆不敢以此自托。"②

刘师培又撰《定命论》，论述自己的见解：

> 人无智愚，咸有趋福避祸之心，顾成败祸福或出于不可知。中国古说计三家。一为墨家，以为鬼神福善祸淫；一为阴阳家，谓吉凶可依术数趋避。以今观之，人世祸福，恒与积行不相应。墨说之乖，不攻自破。阴阳家之说，《论衡》所驳，颇中其微。以事有前知证之，则孔子惟命之说，迥较二家为长。孔言惟命，于命所自来，书缺有间。释教

① 刘师培：《与廖季平论天人书》［M］，《刘师培全集》第 3 册，北京：中共中央党校出版社，1997 年第 1 版，第 536 页。
② 廖平：《知圣篇》［M］，李耀仙主编：《廖平选集》上，成都：巴蜀书社，1998 年第 1 版，第 187 页。

以积因说命，说至纤悉。孔子之说似弗与同。又深稽孔说，似以命由天畀，且畀赋出自无心。天道悠远，诚非浅学所窥。然果如孔说，则牴牾似稀，非若墨家之破也①。

在文中，刘氏虽然认同孔子的惟命之说，但也指出"孔言惟命亦据世法言"，主张以"世法"为学术研究的根基，对廖平之学说提出了商榷。

为深刻认识此问题的重要性，刘师培在教学中，还向国学院学生开列六道讨论题，分别是："命当研究之原因"、"孔子论命与古说不同"、"命之有无"、"命所由来"、"命可改不可改"、"微儒论命之误"。他一一加以解说，并告诫学生："诸君将此说研究清楚，则命之有无可以决，然于中国学术前途亦有莫大之利益。"②

总体而言，国学院时期刘师培、廖平在学术上并非完全对立，水火不容，他们曾进行深入交流，互相学习，尤其是刘师培对于今文经学的态度还是有比较明显的转变，但两人的学术理念也确实存在差异，主要表现在四个方面：（一）刘重《说文解字》训诂之学，廖不以为然。（二）两人都以礼制之别考察经今古文，但得出的结论不同。（三）廖以"天人之学"会通儒、释、道三家，而刘虽信孔学之真，但认为儒、释、道各有自己的体系。（四）刘倾向于"六经皆史"，将经典"文献化"，廖

① 刘师培：《定命论》［M］，《刘师培全集》第 3 册，北京：中共中央党校出版社，1997 年第 1 版，第 506—507 页。

② 本段引用均来自刘师培：《定命论》［M］，《刘师培全集》第 3 册，北京：中共中央党校出版社，1997 年第 1 版，第 507、508 页。

则反对"六经皆史说"。

而第四点应该是两人差异的根源,这也是今文经学、古文经学两大流派最大的分歧所在:今文经学以演绎见长,他们的出发点是致用,应对世变;而古文经学坚守考据之路,意在探求客观史实。出发点的差异,导致其治学方向、途径的不同,这在廖平、刘师培身上得到了清晰的表现。不过,这并未妨碍两人的交流与沟通。

学者甚至认为真正理解廖平的不是别人,而正是刘师培。当时廖平弟子辑录师说成《廖氏学案》,就邀请刘氏作序,刘师培在文中综述了廖的治学情况,称:"廖氏德亚黄中,智膺天挺,综绪曲台,闻风石室,慨洙泗之邈远,悼礼乐之不举,退修玄默,专心六学。"① 云云。蒙文通说:"左庵之于廖氏,傥所谓尽其学而学焉者耶!"并认为"海内最知廖氏学者,宜莫过于左庵"②。也正因为这种了解,刘师培对廖平"在经学上的贡献所作的评价,比较客观、全面、具体"③。

刘师培肯定廖平学说"贯彻汉师经例,艳秩便程……魏晋已来未之有也……廖氏之说缄中绒外,持至有故,固非躄跱骈辩之方也",对于时人诋嗤廖平,刘以为"率彼蔓附,支引诸谊

① 刘师培:《〈廖氏学案〉序》[M],《刘师培全集》第 3 册,北京:中共中央党校出版社,1997 年第 1 版,第 587 页。
② 蒙文通:《议蜀学》[M],廖幼平:《廖季平年谱》,成都:巴蜀书社,1985 年第 1 版,第 179 页。
③ 李耀仙主编:《〈廖平选集〉(下册)内容评介——代序》[M],《廖平选集》下,成都:巴蜀书社,1998 年第 1 版,第 1 页。

耳，顾于本岢则弗诤"①。认为这些人只看到细枝末节，没有从总体上把握廖氏学说。故与刘师培过从甚密的南桂馨指出刘与廖平交往后，"稍渝其夙昔意见，于今文师说多宽假之辞，曰：'季平虽附会周章太甚，然能使群经连环固结首尾相衔成一科学，未易可轻也'"②。

也正源于此，学者一般认为入蜀为刘师培学术的转折点，"入蜀讲学为刘氏学问转变关键，其在川所出，《国学杂志》而外，其他关于《左传》之作不少，俱可以见其为学之概"，其后又"殚心三礼，《礼经旧说考略》、《周礼古注集疏》二书尤为精粹"③。蒙文通在 20 世纪 30 年代回顾这两位老师时说："余于年三十以后，始觉左庵之学与廖师同归，其未入蜀前所著作，与入蜀后者不复类……左庵初本长于声均〔韵〕文字之学，世治《左氏》而守《说文》，其入蜀后……亦专以《五经异义》、《白虎通义》为教学之规。出蜀后，成书皆《周官》、《礼经》之属，左庵之渐渍于廖师，此其明验。"④

总之，廖、刘二人在国学院的交往，实为近代学术史上的一段佳话，不应简单视作双方的对立对抗。廖平之思想，因刘

---

① 刘师培：《非古虚》下篇［M］，《刘师培全集》第 3 册，北京：中共中央党校出版社，1997 年第 1 版，第 219 页。

② 南桂馨：《〈刘申叔先生遗书〉序》［M］，刘师培：《刘师培全集》第 1 册，北京：中共中央党校出版社，1997 年第 1 版，第 31 页。

③ 明：《学术界消息：刘师培遗著之发刊》［J］，《图书季刊》，1934 年第 1 卷第 2 期，第 50 页。

④ 蒙文通：《廖季平先生与清代汉学》［M］，《蒙文通文集》第 3 卷：《经史抉原》，成都：巴蜀书社，1995 年第 1 版，第 119 页。

师培"从而疏通证明","流乃益广"①。刘师培则受廖平之启发，拓展了研究领域。一位是古文经学大家，一位是今文经学殿军，在经学作为一门学科即将退出历史舞台之际，两人的交流堪称传统经学的谢幕华章。

---

① 蒙文通：《经学抉原·序》［M］，《蒙文通文集》第 3 卷：《经史抉原》，成都：巴蜀书社，1995 年第 1 版，第 47 页。

# 第八章　四川国学院的学生

国学院成立后不久，随着国学馆的并入，教学工作就成为一项重要的院务。废院存校之后，教学更上升为首要任务。在前后 15 年的办学历程中，这里培养了众多文史人才，有一些还成为国内外知名学者。这批人对于四川学术的传承发展以及文教事业都作出了较大贡献。在梳理国学院的历史过程中，自然不应忘记他们。本章将借助相关档案、回忆录、年谱、文集等资料，对国学院的学生情况进行较为全面的论述，力求形成一个完整清晰的学生群体面相。

## 第一节　学生的学习生活①

1912 年 11 月 1 日，国学院、国学馆正式合并，国学院迁入

---

① 本部分内容参考了郭书愚：《官绅合作与学脉传承：民初四川国学研究和教学机构的嬗替进程（1912—1914）》［J］，《四川大学学报》（哲学社会科学版），2011 年第 5 期，第 11—21 页。

城南国学馆旧舍办公。截至这年上学期，馆中尚有学生 39 名，其中 1910 年存古学堂招收的学生有 29 名，1912 年年初改为国学馆后招收学生 10 名①。合并时，国学馆学生达 58 名，之后又陆续招生，到 1913 年 2 月时已有 100 名学生②。院副刘师培时负责国学馆工作，对此颇为自豪，离川后给吴之英的信中犹津津乐道："自君行迈，院馆合并。多士莘莘，弘崇文蓺。三冬淬业，矗没忘劳。"③

新生入学后，首先需学习《白虎通义》、《五经异义》与《说文解字》，之后再各自选定一种经籍加以研读。国学馆时便已制定此项规定，馆院合并后，得以沿用。后来，虽然课程屡有调整，但对于预科学生，这三门课程依然被强调。这种安排体现的正是传统治学理念，1914 年成都存古书局曾重刊廖平、吴之英早年合撰的《经学初程》，书中便指出："治经岁月略以二十为断。二十以前，纵为颖悟，未可便教以经学，略读小学书可也。然成诵则在此时，二十以后悟性开，则记性短。不可求急助长，当知各用所长。"④ 主张初学者应具备小学根柢，由此循序渐进，是他们给学生指出的明确路径。

1912 年、1913 年入学的新生每周经学课有 8 个钟点，均习

① 《四川省官立国学馆简明表》（1913.4.2）［A］，国学档，第 1 卷-4，第 4 页。

② 《四川国学院附设国学学校简明表》（1913.4）［A］，国学档，第 1 卷-13，第 36 页。

③ 刘师培：《与某君书》［M］，《刘师培全集》第 3 册，北京：中共中央党校出版社，1997 年第 1 版，第 543 页；刘师培：《致吴伯揭书》四首［M］，吴洪武等校注：《吴之英诗文集》，成都：四川大学出版社，2008 年第 1 版，第 270 页。

④ 廖平：《经学初程》［M］，舒大刚，杨世文主编：《廖平全集》第 1 册，上海：上海古籍出版社，2015 年第 1 版，第 281 页。

《说文解字》、《白虎通义》、《五经异义》。另外词章 6 个钟点，史学与算学各两个钟点，理学与教育各 1 个钟点①。1914 年入校新生每周经学课程增加到 12 个钟点，全部用于学习"小学"。其他课程为国文、算学各 4 个钟，史学两个钟，习字 1 个钟②。显然，经学基础课程的分量被进一步加强。直到公立国学专门学校时，仍然要求"治经以《白虎通》为要，先通训诂"，"小学以《说文》为主纲"③。

在学习方法上，则比较强调学生的自学。首先学生可以自主选择一种经籍，加以研修。但认定之后不能改易④。1913 年 5 月的统计表明，这年学生所选专经有 10 种，分别为《仪礼》、《周礼》、《礼记》、《春秋公羊传》、《春秋穀梁传》、《春秋左氏传》、《尚书》、《诗经》、《论语》、《孟子》，其中以习《春秋左氏传》者为最多，有 21 人。各经也安排了专门的导师，由吴之英、廖平、刘师培三位分任。有的经籍虽只有一名学生选报，也为之配备了指导老师⑤（见附表 8—1）。而在"中学"课堂上，教师所授内容很有限，主要是告知"经、史、词章用功次第、点阅何书、参考编辑何书"，并"发起条例"⑥，学生课后

---

① 《四川省国学院附设国学学校一览表》（1913. 4）［A］，国学档，第 1 卷-14，第 39 页。
② 《四川省国学学校一览表》（1914. 8）［A］，国学档，第 1 卷-15，第 42 页。
③ 《四川公立国学专门学校章程（附各项规则）》（时间不详）［A］，国学档，第 7 卷-12，第 58—59 页。
④ 《国学院国学学校章程》（时间不详）［A］，国学档，第 7 卷-11，第 33 页。
⑤ 《国学院附设国学学校学生专经名目表》（1913. 5）［A］，国学档，第 26 卷-12，第 40—43 页。
⑥ 《国学馆办法简明章程》（1912）［A］，国学档，第 3 卷-1，第 2 页。

的自学才是最重要的。

附表8—1：国学院国学学校学生所习专经一览表

| 专经 | 导师 | 学生姓名 |
|------|------|----------|
| 仪礼 | 吴之英 | 胡忠渊 胡时宪 |
| 周礼 | 廖平 | 陆蓍那 |
| 礼记 | 吴之英 | 邓宜贤 |
| 春秋公羊传 | 廖平 | 宋怀璟 邓先茂 邓纯经 李毓昭 彭崇枢 罗树楷 |
| 春秋穀梁传 | 吴之英 | 何耀祖 |
| 春秋左氏传 | 刘师培 | 皮应熊 李燮 鄢焕章 杨斌 华纛 庄鸿泗 李茵 萧定国 马玺滋 李绪 郑兰 桂薰 向华国 唐棣秋 姒禹谟 印国桢 彭咸 李世元 周以仁 魏继仁 杨盛华 |
| 尚书 | 廖平 | 郭从云 陈楚桢 吴光骥 吕志熙 李本道 董得科 |
| 诗经 | 吴之英 | 蓝启青 王锦谟 欧阳松 陈庆 王贞常 刘豪 刘基南 周梁鼎 李钟毓 张文熙 刘光枢 吴忠达 詹循臣 |
| 论语 | 吴之英 | 吴忠炳 廖先藏 江永祥 |
| 孟子 | 吴之英 | 凌月清 王溶章 李雍 |

当时课后的自学有三项经典任务，即抄书、点书、写札记。国学馆简章规定："学生课程以抄书、点书、写札记及各习一经为主"，并对各项任务提出具体要求："抄书以本经古书为主，新班则先《说文解字》、《白虎通义》、《五经异义》。抄分二种，或悉录本文；或由教师颁发条例，依类择抄，每星期呈阅。其他应抄古书亦由教师规定。"而点书则以"《史记》、《前汉书》、《后汉书》、《文选》为主"，所点页数由教师规定，也需要每周呈阅。在进行以上两项工作的过程中，凡"有疑谊〔义〕及心

得者，均须缮写札记"，同样需交给老师评阅①。这种学习方法很有特色，馆院合并后，院方又特意"查照（教育部颁定管理）规程第四条"，另列专项教学管理细则要求："抄点之书必须自备；应抄应点之书不得倩人代抄代点；札记不得剿袭陈说。"②到四川国学学校时校方在授课时间之外，安排了"抄书、诵读、札记时间"，学生仍然需要每周呈缴相关作业，由教员查阅记分③。公立国学专门学校时，对于诵读抄辑时间也有专项规定，可见这种自学方式依然在使用。

蒙文通当时在这求学，受此影响很大。他后来指导蒙季甫学习，采用的就是这种方法。据蒙季甫回忆：蒙文通让他读秦蕙田的《五礼通考》、黄以周的《礼书通故》两书，要求就是将"同一问题所据不同经文和各家异说都分别条列出来"，他"一边读、一边抄，大概花了两年时间，资料抄了四厚册"④。另一位学生彭云生也采用此法教育子弟，其子称：父亲告诉我读书的方法和次序。还准备了一本题有"摘要钩玄"四个大字的笔记本，用来记录疑难和心得。看《资治通鉴》，父亲说要读，要圈点，要做笔记。并告知读完《通鉴》，再读《通鉴记事本末》和正史，加以比较、印证，再以《十七史商榷》、《廿二史札记》、《廿二史考异》为蓝本进行比较。并说："这些都读通了，自己的心得笔记就是文章了。读多了以后，要用时就不难

---

① 《国学馆简章》（1912）［A］，国学档，第3卷-2，第5—6页。
② 《国学院国学学校章程》（时间不详）［A］，国学档，第7卷-11，第36页。
③ 《四川国学学校简章》（时间不详）［A］，国学档，第7卷-9，第24页。
④ 蒙季甫：《文通先兄论经学》［G］，蒙默编：《蒙文通学记（增补本）》，北京：三联书店，2006年第1版，第72页。

知道某人某典出自某书某处，一索即得。"① 这些教诲反映的正是国学学校学习方法的真谛。

另外，学校的制度也越来越规范了。蒙文通回忆说：民初校方令学生每人治经一部，有比照尊经书院之意，师生所用也是尊经书院的刻板书。但学校在教学体制上有正规的学堂上课钟点，晚上有自习课，有教师巡查，学生终究不能像书院中人一般闲散。学校在办学运作上与旧式书院实大异其趣②。

国学馆时规定，原存古学堂学生都住校，新招学生为预备班均走读，如为"品性纯正、学业精勤者"，就读一学期后可批准住校，其余则需两年后通过考试升入正班方可住校。住校生不能无故终日外出，晚间9点会关闭馆门③。馆院合并后，要求更加严格，学生外出都要向管理员登记，"如非通学，不得无故出校"④。

国学馆时还详细制定了考试规则。考试分"临时考验、学期考验二种"。临时考验又分两部分。一是按照教员规定"点阅经史词章主要之书"，每周呈缴"日记"，其中需包括"摘抄若干条、疑义心得若干条（条数由教员定之）"，"以抄书恪遵条例，点书句读无讹，札记确有心得为及格"，每月再综合考察学生的勤惰确定分数。二是每月根据学生所阅经史内容出题考验

① 彭铸君：《忆我的父亲》[G]，中国人民政治协商会议四川省崇庆县委员会编：《崇庆文史资料选辑》第4辑，1986年，第77—78页。
② 郭书愚：《蒙默老师采访记录》，2003年4月11日。转引自郭书愚：《官绅合作与学脉传承：民初四川国学研究和教学机构的嬗替进程（1912—1914）》[J]，《四川大学学报》（哲学社会科学版），2011年第5期，第20页。
③ 《国学馆简章》（1912）[A]，国学档，第3卷-2，第5、7页。
④ 《国学院国学学校章程》（时间不详）[A]，国学档，第7卷-11，第36页。

一次，并考验词章一次，考试题目为答问或作文（图 8—1）。两部分成绩综合形成学生每月的成绩。另外，还有学期考验。每学期"由教员先发编书条例若干条，令学生就其条例各择编一种，限于一学期内编成，考其优劣以定分数（如大种非一学期所能成者，于学期先将成稿呈阅以定分数）"。相应的，学生有每月积分与学期积分。学期积分以"治经精勤"为及格，每期再结合每月积分以及期末考试成绩评定优劣，优秀者将"酌给奖品"①。从中可见当时还是

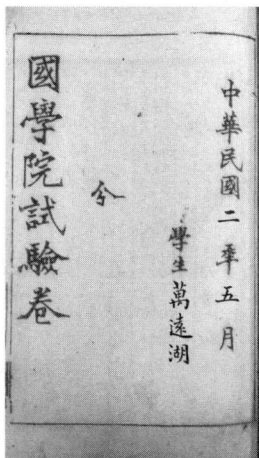

图 8-1　国学院试卷封面（源自四川大学所存国学档第 28 卷）

非常重视学生平时的学习态度及学习成绩的，而其学期考验实际上是一种学术研究活动，具有相当难度。依据目前所见材料，馆院合并后，这套办法应有一定沿用②。

　　同时，学校对于学生的日常表现也特别看重。存古学堂、国学馆时，学生的品行成绩与其他各门考试成绩并列，作为计算学期平均成绩的一部分③。国学院时也对学生的操行进行考核

---

　　① 本段引用来自《国学馆办法简明章程》（1912）［A］，国学档，第 3 卷-1，第 3 页；《国学馆简章》（1912）［A］，国学档，第 3 卷-2，第 6—7 页。

　　② 据《国学院国学学校章程》（国学档，第 7 卷-11）：合并后，"查课、考验、批改均参照国学馆旧章办理"。而后来的《四川国学学校简章》（国学档，第 7 卷-9）仅规定："学业成绩、考查各规程均遵照部令规定施行。"但目前所见资料皆未言及具体办法措施，疑可能也沿用了部分国学馆时制定的考试办法。

　　③ 参见《国学院附设国学学校经、史、词章三科学生历学期试验积分表》（1913.9）［A］，国学档，第 26 卷-20，第 68—88 页。

评分。现在可见《民国二年上、下学期新班学生操行分数表》、《民国三年第一学期新班学生操行分数表》，其中民国三年这班学生操行最高为 100 分，有 4 位，最低为 70 分，有 3 位，多数为 80—100 分之间①。到公立国学专门学校时，校方又专门强调学生考试成绩合格，但操行不合格者不能升级、毕业②。

此外，还对学生升级、毕业作了相应规定。国学馆时要求预备生学习两年后考入本班，再学习三年，考试合格，可以毕业③。后来到公立国学专门学校时，预科减为一年，本科学习依然为三年，毕业后还可以升级为研究生继续学习一年④。不过，并非所有学生都能顺利毕业。1913 年 9 月，原存古学堂第一届学生毕业时，当年招收的 100 名，因"中更事变"，"能达毕业者已不及三分之二"，其中又有三名学生因病假等原因未参加毕业考试，实际毕业者仅 56 名⑤。由预科升为本科，也有相当大的淘汰率：1927 年 4 月，预科九班、十班升级时有 20 余名学生均未获通过，其原因要么是操行在乙等以下，要么是学业成绩未达要求⑥。可见学校的要求还是非常严格的。

---

① 《呈送民国三年第一期学生试验积分表、操行分数表、民国二年上下期学生试验积分表、操行分数表及各表册》（1914. 8）［A］，国学档，第 27 卷-2，第 18—20、26—28 页。

② 《四川公立国学专门学校章程（附各项规则）》（时间不详）［A］，国学档，第 7 卷-12，第 70 页。

③ 《国学馆简章》（1912）［A］，国学档，第 3 卷-2，第 5 页。

④ 《四川公立国学专门学校章程（附各项规则）》（时间不详）［A］，国学档，第 7 卷-12，第 57 页。

⑤ 《关于毕业情况的咨文》（1913. 9）［A］，国学档，第 26 卷-19，第 65 页。

⑥ 《呈送预九、十两班毕业成绩，学生一览表及成绩册一览表》（1927. 4）［A］，国学档，第 32 卷-7，第 38—39 页。

现存一份1914年时《四川国学院附设国学学校经学科学生毕业试验各科题目》：

**经学题**

经正则庶民兴说

读经杂识（各就平日所心得或发明大义或解析疑义，撮要言之）

**史学题**

《陈涉世家》次于《孔子》，其义安在？

**词章题**

拟史孝山《出师颂》

拟郭景纯《游仙诗》（翡翠戏兰沼）

**理学题**

孔门论仁首言"克己爱人"，西儒苏柏师弟亦以修己爱人为教，试申其旨

**地理题**

古今险要不同论

**法学题**

自由由法律规定，故自由权有限制，试即人民自由权通例详言之

**教育心理题**

世界文明缘于教起，东西宗教类用神教束缚人心，惟我孔教纯崇人治，平易近人，行无尽期，立为国教，洵属特色。乃一般教派倡言反对，即崇孔教者亦谓："立为国教，混同宗教，五族联合，对于蒙、回、藏不免冲突。"政客调停，谓："国教

下仍订明信教自由。"试思国教是否即宗教，反对国教有无充足理由？当于根本上详为明辨，以祛众惑而正教本

《大学》言："心不在焉，视而不见，听而不闻，食而不知其味。"试以心理学证之

**算学题**

如有天元消得之式：三＝五太，〇一开平方得若干？

鸡兔一百，共足二百七十二只，云鸡一头二足，兔一头四足，试用天元演算，鸡兔各得若干[1]？

这次毕业考试的科目包括经学、史学、词章三门主课，以及理学、算学、地理、教育、法学五门普通兼习课，共八门。每门考题并不多，内容既包含对平日学习心得的汇总，又有对时事的分析，题意不仅有对古今之比较，也有对中西学术之汇通，应该说颇具新意，也有相当之难度，这一方面体现了办学者的办学理念，同时也体现出学生的学习水平。

在 10 余年的办学历史中，随着课程的调整，学生的考试科目前后也在发生变化。1912 年 8 月及次年 2 月入校新生在 1913 年下学期期末试验中测试科目为经学、史学、词章、地理、心理、算学，六门的平均分最高为刘彝 84.66 分，最低为 64.16分。1914 年改名为四川国学学校后新招学生第一学期考试科目为经学、史学、国文、习字、算学，各门平均分最高为廖宗泽

---

① 《呈送经学科学生历期试验积分表，毕业试验积分表，学期学年毕业试验总分表，毕业试验题目，学生姓名年贯册及各表册》（1914. 1）[A]，国学档，第 27卷-3，第 42—45 页。

90.3分，也有学生不及格①。1924年预科七班第一学期考试科目为《左传》、史学、《诗经》、训诂、论理、《礼记》、国文②。以上皆为预科阶段的考试，比较而言，公立国学专门学校时期，课程门数有所增加，内容也更为专业。而在1918年上学期的试验成绩中，可以发现日记、词章都被列为加分项，廖宗泽等五位学生因此平均成绩为100分③，说明抄书、撰写札记在这个时期还是非常重要的。本科阶段，考试课程门数更多。1921年文学科二班第一学年考试科目为国文、词章、经学、群经学、史学、中国哲学、中国文学史、心理学、伦理学、社会学、文字学、美学12门④，1922年哲学三班第一学年考试科目为《诗经》、史学、国文、词章、诸子、《左传》、《礼记》、哲学史、伦理共九门，而且这两个班都将操行成绩列入积分表，并专辟一栏记录旷课扣分情况⑤，这应是此期的新特点。

三年本科学习、考试的科目总共近20门，以1921年入学的文学科第二班学生为例，他们历年考试科目有：国文、词章、经学、群经学、史学、中国哲学、中国文学史、心理学、伦理

---

① 《呈送民国三年第一期学生试验积分表、操行分数表、民国二年上下期学生试验积分表、操行分数表及各表册》（1914.8）［A］，国学档，第27卷-2，第16、22—23页。

② 《民国十三年上期文、哲预各班积分表》（时间不详）［A］，国学档，第28卷-16，第58页。

③ 《民国七年上期旧新班学生试验成绩表册》（时间不详）［A］，国学档，第27卷-4，第49页。

④ 《文二班各学年总平均成绩表》（时间不详）［A］，国学档，第30卷-11，第32页。

⑤ 《民国十一年下期哲三班第一学年积分表》（时间不详）［A］，国学档，第28卷-6，第17页。

学、社会学、文字学、美学、《左传》、《诗经》、《周官》、哲学概论、《书经》、世界史、论理学，共 19 门，涵盖内容非常广泛，既有传统国学，又有西方学说，展现了一种较为包容的学术视野。该班学生温立储毕业时，三年各学科平均成绩为 85 分，出勤扣除 3.5 分后，实际得分 82，为全班之首，其余学生的平均分皆为 70 分以上①。

考试成绩优秀者，学校会颁发奖品以资鼓励。如 1915 年 12 月，秋季课榜次出来后，根据名次不同学生所得奖品分别是：一等奖为《经典释文》、《经话甲乙》各一部；二等奖是《佩文诗韵》一部，以及一元军票；三等奖为《古今韵通》、《经学初程》各一部②。从当时各次所授奖品看，均以书籍、杂志为主。

除了物质奖励外，在学习、考试过程中，一旦发现学生的佳作，教员也往往不吝鼓励。刘师培曾以"大徐本会意之字，段本据他本改为形声，试条考其得失"为题，蒙文通答卷 3000 余字，工笔正楷，一笔不苟，得分 98。刘师培评语云："首篇精熟许书，于段、徐得失融会贯通，区别条例，既昭且明。案语简约，尤合著书之体。次亦简明，后幅所举各例，均能详人所略。"③

---

① 本段引用均来自《文二班各学年总平均成绩表》（时间不详）［A］，国学档，第 30 卷-11，第 32、34 页；《文二班学生毕业成绩一览表》（时间不详）［A］，国学档，第 30 卷-13，第 43 页。

② 《民国四年八月一日起至六年十二月止函件牌告通录》（时间不详）［A］，国学档，第 24 卷-1，第 11 页。

③ 李有明：《经史学家蒙文通》［M］，四川省政协文史资料研究委员会、四川省文史馆编：《四川近现代文化人物》，成都：四川人民出版社，1989 年第 1 版，第 157 页；龚谨述：《蒙文通先生传略》［G］，蒙默编：《蒙文通学记（增补本）》，北京：三联书店，2006 年第 1 版，第 303 页。

1915 年，蒙文通作《孔氏古文说》，辨析"旧史与六经之别"，得到廖平的赞许，将其发表在这年第 8 期的《国学荟编》上，这也更加坚定了蒙文通从事经史研究的决心①。1922 年蒙氏又作《经学导言》，廖平见后，并"不以其或违己说为忤"，反而大加称赞。此时廖已经偏瘫，还用左手写下若干评语，其中有："文通文如桶底脱落，佩服佩服，将来必成大家，谨献所疑，以待评定。"②

对于学生的一些错误认识，教师也会立即指出并给予纠正。刘师培讲授《说文》时，有学生提出"重编许书，以六书为纲"的想法，意在挑战乾嘉学派的根基。刘师培"以为未可"，并逐一阐述理由，最后郑重告诫他们：切不可"易泫长之楷模，蹈渔仲之覆轨；忘旧章之率由，紊纲条于既治。疲精竹素则滞而少功，见意篇籍则涸而忘本。徒深偭矩之讥，靡须正名之用。知言君子，当不其然"③。

另外，特别值得一提的是，1924 年时四川已经开始施行"留学贷款"。"留学"的去向包括：省内、省外、日本、欧美。"留学贷费审查会"负责审核学生的贷款资格，该会成员由各县

① 龚谨述：《蒙文通先生传略》［G］，蒙默编：《蒙文通学记（增补本）》，北京：三联书店，2006 年第 1 版，第 303 页。

② 龚谨述：《蒙文通先生传略》［G］，蒙默编：《蒙文通学记（增补本）》，北京：三联书店，2006 年第 1 版，第 304 页；廖平：《六译老人听读〈近二十年来汉学之平议〉后记》［M］，蒙文通：《蒙文通文集》第 3 卷：《经史抉原》，成都：巴蜀书社，1995 年第 1 版，第 9 页。按：《近二十年来汉学之平议》为初名，后改为《经学导言》。

③ 刘师培：《答四川国学学校诸生问〈说文〉书》［M］，《刘师培全集》第 3 册，北京：中共中央党校出版社，1997 年第 1 版，第 541 页。

视学、教育会正、副会长、议事会正、副议长、参事、会长、校长、各区劝学员等组成。他们主要考察申请学生的家庭财产状况，如果留学省内家产不足 5000 元者、留学省外家产不足万元者、留学日本家产不足 2 万元者、留学欧美家产不足 3 万元者则可给贷。贷款额度根据留学地点有所不同，欧美每年为 600 元，日本为 300 元，省外是 150 元，省内为 50 元。该贷款不收利息，学生毕业后自次年起分年偿还，清偿期不能超过六年①。这项政策很快得到了落实，当时蓬溪、简阳等地劝学所纷纷来函要求国学学校出具相关学生的就读证明等材料，以便审核发放贷款。而国学学校的毕业生也可得此资助前往外地继续深造。该举措显然有助于鼓励家庭贫寒的学生坚持学习。并且当学子申请贷款遇到困难时，学校还积极给予帮助。预科六班朱毅来自达县，其申请未获批准，校长骆成骧遂致函省公署陈述情况，并请求转告达县劝学所为该生发放贷款，"以维学业而资深造"，又附上学生的陈情书，最后终于争取到资助②。

除此之外，从一些细节中还可以感受到，当时学校管理的民主、人文色彩。例如，1916 年冬，学生唐选皋病故，校方便贴出校告宣布："停课一日，以志哀悼。"③ 为一普通学生的去世

① 《函请你校速将蓬籍在你校读书各生之三代履历及在学证明书送来所，以便审查转呈核给贷费，并请转知蓬籍各生（附贷费规程、审查会规程）》（1924. 10）[A]，国学档，第 78 卷-1，第 2—3 页。

② 《咨请转令达县劝学所发给朱毅贷费（附朱毅呈文）》（1924. 3）[A]，国学档，第 78 卷-3，第 6—8 页。

③ 《民国四年八月一日起至六年十二月止函件牌告通录》（时间不详）[A]，国学档，第 24 卷-1，第 23 页。

停课哀悼这是非常难得的，其中体现出的正是校方对学生的关爱与重视。又，当时学生的出勤情况要计入学期考评之中，因此是否达到要求自然是他们格外关心的问题，校方为此张榜公示各位学生的总上课钟点，并告知：缺课超过三分之一者，"照章应扣试验"①，即不能参加考试。将一学期中学生的上课时数逐一核算并公布，可谓公开透明之举。其他诸如学期考试成绩、奖励、处罚等与学生切身利益相关之事，学校都会张榜公告。

可以说，国学院及其学校既严格要求，又关爱学生，为学生的发展提供了较为优渥的土壤，有利于人才的成长。

## 第二节　国学院的学生谱

### 一、学生名录

国学院及其学校在 15 年中，为四川培养了大量的文史人才。刘师培的《〈国学学校同学录〉序》是描绘当时学子勤奋学习的名篇："诸生追踪先绪，其有高才秀达，学通一艺者"，定名国学学校后，"旧生至者六十人，增选新生三十余人。童冠来诚，束脩厉恪，龀髫入学，有彪其文，野有弦歌，民忘兵旅。遂乃崇四术、惇五教，根核六书，底究七历，纂业河间，复礼曲台，试其诵论，问以得失，章句既通，兼洞坟籍，详览群言，研核百氏，程材考行，传习必时，岁终简稽，以课殿最，比及

---

① 《民国四年八月一日起至六年十二月止函件牌告通录》（时间不详）[A]，国学档，第 24 卷-1，第 8—11 页。

三年，业底于成"①。

就目前所见资料，先后就读于此的学生有姓名可考者为972名，而这还只是部分班级的统计情况，由此推算，国学院及其学校的学生总数自然远远超过千人。从学生籍贯看，除了极个别的情况外，基本全为川籍学子，这与学校的省属性质是相吻合的。川省学生的属地则几乎涵盖省内各州县，即便是偏远的冕宁、天全、黔江、犍为、马边、涪陵等地，也有学子前来求学。而在班级内部，学生的地域分布也是较为平均的，没有出现某一县市占绝对优势的情形。这一方面自然说明国学院及学校还是很有吸引力的，同时也体现了校方的招生政策兼顾全省，是较为公平的。从学生人数看，有一点是出乎意料的，就是20世纪20年代以后，学生人数持续增长，每年新生都在百人以上，最后不得不增设预科班。在相关材料尚不充分的情况下，虽然不能解析其中的原因，但至少说明学校凭借自己的实力，得到了学子的认可。曾任国学学校校长的蔡锡保1925年为毕业生的《同学录》所作序文描绘了当时的盛况："国学院……经省署改为专门学校……自公骕骆公来长斯校，剔除积弊，力加整饬，负笈来游者乃益多，合预科本科达三百余人，济济一堂，于斯为盛矣。记曰：'独学无友则孤陋寡闻。'今既合数百同志昕夕切磋，则学之所得必广，业之所成亦必速。"②

---

① 刘师培：《〈国学学校同学录〉序》［M］，《刘师培全集》第3册，北京：中共中央党校出版社，1997年第1版，第598页。

② 《四川公立国学专门学校同学录》（乙丑仲夏）［A］，四川省档案馆藏，第2页。

考其学子名录，则有：

（一）原存古学堂学生，1910 年入校，1913 年 4 月时在读人员名单①。

经学科 31 名

| 姓名 | 年龄 | 籍贯 | 姓名 | 年龄 | 籍贯 |
|------|------|------|------|------|------|
| 刘基南 | 26 | 江油 | 萧定国 | 24 | 梁山 |
| 皮应熊 | 32 | 梁山 | 杨斌 | 25 | 仁寿 |
| 向华国 | 28 | 合州 | 邓纯经 | 31 | 蓬溪 |
| 吴忠炳 | 29 | 绵州 | 王锦谟 | 27 | 庆符 |
| 马玺滋 | 24 | 石砫厅 | 唐棣秌 | 38 | 合州 |
| 蓝启青 | 24 | 崇庆 | 陆蓍那 | 28 | 三台 |
| 刘豪 | 24 | 云阳 | 李钟毓 | 32 | 简州 |
| 刘光枢 | 21 | 荣县 | 邓宜贤 | 26 | 资州 |
| 李茵 | 26 | 资州 | 华翯 | 31 | 简州 |
| 魏继仁 | 29 | 名山 | 周梁鼎 | 30 | 广元 |
| 李绪 | 35 | 璧山 | 彭咸 | 21 | 灌县 |
| 胡时宪 | 36 | 灌县 | 廖先薣 | 24 | 资州 |
| 陈庆 | 28 | 简州 | 李世元 | 30 | 荣县 |
| 杨盛华 | 29 | 营山 | 印国桢 | 30 | 璧山 |
| 胡忠渊 | 25 | 简州 | 何耀祖 | 39 | 南江 |
| 董得科 | 33 | 资阳 | | | |

---

① 《四川国学院附设国学学校民国二年上学期旧班第十期学生姓名年贯表》
(1913. 4) [A]，国学档，第 1 卷-7，第 12—16 页。

## 史学科 20 名

| 姓名 | 年龄 | 籍贯 | 姓名 | 年龄 | 籍贯 |
|---|---|---|---|---|---|
| 鄢焕章 | 28 | 犍为 | 王溶章 | 36 | 威远 |
| 周以仁 | 21 | 威远 | 罗树楷 | 32 | 泸州 |
| 庄鸿泗 | 31 | 新都 | 吕志熙 | 26 | 蓬溪 |
| 王贞常 | 27 | 丰都 | 郭从云 | 26 | 云阳 |
| 李毓昭 | 26 | 彭县 | 陈楚桢 | 24 | 大邑 |
| 江永祥 | 33 | 宜宾 | 姒禹谟 | 40 | 乐山 |
| 宋怀璟 | 36 | 乐山 | 李雍 | 40 | 汉州 |
| 凌月清 | 21 | 洪雅 | 邓先茂 | 28 | 汉州 |
| 彭崇枢 | 26 | 泸州 | 詹循臣 | 33 | 资阳 |
| 李燮 | 31 | 三台 | 吴光燊 | 25 | 天全 |

## 词章科 6 名

| 姓名 | 年龄 | 籍贯 | 姓名 | 年龄 | 籍贯 |
|---|---|---|---|---|---|
| 李本道 | 34 | 西充 | 叶大英 | 27 | 华阳 |
| 郑兰 | 29 | 璧山 | 张文熙 | 31 | 合江 |
| 欧阳松 | 31 | 郫县 | 桂薰 | 30 | 成都 |

## （二）1912 年 8 月入校甲班 24 名[①]

| 姓名 | 年龄 | 籍贯 | 姓名 | 年龄 | 籍贯 |
|---|---|---|---|---|---|
| 蒙尔达 | 19 | 盐亭 | 银镣 | 24 | 华阳 |

---

① 《四川国学院附设国学学校民国二年上学期新班第二期学生姓名年贯表》（1913. 4）［A］，国学档，第 1 卷-8，第 17—18 页；《四川省国学院附设国学学校一览表》（1913. 4）［A］，国学档，第 1 卷-14，第 38 页。表中学生年龄为 1913 年时统计。

| 姓名 | 年龄 | 籍贯 | 姓名 | 年龄 | 籍贯 |
|------|------|------|------|------|------|
| 季阳 | 20 | 乐山 | 杨永浚 | 19 | 崇庆 |
| 刘光裕 | 16 | 铜梁 | 王安平 | 18 | 简州 |
| 王安礼<br>（更名炳） | 18 | 简州 | 熊绍德 | 18 | 贵筑 |
| 赖锐 | 20 | 简州 | 曾宝和 | 16 | 温江 |
| 熊绍堃 | 20 | 贵筑 | 杨庆翔 | 20 | 绵竹 |
| 杨廷烈 | 18 | 盐亭 | 杨正芳 | 23 | 崇庆 |
| 张之翰 | 27 | 嘉定 | 李醇 | 28 | 梁山 |
| 刘鼎铭<br>（更名彝） | 17 | 梁山 | 李联璧① | 17 | 温江 |
| 向承周 | | 巴县 | 赵元德 | 19 | 新都 |
| 彭举 | | 崇庆 | 杨铭 | | |
| 杜维新 | | | 邓石渠 | | |

## （三）1913 年 2 月入校乙班 18 名②

| 姓名 | 年龄 | 籍贯 | 姓名 | 年龄 | 籍贯 |
|------|------|------|------|------|------|
| 刘天霖 | 16 | 新都 | 武承烈 | 20 | 温江 |
| 林震 | 20 | 罗江 | 黄天德 | 18 | 新都 |

---

① 李联璧、赵元德的姓名、籍贯根据《送民国二年下期及三年第二、三期教
管各员及学生一览表的呈文及一览表》（1914.5）［A］，国学档，第 27 卷-1，第 4
页。该"一览表"统计为 1914 年所作，而本班其他学生的年龄均为 1913 年统计，
所以录入时将李、赵二人年龄较原文减去一岁。

② 《四川国学院附设国学学校民国二年上学期新班第一学期学生姓名年贯表》
（1913.4）［A］，国学档，第 1 卷-9，第 19—20 页。表中学生年龄为 1913 年时
统计。

| 姓名 | 年龄 | 籍贯 | 姓名 | 年龄 | 籍贯 |
|---|---|---|---|---|---|
| 黄天焯 | 20 | 新都 | 彭鹤龄 | 16 | 温江 |
| 武承谟 | 17 | 温江 | 曾庆庚 | 20 | 富顺 |
| 张光新 | 18 | 名山 | 陈炳榆 | 20 | 黔江 |
| 李培之 | 20 | 邛州 | 曾勋 | 22 | 温江 |
| 曾扬 | 20 | 温江 | 刘斋侣 | 19 | 天全 |
| 赵举河 | 22 | 彭山 | 张登举 | 20 | 彭山 |
| 邓良琮 | 17 | 双流 | 龚乐智 | 18 | 会理 |

## （四）1914年3月入校新甲乙班暨新班35名①

| 姓名 | 年龄 | 籍贯 | 姓名 | 年龄 | 籍贯 |
|---|---|---|---|---|---|
| 何恩崇 | 21 | 罗江 | 曾唯 | 20 | 灌县 |
| 翁永康 | 19 | 荣昌 | 关用才 | 20 | 永川 |
| 唐朝垚 | 20 | 安岳 | 李翔 | 18 | 简阳 |
| 汤国钧 | 18 | 乐山 | 潘曾 | 21 | 涪陵 |
| 彭泽 | 20 | 成都 | 华祖卿 | 20 | 隆昌 |
| 周文滇 | 22 | 隆昌 | 廖宗泽 | 16 | 井研 |
| 徐士英 | 22 | 崇庆 | 杨士桢 | 24 | 灌县 |
| 曾光宇 | 20 | 华阳 | 曾煊 | 23 | 乐山 |
| 童润千 | 20 | 乐山 | 谢芯生 | 21 | 大竹 |
| 朱克谐 | 22 | 什邡 | 卢开容 | 21 | 温江 |

---

① 《送民国二年下期及三年第二、三期教管各员及学生一览表的呈文及一览表》（1914.5）［A］，国学档，第27卷-1，第5—6页。表中学生年龄为1914年时统计。

| 姓名 | 年龄 | 籍贯 | 姓名 | 年龄 | 籍贯 |
|------|------|------|------|------|------|
| 杨容 | 23 | 温江 | 何元枢 | 20 | 眉山 |
| 张仲宣 | 20 | 温江 | 曾书麟 | 19 | 华阳 |
| 程维 | 18 | 新宁 | 龚继盛 | 19 | 中江 |
| 刘赞 | 16 | 梁山 | 孟先邹 | 25 | 眉山 |
| 窦在琮 | 26 | 眉山 | 周召南 | 18 | 华阳 |
| 鲁运图 | 16 | 灌县 | 唐进祯 | 16 | 隆昌 |
| 曾爵吾 | 18 | 井研 | 郭恒明 | 19 | 隆昌 |
| 钟前钦 | 17 | 荣昌 | | | |

## （五）四川公立国学专门学校 1918 年 9 月入校文学科第一班 14 名①

| 姓名 | 年龄 | 籍贯 | 姓名 | 年龄 | 籍贯 |
|------|------|------|------|------|------|
| 罗家龙 | 24 | 蒲江 | 郭元卿 | 25 | 仁寿 |
| 余成贤 | 27 | 万源 | 杨九成 | 29 | 仁寿 |
| 杜瑞云 | 22 | 蒲江 | 华泰封 | 25 | 简阳 |
| 苏琦 | 30 | 仁寿 | 万烈 | 31 | 眉山 |
| 李捱卿 | 21 | 西充 | 唐绍羲 | 26 | 仁寿 |
| 严蹇臣 | 25 | 彭山 | 尹杰 | 23 | 仁寿 |
| 高士英 | | | 张濬 | | |

---

① 《呈报文学科一班毕业成绩及成绩表各学年总评成绩表、学生一览表》（1922.11）[A]，国学档，第 30 卷-1，第 13 页。表中年龄为 1922 年统计，时该班学生的学级已是第六学期。高士英、张濬据《民国九年下期文学科第三学期积分表》（国学档，第 28 卷-3，第 12 页）补充。

## （六）四川公立国学专门学校1920年3月入校文学科第二班41名①

| 姓名 | 年龄 | 籍贯 | 姓名 | 年龄 | 籍贯 |
|------|------|------|------|------|------|
| 温立储 | 21 | 新都 | 方忠 | 23 | 巴县 |
| 尹孟瑊 | 21 | 仁寿 | 李愚子 | 23 | 简阳 |
| 张子祥 | 22 | 华阳 | 张华文 | 22 | 犍为 |
| 吴继伯 | 24 | 安岳 | 陈嘉谟 | 23 | 仁寿 |
| 朱志溪 | 24 | 荣县 | 杨彬儒 | 24 | 仁寿 |
| 何淮周 | 23 | 荣昌 | 萧蠹 | 24 | 新津 |
| 刘荩 | 25 | 宜宾 | 余开发 | 23 | 新津 |
| 芶选 | 24 | 仁寿 | 刘永 | 21 | 简阳 |
| 苏霈 | 26 | 永川 | 李白清 | 21 | 仁寿 |
| 李茂 | 31 | 仁寿 | 张永乾 | 22 | 新都 |
| 赖铣 | 21 | 成都 | 张泽澜 | 20 | 灌县 |
| 赵宋 | 23 | 武胜 | 杨恒清 | 27 | 铜梁 |
| 张泽 | 23 | 华阳 | 胥有声 | 22 | 西充 |
| 谭炳炎 | 21 | 秀山 | 罗英 | 23 | 邛崃 |
| 杨鼎兴 | 29 | 天全 | 蒋耀先 | 26 | 遂宁 |
| 李勋 | 22 | 铜梁 | 余骏 | 22 | 邻水 |
| 李馨园 | 24 | 邛崃 | 徐凯晴 | 22 | 崇庆 |
| 黄启昌 | 21 | 邻水 | 尹作梁 | 21 | 仁寿 |

---

① 《文二班学生一览表》（时间不详）［A］，国学档，第30卷-12，第39—40页。表中年龄为该班学生第六学期时统计。何天秀之后四人据《各班学期积分表》（时间不详，国学档，第29卷-2，第11—12页）补充，"积分表"为第五学期时统计。

| 姓名 | 年龄 | 籍贯 | 姓名 | 年龄 | 籍贯 |
|---|---|---|---|---|---|
| 林宅光 | 23 | 荣昌 | 何天秀 | | |
| 张文华 | | | 杨怀清 | | |
| 赵成玉 | | | | | |

## （七）四川公立国学专门学校 1920 年入校哲学科 33 名[①]

| 姓名 | 年龄 | 籍贯 | 姓名 | 年龄 | 籍贯 |
|---|---|---|---|---|---|
| 温立樱 | | | 徐学模 | | |
| 穆光燊 | | | 郑树猷 | | |
| 曾繁庚 | | | 段梓材 | | |
| 李承泌 | | | 李大义 | | |
| 唐绣成 | | | 李宗成 | | |
| 刘铸九 | | | 胡安国 | | |
| 杨履 | | | 尹宗文 | | |
| 李蕃 | | | 罗宪章 | | |
| 孙谋 | | | 张九元 | | |
| 叶俊明 | | | 杨卓 | | |
| 蒋溥 | | | 黄尚武 | | |
| 杨镜 | | | 贺纶夔 | | |
| 赵质君 | | | 陈泽舟 | | |

---

① 《民国九年下期哲学科第一学年积分表》（时间不详）[A]，国学档，第 28
卷-2，第 9—10 页。钟声、李欣然据《民国十年上期哲学科第三学期积分表》（时
间不详）[A]，国学档，第 28 卷-12，第 50—51 页。

| 姓名 | 年龄 | 籍贯 | 姓名 | 年龄 | 籍贯 |
|------|------|------|------|------|------|
| 彭泽沛 | | | 周敬常 | | |
| 萧谦 | | | 黄文魁 | | |
| 帅守经 | | | 钟声 | | |
| 李欣然 | | | | | |

## （八）四川公立国学专门学校 1922 年入校哲学三班 69 名[①]

| 姓名 | 年龄 | 籍贯 | 姓名 | 年龄 | 籍贯 |
|------|------|------|------|------|------|
| 刘正聪 | | | 倪殿选 | | |
| 闵继昌 | | | 欧阳凡伯 | | |
| 曾唯 | | | 梁大任 | | |
| 吴道源 | | | 伍全斌 | | |
| 先可经 | | | 曾本麟 | | |
| 杨柱 | | | 陈向荣 | | |
| 张德儒 | | | 叶德源 | | |
| 帅洪炉 | | | 杨履 | | |
| 孙慧 | | | 侯肇封 | | |
| 余国恩 | | | 郭造唐 | | |
| 杨殿端 | | | 何礼 | | |
| 屈政枢 | | | 萧积 | | |

---

① 《文、哲科十二年学年积分表册》（时间不详）［A］，国学档，第 29 卷-1，第 2—4 页；《各班学期积分表》（时间不详）［A］，国学档，第 29 卷-2，第 13—15 页；《民国十一年下期哲三班第一学年积分表》（时间不详）［A］，国学档，第 28 卷-6，第 17—20 页。

| 姓名 | 年龄 | 籍贯 | 姓名 | 年龄 | 籍贯 |
|------|------|------|------|------|------|
| 饶文录 |  |  | 谭集韫 |  |  |
| 辜多垞 |  |  | 郑藻文 |  |  |
| 曾光 |  |  | 张选诗 |  |  |
| 苏人杰 |  |  | 伍应璋 |  |  |
| 雷豫 |  |  | 郭珖文 |  |  |
| 吴麟 |  |  | 叶本 |  |  |
| 石砚畬 |  |  | 周昶 |  |  |
| 辜颢熙 |  |  | 宋子鳌 |  |  |
| 熊彰 |  |  | 黄启科 |  |  |
| 赵中和 |  |  | 罗仲道 |  |  |
| 尹宗蔚 |  |  | 卢□文 |  |  |
| 刘冕 |  |  | 刘孔繇 |  |  |
| 谢辉 |  |  | 张学铭 |  |  |
| 谭伟 |  |  | 曾懋 |  |  |
| 张星垣 |  |  | 米国柱 |  |  |
| 屈宗藩 |  |  | 程培 |  |  |
| 刘俊 |  |  | 陈楚湘 |  |  |
| 刘济 |  |  | 贺昌贵 |  |  |
| 屈鼎书 |  |  | 赵树琪 |  |  |
| 王冀州 |  |  | 雷钧 |  |  |
| 陈放之 |  |  | 张晋书 |  |  |
| 苏庆余 |  |  | 高朗 |  |  |
| 高子玉 |  |  |  |  |  |

## （九）四川公立国学专门学校 1923 年 3 月入校预科六班 106 名①

| 姓名 | 年龄 | 籍贯 | 姓名 | 年龄 | 籍贯 |
|------|------|------|------|------|------|
| 蔡蒙 | 21 | 仪陇 | 韩浩波 | 19 | 资中 |
| 李玉阶 | 18 | 金昌 | 张㵦 | 21 | 乐至 |
| 萧范泉 | 22 | 仪陇 | 曾化南 | 20 | 资中 |
| 李藩宇 | 22 | 金堂 | 潘体仁 | 20 | 郫县 |
| 张大中 | 19 | 华阳 | 朱武 | 20 | 资中 |
| 朱舟 | 20 | 资中 | 古绍清 | 18 | 新都 |
| 陈清和 | 22 | 青神 | 雷昌义 | 19 | 仁寿 |
| 佘文方 | 18 | 华阳 | 谢启昌 | 19 | 犍为 |
| 李恒 | 20 | 犍为 | 郭维翰 | 18 | 仁寿 |
| 颜德成 | 23 | 崇庆 | 胡守中 | 18 | 庆符 |
| 张西苓 | 24 | 江北 | 刘怀冰 | 18 | 荣县 |
| 宋恬 | 28 | 成都 | 孙云 | 19 | 新津 |
| 向明高 | 17 | 郫县 | 蒋克昌 | 23 | 仁寿 |
| 黄鼎光 | 20 | 资中 | 弓逢圣 | 20 | 彭县 |
| 佘金玻 | 19 | 彭县 | 萧钰 | 18 | 郫县 |
| 马銮 | 20 | 郫县 | 刘俊杰 | 18 | 永川 |
| 周恒占 | 22 | 永川 | 谢方廷 | 20 | 遂宁 |
| 蒋哲辅 | 26 | 蓬溪 | 蒋清 | 25 | 蓬溪 |

---

① 《咨送预科六班毕业成绩册学生一览表及成绩册、一览表》 （1924. 3）[A]，国学档，第 31 卷-1，第 4—8 页。本表为该班第一学期时统计，带 ＊ 者为预科五班降级生，共 3 名。

| 姓名 | 年龄 | 籍贯 | 姓名 | 年龄 | 籍贯 |
|---|---|---|---|---|---|
| 张荣 | 19 | 巴中 | 李树嘉 | 21 | 潼南 |
| 张鸣钟 | 18 | 资中 | 廖先诚 | 20 | 资中 |
| 张谦 | 18 | 资中 | 萧沛 | 19 | 荣县 |
| 张静波 | 18 | 荣县 | 李元超 | 20 | 荣县 |
| 陶鹏升 | 22 | 西昌 | 邓鸿宾 | 20 | 懋功 |
| 唐渊 | 22 | 乐至 | 李洁仁 | 22 | 威远 |
| 黄锡金 | 20 | 岳池 | 朱翼 | 20 | 资阳 |
| 陈善交 | 19 | 资阳 | 张若愚 | 18 | 华阳 |
| 蔡名扬 | 21 | 资中 | 周勋 | 21 | 资中 |
| 谭浚成 | 20 | 资中 | 龚体仁 | 22 | 新津 |
| 丁浙达 | 23 | 广安 | 刘本泰 | 19 | 广安 |
| 杨诚忠 | 20 | 广安 | 曾光禄 | 18 | 隆昌 |
| 梁秋明 | 20 | 隆昌 | 谢霞举 | 20 | 永川 |
| 陈鸣巴 | 21 | 巴县 | 佘世第 | 20 | 华阳 |
| 罗登青 | 26 | 荣昌 | 刘英 | 19 | 简阳 |
| 蓝泽光 | 20 | 隆昌 | 程文蔚 | 19 | 马边 |
| 李绍轩 | 20 | 秀山 | 李俊 | 20 | 仁寿 |
| 王伯明 | 18 | 仁寿 | 刘恒 | 22 | 遂宁 |
| 张信 | 22 | 威远 | 萧煜 | 22 | 威远 |
| 骆成骖 | 22 | 资中 | 吕元瑞 | 20 | 隆昌 |
| 徐知微 | 19 | 开江 | 曾良翼 | 17 | 开江 |
| 熊治平 | 20 | 开县 | 罗辉先 | 22 | 遂宁 |
| 罗昭 | 23 | 蓬溪 | 孙儒 | 18 | 华阳 |

| 姓名 | 年龄 | 籍贯 | 姓名 | 年龄 | 籍贯 |
|------|------|------|------|------|------|
| 程谦 | 24 | 华阳 | 朱育 | 18 | 新津 |
| 沈绍芳 | 16 | 安岳 | 叶平 | 19 | 荣昌 |
| 邹让 | 18 | 仁寿 | 石铭 | 20 | 涪陵 |
| 朱毅 | 22 | 达县 | 朱丹林 | 19 | 资中 |
| 彭国基 | 18 | 资中 | 唐化风 | 23 | 蓬溪 |
| 罗泽诗 | 22 | 涪陵 | 孙炳卿 | 19 | 资中 |
| 刘文若 | 23 | 合川 | 吴樊 | 20 | 新都 |
| 王远之 | 22 | 遂宁 | 先进 | 20 | 泸县 |
| 杜向欣 | 18 | 郫县 | 喻至文 | 22 | 铜梁 |
| 袁壹 | 22 | 华阳 | 黄晓松 | 23 | 广安 |
| 王在中 | 20 | 宣汉 | 谢契* | 18 | 三台 |
| 尹颢* | 19 | 仁寿 | 李子馥* | 26 | 简阳 |

## （十）四川公立国学专门学校 1923 年入校文学科三班 65 名①

| 姓名 | 年龄 | 籍贯 | 姓名 | 年龄 | 籍贯 |
|------|------|------|------|------|------|
| 陈兆飞 | 30 | 资中 | 余家亨 | 28 | 宜宾 |
| 赖成铸 | 26 | 荣昌 | 施启周 | 22 | 秀山 |
| 向伯瑾 | | | 曾崇 | | |

---

① 《文、哲科十二年学年积分表册》（时间不详）[A]，国学档，第 29 卷-1，第 6—9 页。学生名单为该班第一学年时统计。学生年龄、籍贯据《四川公立国学专门学校同学录》（乙丑仲夏）[A]，四川省档案馆藏，第 5-7 页。年龄为 1925 年时统计。

| 姓名 | 年龄 | 籍贯 | 姓名 | 年龄 | 籍贯 |
|---|---|---|---|---|---|
| 赖诚 | 23 | 荣县 | 余六潜 | 21 | 简阳 |
| 温成福 | | | 王化中 | 23 | 仁寿 |
| 彭世宝 | 24 | 蒲江 | 黄贡修 | | |
| 罗爽 | 22 | 岳池 | 胡邦彦 | | |
| 萧联 | | | 吴丕锡 | 22 | 广安 |
| 王秉衡 | | | 黄廷芳 | | |
| 王在岚 | 23 | 蒲江 | 范明诚 | | |
| 王命侯 | 22 | 郫县 | 张维基 | | |
| 杨德寿 | 25 | 华阳 | 陈仕俊 | | |
| 杜英 | 33 | 巴中 | 杨绍侕 | 22 | 新津 |
| 熊征渭 | 22 | 成都 | 吴彰 | | |
| 王爵尊 | | | 喻卓 | 22 | 铜梁 |
| 朱伯坝 | 21 | 资中 | 吕渭洲 | 23 | 新津 |
| 杜思伯 | 24 | 富顺 | 何绩良 | | |
| 刘克仁 | | | 宋鼎铭 | 22 | 犍为 |
| 刘绍全 | | | 鲁中孚 | 24 | 邛崃 |
| 彭宏 | 26 | 仁寿 | 温立柄 | 25 | 新都 |
| 李秉哲 | 24 | 资中 | 饶文龙 | | |
| 秦育英 | | | 郭晖 | | |
| 张志鹄 | | | 胡玄 | 24 | 井研 |
| 钟玉如 | | | 李仲奎 | | |
| 方柏操 | | | 汪克仁 | 24 | 眉山 |
| 王子厚 | | | 蓝佑虞 | | |

| 姓名 | 年龄 | 籍贯 | 姓名 | 年龄 | 籍贯 |
|------|------|------|------|------|------|
| 杨考之 | 22 | 仁寿 | 卢开宗 | 30 | 资中 |
| 温平侯 | 22 | 资阳 | 袁为植 | | |
| 蒋辉先 | | | 杨绍文 | 24 | 新津 |
| 李元极 | 24 | 黔江 | 王维翰 | | |
| 黄自南 | 25 | 资阳 | 杨伟荪 | 21 | |
| 伍汉皋 | | | 欧克鈇 | | |
| 邓侣仪 | | | 苏庆余 * | 25 | 仁寿 |

## （十一）四川公立国学专门学校 1924 年 1 月入校预科七班 122 名，包括 2 名降级生，新生实为 120 名①

| 姓名 | 年龄 | 籍贯 | 姓名 | 年龄 | 籍贯 |
|------|------|------|------|------|------|
| 马白良 | 22 | 资中 | 李子悟 | 23 | 剑阁 |
| 胡轨正 | 18 | 大邑 | 熊萱 | 18 | 资中 |
| 傅君岩 | 22 | 简阳 | 杨平 | 20 | 荣县 |
| 欧阳杰 | 18 | 资中 | 刘端如 | 20 | 郫县 |
| 王有杰 | 20 | 直隶天津 | 袁应霖（纯碬） | 20 | 犍为 |
| 张坪林 | 18 | 资中 | 贾光远 | 18 | 华阳 |
| 周若桥 | 19 | 岳池 | 康念祖 | 20 | 郫县 |
| 蒲杰 | 18 | 岳池 | 马西顾 | 23 | 资中 |

---

① 《咨送新招预科七班学生一览表及一览表》（1924.5）［A］，国学档，第 31 卷-3，第 25—30 页。本表为该班第一学期时统计，带 * 者为预科六班降级生，共 2 名。

| 姓名 | 年龄 | 籍贯 | 姓名 | 年龄 | 籍贯 |
|------|------|------|------|------|------|
| 林嵩 | 18 | 成都 | 欧阳璋 | 19 | 灌县 |
| 王仲尧 | 19 | 内江 | 蒲映荃 | 24 | 梓潼 |
| 周秉钧 | 20 | 资中 | 潘伯恩 | 23 | 泸县 |
| 钟裕泰 | 20 | 郫县 | 毛宗虞 | 21 | 宜宾 |
| 潘仲常 | 21 | 泸县 | 毛俊明 | 19 | 宜宾 |
| 税甫田 | 19 | 犍为 | 范弼谐 | 18 | 新都 |
| 陈秉钧 | 20 | 合川 | 周闻章 | 20 | 资中 |
| 黄子儒 | 20 | 峨眉 | 唐至德 | 22 | 安岳 |
| 杜襄 | 20 | 懋功 | 贺继章 | 18 | 灌县 |
| 张绛周 | 20 | 资阳 | 郭怀伯 | 20 | 宜宾 |
| 刘秉汉 | 18 | 简阳 | 张懋德 | 20 | 资中 |
| 李骁 | 19 | 西充 | 萧肇祖 | 18 | 宜宾 |
| 徐泽溥 | 19 | 温江 | 周能成 | 19 | 资中 |
| 假从康 | 23 | 武胜 | 雷秉哲 | 20 | 荣昌 |
| 假作藩 | 20 | 武胜 | 李浚源 | 18 | 井研 |
| 陈郡 | 17 | 大邑 | 谢儒 | 20 | 仁寿 |
| 孙子仲 | 22 | 灌县 | 唐良将 | 22 | 荣昌 |
| 李藩卿 | 21 | 宜宾 | 傅启疆 | 24 | 华阳 |
| 龚创基 | 18 | 崇庆 | 卢德明 | 20 | 资中 |
| 张华 | 19 | 新都 | 谢子城 | 19 | 简阳 |
| 周正明 | 20 | 温江 | 王楠 | 20 | 什邡 |
| 陈仲伦 | 19 | 乐山 | 游常伯 | 18 | 乐山 |
| 王星炜 | 18 | 内江 | 龚树绩 | 20 | 岳池 |

| 姓名 | 年龄 | 籍贯 | 姓名 | 年龄 | 籍贯 |
|------|------|------|------|------|------|
| 范权 | 20 | 荣县 | 邓公著 | 19 | 罗江 |
| 陈希文 | 22 | 新都 | 何绍休 | 19 | 荣县 |
| 陈楷 | 19 | 潼南 | 陈秋帆 | 30 | 潼南 |
| 陈震 | 21 | 潼南 | 李国屏 | 18 | 荣县 |
| 向益 | 22 | 荣县 | 黎庶官 | 20 | 潼南 |
| 王淡 | 19 | 潼南 | 徐岱宗 | 20 | 潼南 |
| 郭荣辉 | 20 | 威远 | 叶绍高 | 19 | 新都 |
| 汪懋阶 | 20 | 华阳 | 陈学源 | 18 | 仁寿 |
| 钟培山 | 17 | 金堂 | 骆修身 | 18 | 郫县 |
| 沈子祥 | 20 | 新津 | 王国玺 | 18 | 新津 |
| 张熙明 | 22 | 崇庆 | 杨南薰 | 20 | 仁寿 |
| 尹扬休 | 21 | 仁寿 | 刘通 | 23 | 成都 |
| 方洪 | 21 | 遂宁 | 谢良杰 | 20 | 遂宁 |
| 谢伯西 | 20 | 遂宁 | 杨一素 | 18 | 资阳 |
| 杜向欣 | 19 | 郫县 | 骆岐俣 | 19 | 资中 |
| 林耀英 | 19 | 资中 | 郑朝棠 | 21 | 资阳 |
| 宋玉堂 | 20 | 资阳 | 邹席丰 | 20 | 资阳 |
| 张凌虚 | 24 | 荣县 | 吴国初 | 21 | 资阳 |
| 陈玉良 | 20 | 富顺 | 张泽生 | 20 | 乐至 |
| 杨椿年 | 20 | 简阳 | 江肇禹 | 23 | 乐山 |
| 魏怀仁 | 20 | 乐山 | 廖克明 | 19 | 华阳 |
| 陈昀 | 21 | 新繁 | 王正发 | 20 | 资中 |
| 张文油 | 23 | 筠连 | 郑肇濬 | 18 | 岳池 |

| 姓名 | 年龄 | 籍贯 | 姓名 | 年龄 | 籍贯 |
|------|------|------|------|------|------|
| 银奉先 | 19 | 华阳 | 银登华 | 20 | 华阳 |
| 余崇木 | 22 | 简阳 | 吕丽庄 | 18 | 华阳 |
| 何庆礼 | 20 | 西充 | 张直 | 19 | 岳池 |
| 田景沄 | 20 | 岳池 | 冉维安 | 18 | 大邑 |
| 周毓濂 | 20 | 新繁 | 鲁金成 | 18 | 邛崃 |
| 白美勋 | 22 | 华阳 | 高棣 | 18 | 郫县 |
| 邓鸿宾* | 21 | 懋功 | 王伯明* | 19 | 仁寿 |

## （十二）四川公立国学专门学校 1924 年入校哲学科四班新增 8 名①

| 姓名 | 年龄 | 籍贯 | 姓名 | 年龄 | 籍贯 |
|------|------|------|------|------|------|
| 朱毅 | 24 | 达县 | 佘金坡 | 21 | 彭县 |
| 谢方廷 | 22 | 遂宁 | 王慎璠 | 20 | 邛崃 |
| 丁渐逵 | 23 | 广安 | 罗赵珉 | 24 | 涪陵 |
| 唐绂先 | 22 | 宣汉 | 唐勲 |  |  |

---

① 《民国十四年上期文、哲预各班学期积分表》（时间不详）［A］，国学档，第 29 卷-8，第 45—47 页。其表为该班第三学期时统计，此班学生基本为预科六班升入，为避免重复，此处只录新增学生。以及《民国十三年上期文、哲预各班积分表》（时间不详）［A］，国学档，第 28 卷-16，第 68—71 页。其表为该班第一学期时统计。学生年龄、籍贯据《四川公立国学专门学校同学录》（乙丑仲夏）［A］，四川省档案馆藏，第 8—11 页。年龄为 1925 年时统计。

（十三）四川公立国学专门学校 1925 年 1 月入校预科八班 127 名，包括 4 名降级生，新生实为 123 名①

| 姓名 | 年龄 | 籍贯 | 姓名 | 年龄 | 籍贯 |
|------|------|------|------|------|------|
| 马玉莹 | 20 | 崇庆 | 黄尚炎 | 16 | 仁寿 |
| 刘鹤龄 | 20 | 遂宁 | 张用晦 | 22 | 华阳 |
| 孟锡阶 | 20 | 简阳 | 王颖湘 | 20 | 富顺 |
| 李谦 | 21 | 潼南 | 李明尧 | 19 | 郫县 |
| 袁复礼 | 23 | 威远 | 熊绍文 | 18 | 蒲江 |
| 陈切 | 19 | 潼南 | 安鸿钧 | 22 | 乐山 |
| 燕有才 | 18 | 峨眉 | 刘朝冠 | 21 | 永川 |
| 毕蕃昌 | 22 | 垫江 | 张应卿 | 19 | 涪陵 |
| 周位三 | 20 | 新繁 | 段熙松 | 21 | 简阳 |
| 段官城 | 22 | 简阳 | 蓝树昌 | 20 | 郫县 |
| 黄远谟 | 17 | 华阳 | 彭登第 | 20 | 璧山 |
| 张邦伟 | 17 | 华阳 | 赵国仁 | 22 | 眉山 |
| 孙传湖 | 20 | 永川 | 徐治鲁 | 24 | 潼南 |
| 杨泰邱 | 19 | 眉山 | 李绳熙 | 20 | 广安 |
| 黄寿城 | 18 | 大邑 | 唐自淮 | 19 | 大邑 |
| 林泉 | 24 | 崇宁 | 苏眉生 | 28 | 蓬安 |
| 王明埧 | 24 | 达县 | 龙慰民 | 21 | 德阳 |
| 戴泽亮 | 18 | 泸县 | 邓哲明 | 21 | 璧山 |
| 余德藩 | 23 | 富顺 | 柏益潜 | 18 | 岳池 |

---

① 《新招预科八班学生一览表》（时间不详）［A］，国学档，第 32 卷-1，第 2—7 页。本表为该班第一学期时统计，带＊者为预科七班降级生，共 4 名。

续表：

| 姓名 | 年龄 | 籍贯 | 姓名 | 年龄 | 籍贯 |
|---|---|---|---|---|---|
| 周郁 | 22 | 射洪 | 干静修 | 18 | 崇庆 |
| 白俊杰 | 20 | 眉山 | 张智 | 18 | 富顺 |
| 樊桂 | 21 | 长宁 | 宋长龄 | 19 | 成都 |
| 周汝勋 | 25 | 简阳 | 贾敬交 | 19 | 崇庆 |
| 李达材 | 18 | 灌县 | 高祥云 | 24 | 邛崃 |
| 胡轨正* | 18 | 大邑 | 李劭宇 | 22 | 潼南 |
| 王在中 | 21 | 蓬溪 | 赖养年 | 22 | 岳池 |
| 易乃铨 | 19 | 乐山 | 张正中 | 22 | 蓬溪 |
| 张子明 | 19 | 合川 | 张静 | 23 | 仁寿 |
| 曾儁 | 24 | 南溪 | 殷勉斋 | 23 | 丰都 |
| 曾克勤 | 23 | 丰都 | 邱广勤 | 18 | 仪陇 |
| 李国材 | 19 | 仁寿 | 李述渊 | 27 | 仁寿 |
| 仰其祥 | 20 | 灌县 | 胡灼三 | 25 | 乐山 |
| 王克成 | 20 | 蓬溪 | 李孟祥 | 20 | 成都 |
| 黄挹丹 | 18 | 仁寿 | 孙志超 | 19 | 汉源 |
| 吕翰周 | 20 | 蓬溪 | 邹善培 | 19 | 仁寿 |
| 蒙坚贞 | 18 | 合川 | 马述良 | 19 | 资中 |
| 冯敬铭 | 17 | 营山 | 陈俊 | 18 | 新都 |
| 罗昌毅 | 18 | 新都 | 辛历洲 | 19 | 崇庆 |
| 余达 | 19 | 犍为 | 郑白珩 | 19 | 隆昌 |
| 刘仲权 | 21 | 隆昌 | 骆华封 | 18 | 仁寿 |
| 宁则先 | 22 | 富顺 | 陈元深 | 21 | 华阳 |
| 杨逢时 | 26 | 合川 | 黄耀琼 | 18 | 大竹 |

| 姓名 | 年龄 | 籍贯 | 姓名 | 年龄 | 籍贯 |
|---|---|---|---|---|---|
| 蒙经纶 | 21 | 合川 | 杨洁 | 19 | 仁寿 |
| 官泽生 | 23 | 资中 | 涂光品 | 22 | 广汉 |
| 周维岳 | 18 | 铜梁 | 徐文彬 | 20 | 仁寿 |
| 李良章 | 20 | 资阳 | 王道德 | 22 | 渠县 |
| 黄泽 | 19 | 富顺 | 吴中 | 19 | 宜宾 |
| 胡健 | 20 | 铜梁 | 何俊 | 18 | 简阳 |
| 汪济瀛 | 22 | 江北 | 刘正安 | 22 | 梁山 |
| 朱焘 | 20 | 岳池 | 周卓西 | 18 | 犍为 |
| 王肇修 | 18 | 华阳 | 周际可 | 17 | 合川 |
| 钟达 | 20 | 达县 | 姚宇辉 | 22 | 灌县 |
| 蔡训文 | 20 | 隆昌 | 张纯泽 | 22 | 资阳 |
| 余廷迥 | 19 | 铜梁 | 喻至文 | 26 | 铜梁 |
| 骆岐偁 | 18 | 资中 | 钟世琦 | 20 | 简阳 |
| 王晋南 | 21 | 仁寿 | 王裕 | 23 | 仁寿 |
| 张文油* | 24 | 筠连 | 岑义文 | 20 | 新津 |
| 刘秉汉* | 19 | 简阳 | 周文伟 | 18 | 武胜 |
| 冉维安* | 19 | 大邑 | 罗文 | 29 | 泸县 |
| 刘莆明 | 20 | 铜梁 | 张纯玉 | 23 | 资阳 |
| 张纯祖 | 22 | 资阳 | 唐选卿 | 22 | 资中 |
| 杨象方 | 17 | 资中 | 邓雍 | 22 | 仁寿 |
| 赵涧 | 18 | 荣昌 | 胡修 | 19 | 资中 |
| 胡朗 | 20 | 资中 | | | |

（十四）四川公立国学专门学校 1926 年 1 月入校预科九班 58 名，包括 5 名降级生，新生实为 53 名①

| 姓名 | 年龄 | 籍贯 | 姓名 | 年龄 | 籍贯 |
|---|---|---|---|---|---|
| 刘华黼 | 21 | 乐山 | 汪俊 | 20 | 简阳 |
| 李超然 | 18 | 彭县 | 刘成立 | 28 | 成都 |
| 高策 | 19 | 广汉 | 罗体仁 | 21 | 中江 |
| 许俊杰 | 20 | 岳池 | 陈博施 | 21 | 富顺 |
| 闫宏熙 | 22 | 巴中 | 邱镜铭 | 22 | 潼南 |
| 陈俊明 | 19 | 大邑 | 赵炯 | 20 | 绵阳 |
| 王烈光 | 21 | 资中 | 李果 | 19 | 内江 |
| 杜逸 | 18 | 广安 | 汪葵 | 20 | 成都 |
| 吴翰 | 20 | 广安 | 彭宏勋 | 16 | 仁寿 |
| 郭赞凌 | 26 | 仁寿 | 赵裕民 | 20 | 南部 |
| 王述祖 | 18 | 三台 | 张海源 | 19 | 遂宁 |
| 彭正权 | 22 | 简阳 | 李宗鑫 | 21 | 彭县 |
| 熊琨 | 19 | 乐山 | 王金仙 | 18 | 乐山 |
| 罗绍春 | 21 | 长宁 | 刘光教 | 19 | 云阳 |
| 张其渊 | 18 | 宜宾 | 陈源清 | 18 | 潼南 |
| 林国佐 | 18 | 南充 | 孟德森 | 21 | 邛崃 |
| 邓平 | 18 | 彭县 | 夏明渊 | 18 | 武胜 |
| 袁朝佐 | 20 | 乐山 | 张衢 | 24 | 荣昌 |

---

① 《函送教厅上期预科九、十两班学生一览表及一览表》（1926. 10）［A］，国学档，第 32 卷-6，第 29—32 页。本表为该班第一学期时统计，带 ＊ 者为预科八班降级生，共 5 名。

| 姓名 | 年龄 | 籍贯 | 姓名 | 年龄 | 籍贯 |
|---|---|---|---|---|---|
| 汤鸿愃 | 18 | 华阳 | 周树森 | 19 | 乐山 |
| 周全 | 19 | 成都 | 吕生甫 | 24 | 蓬溪 |
| 赖琛 | 22 | 绵竹 | 张奎五 | 18 | 华阳 |
| 吴季 | 19 | 新都 | 张季沄 | 19 | 华阳 |
| 萧灿 | 19 | 永宁 | 夏康 | 18 | 仁寿 |
| 赖勉终 | 18 | 成都 | 侯朝觐 | 22 | 达县 |
| 梅炎华 | 20 | 泸县 | 陈子昭 | 20 | 资中 |
| 王正纲 | 21 | 营山 | 何筱刚 | 21 | 仁寿 |
| 王绍尧 | 24 | 仁寿 | 李明尧 * | 20 | 郫县 |
| 钟达 * | 21 | 达县 | 李达材 * | 19 | 灌县 |
| 李劻宇 * | 23 | 潼南 | 黄挹丹 * | 19 | 仁寿 |

## （十五）四川公立国学专门学校 1926 年 1 月入校预科十班 70 名[①]

| 姓名 | 年龄 | 籍贯 | 姓名 | 年龄 | 籍贯 |
|---|---|---|---|---|---|
| 汪渐逵 | 23 | 简阳 | 罗良琳 | 20 | 资中 |
| 董远怀 | 17 | 威远 | 彭玉如 | 18 | 宜宾 |
| 邓沾柏 | 20 | 达县 | 周文林 | 24 | 达县 |
| 董式斌 | 23 | 垫江 | 唐贡伯 | 20 | 开县 |
| 蒋维馨 | 18 | 璧山 | 彭世珍 | 18 | 大邑 |

---

[①] 《函送教厅上期预科九、十两班学生一览表及一览表》（1926. 10）［A］，国学档，第 32 卷-6，第 34—37 页。本表为该班第一学期时统计。

| 姓名 | 年龄 | 籍贯 | 姓名 | 年龄 | 籍贯 |
|------|------|------|------|------|------|
| 张竹铭 | 28 | 阆中 | 胡世宪 | 20 | 盐亭 |
| 阎维礼 | 22 | 达县 | 白璧光 | 20 | 仁寿 |
| 赖典瑞 | 20 | 资中 | 范佐丞 | 18 | 南充 |
| 苏光武 | 20 | 南充 | 邓志福 | 20 | 会理 |
| 鲜于震西 | 22 | 南部 | 陈彦仁 | 25 | 潼南 |
| 王显沂 | 24 | 潼南 | 胡国玉 | 16 | 仁寿 |
| 张鉴 | 20 | 广汉 | 余渊 | 17 | 彭县 |
| 杨肇谦 | 18 | 崇庆 | 杨芳 | 20 | 彭水 |
| 刘载勋 | 22 | 通江 | 王作熙 | 18 | 屏山 |
| 黄天良 | 18 | 新都 | 熊善 | 18 | 铜梁 |
| 姚绳武 | 24 | 富顺 | 周乃孚 | 19 | 合川 |
| 毕生安 | 19 | 彭山 | 陈继平 | 20 | 丰都 |
| 谭孝后 | 23 | 达县 | 余富登 | 26 | 梁山 |
| 颜明 | 18 | 宜宾 | 刘世清 | 19 | 大邑 |
| 周文光 | 18 | 金堂 | 张煜焯 | 18 | 资中 |
| 官箴 | 18 | 成都 | 何云龙 | 18 | 盐亭 |
| 廖元贞 | 24 | 资中 | 陈德渊 | 18 | 成都 |
| 何铄 | 21 | 西充 | 韩仁安 | 27 | 射洪 |
| 周兰 | 19 | 宜宾 | 张执中 | 18 | 蓬溪 |
| 刘衡 | 18 | 什邡 | 汪平 | 22 | 南川 |
| 文质彬 | 20 | 潼南 | 李皋 | 20 | 荥经 |
| 杨英 | 20 | 合川 | 白定远 | 22 | 丰都 |
| 吕如果 | 24 | 荣昌 | 易达邦 | 20 | 永川 |

| 姓名 | 年龄 | 籍贯 | 姓名 | 年龄 | 籍贯 |
|------|------|------|------|------|------|
| 金绍文 | 24 | 岳池 | 何域藩 | 18 | 蓬溪 |
| 黄肃 | 20 | 眉山 | 罗彬 | 19 | 富顺 |
| 罗智 | 17 | 新都 | 姚乃虞 | 18 | 南充 |
| 夏子鼎 | 18 | 武胜 | 王孟良 | 18 | 三台 |
| 陶云从 | 21 | 富顺 | 陈缮 | 19 | 潼南 |
| 刘大勋 | 18 | 新都 | 左麟 | 27 | 荣昌 |
| 刘崇儒 | 20 | 荣昌 | 李芬 | 21 | 仁寿 |

## （十六）四川公立国学专门学校 1927 年 1 月入校预科十一班 78 名[①]

| 姓名 | 年龄 | 籍贯 | 姓名 | 年龄 | 籍贯 |
|------|------|------|------|------|------|
| 成杰怀 | 24 | 蓬安 | 吕洪年 | 18 | 仁寿 |
| 王辙 | 19 | 射洪 | 邓由之 | 19 | 成都 |
| 徐树芬 | 19 | 资阳 | 王永言 | 20 | 潼南 |
| 张空宇 | 19 | 简阳 | 刘琦 | 18 | 永川 |
| 吕先经 | 18 | 华阳 | 刘大昌 | 19 | 什邡 |
| 张学载 | 18 | 泸县 | 缪琼州 | 20 | 广汉 |
| 王琏 | 22 | 纳溪 | 李德容 | 22 | 合江 |
| 赵梁 | 20 | 汉南 | 曾鲁 | 18 | 岳池 |
| 卢传国 | 21 | 垫江 | 王杰 | 22 | 仁寿 |

---

① 《呈教厅送预科十一、十二两班学生一览表及一览表》（1927. 5）［A］，国学档，第 32 卷-12，第 66—69 页。

| 姓名 | 年龄 | 籍贯 | 姓名 | 年龄 | 籍贯 |
|---|---|---|---|---|---|
| 传俊 | 21 | 中江 | 胡寰九 | 19 | 乐山 |
| 孙光宗 | 19 | 叙永 | 王璿璘 | 18 | 彭山 |
| 郭蜀基 | 18 | 威远 | 李文渊 | 20 | 威远 |
| 刘汉符 | 18 | 蒲江 | 文树蘩 | 19 | 蓬溪 |
| 舒紫阳 | 19 | 仁寿 | 徐家礼 | 18 | 简阳 |
| 廖泽贤 | 18 | 简阳 | 刘绩熙 | 18 | 永川 |
| 杜自强 | 20 | 合川 | 龚测智 | 20 | 仁寿 |
| 任俊 | 18 | 华阳 | 杜启安 | 23 | 罗江 |
| 吴之放 | 19 | 简阳 | 刘乃宣 | 19 | 崇庆 |
| 李义杰 | 20 | 仁寿 | 叶华彬 | 21 | 彭山 |
| 柏华封 | 19 | 广安 | 邓士由 | 18 | 永川 |
| 廖豫丰 | 20 | 双流 | 向天鹏 | 24 | 仁寿 |
| 刘正远 | 20 | 安县 | 骆修身 | 20 | 郫县 |
| 尹伯祥 | 18 | 乐山 | 罗祖华 | 18 | 荣昌 |
| 罗祖勋 | 20 | 荣昌 | 廖祥 | 20 | 岳池 |
| 陈庆勋 | 18 | 仁寿 | 江汉 | 20 | 仁寿 |
| 何材 | 18 | 广安 | 袁治戡 | 18 | 富顺 |
| 古仲模 | 20 | 资中 | 董惠民 | 18 | 威远 |
| 李茂萱 | 18 | 泸县 | 伍勤朝 | 20 | 峨眉 |
| 袁显邦 | 18 | 广汉 | 何高冕 | 21 | 罗江 |
| 刘义焯 | 20 | 崇庆 | 黄陟 | 19 | 新都 |
| 华大成 | 18 | 中江 | 樊寿安 | 18 | 简阳 |
| 邹丹阳 | 20 | 仪陇 | 邓子贞 | 19 | 华阳 |

| 姓名 | 年龄 | 籍贯 | 姓名 | 年龄 | 籍贯 |
|------|------|------|------|------|------|
| 顾鸿逵 | 19 | 安岳 | 杨絮 | 21 | 新都 |
| 王廷忠 | 18 | 射洪 | 顾辉庭 | 19 | 广汉 |
| 唐凌霄 | 18 | 潼南 | 王安邦 | 19 | 广安 |
| 李柏城 | 20 | 大邑 | 黄刚 | 18 | 仁寿 |
| 杨崇阶 | 17 | 安岳 | 刘濂清 | 18 | 井研 |
| 田多文 | 21 | 简阳 | 石庚 | 23 | 铜梁 |
| 龙直君 | 19 | 荣昌 | 王道周 | 18 | 崇庆 |

（十七）四川公立国学专门学校 1927 年 1 月入校预科十二班 65 名，包括 7 名降级生，新生实为 58 名[①]

| 姓名 | 年龄 | 籍贯 | 姓名 | 年龄 | 籍贯 |
|------|------|------|------|------|------|
| 李郛 | 19 | 剑阁 | 沈安仁 | 21 | 蓬溪 |
| 夏凌云 | 18 | 武胜 | 唐凌云 | 21 | 广安 |
| 程兆瑞 | 20 | 名山 | 徐绍培 | 20 | 彭山 |
| 郑崇礼 | 20 | 岳池 | 罗安 | 18 | 岳池 |
| 蒋席珍 | 19 | 武胜 | 喻正钊 | 20 | 乐山 |
| 曾慎枢 | 20 | 璧山 | 王道平 | 19 | 合川 |
| 华纲甫 | 20 | 巴县 | 陈学礼 | 18 | 华阳 |
| 张继周 | 20 | 灌县 | 游克勋 | 18 | 安岳 |

---

① 《呈教厅送预科十一、十二两班学生一览表及一览表》（1927．5）［A］，国学档，第 32 卷-12，第 70—73 页。本表为该班第一学期时统计，带 * 者为预科九、十班降级生，共 7 名。

| 姓名 | 年龄 | 籍贯 | 姓名 | 年龄 | 籍贯 |
|------|------|------|------|------|------|
| 焦麟 | 19 | 岳池 | 王泽铃 | 19 | 华阳 |
| 黄明远 | 22 | 潼南 | 何辉先 | 20 | 蓬溪 |
| 庄永龄 | 18 | 华阳 | 胡国柱 | 21 | 仁寿 |
| 邓树声 | 18 | 华阳 | 刘铭 | 19 | 永川 |
| 邹民辉 | 23 | 荣县 | 胥培基 | 24 | 蓬溪 |
| 李希遥 | 20 | 仁寿 | 张晓初 | 18 | 射洪 |
| 陈光平 | 18 | 内江 | 明树清 | 18 | 铜梁 |
| 周启基 | 19 | 崇庆 | 尹权 | 18 | 仁寿 |
| 李秉懿 | 19 | 中江 | 吴谦 | 19 | 安岳 |
| 金崇古 | 22 | 蓬安 | 彭世赞 | 20 | 蒲江 |
| 蔡室珊 | 25 | 酉阳 | 何融轩 | 19 | 蓬溪 |
| 赵平章 | 18 | 潼南 | 陈心颖 | 18 | 邛崃 |
| 凌沧 | 18 | 冕宁 | 阴懋昭 | 20 | 泸县 |
| 杜长钟 | 20 | 蒲江 | 邱济宽 | 22 | 潼南 |
| 张旭宣 | 20 | 铜梁 | 卿复初 | 20 | 开县 |
| 胡汉池 | 19 | 垫江 | 钟世相 | 22 | 垫江 |
| 范杓华 | 26 | 什邡 | 黄鹏 | 18 | 广汉 |
| 李源澄 | 18 | 犍为 | 杨彦修 | 20 | 合江 |
| 彭树德 | 18 | 绵竹 | 鲁光玙 | 24 | 简阳 |
| 张穗九 | 19 | 开县 | 雷震 | 22 | 铜梁 |
| 辛本朴 | 21 | 广安 | 王仲纶 | 20 | 铜梁 |

| 姓名 | 年龄 | 籍贯 | 姓名 | 年龄 | 籍贯 |
|------|------|------|------|------|------|
| 谭德河*① | 23 | 达县 | 熊善* | 19 | 铜梁 |
| 黄天良* | 19 | 新都 | 罗智* | 18 | 新都 |
| 阎维礼* | 23 | 达县 | 王孟良* | 19 | 三台 |
| 王述祖* | 18 | 三台 | | | |

## 二、学生代表

何域凡的《存古学堂嬗变记》说："存古学堂在 9 年中，三经嬗变，其造就人材较著者有三台陆蓍那、崇庆杨永浚、资阳曾尔康、盐亭蒙尔达、巴县向丞周、资中邓宜贤、井研廖宗泽等 20 余人。此辈或擅词章、或治小学、或通经史，诚为当时翘楚。"② 所言确为实情。蒙文通也指出当时的同门治学皆有所成："先生弟子遍蜀中，惟三台陆海香初治《周官》，洞明汉义，亦不废先生晚年之说。成都曾宇康尔康治《左氏》，宗贾、服，略与先生殊。崇庆彭举（云生）、巴县白承周（宗鲁）亦从闻其绪论，而皆自成其学……犍为李源澄（俊卿）于及门中为最少，

① 预科十班谭孝后，改名德河。

② 何域凡：《存古学堂嬗变记》[G]，四川省政协文史资料委员会编：《四川文史资料集粹》第 4 卷，成都：四川人民出版社，1996 年第 1 版，第 424 页。此处所谓"9 年"，指从 1910 年存古学堂建立，到 1918 年变更为四川公立国学专门学校，这期间经历变更为国学馆、国学学校、公立国专等数次变化，故称"三经嬗变"。

精熟先生三传之学，亦解言礼。"① 学子的勤奋与成就由此可见一斑。下面将对其中的一些代表人物略作介绍。

（一）向宗鲁（图8—2）

向宗鲁（1895—1941），原名永年，学名承周，字宗鲁，四川巴县人，文史学家。幼年家贫，勤奋读书，有"神童"之名。1908年考入巴县中学堂。1909年考入川东师范学堂。1912年8月，考入成都国学馆②。国学馆遂并入国学院。当校方获悉其家庭贫困的情况后，曾致函川东道巴县知事帮助筹集学食费，解决了他的后顾之忧。

在此学习的三年，向宗鲁博览群书，虚心求教。所读之书，凡有疑惑或心得之处，都在书本上一一批注。还常向廖平请教，师生"磋商学术，互相辩论，共同探讨"，向宗鲁所列论据详实，议论又很精当，往往赢得廖氏赞许。

向宗鲁平时极为节俭，放假回

图8-2　向宗鲁（源自曹顺庆等主编《向宗鲁先生纪念文集》，巴蜀书社2015年版）

---

① 蒙文通：《廖季平先生传》［M］，廖幼平：《廖季平年谱》，成都：巴蜀书社，1985年第1版，第105页。按：白承周应为向承周。

② 向承周为1912年8月入校的甲班学生，此时学堂已改名为国学馆。据《四川省国学院附设国学学校一览表》（1913．4）［A］，国学档，第1卷-14，第38—39页。罗元晖的《校注留青史　爱国传后代——向宗鲁先生简史》［G］，中国人民政治协商会议四川省巴县委员会文史资料委员会编：《巴县文史资料》第5辑，1989年第1版，第23页记"一九一一年春……宗鲁去成都进了存古学堂"，似误。

家，往返成渝两地都是步行。唯独买书却"不惜举债甚至降低生活费用也要购得，然后高兴得眉开眼笑快活不止"。

毕业后先在巴县、江北中学任教，1927年在重庆国学专修馆讲学，1930年执教于重庆大学中文系，为首届系主任。1935年秋，重大文、农两学院并入四川大学后，任中文系教授。1940年，任川大中文系主任。他讲授《昭明文选》，不挟书本，引用的群家注释随口成诵，只字不差。王利器、屈守元等皆其在川大的高足。

曾校注《昭明文选》、《史通》、《管子》、《春秋左传正义》、《淮南子》、《淮南鸿烈集解》、《说苑》、《周易正义》等，并著有《文选理学权舆续补》、《校雠学》等。向宗鲁治学严谨，立论必有据，能集众家之长又不拘于陈说，于考据学贡献良多①。

## （二）彭云生

彭云生（1887—1966），名举，别号芸生，笔名芸村、芸苏。崇庆人，学者、诗人、书法家。1912年8月考入国学馆，与向宗鲁同班。未毕业便辍学归家自修。1918年担任成属联中、省立第一中学任国文教师。五四时期，加入"少年中国学会"，与李劼人、胡少襄等9人成立"少年中国学会成都分会"，为传播新思想，又创办《星期日》周刊，负责撰稿等工作。先后执教于重庆联中、省第二女子师范学校、顺庆联中。1925年加入

---

① 本部分材料源自罗元晖：《校注留青史　爱国传后代——向宗鲁先生简史》[G]，中国人民政治协商会议四川省巴县委员会文史资料委员会编：《巴县文史资料》第5辑，1989年第1版，第20—40页；罗元晖：《考据学家向宗鲁》[G]，中国人民政治协商会议成都市委员会文史资料研究委员会编：《成都文史资料》第19辑，1988年第1版，第93—104页。

中国青年党。1927 年回到成都后，在成都大学、师范大学授课。又与友人唐迪风等创办敬业学院，并附设中学部。1934 年在四川大学、华西大学任教授，讲授八代文、宋明理学等。还曾赴云南大理民族文化书院任课。1947 年任国民参政员。此后在成都执教于东方文教学院。1951 年被聘为四川省文史馆研究员。

彭云生对于宋明理学的研究颇有特色，他曾跟从欧阳竟无学习佛经，能从禅宗角度阐述理学。他在史学、方志学方面也有研究，曾编《史学史讲义》作为川大教材，又撰《西康通志》、《四川通志》。并对杜甫草堂和望江楼作过较系统的考证，撰有《薛涛丛考》、《薛涛诗笺》、《杜诗版本考》、《草堂文献汇编》等，还参与编写《成都城坊古迹考》、《杜甫年谱》。

彭氏长于诗文，作品"以醇雅朴厚见称"。其诗作不下千余首，然多遗失，后整理出 700 多首，分为《江源集》、《锦里集》、《旅燕杂感》、《峨眉集》、《苍山集》、《还蜀集》、《新居集》共 7 册①。晚年游杜甫草堂，曾作《咏台阁朱》，亦可见其风格。诗云："一树江边半不禁，今朝千本灿园林。香随鼻观浮高下，色入霞红斗浅深。艳绝真疑丹换骨，繁开应许客狂吟。何当起寿杜陵老，共笑花前酒慢斟。"又有《四川省图书馆以周孝怀先生饯经诗见示，勉以原韵和之》："湘潭老人独尊经，远从西汉拾坠零。大拥皋比廖（平）吴（伯玙）宋（育仁），后事弟子追影形。五十年来非所贵，秘书尘委无津逮。前有马杨

---

① 彭铸君：《忆我的父亲》[G]，中国人民政治协商会议四川省崇庆县委员会编：《崇庆文史资料选辑》第 4 辑，1986 年，第 69 页。

后范苏，煌煌蜀学嗟谁继？"① 该诗追诉了尊经书院以来，四川学人薪火相传的历程，并对蜀学的发展提出了希望。还曾作《岁暮怀人诗八十一首》回忆师友，其中一首是为同窗杨润六作，诗云："摩诘原多病，涪翁妙解禅。相看冬又至，是否夜成眠。短榻孤灯外，渔歌夕照边。桃花无限好，会取古灵贤。"② 另外，他也工于书法，其笔力雄劲，外秀内刚，为人称道。

彭云生一生为人正直，淡泊名利，治学严谨，是颇有声望的学者。梁漱溟晚年回忆蜀中友人时犹言："还有彭芸生先生，又叫彭举，是我心目中仰慕的学者。记得他是四川崇庆州人，治史治经有成就。其人恭谨谦和，是个认真做学问的人。"③

（三）杨润六

杨润六（1890—1950），名正芳，崇庆人。1912 年 8 月考入国学馆，与向宗鲁、彭云生等同班。《蒙文通先生年谱》记："在校读书期间，与同学彭云生、杨叔明、杨润六、向宗鲁、曾宇康、曾道侯、廖次山等相友善，数十年交往未绝。"④

毕业后，任教省成联中等校⑤，是当时著名的中学语文教师

---

① 彭静中、吴洪武：《吴伯揭先生与古典蜀学的终结》［M］，吴洪武等校注：《吴之英诗文集》，成都：四川大学出版社，2008 年第 1 版，第 582 页。

② 彭铸君供稿，政协文史研究委员会整理：《彭芸生年谱》［G］，中国人民政治协商会议四川省崇庆县委员会编：《崇庆文史资料选辑》第 5 辑，1987 年，第 48 页。

③ 本部分材料源自四川省崇庆县志编纂委员会编纂：《崇庆县志》［M］，成都：四川人民出版社，1991 年第 1 版，第 822—824 页；张伯龄：《彭云生事略》［G］，中国人民政治协商会议崇州市委员会编：《崇州历史名人录》，2000 年，第 84—88 页。

④ 蒙默：《蒙文通先生年谱》［G］，四川大学历史文化学院编：《蒙文通先生诞辰 110 周年纪念文集》，北京：线装书局，2005 年第 1 版，第 415 页。

⑤ 蒙默：《蒙文通先生年谱》［G］，四川大学历史文化学院编：《蒙文通先生诞辰 110 周年纪念文集》，北京：线装书局，2005 年第 1 版，第 416 页。

之一。

编撰有《古文选注》、《润六诗稿》、《容膝斋诗话》等，又著有《自牧道人别传》①。善于填词，与朱青长、李久芸等人多有唱和，为成都有名词人②。书法学习《天发神谶碑》，笔力强劲，沉着奇伟③。

### （四）杨雁南

杨雁南（1891—1961），名庆翔，字雁南，绵竹人，为"戊戌六君子"之一的杨锐之侄。历史地理学家。1912 年 8 月考入国学馆，与向宗鲁、彭云生等同班。毕业后在成都建国中学、四川省立剑阁师范、南开大学任教历史、地理课程 30 余年。为当时成都著名教师之一。好收集古代币制<资料>、钱刀。往往不辞辛苦，多方探访，始得成套。1950 年，将其珍藏的古刀币、布币、古钱捐献给绵竹县人民政府。1952 年被聘为四川省文史研究馆馆员。撰有《中国历代币制图考》、《中国历史纲要》、《中国地理纲要》等史地著作④。

---

① 蒙默：《蒙文通先生年谱》[G]，四川大学历史文化学院编：《蒙文通先生诞辰 110 周年纪念文集》，北京：线装书局，2005 年第 1 版，第 432 页。
② 傅宇斌：《现代词学的建立：〈词学季刊〉与 20 世纪三四十年代的词学》[M]，北京：商务印书馆，2013 年第 1 版，第 60 页。
③ 本部分材料除单独标注外均来自杨正苞：《四川国学院述略》[J]，《西华大学学报》（哲学社会科学版），2009 年第 28 卷第 1 期，第 30 页。
④ 据宁志奇：《县藏珍稀古钱"天统国宝"初考》[G]，中国人民政治协商会议四川省绵竹县委员会编印：《绵竹文史资料选辑》第 6 辑，1987 年，第 89 页；宁志奇：《百年风云仰铁肩——戊戌六君子杨锐故里遗迹揽胜》[G]，王培生、张昌禄主编：《绵竹文史资料选辑》第 17 辑，1998 年，第 3 页；张荣福：《省立剑阁师范》[G]，中国人民政治协商会议四川省广元市委员会文史资料委员会编：《广元市文史资料》第 4 辑，1991 年，第 116、118 页；杨正苞：《四川国学院述略》[J]，《西华大学学报》（哲学社会科学版），2009 年第 28 卷第 1 期，第 30 页。

## （五）杨叔明

杨叔明（1894—1961），名永浚，号菽庵，崇庆人。清代名将杨遇春之玄孙。1912 年 8 月考入国学馆，与向宗鲁、彭云生等同班，杨润六为其侄儿①。后师从贵州吴焯夫学绘画、成都张先识学中医。1919 年加入"少年中国学会"。曾在成都、重庆的中学、师范任教。1924 年任重庆第二女子师范学校校长，并加入中国青年党，任该党四川临时支部主席、四川特派员、中执委等职。1936 年任西康建省委员会秘书长，1939 年任西康省政府委员。1946 年参加旧政协。1947 年任国民政府行政院政务委员，因要求彻查"励志社"财务而被免职。1948 年出席行宪国民代表大会，被任命为宪政督导委员会委员。后认清国内形势，加入到反蒋倒王（陵基）的阵营，并参加"彭县起义"，又劝说联襟国民党第十五兵团司令罗广文起义，为川西的和平解放作出了贡献。

杨叔明诗文书画俱佳，有诗作在当时的期刊上发表，书法雄秀刚健，绘画则花鸟山水皆工，为人称许。撰有《古今文再析》、《学医心得》，后人辑有《菽庵诗书画存》②。

## （六）蒙文通（图8—3）

蒙文通（1894—1968），名尔达，字文通，四川盐亭人，历

---

① 见汪潜：《青年党的前期活动》［G］，全国政协文史资料委员会编：《中华文史资料文库》第 8 卷：政治军事编，北京：中国文史出版社，1996 年第 1 版，第 245 页。

② 据四川省崇庆县志编纂委员会：《崇庆县志》［M］，成都：四川人民出版社，1991 年第 1 版，第 815—818 页；杨正苞：《四川国学院述略》［J］，《西华大学学报》（哲学社会科学版），2009 年第 28 卷第 1 期，第 30 页。

史学家。1912 年 8 月考入国学馆，与向宗鲁、彭云生等同班。曾撰写《经学导言》，对《今古学考》的部分观点提出质疑，廖平读后大加称赞，说："文通如桶底脱落，佩服佩服，将来必成大家。"

1923 年，跟随佛学大师欧阳竟无学习。次年返川，任教于成都大学、成都师范大学、四川公立国学专门学校。1927 年，完成成名作《古史甄微》，阐述了上古民族"文化三系"之说，即江

图 8-3　蒙文通 1955 年摄于成都（源自《蒙文通文集》第 2 卷，巴蜀书社 1993 年版）

汉、海岱、河洛三系。1929 年任中央大学历史系教授。1930 年受聘于成都大学。此后又任教河南大学。1933 年执教北京大学。1935 年，赴天津河北女子师范学院任教。抗战爆发后，返回四川大学。之后曾前往内迁于三台的东北大学任教。1940 年任四川省图书馆馆长兼四川大学、华西大学教授。1949 年后继续任教华西大学、四川大学，兼中国科学院历史研究所研究员、学术委员会委员，并先后担任成都市人大代表，市政协委员，民盟成都市委、省委委员。

蒙文通对于经学、诸子、史学都有深入研究，著述有《古史甄微》、《古地甄微》、《经学抉原》、《儒学五论》、《中国史学史》、《周秦少数民族研究》、《巴蜀史的问题》、《越史丛考》等。主要论文有《孔氏古文说》、《〈天问〉本事》、《中国禅学考》、《论墨学源流与儒墨汇合》、《晚周道仙分三派考》、《中国

古代北方气候考略》、《犬戎东侵考》、《秦为戎族考》、《从社会制度及政治制度论〈周官〉成书年代》、《漆雕之儒考》、《略论黄老学》、《杨朱学派考》、《法家流变考》、《四川古代交通路线考略》、《前后蜀州县及十节度考》等，研究范围极为广泛①。

（七）廖宗泽

廖宗泽（1898—1966），号次山，井研人，廖平之孙。幼年丧父，13 岁时跟随祖父学习。1914 年 3 月考入四川国学学校。在校期间成绩优异。

1918 年毕业。次年廖平患风痹偏瘫，吐辞不清，但仍然坚持讲学。廖宗泽承担起助教之职，廖平讲课时，宗泽就将要点写于黑板，同学有不解之处，他也代为解释。

"五四"以后，他开始关注西方思想文化。1920 年考入四川公立外国语专门学校学习法语，准备留学。因学校停办，遂回井研县立中学任教。他提倡学生用白话文作文，还组织男女同学演出文明戏。并发表《论厚慈薄孝》、《再论厚慈薄孝》，宣传反封建思想，引起很大反响。期间其思想也从无政府主义转向共产主义。

1927 年暑假，他联合在成都的井研青年成立研新社，旨在研究新思想，传播新文化。返回井研后，他编《研新》杂志，又办洁纯小学、六译公学。

---

① 本部分材料源自绵阳市志编纂委员会编：《绵阳市志（1840—2000）》下［M］，成都：四川人民出版社，2007 第 1 版，第 2093—2094 页；巴蜀书社编辑部：《出版说明》［M］，蒙文通：《蒙文通文集》第 1 卷：《古学甄微》，成都：巴蜀书社，1987 年第 1 版，第 1—3 页。

1929 年秋，廖宗泽前往成都省立第一师范及新西南高等实业学校任教。之后曾在乐山县中、乐山女中、嘉属联中任教。1935 年任井研中学校长，次年辞职。

1937 年冬，赴西康主编《新西康》月刊，兼康定师范教员。1939 年任西康省政府秘书，兼西康通志馆筹备委员，编成《西康大事年表》。1941 年后主要在成都任中央大学医学院教授、四川大学中文系教授，也先后在井研中学、雅安中学、雅安师范任教，又兼井研县志馆纂修。

1957 年被错划成极右派，受到极不公正的待遇。在此期间，他仍然坚持撰写《廖平年谱》和《井研学案》。"文革"开始后，其手稿被付之一炬。受此打击，1966 年 9 月含冤去世。1984 年终得平反。

曾将词作编为《仲任词稿》。其词清新婉丽，具有时代气息。录七七事变后，从南京返川途中经九江时所作《临江仙》："只有小姑风韵在，庐山已费商量。白莲虽好不闻香。旧时谭佛地，今日历兵场。烽火连天秋整半，归舟又过浔阳。匹夫真欲问兴亡。河山无限好，天色郁苍苍。"①

## （八）陆德馨（图8—4）

陆德馨（1882—1953），字香初，号陆海、菩那。先在成都尊经书院学习。1910 年考入存古学堂。在校受廖平影响至深，其同学蒙文通认为陆德馨能继承廖师之学："先生弟子遍蜀中，

---

① 本部分材料源自四川省井研县志编纂委员会编纂：《井研县志》［M］，成都：四川人民出版社，1990 年第 1 版，第 694—697 页。

图 8-4 陆德馨（源自《文史杂志》2007 年第 3 期）

惟三台陆海香初治《周官》，洞明汉义，亦不废先生晚年之说。"① 毕业后一直从事文化教育工作。1924年任三台县图书馆馆长。1928 年受聘于公立四川大学，讲授目录学。20 世纪 30 年代，在三台中学教授国文、担任校长。1948 年，任教川北大学。1951 年又任川北博物馆负责人。次年任四川省文史研究馆研究员。书法习汉碑及黄庭坚贴，字体遒秀逸致。著有《目录学》、《群经大义》、《尊孔修备录》、《子贡学考》等②。

（九）邓宜贤

邓宜贤（1883—1960），字辅相、佛向，资中人。原存古学堂学生，1910 年入校。毕业后历任资中一中校、江安省立第三中学、泸县川南职业中学、四川国学专门学校、重庆川东联立高级工科中学、嘉陵高中、省第六中学、成都大学国文教员。

一生好读书、藏书，知识面广，深得学生敬重，为资中知名的老师。擅长诗文，人称其文是：字欲其生，句欲其硬，神

---

① 蒙文通：《廖季平先生传》［M］，廖幼平：《廖季平年谱》，成都：巴蜀书社，1985 年第 1 版，第 105 页。

② 据陆原：《清霜淡月战秋风——简记伯父陆德馨》［J］，《文史杂志》，2007年第 3 期，第 13—15 页；陆原：《蒙文通著作中的陆海》［M］，《视听回首：陆原文论诗选集》，北京：中国广播电视出版社，2010 年第 1 版，第 252 页。

欲其练，味欲其腴。其书法驰名远近，核桃行楷自成一家。

曾被选为资中县第一、二届人民代表，资中县第一、二届政协副主席①。

（十）曾宇康（图8—5）

曾宇康，字尔康，资阳人。国学学校学生，与蒙文通等友善。

图8-5　1946年川大中文系师生在川菜馆"荐芳园"合影。前排右起：钟树梁、黄季陆、赵少咸、向楚、林思进、潘重规、彭云生、曾宇康、杜仲陵、殷孟伦（源自袁庭栋著《成都街巷志》（上），四川教育出版社2010年版）

---

①　本部分材料源自一之：《邓佛向先生事略》［G］，中国人民政治协商会议四川省资中县委员会文史资料委员会编：《资中文史资料选辑》第11辑，1989年，第75—83页；党跃武主编：《张澜与四川大学》上［M］，成都：四川大学出版社，2013年第1版，第206页。

毕业后曾在彭云生等人创办的敬业学院授课①。并长期在四川大学讲授《文选》②，为川大中文系中国文学史教研室"八大教授"之一③。1938年，民国政府安排 C．C．派要员程天放任川大校长，激起校内师生反对，曾宇康积极参加"反程运动"，在罢教宣言及驳斥教育部文电上签名④。

著有《春秋繁露译注》、《〈春秋繁露义证补释〉序》⑤，在国内该研究领域产生了重要影响⑥。

## （十一）李源澄

李源澄（1909—1958），字俊清，又作俊卿，四川犍为人。曾在文学家、书法家赵熙主持的荣县县立中学学习。1927 年 1 月考入四川公立国学专门学校。李源澄曾赴井研向病中的廖平请教，为廖氏的关门弟子。蒙文通说："犍为李源澄（俊卿）于

---

① 彭铸君：《忆我的父亲》［G］，中国人民政治协商会议四川省崇庆县委员会编：《崇庆文史资料选辑》第 4 辑，1986 年，第 71 页。

② 王利器：《王利器自传》［G］，晋阳学刊编辑部编：《中国现代社会科学家传略》第 2 辑，太原：山西人民出版社，1982 年第 1 版，第 84 页。

③ 另外七位分别是：庞石帚、杨明照、陈志宪、周菊吾、曾缄、任中敏、张默生。见陈艺嘉，毛菊琳：《学问毕生事，诗词老顽童——访退休教授张志烈先生》［G］，曹顺庆等主编：《濯锦录——名宿与旧事中的百年川大》第 2 卷，成都：四川大学出版社，2016 年第 1 版，第 168 页。

④ 汪潜：《反对程天放作川大校长》［G］，中国人民政治协商会议四川省委员会四川省省志编辑委员会编：《四川文史资料选辑》第 13 辑，1964 年，第 59 页。

⑤ 方克立等编：《中国哲学史论文索引》第 1 册（1900—1949 年）［M］，北京：中华书局，1986 年第 1 版，第 304 页。

⑥ 成都市地方志编纂委员会编纂：《成都市志·总志》［M］，成都：成都时代出版社，2009 年第 1 版，第 566—567 页。

及门中为最少，精熟先生三传之学，亦解言礼。"[1] 1932 年进入南京"支那内学院"学习。当时河南大学教授邵瑞彭评价说："李生年少，而其学如百尺之塔，仰之不见其际。" 1935 年到苏州进入章太炎主办的国学讲习会学习，并讲说《春秋》。太炎谓：闻人言廖氏学，及读其书不同，与其徒人论又不同。所指即李源澄。北京大学教授张孟劬称赞李氏之学："如开封铁塔，不假辅翼，直上干霄。"

1936 年，任无锡国学专修学校教师，讲授诸子。1937 年，曾创办学术刊物《论学》，共出版 8 期，因抗战爆发停办。之后在成都任《重光月刊》编辑，该杂志一方面宣传抗日救亡，另一方面坚持学术研究。返川后，任教于蜀华中学、四川大学。1939 年，浙江大学迁入贵州遵义，被聘为史地系教授。又受聘张君劢等人在云南大理创办的"中央民族文化书院"，讲史学课程。1942 年春，重返四川大学讲授经学，编有《经学通论》。1945 年在灌县灵岩寺创办"灵岩书院"，蒙文通之子蒙默曾就读于此。1947 年，被聘为云南大学教授。1948 年，受梁漱溟之邀，赴重庆任勉仁文学院教务长及历史系教授、主任。1950 年任西南师范学院（后改名西南师范大学，今西南大学）史地系教授兼系主任，兼任副教务长。1953 年，当选民盟北碚分部委员会委员。1955 年，当选中国人民政治协商会议重庆市第一届委员会委员。1957 年被错划为右派。1958 年 5 月因病去世。

---

① 蒙文通：《廖季平先生传》［M］，廖幼平：《廖季平年谱》，成都：巴蜀书社，1985 年第 1 版，第 105 页。

1981 年得到平反昭雪。

撰有《诸子概论》、《李源澄学术论著初编》、《秦汉史》、《魏晋南北朝史》等著述，并撰论文 100 余篇①。

以上 11 位是国学院及其学校培养的众多学生之代表，从中可以发现他们主要从事文教工作，多执教于省内外大、中学的讲堂，其渊博的学识、严谨的学风、高尚的人品使之成为省内乃至全国的名师，其后学无数，实现了学术的薪火相传。而且他们多著书立说，在国学研究领域成就斐然，著名者有多位，为蜀学传承发展的重要力量，其影响至今犹在。并且这批学人多经历了抗战的烽火以及之后的种种磨难，但在艰难困苦之中，他们依然不忘初心，坚持学术研究及著述，这是非常难能可贵的，也是留给后学极其宝贵的精神财富。

---

① 本部分材料源自王川：《李源澄先生年谱》［J］，《儒藏论坛》第 3 辑，2009 年，第 236—331 页。

# 第九章　四川国学院的学术活动

国学院最初成立时，确定了六项主要工作，涵盖文献收集整理校订、杂志编辑、历史编纂等方面，充分体现出学术研究机构的性质，随着国学馆的并入，又增加了办学功能，从而呈现出教学研究并行的特征。1914 年，由于经费紧张，被迫废院存校，教学工作由此得到强化，成为中心任务。那么，国学院当初制定的工作计划有没有开展？具体情况如何？在 1914 年之后是否完全停止了？其国学研究与相关学术活动成效又如何？

## 第一节　《四川国学杂志》

1912 年 6 月，四川国学院成立，当时确定的工作任务包括：一、编辑杂志；二、审定乡土志；三、续修通志；四、搜辑乡贤遗书；五、校订国学参考书；六、编纂本省光复史。编辑杂志一项居首。

9 月 20 日，这份杂志即《四川国学杂志》第 1 期出版，每

图9-1 《四川国学杂志》封面（源自成都市图书馆藏《四川国学杂志》）

月1期（图9—1）①。该刊为32开，第1至4期为铅印，之后改为木刻印刷②。在每期的首页都刊载有《中华民国〈四川国学杂志〉简章》，即："一、本报由四川国学院刊刻发行，故名曰四川国学杂志。二、本报以发挥精深国粹、考征文献为宗旨。三、本报代登各种广告，酌量收费。四、本报月出一册，每月二十日发行。五、本报每册暂定二角。六、中学以上各校及各属教育分会皆有购阅本报之义务。其有具文请领者照九折征费，学校学生联名请领者，十份以上九折，三十份以上八折。"③ 第2期又刊出价目表，称杂志分为国产纸、外国纸两种印刷，国产纸本零售二角，外国纸本为二角五仙。也可以长期订阅，全年十二册价格为二元一角，半年六册价格为一元一角④。

该刊末页还附编辑、发行信息。其中编辑曾培，为尊经书院毕业生、进士、国学院院员。位于成都青石桥的存古书局为发行点，发行人为张子梁，成都各书肆及各地劝学所、教育会

---

① 据《四川国学杂志》[J]，1912年第1期，卷末。

② 何域凡：《存古学堂嬗变记》[G]，四川省政协文史资料委员会编：《四川文史资料集粹》第4卷，成都：四川人民出版社，1996年第1版，第423页。

③ 《中华民国〈四川国学杂志〉简章》[J]，《四川国学杂志》，1912年第1期，卷首。按：从第2期开始简章第五条增加为："每册暂定二角，省外另加邮费三分。"

④ 《本杂志预定价目表》[J]，《四川国学杂志》，1912年第2期，卷首。

为代销点。第1、2期刊有四川官印刷局印刷字样，之后不再标注印刷地点，不知是否已改为由存古书局负责。此页还附广告价目表，云：所载广告需在发行前七日交来，不满一行者按一行算。一期一行为二角，半页为二元四角，一页为四元，长期者酌减①。

因为国学院是"全省国学机关"，负责四川的国学工作，它所办的这份杂志也就带上了一定的官办性质，要求各学校及各教育分会订阅即为一表征。其内容则主要为国学的考订文章。

创刊号第一页刊载院员曾学传撰写的《国学杂志义例》，文章阐述了创办该刊的目的："中华民国元年秋，蜀政府设国学院，为全省国学倡，以发扬国粹为宗旨。首编辑国学杂志，以资阐发弘义，鼓吹群伦，事綦重也。"② 在对国学的认识上，曾学传与国粹派是一致的，他说："异邦好学之士方集会研究，而我乃听其晦盲，致人心郁暗，塞源趋流，忘耻逐利，饰伪乱真，以相欺诈，破规裂矩，以为文明，如横流决堤，不可收拾，岂非国学不明之故欤？"他视国学为民族精神文化之根基，认为如不维系，则"不惟不足争胜东西列强"，反而会加速"中国之亡也"③。这应该也代表了国学院诸君的共识，因此他们办杂志实际上还包含着对民族、国家的一份责任。

这篇《义例》还具体介绍了杂志的栏目设置情况，共11

---

① 《广告价目表》[J]，《四川国学杂志》，1912年第2期，卷末。

② 曾学传：《〈国学杂志〉义例》[J]，《四川国学杂志》，1912年第1期，第1页。按：弘义原文为"私义"，据文意改。

③ 本段引用均来自曾学传：《〈国学杂志〉义例》[J]，《四川国学杂志》，1912年第1期，第1页。

种，分别为：

一、通论。凡发扬国粹，推阐至理，总括弘义者，皆入此门。

二、经术。中华国粹，荟于群经，微言大义，务触类引申，以为匡世之本。惟经学必通音训，而以小学附焉。

三、理学。孔道失真，由忽躬行，有宋理学，功在实践，欲正人心，莫切于此。

四、子评。国粹以孔学为正宗，能旁考诸子得失，观其会通，益足以彰孔学之博大。

五、史学。孔作春秋，其文则史，往迹虽陈，其义自富，是在学者推陈出新而史例考证附焉。

六、政鉴。历代政制，亦得失之林，折衷古今，足资考镜，推核中外，尤关时用。

七、校录。征文考献，搜残补阙，校雠目录，稽古君子，在所不废。

八、技术。孔门立教，不废游艺，下及小道，亦有可观，医卜杂技古书，及新有发明，并入此类。

九、文苑。蜀士弘箸，或同人私稿，根于性情，有关风教者，均可采录，不涉浮滥。

十、杂记。笔记丛谈，均以辨析事理切口社会为主要。

十一、蜀略。凡关蜀故，足以发挥文献，阐扬风教者，并入此门，以备怀旧之士览焉①。

---

① 曾学传：《〈国学杂志〉义例》[J]，《四川国学杂志》，1912 年第 1 期，第 1—2 页。

其栏目设置还是比较广泛的，涵盖经史子集各方面，同时呈现出较为鲜明的现实关注性，"尤关时用"、"切□社会"等话语都是这种思想的流露，另外专辟"蜀略"一栏，体现了对本土文化的重视，也与国学院搜辑乡贤遗书等相关工作是互相配合的。

该杂志的撰稿人基本为国学院院员，如刘师培、廖平、曾学传、吴之英、谢无量、曾瀛、杨赞襄、李尧勋等，都有多篇文章发表于此。其中经学、史学、子学类的文章最多，如：刘师培的《〈白虎通义〉源流考》、《西汉〈周官〉师说考》、《古本字考》、《〈月令〉论》、《今文〈尚书〉无序说》、《周书略说》、《周历典》、《周明堂考》；廖平的《〈周礼〉凡例》、《〈尚书〉〈周礼〉皇帝疆域图表》、《天人论》、《经学四变记》、《伦理约编》、《〈庄子〉经说叙意》；杨赞襄的《龙门吉羽》；吴之英的《〈仪礼〉训故叙》；曾学传的《经书传记叙目》、《〈宋儒学案约编〉叙目并论》；曾瀛的《渡泸考》、《〈易〉汉学举略》、《〈华阳国志〉证误》；李尧勋的《中国文字问题》等。也有校录类文章，如刘师培的《〈春秋繁露·爵国篇〉校补》、《〈荀子〉佚文辑补》等。还有关于四川学术文化的，如刘师培的《蜀中金石见闻录》；谢无量的《蜀学原始论》、《蜀〈易〉系传》等。另外刊载了不少诗文作品，如吴之英的《哭杨锐》、《蒙茶歌》、《东湖》；刘师培的《阴氛篇》、《咏史》、《大象篇》；楼黎然的《峨眉纪游》等。以及学术争鸣性的文章，如杨赞襄的《书刘申叔〈南北考证学不同论〉后》；教科书性质的作品，如楼黎然的《修身教科书》、李尧勋的《国学学校教育学

（弁言）》等①。

在杂志卷首往往刊登蜀中著名人物画像，如李白（图9—2）、苏轼（图9—3）、诸葛亮、扬雄等，以及收集到的碑刻拓本，如《宋昌州六经图碑〈周易〉图》、《宋昌州六经图碑〈春秋〉图》、《周武成经幢残石》、《汉上庸长司马孟台神道碑残石》、《绵州古造像》（图9—4）、《资州唐造象》、《简州后唐造象》、《北宋新浦县印》、《北宋新浦县印牌》、《灌县唐人写经残

图9-2 《四川国学杂志》刊载之李太白先生造像（源自《四川国学杂志》1912年第3期）

图9-3 《四川国学杂志》刊载之苏子瞻先生造像（源自《四川国学杂志》1912年第3期）

———————————

① 本段材料根据《四川国学杂志》1912—1913年第1—12期编写。

**图9-4 《四川国学杂志》刊载之新近出土绵州古造像拓本**
**(源自《四川国学杂志》1913年第8期)**

石》、《梓潼贾公阙残碑》等。这是它的一大特色,体现出国学院当时搜集金石文献工作的成果。

同时,杂志还刊载捐助图书金石的人员名单以资感谢,第5期便载有"刘申叔先生捐洋五十九元七角一仙九星",并一一罗列使用该款购置的书籍,有《庄子集释》、《庄子集解》、《韩非集解》等共20部。还载张梦渔捐《千秋亭记》拓本,吕友芝捐《素书》一本①。与之相连,刊有《国学院征集图书碑拓启》,云:国学院各项事务,"非广集图书碑拓无由着手",尤其需要"川碑拓本"、"川贤遗著",因而呼吁各界能给予帮助,并表示既欢迎"慨然捐赠",也接受"暂假庋存",且无论采用何种方

---

① 《国学院捐助图书金石题名》[J],《四川国学杂志》,1912年第5期,第77页。

式，院方都将登报致谢①。

当时国学院每月有 200 元的专项拨款用于杂志办理，月刊千份②，除省城各公署外，还发行至全省各县 140 多处③，影响范围还是比较广的。

图9-5 《国学荟编》第 1 期封面（源自全国报刊索引数据库）

1914 年初，国学院停办时，《四川国学杂志》已出版 12 期，此后杂志"改附"国学学校继续办理，改名《国学荟编》（图9—5），采用木刻印刷④，从第 1 期开始编序。又计划"改良"，准备增加刊印蜀中先贤遗著以及院生课艺有心得者⑤。年终，学校在《周年概况报告书》中总结称："校中由存古书局月刊《国学荟编》一册，专以尊孔为主，崇尚道德，期养成高尚之学风，其他蜀中先正著述及近人

---

① 《国学院征集图书碑拓启》[J]，《四川国学杂志》，1912 年第 5 期，第 78 页。

② 《咨送民国二年上半年预算表一本及预算表》（1912. 12）[A]，国学档，第 38 卷-13，第 59 页。

③ 《国学杂志》发行所：《〈四川国学杂志〉发行所广告》[J]，《四川国学杂志》，1913 年第 10 期，卷首。

④ 何域凡：《存古学堂嬗变记》[G]，四川省政协文史资料委员会编：《四川文史资料集粹》第 4 卷，成都：四川人民出版社，1996 年第 1 版，第 423 页。

⑤ 据《国学杂志》发行所：《〈四川国学杂志〉发行所广告》[J]，《四川国学杂志》，1913 年第 10 期，卷首；《〈国学杂志〉发行所改良广告》[J]，《四川国学杂志》，1913 年第 10 期，第 1 页。

论说精粹者悉采入焉。古籍中有专为蜀事而作或世所稀有之本，亦附卷末以资学人研究。"①

应该说，更名后，无论内容还是风格，与《四川国学杂志》实为一脉相承，仍然每月1期。但这时确实新增了大量古籍资料，如第1期便有宋代史堪（字载之）的《史载之方》，并附这位蜀人的小传。这期还载西晋陈寿的《益部耆旧传》。以后又先后刊载《黄帝内经·明堂卷第一》（隋杨上善注本，此篇中国久佚）、元代邱处机《摄生消息论》、明代费密的《宏道书》、明代李实的《蜀语》、宋代黄休复的《益州名画录》等。除古籍外，刊载的文章主要为廖平所撰，其他作者还有王闿运、吴之英、谢无量、刘师培、张祥龄、罗元黼、黄镕、简燊、简伯璋、蒋智由等。代表性文章有王闿运的《阅〈后汉书〉随笔》，廖平的《王制集说》、《〈脉学辑要〉评》、《四益诗说》、《〈隶释〉碑目表》、《书经大统凡例》、《〈周礼〉郑注商榷》、《地理辨正补证》，吴之英的《西蒙渔父诗钞》，谢无量的《〈匡谬正俗〉校正》、《谢无量诗》，刘师培的《〈廖氏学案〉序》、《〈庄子〉校补》、《左庵长律》，罗元黼的《益部耆旧杂记》、《蜀画史稿》，黄镕的《皇帝疆域图》、《命理支中藏干释例》、《诗纬新解》，简燊的《〈水经注〉颖》，简伯璋的《汉事别录》，蒋智由的《修身教科书》等。此时亦刊广告，如载《〈脉学辑要〉评》的广告，《脉学辑要》为日本人丹波元简著，廖平为之加评语，

---

① 《四川国学学校中华民国二年八月到三年七月周年概况报告书》（1914. 11. 6）[A]，国学档，第1卷-17，第51页。

辑成一卷，由存古书局印刷发行①。同期还有《四益馆医学丛书出版》广告，分别列出书名以及价格。另外，从这时开始每期一般附有下期拟刊书目的预告。杂志编辑所就设在国学学校，发行地点则改为成都卧龙桥街的存古书局②。目前所见最晚一期是 1919 年出版的第 4 期，存于四川省图书馆，若与《四川国学杂志》合计则共刊行 63 期③。

从全国而言，《四川国学杂志》是当时国内有数的几种国学学术刊物之一，是国学兴起的重要标志。据统计，此前，上海有《国粹学报》（1905 年）、《国粹丛编》（1907 年），北京有《国学萃编》（1908 年）、《国学丛刊》（1911 年）出版发行，《四川国学杂志》则是唯一在京沪之外刊印的国学刊物，体现了四川学界于此领域在国内的领先性。而之后，相关刊物便如雨后春笋般涌现：1914 年，北京清华学校国学研究会刊发《国学丛刊》、日本东京的华人国学扶危社印行《国学》；1915 年，上海国学昌明社刊行《国学杂志》；1920 年，武昌高师编印《国学卮林》；1922 年，成都出版《国学月刊》；1923 年，北京大学《国学季刊》发行；1924 年，北京《国学月报》出版；1925 年，《北京大学研究所国学门周刊》发行、北京民国大学编印《国学月刊》；1926 年，《北京大学研究所国学门月刊》问世、上海刊

---

① 《〈脉学辑要评〉广告》[J]，《国学荟编》，1914 年第 3 期，第 1 页。

② 《预定价目表》[J]，《国学荟编》，1914 年第 1 期，卷末。

③ 何域凡：《存古学堂嬗变记》[G]，四川省政协文史资料委员会编：《四川文史资料集粹》第 4 卷，成都：四川人民出版社，1996 年第 1 版，第 423—424 页；王绿萍编著：《四川报刊五十年集成（1897—1949）》[M]，成都：四川大学出版社，2011 年第 1 版，第 45 页。

行《国学月刊》；1927 年，北京清华学校编印《国学丛刊》；1931 年，北平中国大学出版《国学丛编》；1932 年，济南齐鲁大学出版《国学汇编》；1933 年，苏州编印《国学商兑》；1937 年，天津刊印《国学》（月刊）……①由此，国学研究汇集形成 20 世纪中国最具影响力的学术潮流之一，而四川显然是得风气之先，在这时代洪流中发出了自己的声音，其中《四川国学杂志》的作用是不应低估的。作为一本有影响力的学术刊物，该杂志的特色及意义集中体现在如下方面：

首先，《四川国学杂志》（以下简称《四川》）以及《国学荟编》（以下简称《荟编》）是国学院及其学校主办的刊物，其撰稿人多为院员以及教员，也有少量学生的优秀作品，实代表着该院校学术发展的水平，从某种程度而言，也代表着四川国学研究的发展状况。其中不乏颇具价值及影响力的论述，如谢无量的《蜀学原始论》（《四川》第 6 期）、《蜀易系传（蜀学系传之一）》（《四川》第 1—5 期）对于四川学术以及蜀中《周易》研究的发展情况进行了较为全面的论述，是开启近代"蜀学"研究的代表作之一②。其次，刘师培的《〈校雠通义〉笺言》（《四川》第 8 期）对章学诚的校雠学进行了批评，被认

---

① 参见郭建荣：《北京大学国学研究八十年（1918—1998）》［M］，《涵容博大守正日新——我眼中的北京大学》，北京：社会科学文献出版社，2013 年第 1 版，第 128 页。

② 胡昭曦先生认为 19 世纪 80 年代至 20 世纪 30 年代为蜀学研究的开始复兴和初步发展阶段，著名学者有谢无量、刘咸炘、蒙文通等。他指出谢无量的《蜀学原始论》对蜀学进行了较全面的宏观论述，提出了"蜀有学先于中国"的观点，并从儒、道、释、文章四个方面加以梳理归纳。见胡昭曦：《浅议蜀学与巴蜀哲学》［G］，《旭水斋存稿》，成都：四川大学出版社，2012 年第 1 版，第 177 页。

为是民国时期较早对章进行研究的重要论述，"有利于引起人们对章学诚校雠学的重视"①。此外，廖平的《论〈诗〉序》(《四川》第 7 期）认为《诗》有《序》，起于汉代，是当时今文学派对《诗经》研究的一篇代表作②。其《〈周礼〉凡例》(《四川》第 1—2 期）也是"三礼"研究的重要成果③。而蒙文通的《孔氏古文说》(《荟编》1915 年第 8 期）为其发表的第一篇文章，此文辨析旧史与六经之别，探究今古文之源流，深得廖平赞许，由此开启蒙氏的学术历程。还有龚道耕辑录中国第一部农家月令书与代表作《四民月令》，连载于《国学荟编》1917 年、1919 年若干期中，是民国时期该项研究较早的一项成果④。

其次还应注意到：该杂志对于新的学术潮流的关注。19 世纪末 20 世纪初，西方伦理学开始传入中国。关于伦理学的研究随之成为学界关注的热点，国内学人一方面积极译介西方学说，一方面立足传统伦理思想，探讨其意义与价值，并最终建构起这门新兴社会学科。当这波学术思潮出现伊始，《四川国学杂志》便投身其中，推动相关研究的发展，先后刊载了楼黎然的《修身教科书》(第 1—4、6—9 期）、廖平的《伦理约编》(第 5 期），后《国学荟编》又载蒋智由的《修身教科书》(1914 年第

---

① 周余姣：《郑樵与章学诚的校雠学研究》[M]，济南：齐鲁书社，2015 年第 1 版，第 281 页。

② 参见杨世文：《近百年儒学文献研究史》上 [M]，福州：福建人民出版社，2015 年第 1 版，第 442 页。

③ 参见杨世文：《近百年儒学文献研究史》下 [M]，福州：福建人民出版社，2015 年第 1 版，第 1182 页。

④ 秦进才：《崔寔著述的辑录与流传》[G]，崔向东主编：《历史与社会论丛》第 3 辑，长春：吉林大学出版社，2010 年第 1 版，第 37 页。

3、6—8 期）等，体现出预流学术前沿的敏感度。另外 1919 年
第 1、3 期还刊载《敦煌石室唐卷本隶古定尚书残叶》，这在全
国敦煌学术研究领域无疑都具有领先性。

除了在文章内容上具有新颖性及相当的学术价值外，《四川
国学杂志》还在其他方面体现出一定的新意。一是以半文半白
文体，代替了过去纯文言文的写作。其次，杂志在卷首刊印多
幅插图。并且当一篇文章结束，该页还留有较多空白时，也配
以图案加以装饰。这种作法在那时还是较为出彩的。第三，杂
志推出广告业务，并收取相应的费用，体现出主办方在运作方
式上所具有的一种商业理念，是近代杂志办理进程中的新现象。
同时，他们建立了较为强大的发行渠道，以成都各书肆及各地
劝学所、教育会为代销点①，在官方的派送之外，进行销售。当
时杂志每月刊印千份，寄赠衙署、学堂后，所余约 200 册，悉
数出售，月入 40 元，用作办理经费的补充②。这些都让该杂志
呈现出真正意义的现代刊物的特征。

此外，杂志密切配合国学院的工作，及时刊载收集到的乡
贤遗书、碑刻拓本等，成为展现国学院工作成果的平台，有效
推动了相关活动的开展。而且它立足四川，刊发了大量乡邦文
献，以及蜀中人物画像、描摹四川景物的诗文、讨论四川学术

---

① 《国学杂志》发行所向各县劝学所寄送的征收订款的启，所涉及的劝学所包
括德阳、江津、华阳、双流、温江、新繁、金堂、新都等 140 个县。参见《民国三
年三月至四年七月函件牌告通录》（时间不详）［A］，国学档，第 23 卷-1，第 15—
17 页。

② 《咨送民国二年上半年预算表一本及预算表》（1912.12）［A］，国学档，
第 38 卷-13，第 59 页。

的文章，体现出对乡土文化的高度重视，是近代推动"蜀学"发展的重要阵地和力量。同时，它既刊发一些古籍的稀见本、善本资料，也有不少古籍补遗、校订方面的文章，对于古籍保存、整理作出的贡献是值得肯定的。

另外，杂志还体现出对不同学术观点的包容性。1905 年，刘师培曾在《国粹学报》发表著名的《南北学派不同论》，而《四川国学杂志》第 3 期则刊载杨赞襄的《书刘申叔〈南北考证学不同论〉后》，提出"地气自西徂东，则钟于吴越；自东至西，则钟于楚蜀"，认为"学""有东西，无南北"，表示"愿以质之刘子"①。如果说杨赞襄此文还较为委婉，那么刘师培对廖平的批评就非常直接了。廖平 1913 年完成《孔经哲学发微》，为其天人学说的代表作。刘师培随即发表《与廖季平书》（《荟编》1914 年第 7 期），对其穿凿附会提出严肃批评，认为这不仅无助于儒学之发展，反而会造成"括囊空寂，转蠹孔真"②。如考虑到此时刘师培已经离开四川，杂志由国学学校负责编辑，廖平则居校长之职的背景，杂志所体现的那种兼容并包的气度就更为明显。

当然，该杂志从思想上依然抱持尊孔的立场，也依然看重经学研究，但并不能因此就否定其积极进步之处，也不宜以之后国学研究新思潮的出现倒推此期的工作都是落后的。那样的

① 杨赞襄：《书刘申叔〈南北考证学不同论〉后》［J］，《四川国学杂志》通论二，1912 年第 3 期，第 1—2 页。
② 刘师培：《与廖季平书》［J］，《国学荟编》，1914 年第 7 期，第 69 页。该文收入《刘申叔先生遗书》时命名为《与廖季平论天人书》。

结论一方面是无视客观事实，另一方面也忽略了思想文化的发展变化都有一个继承的问题，都有一个从量变到质变的过程。

总之，作为近代四川第一份由高等教育机构出版的真正意义的学术刊物——《四川国学杂志》，它在报刊出版史、国学研究发展史上是有一定进步意义的，应占有一席之地。同时，它存续的时间较长，而且能按时出刊，这在当时也是非常不容易的①。

后来，1927 年 6 月，国学学校学生曾刊行《四川公立国学专门学校学生会季刊》，为学生自办的国学杂志。其宗旨为"讲明学术，研精文艺，阐发国学"，创刊号发布的《简章》规定了杂志栏目，共有 9 类：

一、通论  凡论事论学之文，持有正大道理，不涉偏激诡随者入焉。

二、专著  凡关于学术思想有特别性质者即予登载。

三、学术  凡关于学术之造述首尾完具能自成一说者入之。

四、文苑  凡文不拘骈散各体而词达理举者即行披露。

五、诗林  凡诗不拘古近各体但能抒写性情不涉鄙狎者入之。

六、杂录  凡小说剧本可以激世励俗有关社会教育者皆附于此。

① 据《四川省志·教育志》整理而成，该志指出民国时期，四川的教育报刊维持久远者较少，能按时出刊者更少。以《四川教育》月刊为例，在 1925—1934 年的 120 个月里，仅出 37 期。省教育厅机关刊物尚且如此，其他就更可想而知。参见四川省地方志编纂委员会编：《四川省志·教育志》上［M］，北京：方志出版社，2000 年第 1 版，第 611 页；《四川省志·教育志》下［M］，第 270 页。

七、杂评　凡评论时势有补于人心风俗者即行登入。

八、记述　凡记述本校及本会内外事件俱载于此。

九、遗著　凡诸先达遗稿有裨于文哲学术者录入之①。

从其分类看，已经完全摒弃了"经史子集"的划分方法，这从一个角度也反映出国学学校治学风气的与时俱进。而且它在《投稿简章》中还表示欢迎翻译稿件，语言则不拘文言、白话，并且要求采用新式标点符号，这些无一不体现出一种新气象，说明"新文化思想和新国学思潮已传播到四川"，"新学术的曙光已经升起了"②。

第1期刊登了蒋维馨《国学之真价值》、刘华甫《文学的工具》、郭荣辉《管子的经济论》、董惠民《六经史略》、陈俊明《我对于楚辞底见解》等学术性文章，以及游克动的新诗《幻想》、《蔷薇花》、《爱之神》、《心弦》，游帛铭的白话小说《夜声》等③。之后，学校并入公立四川大学，该刊似仅出版1期。

## 第二节　整理乡土文献及其他

四川国学院及其学校还承担了整理乡土文献及其他的一些工作。

---

①　《四川公立国学专门学校学生会季刊暂行简章》［J］，《四川公立国学专门学校学生会季刊》，1927年第1期，目录页。

②　谢桃坊：《四川国学小史》［M］，成都：巴蜀书社，2009年第1版，第15页。

③　《四川公立国学专门学校学生会季刊第一期目录》［J］，《四川公立国学专门学校学生会季刊》，1927年第1期，目录页。

## 一、设立四川国学会

当初，四川存古学堂改办国学馆时便设立了三大机构，其中之一就是"杂志及讲会之部"。而该部的一项任务即为成立国学会，意在"约集通材，实地研究古礼、古乐，并示期讲论，仿白虎观法办明各经大纲巨案"，开会时允许在馆学生及校外学者旁听，最后再将所有讲义载入杂志①。由此可见，国学会的性质类似于现在的学会，主要工作在于汇集各方学者，共同研讨交流国学方面的重要问题。

国学会成立后，每周开会一次，学者围绕命题展开讨论，各抒己见，"办理数月，成效昭然"。因此，当国学馆并入国学院后，国学会依然保留，只是改称"讲演会"，办会经费照领。办理方法则"略遵旧制"，先将讨论题目登报，使院外热心国学者均得知晓且可入场旁听。同时在院员中推举一位熟悉情况，且擅长语言表达者负责学会事务，首位负责人为楼黎然，胡忠渊、陆著那为干事，协助其工作②。院方对该学会极为看重，认为可收一举两得之效："一则馆内学生得资传习，以储临时讲演员之材；一则广树风声，俾国学渐臻普及。"③ 显然，国学院认识到了学会的意义：一方面可以训练后备人才，另一方面可以扩大社会影响，这是很有见识的。

---

① 《国学馆办法简明章程》（1912）［A］，国学档，第 3 卷-1，第 2—3 页；《国学馆简章》（1912）［A］，国学档，第 3 卷-2，第 7 页。

② 《咨送财政司国学馆并入我院后现员名册及人员一览册》（1912. 10）［A］，国学档，第 35 卷-3，第 16、18 页。

③ 本段引用除单独标注外均来自《四川国学院国学馆合并条件》（1912. 9）［A］，国学档，第 5 卷-2，第 6—7 页。

刘师培曾撰《四川国学会序》，发表于《四川国学杂志》第 1 期。文中指出："探册研机，比物讨类，学之始也"，而当时"穷变趣时"，人多热衷于"远国异人"之说，而謏诟研究国故者。同人于是"创国学会于蜀都"，以期"术主遍晐，揭棱圻畛，周疏相济，曲成弗遗"①。从中亦可见国学会设立的背景及期许。作为国学院下属机构，该会在联系院内外学者进行学术交流，传播、普及国学方面确实发挥了积极作用。

二、整理乡土文献

四川国学院在收集整理乡土志、地方文献方面开展了大量卓有成效的工作。他们首先求助于省府各机构。1912 年 8 月 6 日，国学院成立伊始，便致函四川民政司，请求移交存放于藩库的各地旧志。该套志书原为前清四川总督丁宝桢为续修省志而准备的，后修志局撤销，志书便存入库中。国学院称："审定乡土志、续修通志之属，均为专职。"而"征文考献，首赖专书"，各乡土志虽然"体例弗齐，瑕瑜互见"，但却是考察各地风俗的不二之选。他们估计省内新旧志书约有数百种，而刻板皆存于地方，收集的工作量将是非常大的，并且随后的审定以及纂修都是尤为繁重的事务，但是"旧志弗备，奚所折衷"，因此恳请能将旧存各志悉数移交②。

紧接着，8 月 16 日，国学院又向省教育司发送咨文，请予

① 刘师培：《四川国学会序》［J］，《四川国学杂志》文苑，1912 年第 1 期，第 51 页。
② 本段引用均来自《关于要求民政司移交旧志的咨文》（1912.8.6）［A］，国学档，第 8 卷-2，第 9—10 页。

协助，称：前清末年，各州县曾将"所有新编乡土志"送省备案，希"贵司"清点后全部移交，以便"审定应用"①。除此之外，他们还直接向地方征集。

10月24日，他们致函省府，提出两件事情。首先按照院章，国学院各项工作均需安排"采访人"，除院方聘任的专职人员外，各府厅州县法定团体（如教育分会、地方自治会等）应安排当地熟悉情况的人员接洽配合。其次，上述机构还应负责将"境内遗书、碑刻暨乡贤传状、名人旧稿"详加汇集寄送国学院，其中碑刻需是拓本，传状需署名撰写人。若遇重要之件，院方会再进行专项访问，也需对方给予支持②。

之后，国学院又与临时省议会商议由"各议员分任采访"。次年，四川省议会正式成立，国学院立即去函，称："川省旧志漏舛滋多"，虽然专职采访员已经有所调查，但是"省疆寥阔，搜集难周"，而"各议员均由各县票选，桑梓故实，尤所熟谙"，因而咨请各县通志的资料仍继续由"各议员随时采访"，以求"征材详核，文献有征"③。如此，各地的采访员也就落实下来。

而院内的专职访员是早已确定，其中采访全省人物古迹及遗书金石为沈峻清（浙江仁和），采访全川遗书并光复事实是黄子箴（永川），又有五道遗书金石特派员萧清波（秀山）、王有

---

① 《关于请求教育司移交乡土志的咨文》（1912. 8. 16）［A］，国学档，第8卷-4，第14—15页。
② 本段引用均来自《关于编制乡志搜集材料的通知》（1912. 10. 24）［A］，国学档，第8卷-17，第76—77页。
③ 《关于议员呈送本区乡志的函文》（1913. 7. 22）［A］，国学档，第9卷-5，第14—15页。

光（盐源）、周国光（奉节）、李象山（新津）、武大德（彰明）、赵维德（巴州）、贺维新（岳池）、钱大澜（大竹）、熊峻（筠连）、韩运昌（荣〔荣〕经）、吴德俭（威远）、萧倬唐（懋功)①。馆院合并后，由于经费紧张，人员压缩为沈峻清（采访全省遗书金石）、张学波（灌县人，《川西道志稿》采访员）、黄子箴（《川东道志稿》采访员）、蒙裁成（盐亭人，《川北道志稿》采访员）、赵维德（《上川南道志稿》采访员）、罗时宪（彭县人，《下川南道志稿》采访员)②、余根云（隆昌人，《光复史》采访员)③。由此建构了一套覆盖全省的网络，从组织以及方式上保障了相关工作的有效开展。

经过国学院的多方筹措，各地的乡土志等资料也就源源不断汇集到院中。1912年9月，省教育司移送41种乡土志。清单如下④：

| 属地 | 部数 | 册数 | 属地 | 部数 | 册数 |
| --- | --- | --- | --- | --- | --- |
| 双流县 | 1 | 3 | 温江县 | 1 | 4 |
| 新繁县 | 1 | 4 | 金堂县 | 1 | 4 |
| 新都县 | 2 | 各1册 | 灌县 | 1 | 2 |

---

① 《员司一览表》（时间不详）［A］，国学档，第35卷-2，第10—11页。按：该名册在刻印名单之外，还有一些字迹不清的手写名录，本书未收录。

② 档案中附说明称："本院创办伊始，延聘采访员十二人，分驻各道。嗣以经费不敷，改章。暂聘五人。"

③ 《咨送财政司国学馆并入我院后现员名册及人员一览册》（1912.10）［A］，国学档，第35卷-3，第18页。

④ 《关于收到四十一属乡土志的报告》（1912.9.8）［A］，国学档，第8卷-11，第50—51页。

| 属地 | 部数 | 册数 | 属地 | 部数 | 册数 |
|------|------|------|------|------|------|
| 崇宁县 | 1 | 1 | 新津县 | 1 | 2 |
| 德阳县 | 1 | 1 | 罗江县 | 1 | 1 |
| 彰明县 | 1 | 3 | 茂州 | 1 | 2 |
| 懋功厅 | 1 | 1 | 懋功屯 | 2 | 各1册 |
| 抚边屯 | 1 | 1 | 雅安县 | 1 | 1 |
| 夹江县 | 1 | 2 | 大邑县 | 1 | 4 |
| 蒲江县 | 1 | 2 | 江北厅 | 1 | 4 |
| 江津县 | 1 | 4 | 南川县 | 1 | 1 |
| 定远县 | 1 | 2 | 云阳县 | 1 | 2 |
| 石砫厅 | 1 | 3 | 新宁县 | 1 | 1 |
| 太平县 | 1 | 1 | 黔江县 | 1 | 1 |
| 南部县 | 1 | 5 | 西充县 | 2 | 各1册 |
| 蓬州 | 1 | 3 | 射洪县 | 1 | 1 |
| 盐亭县 | 1 | 1 | 中江县 | 1 | 2 |
| 乐至县 | 1 | 1 | 岳安县 | 1 | 1 |
| 富顺县 | 1 | 2 | 南溪县 | 1 | 4 |
| 隆昌县 | 1 | 5 | 永宁县 | 1 | 1 |
| 绵竹县 | 1 | 1 | | | |

1923 年，四川公立国学专门学校时，收藏的各县志书已达 121 种，约为初期的 3 倍，见下表①：

---

① 《四川国学专门学校现藏各县志书清册》（1923）［A］，国学档，第9卷-20，第51—56页。

| 书名 | 部数 | 册数 | 书名 | 部数 | 册数 |
|---|---|---|---|---|---|
| 成都志 | 1 | 12 | 华阳志 | 1 | 16 |
| 灌县志 | 1 | 6 | 内江志 | 1 | 8 |
| 通江志 | 1 | 6 | 彰明志 | 1 | 8 |
| 纳溪志 | 1 | 4 | 广元志 | 1 | 4 |
| 汉州志 | 1 | 8 | 射洪志 | 1 | 10 |
| 合江志 | 1 | 8 | 岳池志 | 1 | 10 |
| 昭化志 | 1 | 6 | 云阳志 | 1 | 12 |
| 彭县志 | 1 | 10 | 彭山志 | 1 | 6 |
| 富顺志 | 1 | 5 | 新繁志 | 1 | 4 |
| 峨眉志 | 1 | 12 | 金堂志 | 1 | 10 |
| 彭水志 | 1 | 4 | 荣县志 | 1 | 8 |
| 罗江志 | 1 | 4 | 梓潼志 | 1 | 6 |
| 营山志 | 1 | 8 | 阆中志 | 1 | 4 |
| 兴文志 | 1 | 4 | 筠连志 | 1 | 6 |
| 丰都志 | 1 | 6 | 简州志 | 1 | 6 |
| 德阳志 | 1 | 8 | 青神志 | 1 | 6 |
| 崇庆州志 | 1 | 8 | 屏山志 | 1 | 4 |
| 南溪志 | 1 | 8 | 巴州志 | 1 | 4 |
| 涪州志 | 1 | 8 | 保宁府志 | 1 | 16 |
| 茂州志 | 1 | 4 | 定远志 | 1 | 6 |
| 泸州志 | 1 | 10 | 丹棱志 | 1 | 4 |
| 綦江志 | 1 | 12 | 什邡志 | 1 | 16 |
| 乐至志 | 1 | 8 | 东乡志 | 1 | 6 |

| 书名 | 部数 | 册数 | 书名 | 部数 | 册数 |
|---|---|---|---|---|---|
| 三台志 | 1 | 8 | 夔州府志 | 1 | 24 |
| 邻水志 | 1 | 4 | 庆符志 | 1 | 4 |
| 马边厅志 | 1 | 6 | 开县志 | 1 | 6 |
| 江安志 | 1 | 6 | 大足志 | 1 | 5 |
| 铜梁志 | 1 | 16 | 长寿志 | 1 | 4 |
| 合州志 | 1 | 5 | 西充志 | 1 | 6 |
| 大平志 | 1 | 4 | 渠县志 | 1 | 8 |
| 隆昌志 | 1 | 6 | 荣昌志 | 1 | 8 |
| 叙永、永宁厅县合志 | 1 | 12 | 黔江志 | 1 | 5 |
| 仪陇志 | 1 | 6 | 雅州府志 | 1 | 12 |
| 遂宁志 | 1 | 6 | 盐亭志 | 1 | 12 |
| 清溪志 | 1 | 8 | 江津志 | 1 | 8 |
| 石砫厅志 | 1 | 4 | 盐源志 | 1 | 6 |
| 璧山志 | 1 | 6 | 江北志 | 1 | 8 |
| 剑州志 | 1 | 4 | 崇宁志 | 1 | 4 |
| 犍为志 | 1 | 4 | 洪雅志 | 1 | 6 |
| 梁山志 | 1 | 6 | 理番志 | 1 | 6 |
| 叙府志 | 1 | 28 | 巫山志 | 1 | 8 |
| 巴县志 | 1 | 6 | 南川志 | 1 | 12 |
| 绵州志 | 1 | 10 | 绵竹志 | 1 | 6 |
| 双流志 | 1 | 4 | 温江志 | 1 | 6 |
| 资州志 | 1 | 20 | 邛州志 | 1 | 12 |

| 书名 | 部数 | 册数 | 书名 | 部数 | 册数 |
|------|------|------|------|------|------|
| 珙县志 | 1 | 6 | 保宁志 | 1 | 17 |
| 安岳志 | 1 | 8 | 中江志 | 1 | 6 |
| 罗江志 | 1 | 4 | 新都志 | 1 | 6 |
| 南部志 | 1 | 8 | 新宁志 | 1 | 6 |
| 宜宾志 | 1 | 4 | 奉节志 | 1 | 8 |
| 仁寿志 | 1 | 6 | 叙永厅志 | 1 | 6 |
| 石泉志 | 1 | 6 | 重庆府志 | 1 | 12 |
| 资阳志 | 1 | 6 | 威远志 | 1 | 4 |
| 南充志 | 1 | 6 | 潼川府志 | 1 | 16 |
| 永川志 | 1 | 10 | 大邑志 | 1 | 4 |
| 梁山志 | 1 | 9 | 卢山志 | 1 | 6 |
| 郫县志 | 1 | 4 | 大竹志 | 1 | 6 |
| 达县志 | 1 | 6 | 高县志 | 1 | 4 |
| 忠州志 | 1 | 8 | 井研志 | 1 | 11 |
| 江油志 | 1 | 6 | 越巂志 | 1 | 7 |
| 蒲江志 | 1 | 5 |  |  |  |

由上可见，当时搜集乡土志的工作还是极富成效的。也正因为此，其他组织、机关往往向国学院借阅志书：实际上，搜集工作启动不久，孔教扶轮会便来函请求"酌量志书部数，依次借交"，用以摘抄、汇刊①。1914 年，四川图书馆搜求馆藏缺

---

① 《给孔教扶轮会要求摘抄书籍的函文》（1912. 11. 20）［A］，国学档，第 8 卷-21，第 87 页。

少的志书，称皆为"省中既难于搜购，省外更难于调取"者，其中《马边厅志》即便连马边当地都求之不得，后获悉仅在国学学校存有一部，时任马边知事的杨赞襄还请求允许派人前往抄录①。重修四川通志局成立后，也向国学学校借阅《四川通志》②。1923 年，新设立的四川文献征集处也致函学校要求借阅所存旧志③。

也因为国学院所藏志书较为齐全，又聚集了众多知名学者，因而还衍生出一些其他的事务。1912 年，国学院收到移交的旧志向四川教育司报告时，教育司便提出："民国成立学校，宗旨以教人爱国为第一要义。欲人人爱国，必自爱其乡始；欲人人爱乡，必自知其山川人物始。"并表示："四川虽属边陲，而物产丰富，不逊南省"，因而希望国学院可以编订供小学授课所用"浅近易明""亲切有味"的乡土教材，以启发爱国之心④。又，11 月，璧山县陈维新等 10 位乡绅联名请求重修县志，并拟召集同人在省城同乡会所在地开展工作，他们给国学院的呈文称由此可以"就近咨禀贵院"，以便志书"体例一律，成书以后即以

---

① 《关于要求国学学校呈送厅志的通知》（1914. 7. 4）［A］，国学档，第 9 卷-7，第 19—20 页。

② 《关于借阅国学院图书的函文》（1920. 6. 22）［A］，国学档，第 9 卷-17，第 44 页。

③ 《关于借调文献的函文》（1923. 7. 12）［A］，国学档，第 9 卷-18，第 46—47 页。

④ 《关于呈送县志的通知》（1912. 9. 18）［A］，国学档，第 8 卷-15，第 67—68 页。

供通志采择"①。显然是希望得到国学院的指导与帮助，院方对此也极为赞成。这些都从一个侧面展现了国学院服务地方，支持四川文化建设的面相。

除了乡土志以外，国学院还对省内各种古籍文物进行了广泛收集。之前，四川存古学堂时便订有详细的募捐启事，云募捐者三：一募钱，二募图书金石器物，三募借图书器物。最后一种谓藏家以暂借、寄存的方式给予帮助，如某书仅存孤本，允许借抄之类。并表示凡捐助者"皆敬记姓名，播诸新闻，以告国中，并镌刻贞石，垂于无穷"②。国学院延续了这种作法，《四川国学杂志》第 3 期开始便刊载《国学院征集图书碑拓广告》称：院中事务"非广集图书碑拓无由着手"，藏家若能"慨然捐赠"或"暂假庋存"，院方都将发给收条，并登报致谢。又特别强调如为"川碑拓本"、"川贤遗著"则尤为感激③。同期便载有捐赠名录："楼蔷庵先生捐宋赵公硕《南窗诗》拓本一张，《水调歌》拓本一张，严公《南山诗》拓本一张，《铁钟》拓本一张，《义门规范》一部，《历代都江堰功小传略》一部。廖季平先生捐《春秋左氏古经说》一部，《经说初程》一部，《释范》一部，《群经总义讲录》一部，《大同百目》一部，《古今学考》一部，《知圣篇》一部，《雅言翻古》一部，《起起

---

① 《关于璧山县四绅士情况的报告》（1912. 11. 11）［A］，国学档，第 9 卷-2，第 4—5 页。
② 《四川存古学堂募捐启事》（1909. 7）［A］，国学档，第 2 卷-4，第 12 页。
③ 《国学院征集图书碑拓广告》［J］，《四川国学杂志》附件二，1912 年第 3 期，第 1 页。

穀梁废疾》一部。刘申叔先生捐《剑阁诗碣》拓本一张，《飞鸾图》拓本一张，《瞻礼纪名石刻》拓本一张，《越国夫人装佛碑》拓本一张，《记访水利碑》拓本一张，《清明前一日纪游碑》拓本一张，《称意石碣》拓本一张，《瑞象颂碑》拓本一张，《乌奴诗碣》拓本一张，《造佛碑》拓本一张，《大云寺题名碑》拓本一张，《访龙湫题名碑》拓本一张，《嘉定诗碣》拓本一份，《装佛残碣》拓本二张，《龙藏寺》拓本一张，《剪灯余话》一部。郑肖仙先生捐《梓潼石像》拓本四张。舒鹭斌先生捐《读史兵略》一部，《说文经考证》一部。曾习之先生捐《宋儒学约编》二部。林山腴先生捐《贾公阙》拓本一张，《干禄字书》拓本一张，《赵隐君墓志》拓本一张。郭小汾先生捐《江津县全境地图》一轴，《顺保潼绥绵全图》一轴。"又有寄存者名录："梓潼宫寄存明《道藏》全部。谢无量先生寄存洋板《十三经注疏》一部，《山海经》三本，《抱朴子》六本，《商子》一本，《鹖冠子》一本，《太玄》二本，《灵枢》八本，《淮南子》四本。"[1] 这次便接受捐赠书籍、拓本 40 种，寄存书籍 9 种，还是非常可观的。

第 4 期又刊载刘申叔捐洋 120 元，以之购置了"旧印《天一阁书目》十六本，汲古阁原板《六经四书》三十六本，通志原板《经典释文》十六本，明本《春秋大全》十二本，明本《食物本草》十二本，明本《陋巷志》四本，明本《谭子诗归》

---

① 《国学院捐助图书金石题名》[J]，《四川国学杂志》附件一，1912 年第 3 期，第 1 页。

四本，明本《法因集》四本，明本《欧阳文忠集》十六本，明本《仰节堂集》八本，原板《袁文笺正》六本，原板《仪礼图》五本，原板《汤潜庵集》八本，殿本《正斋集》十本，《读画斋丛书》七十本，初印《二酉堂丛书》十二本，《经训堂丛书》二十二本，残本《知不足斋丛书》三十二本，《宋琐语》六本，《史阙》六本，日本刊本《海录碎事》五本，《思适斋集》十二本，精印《康輶纪行》六本，《经籍访古志》六本，日本旧刊《〈论语〉集解》六本，精印《古今韵略》十本，旧板《诗所》八本，《全蜀艺文志》十六本，《续及见诗》八本，《关中金石志》四本，《汉南诗》四本，《伊阙佛龛碑》精裱本一册，《汉碑》裱本四种，《九成宫碑》裱本一册，《云麾碑》裱本一册，《巨鹿张君碑》一册，川碑大小一百六十种，外省碑拓三十二种"。另外"杨少碧先生捐《杨忠武宣勤积庆图》八十八张，《杨忠武年谱》一册，《杨忠武记事录》二册，《清会典》四籍。吕友芝先生捐《四川地图》一张，《越南图说》三本。二仙庵阁笙喈羽士捐《道藏辑要》全部三十套。黎班生先生捐《入都纪程》一本。郭小汾先生捐《新都县地图》一张。廖季平先生捐《穀梁古义》一部，《四益馆经学丛书》一部。官印刷局捐局版官书三十四种合计六百五十七本"①。这次捐赠的数量也是非常庞大的，从捐赠人员看则既有院员，又有院外人士；既有普通民众，也有方外之人；既有个人，还有机构，

---

① 《国学院捐助图书金石题名》［J］，《四川国学杂志》附件一，1912年第4期，第1页。

从中也可看出当时国学院的影响确实是比较大的。

另外据何域凡记载，国学院还收到各地文献约 20 部，皆上述所无者，如富顺米梅君诗文 2 册，资中魏天春《赋箫楼集》5 册，绵竹杨锐、富顺刘光第手札约 10 件，富顺陈崇哲《八代文章志》4 册，华阳曾彦（女）《妇典》6 册 30 卷，此系曾氏手书，字迹娟秀，颇为难得①。

这项收集工作到国学学校时也并未完全停止。1915 年，校方还承担了收集张之洞在蜀中遗著的工作，除已经"刊播都中"的《送吴勤惠》五古一首、《三苏祠谶集》七古一首外，他们又收录了《左氏长编三十六题目》、《尊经书院记》②。

国学学校还接收了四川省文庙遗留的大量祭器、乐器，其品种之全、数量之多，堪称少有，可以作为了解清末民初省级机构祭祀活动相关用具的参考。其具体情况见下表③：

| 名目 | 件数 | 备注 | 名目 | 件数 | 备注 |
|------|------|------|------|------|------|
| 铏 | 12 | 铜质 | 尊 | 17 | 铜质（5 件无文，12 件有文） |
| 勺 | 12 | 铜质（1 件有缺损） | 爵 | 174 | 铜质（3 件缺足） |

---

① 何域凡：《存古学堂嬗变记》［G］，四川省政协文史资料委员会编：《四川文史资料集粹》第 4 卷，成都：四川人民出版社，1996 年第 1 版，第 421—422 页。

② 《关于搜集张文襄遗书的通知》（1915. 10. 30）［A］，国学档，第 9 卷-14，第 37—38 页。

③ 《四川国学学校造具接收祭器乐器清册》（1914. 4. 5）［A］，国学档，第 7 卷-7，第 13—16 页。

| 名目 | 件数 | 备注 | 名目 | 件数 | 备注 |
|---|---|---|---|---|---|
| 登 | 2 | 铜质 | 簠 | 18 | 铜质（15铜3镰)① |
| 簋 | 18 | 铜质（1件无盖） | 笾 | 70 | 竹质（全坏） |
| 豆 | 84② | 木质（8件单盖，5件损坏） | 毛血盘 | 9 | 铜质 |
| 化帛盆 | 1 | 铜质 | 毛沙盘 | 1 | 铜质 |
| 筐 | 14 | 竹质（坏） | 蜡台 | 7 | 锡质（6锡1镰） |
| 香炉 | 7 | 铜质 | 龙麾 | 2对 | |
| 龙帐 | 2堂 | | 龙头 | 2对 | 木质 |
| 戟须 | 2对 | | 锡五件 | 全 | 狮无头、炉足损坏 |
| 连二桌围 | 4 | | 连三桌围 | 1 | |
| 单桌围 | 9 | | 龙伞 | 2 | |
| 掌伞 | 1 | | 蓝衫 | 131 | |
| 干戚 | 64 | 多坏 | 雉尾 | 64 | |
| 钥 | 64 | | 大须 | 16 | |
| 小须 | 48 | | 班牌 | 10 | |
| 大小木棰 | 9 | | 大小竹木杆 | 11 | |

---

① 原文在件数及备注旁有铅笔修改字迹：其中 18 件改为 17 件，备注称"十七铜，坏一、十六盖"。

② 原文此处以铅笔修改为：83。

| 名目 | 件数 | 备注 | 名目 | 件数 | 备注 |
|---|---|---|---|---|---|
| 武、文童舞像 | 6 匣 | | 凉帽 | 174 顶 | |
| 冬帽 | 179 顶 | | 京顶 | 106 | |
| 雀顶 | 151（78 个完整，35 个雀损坏，38 个座损坏） | | 铁短链子 | 4 | |
| 笛架 | 16 | | 摆供架 | 1 | |
| 祝文架 | 1 | 损坏 | 笛板 | 8 | |
| 铜凤 | 12 | | 单铜凤头 | 4 | |
| 大镈钟 | 2 | 铜质 | 编钟 | 31 | 铜质（4 件损坏） |
| 搏磬 | 2 | 石质 | 编磬 | 30 | 铜质（2 件损坏） |
| 鼗鼓 | 2 | | 应鼓 | 2 | |
| 琴 | 6 | | 瑟 | 4 | |
| 埙 | 2 对 | | 篪 | 1 对 | |
| 凤箫 | 1 对 | | 洞箫 | 7 | |
| 笛 | 6 | | 笙 | 6 | |
| 柷 | 1 | | 敔 | 1 | |
| 大铁锁 | 1 | | 木板箱 | 7 | |
| 棕垫 | 114① | | 棕箱 | 3 | |
| 木箱 | 4 | | 平、尖帽盒 | 34 | |
| 编磬石料 | 2 | | | | |

---

① 原文此处以铅笔修改为"约八十余床"。

此外，他们对于新发现的文物也格外热心。1912年12月，国学院闻知保宁府在疏通城河时获得大量刻有字迹的白铅方砖，立即致函该府要求"派妥人悉数送省，检交本院保存，以为考献征文之助"①。这批白铅砖分为长、方两种，长者刊有"甘肃采铅"四字，方者仅刊一"铅"字，据估计约为清嘉庆年间遗物。与国学院这种积极保护的态度形成鲜明对比的是，当时保宁府认为"并非古物"，拟将它们变卖以补贴警费开支，从这件事情上也可看出国学院在保护文物的态度上是具有一定超前意识的②。

同时，他们还负责搜集辛亥革命期间蜀中事迹资料。从四川民政长给国学院的咨文可知，这实为应"湖北革命实录馆编纂"之请，以备将来"中央国史馆"取材之用。"实录馆"要求收集的湖北革命史材料包括：（一）旧籍：湖北通志、各府州县方志、湖北舆地记以及图册、中外编译的各国革命史等；（二）近著：各省新编革命闻见记载、笔记之类；（三）公私文牍：官署文牍、电文、奏折以及与各界各省往来公私事牍、函电等；（四）官民报章：各地独立后的报章等；（五）新调查：本省光复之始末、民军与清军战斗之实情、本省历次平定内讧等事件始末、本省派出越境各军之事状、外省派来助本省各军之事状、诸革命家之历史、本省首义前各次运动失败之历史、

---

① 《关于国学院设立川省国学机构保护古物的报告》（1912. 12. 26）［A］，国学档，第9卷-3，第9页。

② 本段引用除单独标注外均自《关于我府已将捞获白铅方砖全部运赴巡警总厅请代为变价，若你院欲捡取可咨明总厅酌取一二方收资考证的咨文》（1913. 1）［A］，国学档，第81卷-10，第15—16页。

光复后的改革事宜、首义前后与外国之交涉、人物及各项可为纪念之照片。并且要求所调查事项均需详细报告，年月日、人名、职官名等都应详实，不可混淆。虽然"实录馆"只是请求四川方面提供四川起义与湖北有关系事件、四川在人物、军力、粮饷方面与湖北互有资助之事实①，但国学院似乎并不满足于此，他们表示将"按照湖北革命实录馆通告调查条内，择有连带相关各事实，明确搜辑，条列开送"②，已隐含拓宽搜寻范围之意。但鉴于目前相关资料不足，只能推测也许他们的工作并未局限于川鄂之间的故事，而很可能是参照上述五类项目对蜀中辛亥革命史料进行了较为广泛的征集。

另外，还应看到，国学院在进行相关文献资料收集整理时，其实抱有相当强烈的乡土情结。这一方面体现在他们特别看重蜀中的典籍、碑刻等材料；另一方面也体现在他们希望通过这样的收集、编纂达到表彰乡贤、弘扬正气的目的，并进而激发民众的爱乡之情。前者已在文中有所论及，此处不再赘述，后者则可通过一件典型事例得到说明，那就是对黄缓事迹的彰显。黄缓为自贡知名绅士，平日开办工厂，乐善好施，口碑甚佳。然在辛亥革命中，由于同志军不了解情况，烧毁其家产、破坏其祖坟，导致黄氏遭到沉重打击，蒙受不白之冤，因而众乡绅联名上书请求给予安抚。此事经宣慰使调查后认定属实，呈请

---

① 本段引用除单独标注外均来自《关于搜集辛亥革命事件中的通知》（1912. 9. 14）［A］，国学档，第 8 卷-9，第 33—34、37—38 页。
② 《关于湖北革命实录馆调查一事的报告》（1912. 9. 18）［A］，国学档，第 8 卷-12，第 54 页。

省府登报表彰其善举，并记入史志。国学院获悉后当即报告省府表示："当今……人懵扶救之义，世鲜任侠之风"，如黄绶之慷慨实属难得，因而审定乡土志、续修通志时，都将详细采录此事迹，"以增志乘之光，而为疏财乐善者劝"①。其热心情形可见一斑。

可以说，正是这种强烈的乡土情结促使国学院在经费非常艰难的情况下，依然执着于这些繁琐而艰巨的文献收集整理工作，他们的这些工作实际上也成为 20 世纪蜀学研究开始复兴和初步发展阶段最重要的贡献之一，而这在过去却是长期被人忽视的。

因此，应该指出，四川国学院在收集本土文献文物方面所作的工作是值得大力肯定的，其工作呈现出收集范围广、成果较丰富的特点，由此也开启了近代系统收集整理蜀地文献的序幕，其成果的取得是非常不容易的，如果再考虑到这个时期，川内军阀混战的现实，他们能取得这样的成绩就更显难能可贵。

## 第三节　藏书与刻书

四川国学院作为国学教育研究机构，其藏书之丰富是有目共睹的。除了上文已经论及的征集、捐献之外，国学院还通过种种办法汇集了大量珍贵文献典籍。

---

①　本段引用均来自《关于要求把黄绶事绩列入志乘的报告》（1912. 9. 7）[A]，国学档，第 8 卷-10，第 39—45 页。

首先，国学院与国学馆的合并，为国学院带来了极为可观的藏书。馆院合并条件中便明确表示："国学院所办各务，非博考群书，无由着手……今既合并，则国学馆书籍即可略资应用。"① 这绝非虚言。因为此前的存古学堂陆续接收了锦江、尊经两书院藏书、刻板及成都府中所遗部分国学书籍，可谓蔚为大观。

实际上，存古学堂成立后，各方面便积极推动其接收相关遗书的工作。吴之英曾作《王护院许将尊经锦江书刻移存古书院启》，其中有"公孙弘无从借书"云云②。在多方努力下，1911 年 4 月，存古学堂监督谢无量致函四川官印刷局称：伍肇龄等绅士请求将存放于局中的尊经、锦江书院原刊书板一并移交学堂的呈文已经获总督部堂批准，因此希望印刷局逐一清理，以便派人接收③。与之同时，伍肇龄等希望将两书院存放于此的书籍移交学堂的请求也获批准④。

这批书籍及书板为当年尊经、锦江书院所存，伍肇龄等人的呈文如此描绘："关〔鸠〕集工匠，就院雕刻经史等书，或破支官钱，或蠲出己俸，博士弟子躬任校雠，仅十余年，成书数十种。即将书板庋置院中开设书局，随时印行，以给学子之

---

① 《四川国学院国学馆合并条件》（1912. 9）［A］，国学档，第 5 卷-2，第 7 页。

② 吴洪武等校注：《吴之英诗文集》［M］，成都：四川大学出版社，2008 年第 1 版，第 287 页。

③ 《奉令请官印刷局将所存二院原刊书板一并移交我校及印刷局同意移交文》（1911. 4）［A］，国学档，第 33 卷-2，第 2—3 页。

④ 《批准伍肇龄等恳请官印刷局将二院各书移存古学堂》（1911. 4）［A］，国学档，第 33 卷-1，第 1 页。

求，甚盛事也！"1902 年，两书院停办，在尊经原址设立四川通省大学堂，同年 12 月改为四川省城高等学堂。书板也"展转移徙"，后归官印刷局，但该局无暇管理，以致于"书板残缺者，未遑修补；完整者，不皆印行。日销月铄，朽渍益多"。因而众人都希望能将之移至存古学堂，以便"修葺残阙，次第印行"①。

从核定的清单看，这次移交尊经书院书目共 77 种，除《五经小学述》、《四益馆》、《古学考》、《起起穀梁废疾》的书板已在 1908 年移送选科师范学堂外，其余皆有书板，但《经语甲编》、《六书旧义》书板数量不明。而锦江书院书目共 52 种，都保存了书板；此外还有 10 种只留下书板，没有存书，它们是：《晋书》、《五经小学》、《八经新板》、《留仙阁》、《治杂症方书》、《钦定四书文》、《锦江课》、《春皋文钞》、《七星山人集》、《宋史》②。经过清点，尊经书院书板共 15788 块，锦江书院共 21558 块，总共有 37346 块，其中完整的 34166 块，被虫蛀者 3180 块③。这次移交的书籍目录见下表④：

---

① 本段引用均来自《批覆将官印刷局所存二院原刊书板一并移交存古学堂及书目》（时间不详）〔A〕，国学档，第 33 卷-3，第 9—10 页。

② 本段引用除单独标注外均来自《批覆将官印刷局所存二院原刊书板一并移交存古学堂及书目》（时间不详）〔A〕，国学档，第 33 卷-3，第 11—20 页。

③《批覆希你校将收到书籍修补残缺，经费由校暂垫及书板虫蠹数清册》（1911. 6）〔A〕，国学档，第 33 卷-5，第 36 页。

④《批覆将官印刷局所存二院原刊书板一并移交存古学堂及书目》（时间不详）〔A〕，国学档，第 33 卷-3，第 11—20 页。

## 尊经书院书目

| 书名 | 数量 | 书名 | 数量 | 书名 | 数量 |
|---|---|---|---|---|---|
| 相台五经 | 每部 32 本 | 十一经读本 | 每部 24 本 | 说文段注 | 每部 16 本 |
| 经典释文 | 每部 12 本 | 骈体文钞 | 每部 10 本 | 礼经笺 | 每部 4 本 |
| 礼记笺 | 每部 8 本 | 春秋公羊笺 | 每部 6 本 | 南史 | 每部 16 本 |
| 北史 | 每部 24 本 | 金史 | 每部 24 本 | 辽史 | 每部 10 本 |
| 唐鉴 | 每部 4 本 | 唐诗选 | 每部 8 本 | 楚辞章句 | 每部 2 本 |
| 楚辞释 | 每部 2 本 | 尊经初集 | 每部 12 本 | 尊经二集 | 每部 6 本 |
| 蜀典 | 每部 4 本 | 八代诗 | 每部 6 本 | 癸甲襄校录 | 每部 7 本 |
| 四川试牍 | 每部 6 本 | 鹤山文 | 每部 12 本 | 蜀中先正文选 | 每部 2 本 |
| 经学初程 | 每部 1 本 | 五经小学述 | 每部 1 本 | 经语甲编 | 每部 2 本 |
| 孙子 | 每部 1 本 | 测圜海镜 | 每部 1 本 | 律赋选读 | 每部 2 本 |
| 食旧德斋赋钞 | 每部 1 本 | 夜雪集 | 每部 1 本 | 昭明文选 | 每部 10 本 |
| 五代史 | 每部 10 本 | 夏小正 | 每部 1 本 | 春秋表 | 每部 1 本 |
| 四益馆 | 每部 4 本 | 六书旧义 | 每部 1 本 | 采风记 | 每部 4 本 |
| 尊经三集 | 每部 6 本 | 岳氏易经 | 每部 3 本 | 岳氏书经 | 每部 3 本 |
| 岳氏诗经 | 每部 4 本 | 岳春秋左传 | 每部 14 本 | 岳氏礼记 | 每部 8 本 |
| 万氏易经 | 每部 1 本 | 万氏书经 | 每部 1 本 | 万氏诗经 | 每部 2 本 |
| 万氏周礼 | 每部 2 本 | 万氏仪礼 | 每部 2 本 | 万左传 | 每部 8 本 |
| 万公羊传 | 每部 1 本 | 万穀梁传 | 每部 1 本 | 万礼记 | 每部 4 本 |
| 万孝经尔雅 | 每部 1 本 | 尚书大传 | 每部 1 本 | 古韵通说 | 每部 2 本 |
| 今文尚书 | 每部 2 本 | 春秋经 | 每部 1 本 | 春秋比 | 每部 1 本 |
| 书目答问 | 每部 1 本 | 輶轩语 | 每部 1 本 | 读诗钞说 | 每部 2 本 |

| 书名 | 数量 | 书名 | 数量 | 书名 | 数量 |
|---|---|---|---|---|---|
| 律赋必以集 | 每部2本 | 北学编 | 每部2本 | 起起穀梁废疾 | 每部1本 |
| 食旧德斋杂著 | 每部2本 | 说文句读 | 每部14本 | 古学考 | 每部1本 |
| 佩文诗韵 | 每部2本 | 身世金箴 | 每部1本 | 石经汇函 | 每部10本 |
| 四种词 | 每部4本 | 蜀学编 | 每部1本 | 群经凡例 | 每部2本 |
| 国语国策 | 每部10本 | 古本草 | 每部1本 | | |

## 锦江书院书目

| 书名 | 数量（本） | 书名 | 数量（本） | 书名 | 数量（本） |
|---|---|---|---|---|---|
| 周易折中 | 12 | 周易述义 | 6 | 书经传说汇纂 | 14 |
| 诗经折中 | 10 | 诗经传说汇纂 | 18 | 春秋传说汇纂 | 24 |
| 周官义疏 | 30 | 仪礼义疏 | 36 | 礼记义疏 | 50 |
| 周易本义 | 2 | 诗经辑传 | 4 | 周礼郑注 | 6 |
| 仪礼郑注 | 6 | 公羊传注 | 4 | 穀梁集解 | 4 |
| 尔雅注 | 3 | 孝经注 | 1 | 四书正本 | 12 |
| 史记 | 26 | 前汉书 | 32 | 后汉书 | 28 |
| 三国志 | 14 | 朱子全书 | 30 | 朱子小学 | 4 |
| 日知录 | 14 | 诂经精舍文续 | 4 | 骈雅训纂 | 8 |
| 困学纪闻 | 8 | 赋话 | 2 | 麟角集 | 1 |
| 论语偶记 | 1 | 经传沿革例 | 1 | 山东考古录 | 1 |
| 正字略 | 1 | 说文提要 | 1 | 救文格论 | 1 |
| 和靖诗集 | 2 | 道园全集 | 16 | 太元集注 | 4 |

| 书名 | 数量（本） | 书名 | 数量（本） | 书名 | 数量（本） |
|---|---|---|---|---|---|
| 蜀明诗选 | 4 | 童山诗集 | 2 | 升莽〔庵〕年谱 | 1 |
| 望丛志 | 1 | 古文选本 | 1 | 掣鲸堂诗 | 1 |
| 岳威信公诗 | 1 | 许水南诗 | 1 | 竹有诗集 | 1 |
| 瘦石文钞 | 1 | 春皋诗集 | 1 | 小方壶试律 | 1 |
| 千家诗注 | 1 | | | | |

这些书籍涵盖经史子集各部，且还有几套为丛书，其内容是非常丰富的，数量也是较为庞大的。另据何域凡记载："经批准后，不但书版，且尊经阁原藏碑碣，均一并移交（存古学堂）。"① 当国学馆并入国学院后，这批典籍文献为国学院收藏，成为其最重要的文献来源，为其相关研究及教学活动提供了有力的支撑。

此外，存古学堂颁布《募捐启事》后，也收到不少藏书。其中规模较大的有三次。一次是四川布政使王人文慷慨捐赠书籍 13 种，见下表②：

---

① 何域凡：《存古学堂嬗变记》［G］，四川省政协文史资料委员会编：《四川文史资料集粹》第 4 卷，成都：四川人民出版社，1996 年第 1 版，第 420 页。1914 年，废院存校，国学学校接收存古书局及国学院图书等物品的清单名册中有图书、志书、碑帖册二本，这亦可佐证何域凡的记载。见《省行政公署函知季平先生接收存古书局及国学院图书器具等，现通知廖院长》（1914.2）［A］，国学档，第 34 卷 -14，第 34 页。
② 《四川布政使王人文捐置存古学堂书籍清册》（1909.12.14）［A］，国学档，第 8 卷-1，第 2—5 页。

| 书名 | 数量（本） | 书名 | 数量（本） | 书名 | 数量（本） |
|---|---|---|---|---|---|
| 金索 | 6 | 石索 | 6 | 唐石经① | 140 |
| 广东通志 | 120 | 滇南文略 | 24 | 明续滇南诗略 | 10 |
| 国朝滇南诗略 | 12 | 叙州府志 | 28 | 会理州志 | 8 |
| 越嶲厅志 | 6 | 讲筵刍议 | 60 | 成山老人年谱 | 2 |
| 成山庐稿 | 6 | | | | |

一次是四川提学使赵启霖捐赠四大书柜典籍，共 25 种，见下表②：

| 书名 | 数量（本） | 书名 | 数量（本） | 书名 | 数量（本） |
|---|---|---|---|---|---|
| 大板十三经注疏 | 160 | 大板御纂七经 | 184 | 中板皇清经解 | 400 |
| 相台五经 | 32 | 大板五省合刻廿四史 | 640 | 大板资治通鉴 | 120 |
| 大板续通鉴 | 80 | 大板五纪事本末 | 120 | 大板国语国策 | 10 |
| 大板五礼通考 | 160 | 大板二十二子 | 83 | 大板段注说文 | 16 |
| 大板水经注 | 24 | 大板朱子全书 | 30 | 大板朱子语类 | 40 |

---

① 包括《孝经》、《尔雅》、《论语》、《孟子》、《毛诗》、《尚书》、《周易》、《礼记》、《春秋》、《周礼》、《仪礼》、《公羊传》、《穀梁传》、《五经文字》、《新加九经字样》。

② 《捐给存古学堂书柜四个，书若干札饬妥管及书清单》（1910.5）[A]，国学档，第53卷-4，第11—14页。

| 书名 | 数量（本） | 书名 | 数量（本） | 书名 | 数量（本） |
|---|---|---|---|---|---|
| 大板宋元学案 | 40 | 大板昭明文选 | 10 | 大板汉魏百三家 | 120 |
| 大板唐宋文醇 | 20 | 大板日知录 | 14 | 大板唐宋八家 | 8 |
| 中板皇朝经世文编 | 80 | 中板国朝先正事略 | 24 | 中板左文襄奏议 | 64 |
| 大板曾文正全集 | 160 | | | | |

还有德清傅石君将家藏典籍寄存学堂，"供诸生参考"，其开列的书目清单便有两本①，共有书籍 320 部，图 477 张②，数量也不少。

同时，存古学堂又购置了许多书籍。如曾委托四川高等学堂代为购置吴宅旧书 84 种，见下表③：

| 书名 | 数量（本） | 价格（银两） | 书名 | 数量（本） | 价格（银两） |
|---|---|---|---|---|---|
| 孟子注疏 | 6 | 四钱 | 毛诗注疏 | 16 | 一两二钱八分 |
| 周礼注疏 | 15 | 一两二钱八分 | 仪礼郑注 | 3 | 二钱 |

---

① 《四川布政使王人文捐置存古学堂书籍清册》（1909. 12. 14）［A］，国学档，第 8 卷-1，第 7 页。

② 《关于蒙回傅氏寄存图书的请示》（1925. 1. 14）［A］，国学档，第 9 卷-26，第 66 页。

③ 《捐给存古学堂书柜四个，书若干札饬妥管及书清单》（1910. 5）［A］，国学档，第 53 卷-4，第 15—18 页。

| 书名 | 数量（本） | 价格（银两） | 书名 | 数量（本） | 价格（银两） |
|---|---|---|---|---|---|
| 仪礼疏 | 14 | 一两一钱二分 | 书经传说 | 12 | 八钱 |
| 周易明报 | 3 | 二钱 | 左传事纬 | 5 | 五钱 |
| 公羊传 | 4 | 三钱 | 七经纬 | 8 | 四钱 |
| 礼记注疏 | 20 | 一两六钱 | 周易疏 | 6 | 三钱六分 |
| 费易订文 | 4 | 三钱 | 水经注 | 20 | 二两 |
| 古经类函 | 30 | 三两 | 经籍算〔纂〕诂 | 16 | 一两 |
| 段注说文解字 | 24 | 一两四钱 | 说文引经考 | 2 | 一钱二分 |
| 说文通检例 | 2 | 二钱 | 说文校议 | 5 | 三钱 |
| 急就篇 | 2 | 二钱 | 史记 | 26 | 二两 |
| 前汉 | 32 | 二两四钱 | 后汉 | 28 | 二两二钱 |
| 三国志 | 24 | 二两 | 魏书 | 32 | 三两 |
| 宋史 | 120 | 十两 | 元史类编 | 18 | 二两 |
| 辽史 | 16 | 一两六钱 | 金史 | 32 | 三两二钱 |
| 金国志 | 4 | 六钱 | 五代史 | 8 | 一两 |
| 新唐书 | 56 | 六两 | 唐鉴 | 4 | 三钱二分 |
| 明代通鉴纲目 | 6 | 四钱八分 | 东华录 | 8 | 八钱 |
| 纪事本末 | 14 | 一两四钱 | 国语正义 | 10 | 七钱 |
| 战国策 | 5 | 三钱 | 乾道临安志 | 2 | 一钱六分 |
| 蜀故 | 6 | 四钱 | 两浙金石志 | 12 | 二两 |

| 书名 | 数量（本） | 价格（银两） | 书名 | 数量（本） | 价格（银两） |
|---|---|---|---|---|---|
| 江宁金石记 | 6 | 八钱 | 中州金石记 | 4 | 六钱 |
| 安阳县金石录 | 4 | 六钱 | 子史精华 | 40 | 一两六钱 |
| 韩子 | 4 | 六钱 | 管子 | 10 | 一两二钱 |
| 淮南子 | 6 | 六钱 | 杨子 | 2 | 二钱四分 |
| 鹖冠子 | 1 | 一钱二分 | 列子 | 2 | 二钱四分 |
| 荀子 | 6 | 七钱 | 唐子潜书 | 4 | 二钱 |
| 二程全书 | 14 | 八钱四分 | 近思录 | 4 | 二钱 |
| 十家骈文 | 4 | 四钱 | 道园集 | 15 | 一两二钱 |
| 两当轩诗钞、文集 | 10 | 一两六钱 | 吴文正集 | 20 | 二两八钱 |
| 湘绮楼诗集 | 6 | 四钱八分 | 杜诗详注 | 28 | 一两八钱 |
| 康〔唐〕宋诗醇 | 16 | 八钱 | 南北朝文钞 | 2 | 二钱 |
| 宋四六选 | 8 | 八钱 | 苏子美诗 | 2 | 二钱 |
| 曝书亭文 | 10 | 一两五钱 | 吴诗集览 | 16 | 一两四钱 |
| 书苑精华 | 8 | 一两 | 经世文编 | 66 | 三两四钱 |
| 壮悔堂文集 | 8 | 一两六钱 | 骈雅训纂 | 8 | 五钱 |
| 骈体文钞 | 10 | 五钱 | 忠雅堂文集、诗集 | 16 | 一两 |

| 书名 | 数量（本） | 价格（银两） | 书名 | 数量（本） | 价格（银两） |
|---|---|---|---|---|---|
| 陈伯玉文集 | 4 | 二钱 | 颜鲁公文集 | 9 | 一两六钱 |
| 梅村诗集 | 8 | 八钱 | 治平全书 | 10 | 五钱 |
| 汉书引经异文录证 | 2 | 二钱 | 庾开府全集 | 10 | 五钱 |
| 陆宣公奏议 | 8 | 四钱 | 丁文诚公奏稿 | 27 | 一两六钱 |
| 春晖堂丛书 | 12 | 一两八钱 | 中说 | 2 | 二钱 |

随着国学馆并入国学院，这些书籍也都成为国学院的典藏，它们无论论种类还是数量，都是相当可观的。以上为国学院图书的一个主要来源，就是接收国学馆的藏书。除此以外，国学院也积极筹划，千方百计收集文献，除了"整理乡土文献"一节已经论述的内容外，这里再补充几条事例。

一是收藏成都文庙西街梓潼宫存书。这批书籍是明刊道藏，其中地方志、文集较多，有不少川人著作以及四川名胜志，文献价值很大，并且省内"更无他本"，在全国也属稀有，非常珍贵。然而由于管理不善，"类多残缺"，"鼠啮虫蚀"，损坏严重，国学院请求将现存书籍悉数移交，代为保管①。

二是购买。国学学校曾购买成都昌福印书公司石印《孔林

---

① 本段引用均来自《关于给军事巡警总厅呈送藏书的报告》（1912. 8. 17）[A]，国学档，第8卷-6，第24—25页。

大观》，该书"点石既精，蓄墨尤妙，须眉毕肖"①。但由于经费有限，购买数量应该不多。

三是向印刷局、图书馆征集。国学院曾直接向四川印刷局征集其印刷销售书籍，书目如下②：

| 赵瓯北集 | 一百三名家集 | 初学记 | 古文苑 | 周易折中 | 书经传说 |
|---|---|---|---|---|---|
| 诗经传说 | 春秋传说 | 周官义疏 | 礼记义疏 | 仪礼义疏 | 周易述义 |
| 诗经折中③ | 万氏左传 | 春秋例表 | 穀梁集解 | 四书正本 | 正字略 |
| 困学纪闻 | 日知录 | 龚定庵全集 | 蜀诗 | 元遗山诗集 | 蜀中名胜集 |
| 说文提要 | 资治通鉴 | 度量权衡划一制度图说 | 兵书四种 | 艺概 | 山蚕图说 |
| 劝工调查表 | 西藏源流考 | 广雅堂诗集 | 瓶水斋诗集 | | |

四川公立国学专门学校时，校长廖平还分别致函四川省长公署以及四川图书馆，称：此前曾借得高等学校小板石印《图书集成》，但乙部缺40余册。如今，闻悉四川图书馆接收该校藏书中便有这部分书籍，因而希望能将它们借回，以成完璧④。可见向图书馆乃至于其他学校借取，也是获得书籍的一个途径。

---

① 《关于要求购买孔林大观一册的指令》（1914.7.20）［A］，国学档，第14卷-3，第6—7页。
② 《关于四川印刷局承印书籍文献书目承交一份的通知》（1912.10.30）［A］，国学档，第8卷-16，第73—75页。
③ 档案中，在"经"字旁有一手写"义"字，由此推测该书可能即是《御纂诗义折中》。
④ 《关于借阅图书馆高校小板石印图书的函文》（1919.8.11）［A］，国学档，第9卷-15，第40页；《关于借阅图书馆高校小板石印图书的报告》（1919.8.11）［A］，国学档，第9卷-16，第42页。

四是设立书局，自行刻印。这是国学院重要的一项工作，下文将对此详细论述。

国学馆并入国学院后，其附设的存古书局也一同并入，由国学院负责继续办理。该书局的设立原为整理印行存放于存古学堂的锦江、尊经两书院所刊书板。正如书局负责人罗元黼所言："成都锦江、尊经两院板刻夙称精美，归官印刷，漫漶滋多，雨湿郁蒸，尤嗟蠹朽。前清宣统三年始由存古学堂监督谢无量商诸护川督王人文，提归存古，醵金设局，冀重保存，流通古籍。"[①] 合并后，书局原有功能不变，另外还承担《四川国学杂志》的发行工作。其地点有两处：一处在成都青石桥，另一处位于卧龙桥街[②]。

由于所存书板不少已经损坏，因此书局首要的任务便是补刻各板。他们选出"朽腐难印者"，依照旧本进行刊刻。其次还要补刻过去尚未完工的书板。两项工作相加，1912 年 5 月至次年 12 月末，共补刻完成"经类七种、史类十一种、子类五种、集类四种"，约 1717000 多字，零散补刻还未统计在内，其成果

---

① 罗元黼：《四川国学院附存古书局设张缘起暨补板记（附价目）》［J］，《四川国学杂志》，1913 年第 10 期，第 71 页。

② 存古书局的地点应有两处，《四川国学杂志》每期末页记：发行点为成都青石桥的存古书局，《国学荟编》发行地点则改为成都卧龙桥街的存古书局。另外《四川国学院附设存古书局呈造民国元年八月起十二月止收支各款汇造四柱清册》中记载书局薪资开支有：总局司事 1 人、分局司事 1 人、学徒 1 人。可见有总局、分局两处。参见《呈造存古书局元年八月至十二月末日止收支各款四柱清册一本、决算表一本（附清册及表）》（1913．4）［A］，国学档，第 76 卷-1，第 6 页。

还是非常丰硕的。此外他们还购买了"私家精刻十六种"①。在此基础上，大量书籍得以印刷出版。同期，存古书局刊印销售图书情况见下表②：

| 书名 | 作者（版本） | 册数 | 纸张 | 定价（钱） | 补刊字数③ |
|---|---|---|---|---|---|
| 相台五经 | 岳珂本 | 32 | 化连 | 2640 | |
| 十一经读本 | 万氏本 | 20 | 化连 | 1430 | |
| 今文尚书 | 王湘绮写本 | 2 | 化连 | 240 | |
| 尚书大传 | 王湘绮补注 | 1 | 化连 | 110 | |
| 毛诗郑笺 | 唐写本 | 1 | 化连 | 90 | |
| 仪礼郑注 | | 6 | 二连 | 660 | |
| 礼经笺 | 王湘绮 | 6 | 化连 | 420 | |
| 礼记笺 | 王湘绮 | 6 | 化连 | 880 | 8820 |
| 周礼郑注 | | 6 | 二连 | 990 | 46460 |
| 春秋经 | 王湘绮写本 | 1 | 化连 | 110 | |
| 公羊传 | 何休注 | 4 | 二连 | 420 | 16900 |
| 公羊笺 | 王湘绮 | | 化连 | 500 | |
| 穀梁传 | 范宁注 | 4 | 二连 | 400 | 30070 |
| 左传杜注校勘 | 黎庶昌 | 1 | 二连 | 25 | |
| 春秋例表 | 王湘绮 | 1 | 二连 | 200 | |

---

① 本段引用均来自罗元黼：《四川国学院附存古书局设张缘起暨补板记（附价目）》[J]，《四川国学杂志》，1913 年第 10 期，第 71 页。

② 罗元黼：《四川国学院附存古书局设张缘起暨补板记（附价目）》[J]，《四川国学杂志》，1913 年第 10 期，第 72—78 页。

③ 罗元黼《补板记》"补刊字数"栏各项数字后均记"有奇"，即零头未统计，故实际补刊字数应略多于表中数量。

| 书名 | 作者（版本） | 册数 | 纸张 | 定价（钱） | 补刊字数 |
|---|---|---|---|---|---|
| 春秋比 | 郝懿行 | 1 | 化连 | 110 | |
| 尔雅 | 郭璞注 | 3 | 化连 | 330 | 860 |
| 孝经 | 唐玄宗注 | 1 | 化连 | 30 | |
| 石经汇函 | | | 长连 | 1430 | 37000 |
| 孟子外书 | 刘攽注 | 1 | 化连 | 30 | |
| 论语偶记 | 方观旭 | 1 | 化连 | | 待补 |
| 五经小学述 | 庄述祖 | 1 | 化连 | 80 | |
| 经传沿革例 | 岳珂本 | 1 | 化连 | 50 | 600 |
| 经典释文 | 卢校本 | 12 | 二连<br>化连 | 1600<br>1400 | 332670 |
| 孟子音义 | 孙奭 | 1 | 化连 | 80 | |
| 小尔雅疏证 | 葛其仁 | 1 | 化连 | 120 | |
| 孟子弟子考 | 陈矩补 | 1 | 化连 | 40 | |
| 说文段注 | | 16 | 二连 | 2970 | |
| 六书音均表 | | 1 | 二连 | 160 | |
| 说文句读 | 王筠 | 14 | 二连 | 1760 | |
| 说文提要 | | 1 | 化连 | 100 | 零星不计数 |
| 佩文诗韵 | | 1 | 化连 | 110 | 零星不计数 |
| 古韵通说 | 龙启瑞 | 3 | 化连 | 280 | |
| 急就篇注 | 王应麟 | 2 | 化连 | 240 | 2000 |
| 急就篇读本 | 史游 | 1 | 化连 | 30 | |

| 书名 | 作者（版本） | 册数 | 纸张 | 定价（钱） | 补刊字数 |
|------|------------|------|------|-----------|---------|
| 骈雅训纂 | 朱谋㙔 | 8 | 二连 | | 75800 |
| 乐石文述 | 刘心源 | 2 | 长连 | 400 | |
| 四益馆丛书 | 廖平 | | 化连 | 1320 | |
| 王制集说 | 廖平 | 1 | 化连 | | |
| 白虎通义定本 | 刘师培 | 2 | 化连 | 70 | |
| 左盦杂著 | 刘师培 | 2 | 化连 | 180 | |
| 国语国策 | 天圣明道本黄校姚氏本 | 10 | 长连 | 1430 | |
| 国语补音 | 宋庠 | 1 | 化连 | 110 | 2090 |
| 史记 | 仿殿本 | 26 | 长连 | 3700 | 17260 |
| 前汉书 | 仿殿本 | 32 | 长连 | 4100 | |
| 后汉书 | 仿殿本 | 26 | 长连 | 3400 | 16210 |
| 三国志 | 仿殿本 | 16 | 长连 | 2300 | 2540 |
| 晋书 | 成都本 | 24 | 化连 | | 762110 |
| 南史 | 成都本 | 16 | 化连 | 1540 | |
| 南史考证 | 成都本 | 1 | 化连 | 80 | |
| 北史 | 成都本 | 24 | 化连 | 2310 | 零星不计数 |
| 五代史 | 仿殿本 | 10 | 长连 | 1320 | |
| 辽史 | 成都本 | 10 | 化连 | 1100 | 640 |
| 金史 | 成都本 | 24 | 化连 | | 待补 |
| 汉官六种 | 孙星衍 | 2 | 化连 | 280 | 37000 |
| 蜀典 | 张澍 | 4 | 化连 | 310 | 2300 |

| 书名 | 作者（版本） | 册数 | 纸张 | 定价（钱） | 补刊字数 |
|---|---|---|---|---|---|
| 唐鉴 | 范祖禹 | 4 | 化连 | 380 | |
| 黔语 | 吴振棫 | 1 | 化连 | 80 | |
| 绍运图 | 宋本 | 1 | 二连 | 70 | |
| 读史及幼篇 | 郑德晖 | 1 | 化连 | 40 | |
| 光绪会典 | | 3 | 化连 | 250 | 27560 |
| 陶靖节年谱 | | 1 | 二连 | 50 | |
| 采风记 | 宋育仁 | 3 | 化连 | 180 | |
| 都江堰功小传 | | 1 | 化连 | 80 | |
| 天全石录 | 陈矩 | 1 | 化连 | 50 | |
| 孙子 | 魏武帝注 | 1 | 化连 | 50 | |
| 夏小正 | 王湘绮校本 | 1 | 化连 | 50 | |
| 神农本草 | 王湘绮校本 | 1 | 化连 | 90 | |
| 太玄集注 | 仿宋本 | 4 | 二连 | 900 | 40180 |
| 北学编 | | 1 | 化连 | 130 | |
| 蜀学编 | | 1 | 化连 | 160 | |
| 三略、阴符经、握奇经、素书、文王官人篇合刻 | | 1 | 化连 | 40 | |
| 锦里新编 | 张邦伸 | 8 | 化连 | 500 | 70680 |
| 朱子全书 | | 32 | 化连 | 2310 | |
| 书目答问 | 张之洞 | 1 | 二连 | 120 | 1090 |

续表：

| 书名 | 作者（版本） | 册数 | 纸张 | 定价（钱） | 补刊字数 |
|---|---|---|---|---|---|
| 辅轩语 | 张之洞 | 1 | 二连 | 80 | |
| 身世金箴 | | 1 | 化连 | 80 | |
| 日知录之余 | 顾炎武 | 1 | 化连 | 110 | |
| 菰中随笔 | 顾炎武 | 1 | 化连 | 80 | |
| 小学集解 | | 2 | 化连 | 220 | |
| 测圆海镜 | 刘岳云 | 1 | 化连 | 66 | |
| 旅舍备要方 | 董汲 | 1 | 化连 | 50 | |
| 药治通义辑要 | 丹波元坚 | 2 | 化连 | 140 | 28510（与上书合计） |
| 诊皮篇 | 廖平 | 1 | 化连 | | |
| 楚辞章句 | 王逸 | 2 | 化连 | 200 | 待补 |
| 楚辞释 | 王湘绮 | 2 | 化连 | 220 | |
| 昭明文选 | 李善注 | 10 | 长连 | 1430 | 6030 |
| 骈体文钞 | 李兆洛 | 10 | 化连 | 1100 | |
| 鹤山文钞 | 魏了翁 | 12 | 化连 | 1100 | |
| 古文选本 | | 1 | 化连 | 110 | |
| 八代诗选 | 王湘绮 | 6 | 化连 | 570 | 880 |
| 唐诗选 | 王湘绮 | 6 | 化连 | 600 | 780 |
| 唐诗纪事 | 宋王禧本 | 24 | 二连 | | 新刻未成 |
| 唐万首绝句选 | 王士禛 | 2 | 化连 | 150 | 零星不计数 |

| 书名 | 作者（版本） | 册数 | 纸张 | 定价（钱） | 补刊字数 |
|---|---|---|---|---|---|
| 声调三谱 | 王刻本 | 2 | 化连 | 240 | 1680 |
| 翰林学士集 | 唐写本 | 1 | 长连 | 120 | |
| 洪度集 | 薛涛 | 1 | 化连 | 50 | |
| 林和靖集 | 林逋 | 2 | 化连 | 120 | |
| 虞道园集 | 虞集 | 16 | 二连 | 2000 | 136450 |
| 掣鲸堂集 | 费锡璜 | 1 | 化连 | 110 | |
| 明蜀诗 | 费经虞 | 1 | 化连 | 270 | |
| 夜雪集 | 王湘绮 | 1 | 化连 | 50 | |
| 七星山人集 | 岳凌云 | 1 | 化连 | 110 | |
| 四种词（花外集、白石道人歌曲、日湖渔唱、苹洲渔笛谱） | | 4 | 化连 | 160 | |
| 陶情乐府 | 杨升庵 | 1 | 化连 | 110 | |
| 唐文选残叶落水本兰亭 | | 1 | 长连 | 40 | |
| 蜀秀集 | | 8 | 化连 | 900 | |
| 尊经初集 | | 10 | 化连 | 880 | |
| 尊经二集 | | 6 | 化连 | 750 | 零星不计数 |
| 国学课蓺 | | 3 | 化连 | 240 | |
| 弘明集 | 释藏本寄售 | | 二连 | | |
| 天台四教六即图 | | | 方纸 | 12 | 1810 |

这批刊印的图书共 112 种，包括经史子集各部的内容，其中既有传统经典作品，也不乏一些新作，如 1899 年编纂完成的《光绪会典》、日本医学家丹波元坚的医书、刘师培的《左盒杂著》、廖平的《四益馆丛书》等，具有一定的新意。若论作者则以王闿运为最，由他撰写或者校注的书籍达 13 种，考虑到这些图书主要用于销售的目的，则王氏当时在四川的影响不容小觑。同时，书局非常注重对四川本土文化的传播，出版了《蜀典》、《都江堰功小传》、《天全石录》、《蜀学编》、《锦里新编》、《明蜀诗》等不少乡邦文献，还大量刊印薛涛、魏了翁、杨慎、费锡璜、岳凌云、宋育仁、廖平等蜀中人士的文集著述。以廖平为例，廖幼平在《六译先生已刻未刻各书目录表》中记廖氏已刊刻书籍为 97 种，其中 58 种即在存古书局刊印出版，占了一半以上。这 58 种书籍刊印情况详见下表①：

| 书名 | 卷数 | 成书时 | 刊刻时 | 备考 |
|---|---|---|---|---|
| 王制集说 | 1 | 光绪十二年 | 民国四年 | 此书系十二年后改订本 |
| 游戏文 | 1 | | 民国五年 | |
| 生行谱例言 | 1 | 光绪十九年 | 民国四年 | |
| 游峨日记 | 1 | 光绪二十二年 | 民国四年 | |
| 易经古本 | 1 | 光绪二十四年 | 民国四年 | |
| 周礼郑注商榷 | 2 | 光绪二十五年 | 民国四年 | |

---

① 廖幼平：《六译先生已刻未刻各书目录表》［M］，《廖季平年谱》，成都：巴蜀书社，1985 年第 1 版，第 181—187 页。

| 书名 | 卷数 | 成书时 | 刊刻时 | 备考 |
|------|------|--------|--------|------|
| 家学树坊 | 2 | 光绪二十八年 | 民国四年 | 廖平子师慎纂 |
| 群经大义 | | 光绪三十年 | 民国三年 | 门人洪陈光补 |
| 经学四变记 | 1 | 光绪三十二年 | 民国三年 | |
| 礼运三篇合解 | 1 | 不详 | 民国四年 | |
| 伦理约编 | 1 | 光绪三十二年 | 民国四年 | |
| 坊记新解 | 1 | 光绪三十二年 | 民国四年 | |
| 尊孔编 | 1 | 宣统元年 | 民国三年 | |
| 人寸诊补证 | 2 | 民国三年 | 民国三年 | |
| 四益馆书目 | 1 | 民国二年 | 民国三年 | |
| 诊皮篇证 | 1 | 民国三年 | 民国三年 | 附释人 |
| 地理答问 | 1 | 民国三年 | 民国三年 | |
| 诗讳新解 | 1 | 民国三年 | 民国七年 | |
| 汉志三统历表 | 1 | 民国三年 | 民国七年 | 此书系廖平子师慎原稿，门人黄镕补编 |
| 脉学辑要评 | 1 | 民国三年 | 民国七年 | |
| 灵素五解篇 | 1 | 民国三年 | 民国四年 | 此书系廖平孙宗泽所辑 |
| 楚辞讲义 | 1 | 民国三年 | 民国四年 | |
| 高唐赋新释 | 1 | 民国三年 | 民国四年 | |
| 世界哲学笺释 | 1 | 民国三年 | 民国四年 | 门人黄镕笺释 |
| 地理辨正补证 | 4 | 不详 | 民国五年 | |
| 撼龙经传订本注 | 1 | 不详 | 民国五年 | |

| 书名 | 卷数 | 成书时 | 刊刻时 | 备考 |
|---|---|---|---|---|
| 命理支中藏干释例 | 1 | 不详 | 民国五年 | |
| 伤寒讲义 | | 民国四年 | | |
| 黄帝内经明堂 | | 民国四年 | | |
| 诊筋篇补证 | 1 | 民国五年 | | 附十二筋病表 |
| 诊骨篇补证① | 1 | 民国五年 | | 附中西骨格辨正 |
| 平脉篇 | 1 | 民国五年 | | |
| 仲景三部九候诊法 | 2 | 民国五年 | | |
| 营卫运行篇 | 1 | 民国五年 | | |
| 诊络篇 | 1 | 民国五年 | | |
| 分方异宜篇 | 1 | 民国五年 | | |
| 三部九候篇 | 1 | 民国五年 | | 附十二经动脉表 |
| 难经经释补证 | | 民国五年 | | |
| 皇帝疆域图 | | 民国五年 | | 此书系门人黄镕就廖平原稿补编 |
| 大学中庸衍义 | 1 | 民国五年 | | |
| 春秋三传折中 | 1 | 民国六年 | | 此书系门人季邦俊就廖平原稿补证 |
| 周礼订本略注 | 2 | 民国六年 | | 廖平原有《周礼订本》，黄镕为之注 |

---

① 原文为《诊胃篇补证》，据"备考"改。另外"国学档"记载为：《诊骨篇》，见《民国六年一月一日起至六月末日止售提奖存一览表》（时间不详）［A］，国学档，第 42 卷-11，第 133 页。

| 书名 | 卷数 | 成书时 | 刊刻时 | 备考 |
|---|---|---|---|---|
| 伤寒古今考 | 1 | 民国六年 | | |
| 平脉法砭伪平议 | 1 | 民国六年 | | |
| 伤寒平议 | 8 | 民国六年 | | |
| 瘟病平议 | 1 | 民国六年 | | |
| 伤寒总论 | | 民国六年 | | |
| 桂枝汤讲议 | 1 | 民国六年 | | |
| 尚书大统凡例 | 1 | 民国七年 | | |
| 尚书宏道编 | 1 | 民国七年 | | |
| 中候宏道编 | 1 | 民国七年 | | 以上二书系黄镕推本廖平之说所成 |
| 礼记识 | | 不详 | 民国七年 | |
| 易说 | 1 | 不详 | 民国七年 | |
| 五变记 | 1 | 民国七年 | | |
| 伤寒古本订补 | 1 | 民国七年 | | |
| 伤寒杂病论古本 | 1 | 民国七年 | | |
| 六译馆杂著 | | 民国七年 | | |
| 六译馆文钞 | | 民国九年 | | |

除上述书目外，廖平在存古书局出版的作品还有《公羊补证》、《解诂三十论》、《起起废疾》、《春秋图表》、《群经凡例》、《今古学考》、《古学考》、《王制订》、《经学初程》、《六书旧义》、《经话甲乙篇》、《四益馆杂著》、《地学问答》、《九州通解》、《诊皮篇补证》、《诊络篇补证》、《诊筋篇》、《诊骨篇》、

《脉经考证》、《小诊皮篇》、《方言疏证》、《说文新附考》、《文选古字通》、《尔雅补郭》、《哲学发微》、《历代年号》、《戴例》、《地理辨正》等①。从出版角度而言，廖平学术思想的传播及其学术影响的奠定，存古书局的功劳不容小觑。

另外，书局还刊印了《代丰例表》、《容斋随笔》、《湘绮楼诗钞》、《古历经征》、《以意录》、《蜀语》、《长短经》、《修身教科》、《四种合刊》、《鬼董》、《益部耆旧传》、《内经明堂》、《左庵长律》、《字林考逸》、《仓颉篇》、《蜀梼杌》、《蜀画史稿》、《益州名画录》、《伤寒平议》、《四川国学杂志》、《国学荟编》等书刊②。作为当时四川非常重要的学术出版机构，存古书局出版物的种类和数量都极为可观。

而书局传播文化的方式，也不仅销售一种，他们曾多次向省内外图书馆赠送书籍。公共图书馆的设立是中国近代社会的新鲜事。1912 年 8 月，四川教育司按照教育部要求兴办社会教育，任务之一便是筹建图书馆，"以增长人民知识"。图书馆书籍除购买外，还以调取各省各种局板官书的方式进行筹集。存古书局遂奉上《鹤山文钞》、《蜀典》、《明蜀诗》、《锦里新编》、《蜀学编》各一部③。1914 年 4 月，书局又赠送《经典释文》、《太玄集

---

① 《民国六年一月一日起至六月末日止售提奖存一览表》（时间不详）［A］，国学档，第 42 卷-11，第 125—134 页。由于当时记载的书名不规范，因此可能存在个别与廖幼平统计重复的书籍，如此处录《地学问答》、《地理辨正》，廖有《地理答问》、《地理辨正补证》，前后是否为同一本书，存疑，姑且录之。

② 《民国六年一月一日起至六月末日止售提奖存一览表》（时间不详）［A］，国学档，第 42 卷-11，第 125—134 页。

③ 《照得学生成绩最为重要学校考核尤贵严明使第凭年暑假考试以定优劣，贵校长请烦查照办理此咨》（1912. 8）［A］，国学档，第 12 卷-16，第 64—69 页。

注》、《白虎通义定本》、《汉官六种》、《四益馆丛书》①。

存古书局还应其他各省要求进行了捐赠：1912年赠送山西图书馆《鹤山文钞》、《蜀典》、《明蜀诗》、《锦里新编》、《蜀学编》各一部②。之后贵州各省表示"川省所刊新旧书籍甚多"，遂又赠送它们《相台五经》、《礼经笺》、《石经汇函》、《公羊笺》、《楚辞章句》、《楚辞释》、《四种词》③。这年还赠河南十部书籍，分别是《鹤山文钞》、《蜀典》、《明蜀诗》、《锦里新编》、《蜀学编》、《相台五经》、《礼经笺》、《石经汇函》、《书目答问》、《楚辞章句》④。次年4月寄给广西教育司《石经汇函》、《蜀典》、《采风记》、《蜀学编》、《明蜀诗》、《春秋比》、《国语补音》、《锦里新编》、《鹤山文钞》、《四种词》各一部⑤。5月，接到湖南省的书目清单后，又呈送《锦里新编》、《菰中随笔》、《北学编》、《陶情乐府》、《蜀学编》、《四种词》、《楚辞⑥释》、《国语补音》、《采风记》、《唐鉴》、《太玄集注》、《道园全集》⑦。

① 《关于移交学校图书及存古学堂用书的咨文》（1914.4.20）［A］，国学档，第9卷-6，第18页。

② 《照得学生成绩最为重要学校考核尤贵严明使第凭年暑假考试以定优劣，贵校长请烦查照办理此咨》（1912.8）［A］，国学档，第12卷-16，第74页。

③ 《关于增加搜书量的通知》（1912.9.7）［A］，国学档，第8卷-13，第56—57页。

④ 《关于收集书籍的报告》（1912.11.16）［A］，国学档，第8卷-20，第82—85页。

⑤ 《关于寄送广西教育司四川新旧官制图书一份的报告》（1913.4.23）［A］，国学档，第9卷-4，第13页。

⑥ 辞：原文有的写作"词"。

⑦ 《函覆民政局送呈刻书十二种计四十六本附新印书单一纸（附清单）》（1913.5）［A］，国学档，第76卷-3，第41—44页。

此外，国学院还将存古书局刊印的书籍作为奖品颁发给优秀学生，这也是一种传播的途径。1912 年 8 月 1 日至 12 月 31 日，用于奖励学生的书籍达 51 种 162 部，涵盖了其出版书籍的大部分①。

从销售看，1912 年 8 月至 12 月，出售书籍 482 部，价值银 188 元 1 角 4 仙 4 星。加上赠送、奖励书籍 437 部，共有 919 部进入流通环节，约为这段时期出版书籍 1886 部的一半②。正是通过这些途径，书局刊印的书籍源源不断流向社会，促进了学术文化的交流与传播。

总体而言，国学院在藏书与刻书方面的工作还是可圈可点的。在藏书方面，他们接收了尊经、锦江两大书院以及存古学堂时期的巨量收藏，同时广开门路，多方征集，汇聚了极为丰富的图书文献，这一方面为教学研究提供了充足的物质保障，另一方面也较好地保护了这批典籍。在书籍刊刻出版方面，他们以存古书局为依托，修缮了尊经、锦江书院遗留下来已经损坏严重的书板，又新刻了不少书板，每年出版书籍 2000 余部③，蔚为大观，对学术文化的交流传播作出了较大贡献。他们修缮

---

① 《呈造存古书局元年八月至十二月末日止收支各款四柱清册一本，决算表一本（附清册及表）》（1913. 4）[A]，国学档，第 76 卷-1，第 11—14 页。

② 《呈造存古书局元年八月至十二月末日止收支各款四柱清册一本、决算表一本（附清册及表）》（1913. 4）[A]，国学档，第 76 卷-1，第 9 页。

③ 1916 年上半年出版书籍 1460 部，下半年出版 1100 部，共 2560 部。参见《民国五年一月一日起六月末日止售提奖存一览表》（时间不详）[A]，国学档，第 42 卷-6，第 86—95 页；《民国五年七月一日起十二月末日止售提奖存一览表》（时间不详）[A]，国学档，第 42 卷-9，第 110—119 页。

保存的书板后来为四川大学继承，在 20 世纪三四十年代还曾多次印书销售，帮助川大渡过难关①。

---

① 据四川大学吴天墀教授回忆，20 世纪三四十年代，存古书局书板收藏在成都皇城的城门洞中，四川大学每当经费紧张，便取出印售，以解燃眉之急。见郭书愚：《四川存古学堂的兴办进程》[J]，《近代史研究》，2008 年第 2 期，第 95 页。又，三四十年代，川大重印的书板有：《尚书孔氏传》13 卷、《读书钞说》4 卷、《公羊笺》11 卷、《礼经笺》17 卷、《公羊补正》11 卷、《金史》135 卷、《辽史》160 卷、《都江堰工（笔者按，应为"功"）小传》2 卷、《灵峰草堂丛书》6 册、《骈体钞》31 卷、《唐诗选》6 册、《八代诗选》6 册、《唐诗万句绝句选》2 册等。见四川大学校史编写组：《四川大学史稿》[M]，成都：四川大学出版社，1985 年第 1 版，第 299 页。另外，1942 年，四川大学时任校长程天放曾组织刻印这批书板 25 种，并作序详细介绍了这批书板的历史："蜀之刊人以善刻书著。清季王湘绮先生主讲尊经书院，伍肇龄先生主讲锦江书院，先后择国学书籍若干种，付之剞劂，以惠学子。及存古学堂成立，两书院及官书局之书版均归焉，并加镌若干种，精印行世，一时称盛。其后存古学堂递嬗而为国学院、国学专门学校、公立四川大学，复与成都大学、成都师范大学合并而为国立四川大学，此项书版遂为川大校产。民国二十七年冬，余奉命长川大，公余检视，见书版凡四万余块，经史子集均有。惜庋置一室，多年未加整理，或就残缺，或遭虫蛀，怨焉伤之。拟招工补刻重印，以广流传。因校款支绌，有志未逮，仅移置旧皇城门楼下以防空袭，施行煮晒，以去虫害而已。抗战既历数载，海岸线悉遭敌寇封锁，西洋科学书籍几不复能输入，东南各都会沦陷敌手，官书局及印书业均受摧残，故虽国学书籍亦感缺乏。川大有此版本，而弃置不加利用，实至为可惜，余尔就集会中枢之便，言于总裁兼行政院院长蒋公，副院长兼财政部长孔庸之先生，教育部部长陈立夫先生，请拨款整理印刷，以救坊间书籍之穷。蒋公及孔、陈二先生慨然允诺，遂于民国三十年冬拨十六万元以办理此事。惟以工价物价之高昂，未能悉付整理，爰择学子需用最切之书，若五经四史之类，凡二十五种先行付印。其余则稍缓时日，期能一一重印也。补刻工作始于二月，随刻随印。至七月，而书成。余乃志其经过于简端，世之学子浏览诸书时，对蒋公及孔、陈二先生阐扬国学，提倡文化之至意，当永矢勿忘也。"见党跃武主编：《凤鸣锵锵——四川大学游览笔记》[M]，武汉：湖北美术出版社，2016 年第 1 版，第 14—15 页。

# 第十章 四川国学院的意义与影响

　　四川国学院成立于 1912 年，后虽名称、机构设置颇多变更，然一直冠以"国学"之名，且主要工作基本延续，员工队伍相对稳定，院址也没有改易，因此应视作一个整体。这种情况一直持续到 1927 年成为公立四川大学为止，前后共 15 年。本章对 15 年间国学院在教学、研究方面的成绩有所总结，探讨这所一直被学界忽视的学术机构的意义及其影响，为重新审视历史中的"失语者"提供可能。

　　四川国学院是近代国学运动的产物，是 20 世纪初一批忧国忧民的官员及知识分子在民族危亡之际，力图捍卫中国传统文化、坚守民族精神与信仰的有益尝试，在国学运动史上有着特殊的意义。

## 一、中国近代第一所大型官办国学机构

　　1905 年，国学保存会在上海正式成立，并出版《国粹学报》。以此为标志，国学运动拉开了历史大幕。之后，全国各地先后成立相关组织，刊印杂志，其中较知名的有：1907 年，上

海出版《国粹丛编》；1908年，北京刊印《国学萃编》；1911年，北京国学研究会印行《国学丛刊》；1912年，《四川国学杂志》发行；1914年，北京清华学校国学研究会刊发《国学丛刊》；1915年，上海国学昌明社出版《国学杂志》；1920年，武昌高师编印《国学厄林》；1922年，成都出版《国学月刊》；1923年，北京大学《国学季刊》发行；1924年，北京述学社出版《国学月报》；1925年，《北京大学研究所国学门周刊》发行、北京民国大学国学研究会编印《国学月刊》；1926年，《北京大学研究所国学门月刊》问世、上海刊行《国学月刊》；1927年，北京清华学校研究院编印《国学丛刊》；1931年，北平中国大学出版《国学丛编》；1932年，济南齐鲁大学国学研究所出版《国学汇编》；1933年，苏州国学会国学论衡编纂部编印《国学商兑》；1937年，天津国学社刊印《国学》（月刊）……①在这些如雨后春笋般出现的国学机构、杂志的推动下，国学运动逐步发展成为20世纪中国波及面最广、影响力最深远的文化学术思潮之一。

而成立于1912年的四川国学院正是这样一种时代思潮下的先行者，它是国学运动兴起后第一所由政府兴办的大型国学机构，兼具教学、研究、传播功能，从规模而言，当时无出其右者。

本来，京沪地区是国学运动的发源地，按理说，应率先出现相应的国学教学、研究机构，但实际情况却不如人意。1905年初成立的国学保存会是清末第一个以国学相号召的社团，在

---

① 郭建荣：《北京大学国学研究八十年（1918—1998）》［M］，《涵容博大守正日新——我眼中的北京大学》，北京：社会科学文献出版社，2013年第1版，第128页。

国内影响很大，他们曾计划开办国粹学堂，终因经费不足放弃①。1913—1914年间，马良又提议在北京成立函夏考文苑，章太炎、梁启超、严复等学界名流都积极响应。他们想仿效法国法兰西学院，建成全国最高学术机构，但因未获政府支持最后无果而终。继而章太炎又准备缩小规模，先办一个弘文馆，类似讲习所，主要进行字典编写的工作，拟以钱玄同、马裕藻、沈兼士、朱希祖等为馆员，然也未成②。从中不难看出，在国学运动早期，即便是京沪地区，成立相应的教学、研究机构还没有成为政界、学界的一种共识，因而虽然有章太炎等国学大家的积极呼吁与筹划，但终究徒劳无功。正如研究北大国学门的台湾学者陈以爱评论函夏考文苑的失败时所言："在民国初成立时，政府、学界乃及社会大众，对于设立一个全国性的独立学术机构，在经费上及心理上都未到达水到渠成之地步。"③ 实际上，不仅仅是对成立全国性的学术机构缺乏热情，当时学界普遍对于设立学术机构这种事本身都还非常陌生。

因此，四川国学院的出现在国学运动史上便有了非同寻常的意义：它终结了国学运动产生以来，一直没有大型学术机构的历史，成为中国近代第一所大型国学教学、研究机构，堪称国学运动史上的一个里程碑。它的特殊性还体现在其官办的身份，

① 桑兵：《晚清民国的国学研究》［M］，上海：上海古籍出版社，2001年第1版，第8页。
② 陈以爱：《中国现代学术研究机构的兴起——以北大研究所国学门为中心的探讨》［M］，南昌：江西教育出版社，2002年第1版，第71—72页。
③ 陈以爱：《中国现代学术研究机构的兴起——以北大研究所国学门为中心的探讨》［M］，南昌：江西教育出版社，2002年第1版，第71—72页。

以政府之力兴办国学院，这在当时是绝无仅有的。也正缘于此，四川国学院在财力、物力、人力上都较有保障，其发展规模也远非其他民间社团可以比拟。自成立后，国学院便以"提倡国学，发扬国粹"相号召，对于国学教育、研究的发展起到了促进作用。而四川国学院的创建与发展历史也折射出四川政界、学界在创办学术机构发展国学的认识上是走在了时代的前列。

同时，还应指出，四川国学院诸君对于国学的理解基本没有超出国粹派的思想。过去学界往往因此将其视作保守落后的对象，但这种看法不免偏颇，值得商榷。首先，应该承认，他们这批人倡导国学，最根本的出发点还是缘于爱国。正是因为目睹国家危亡，忧心民族、文化之衰亡，他们才振臂高呼：拯救国学。在他们心中，救学与救国是一体的。从这个意义而言，国粹派是值得肯定的。关于这点，第二章已有详细论述，此不赘言。实际上，1914 年清华学生组织清华国学研究会时，仍然是以"爱国"相号召："具爱国爱种之心者，当急起直追，以求祖国深奥、优美、渊博、精切之学术思想，以培我国本，而固我国基。"① 这可视作国学运动初期的基本面相。

其次，应该注意，四川国学院所进行的研究已经不完全是传统学术的延续，它呈现出一些新的特点。钱玄同是较早对国粹派的学术研究进行分析评价的学者，他在 1937 年为《刘申叔先生遗书》所作序言中，将康有为、谭嗣同、梁启超、章太炎、

---

① 王天优：《国学研究会宣言书》［J］，《国学丛刊（北京）》，1914 年第 1 期，第 5 页。

刘师培等为代表的国粹派的学术活动列入"国故研究之新运动"第一期，进而指出："最近五十余年以来，为中国学术思想之革新时代。其中对于国故研究之新运动，进步最速，贡献最多，影响于社会政治思想文化者亦最巨。"他将这种影响形象地描述为："此黎明运动在当时之学术界，如雷雨作而百果草木皆甲坼，方面广博，波澜壮阔，沾溉来学，实无穷极。"①

　　钱玄同已经敏锐地观察到这个时期学术活动的"革新"性，而当代学者陈来则对这种"革新"进行了较为全面的阐释，他也认为国粹派是国学运动在近代衍进的第一阶段，其特点是"在学问方法上延续了清代的考据学、训诂学，在观念上导入一些近代的文化意识。如按照古人的传统观点，经学是最重要的，但清代的学术观念已经开始慢慢变化，到了晚清，章太炎、刘师培等人的国学研究作为一个研究体系一方面继承了清代的考证学、训诂学作为方法，另一方面就研究意识来看，已经具有了近代观念，认为经学和子学是平等的。他们的研究不再突出'经'，而比较强调'子'，并且在'子'里面对孔子也有所批评……清代考据学、训诂学加近代学术观念所构成的近代第一阶段的国学其实已经是一个新的学术体系了。考证学、训诂学加上近代意识，使得这些学术系统跟清代传统的学术研究体系不同，已经带有新的特色，如《国故论衡》"②。

---

　　① 钱玄同：《〈刘申叔先生遗书〉序》[M]，刘师培：《刘师培全集》第 1 册，北京：中共中央党校出版社，1997 年第 1 版，第 27 页。
　　② 陈来：《近代"国学"的发生与演变——以老清华国学研究院的典范意义为视角》[J]，《清华大学学报》（哲学社会科学版），2011 年第 3 期，第 31 页。

应该说，上述分析虽非专就四川国学院而言，但却恰恰体现了该院的学术风尚。以院方创办的学术刊物——《四川国学杂志》为例，国学院在学术研究方面所表现出来的过渡期特点是较为明显的。杂志设置了 11 个栏目，而"经术"只占其一，另外还有史学、子学、文集以及政鉴、校录、技术等，体现出他们意欲突破经史子集的传统划分模式的努力，在这过程中，经学的地位自然是下降了。同时，他们还以现代意义的学术论文取代了过去感悟、随想式的论述，这是一个巨大的变化。而从文章内容而言，虽然大量作品依然着眼于传统学术问题，但也出现了一些新生事物的身影，如多篇文章都关注到当时刚刚在国内兴起的伦理学学科。此外，杂志刊载的论文也基本采用半文半白文体，代替了过去纯文言文的语体。总体来看，《四川国学杂志》已经呈现出一些新的时代特点，这正反映出四川国学院的学术理念，已经不再简单固守传统，而是逐步迈入了现代学术研究的新领域。恰如桑兵教授所言："近代国学并非传统学术的简单延续，而是中国学术在近代西学影响下由传统向现代转型的过渡形态。"① 确实如此，四川国学院所进行的学术活动体现的正是中国传统学术向现代转型过程中的基本面相，也体现了国学运动第一阶段的基本风貌。

总之，自成立后，四川国学院致力于发明国学、保存国粹，推动了国学研究的发展，也使四川成为民国初年的国学重镇。

---

① 桑兵：《晚清民国时期的国学研究与西学》[J]，《历史研究》，1996 年第 5 期，第 30 页。

特别是这个时期，正值国学运动的低谷，《国粹学报》已于1912年初停刊、国学保存会也告终结，在这种情形下，四川国学院的努力就格外引人注目。如果从其整体的学术立场以及发生时间点来看，将其视作辛亥革命后，国粹派运动的接棒者和集大成者，应该是没有疑义的。

二、中国近代大型学术研究机构的先行者

四川国学院成立之初，便以编辑杂志、审定乡土志、续修通志、搜辑乡贤遗书、校订国学参考书、编纂本省光复史为职责，积极从事学术研究工作。其创办的《四川国学杂志》第 1 期于 1912 年 9 月 20 日出版，这时距离国学院成立还不到三个月时间。1914 年，杂志更名为《国学荟编》继续办理，一直到1919 年停办，历时长达 7 年之久，是当时很有影响的国学刊物之一。其次，国学院附设的存古书局作为出版机构，刊印各种典籍有数百种，年出版书籍可达 2000 多部，是全国知名的大型书局之一[①]。他们还组织大量人员，对四川各地的乡土志进行了较为全面的收集、整理，同时又开展了对包括乡贤遗书在内的文献典籍的收集、整理，以及省内文物的保护工作。另外，在续编四川通志、编纂光复史方面，也做了不少事情。并且开办有"讲演会"，每周开会一次，向社会开放，宣讲普及国学知识。

应该说，四川国学院已经是一所现代意义的大型学术机构了，

---

① 晚清时期，成都官刻机构最著名者有三家，分别是四川官书局、尊经书局、存古书局。民元后，犹存四川官书局、存古书局。其中存古书局刊印书籍合计 300 余种。据孙文杰：《中国图书发行史》［M］，武汉：武汉大学出版社，2015 年第 1 版，第 352—353 页。

它具备了教学、研究、出版、传播等多项功能。20世纪20年代，蔡元培在欧美考察教育后认为："外国大学，每一科学，必有一研究所；研究所里面，有实验的仪器、参考的图书、陈列的标本、指导的范围、练习的课程、发行的杂志。"① 这也成为北京大学研究所国学门仿效的范例。然而，如果察看四川国学院的情形，会发现它早已自己摸索建立了一套行之有效、功能齐全的学术研究组织机构。从成立时间看，它应是民国时期建成的第一所大型学术机构，而这在过去一直被学界视而不见。蔡元培1931年所撰《三十五年来中国之新文化》一文指出近代国内科学研究机构"以实业部的地质调查所成立于民国五年，与科学社的生物研究所成立于十一年的为最早"②。他在1936年撰写的《二十五年来中国研究机关之类别与其成立次第》一文中再次将属于实业部的地质调查所列为辛亥革命后最早成立的研究机构，只是误将其成立时间记作了民国元年③。显然，蔡元培的这个论断还是失之不察，没有了解到1912年四川就创办了国学院这个事实。另外，还值得注意的是四川国学院作为国学研究机构，它的功能设置

---

① 蔡元培：《北京大学研究所国学门概略序》［M］，贺昌盛主编：《再造文明》，杭州：浙江教育出版社，2014年第1版，第150页。

② 蔡元培：《三十五年来中国之新文化》（1931. 6. 15）［M］，高平叔编：《蔡元培教育论集》，长沙：湖南教育出版社，1987年第1版，第509页。

③ 蔡元培：《二十五年来中国研究机关之类别与其成立次第》（1936. 9. 30）［M］，高平叔编：《蔡元培论科学与技术》，石家庄：河北科学技术出版社，1985年第1版，第310页。1913年，矿政司地质科改为地质调查所，但有名无实。1916年拨付经费、安排人员后方开始运转。鉴于此，将其成立时间定于1916年是合理的。参见李学通：《书生从政——翁文灏》［M］，兰州：兰州大学出版社，1996年第1版，第29页。

是较为全面的，而这一切都来源于川人的原创，其中既有对传统书院刊印书籍等做法的继承，又增加了审定乡土志、续修通志、搜辑乡贤遗书等工作，颇具新意。这充分体现了四川学人从传统出发，自力更生，建构新型学术机构的努力。而这种积极打造学术研究机构的理念在国内引起学人的重视则要等到若干年后了。

目前所知中国学者中最早明确提出学术研究必须有赖于相关机构这一见解的是梁启超，他在 1920 年说："凡一学术之发达，必须为公开的且趣味的研究，又必须其研究资料比较的丰富……此其事非赖有种种公开研究机关——若学校若学会若报馆者，则不足以收互助之效，而光大其业也。"①

1922 年，正在负责筹办北京大学研究所国学门的沈兼士也指出："大凡一种学问欲得美满的效果，必基于系统的充分研究；而此系统的充分研究，又必有待于真确完备之材料。关于东方学之参考材料，范围广大，搜求既非易事，整理尤费工夫……凡此种种，均非有负责之机关，充分之经费，相当之人材，长久之时日，莫能举办。"②

这一年，朱光潜还发表了《怎样改造学术界？》，文章认为要改造学术环境、培养学术领袖人才，很关键的一项措施就是：

---

① 梁启超：《清代学术概论》［M］，朱维铮校注：《梁启超论清学史二种》，上海：复旦大学出版社，1985 年第 1 版，第 85 页。
② 沈兼士：《筹画北京大学研究所国学门经费建议书》［M］，沈兼士著，葛信益，启功整理：《沈兼士学术论文集》，北京：中华书局，1986 年第 1 版，第 362、364 页。

"将来各大学都设有研究院"①。次年，洪式间又发表《东方学术之将来》，强调"专门学术机关"是欧美学术强盛的根源所在："世之言学术之盛者，大抵首推欧美。予亦曾持此说，而未悉其所以致盛之故。迨予游欧洲，见其国各种专门学术机关，无不设备，于是深悟其学者之成就，盖非偶然。此等机关专为研究高深学术而设，大者可容数十人，少亦十数人不等……皆西方学者精神之结晶体，亦即专门学者之养成所也。"② 可见，学界有识之士这时才逐渐意识到学术机构的重要性。

不过，虽然有学人提倡，但现实的情况却并不如人意。到1935年时，蔡元培依然在大声疾呼"大学研究院之不可不设"，他强调："盖科学的研究，搜集材料，设备仪器，购置参考图书，或非私人之力所能胜；若大学无此预备，则除一二杰出之教员外，其普通者，将专己守残，不复为进一步之探求。"③ 反复强调背后，体现出的正是国内学术研究机构设置的严重滞后。

在这种背景下，四川国学院的先进性就更加明显：它聚集了众多知名学者、提供了非常充裕的图书资料资源、确定了清晰的研究任务、配备了较为宽敞的办公场所、搭建了合理的组织架构，还有稳定的经费来源支持，这些都为相关学术研究提供了极大的便利和保障。在全社会还普遍缺乏对设立学术机构

---

① 朱光潜：《怎样改造学术界？》［M］，《朱光潜全集》第 8 卷，合肥：安徽教育出版社，1993 年第 1 版，第 38 页。

② 洪式间：《东方学术之将来》［N］，《晨报五周年纪念增刊》，1923 年 12 月 1 日，第 19 页。

③ 蔡元培：《论大学应设各科研究所之理由》（1935. 1. 1）［M］，高平叔编：《蔡元培教育论集》，长沙：湖南教育出版社，1987 年第 1 版，第 562、564 页。

相关认识的情况下，四川显然是走在了时代前列，而且国学院所取得的成果也是有目共睹的。因此，作为中国近代大型学术研究机构的先行者，四川国学院理应在中国学术机构历史上拥有自己的一席之地。

四川国学院成立约 10 年后，1922 年，北京大学研究所国学门诞生。之后，东南大学国学院（1924 年）、清华研究院国学门（1925 年）、厦门大学国学研究院（1926 年）、燕京大学国学研究所（1928 年）、齐鲁大学国学研究所（1930 年）等相继出现，在它们的推动下，国学运动进入了新的发展阶段。蔡元培20 世纪 30 年代谈及"三十五年来中国之新文化"时特别肯定学术机构于新文化的意义，他说："综观所述新文化的萌芽，在这三十五年中，业已次第发生；而尤以科学研究机关的确立为要点。"[1] 而这起点应该说是从四川国学院开始的。

三、中国近代国学教育的探索者

国学院成立后，随着国学馆的并入，教学工作便成为院方的一项新任务。吴虞在《国立四川大学专门部同学录序》中描写了当时的情景："国学专校，创自民国。其时，吴伯朅师，廖平前辈，刘申叔、谢无量诸公，聚于一堂。大师作范，群士响风，若长卿之为师，张宽之施教。蜀才之盛，著于一时。"[2] 然而在热闹的背后却潜藏着巨大的挑战。

---

① 蔡元培：《三十五年来中国之新文化》（1931. 6. 15）［M］，高平叔编：《蔡元培教育论集》，长沙：湖南教育出版社，1987 年第 1 版，第 522 页。
② 吴洪武等：《吴之英先生年谱》［M］，吴洪武等校注：《吴之英诗文集》，成都：四川大学出版社，2008 年第 1 版，第 535 页。

问题产生的直接原因是民国临时政府教育部 1912 年 10 月 24 日颁布《大学令》。这份文件明确要求大学设立文、理、法、商、医、工等各科，也就将经学科排斥在大学科目之外。这无疑令 11 月 1 日正式合并后的国学馆陷入了尴尬境地。

　　纵观国学馆之后的命运——不断更名、不断推出新的校规、章程，其频率之高堪称令人眼花缭乱。而这种频繁变化体现出的正是该校不断调整自己，以适应新的教学体系的努力。可以说国学院附设的这所学校其主要发展脉络就是探索现代学科体系下，国学教育的发展路径与可能性，因此它已经不是传统意义上的书院教学模式的简单延续，而是中国学制大变革背景下，意欲将国学教育融入现代教育体系的先行者。

　　经过从国学馆——四川国学院附设国学专修科——四川国学院附设国学学校——四川国学学校——四川公立国学专门学校的屡次嬗变，历经 15 年的时间，学校平稳地实现了凤凰涅槃。首先争取到了以 1912 年 10 月 22 日民国临时政府教育部颁布的《专门学校令》为依据的合法办学资格，打破了将经学学科摒弃在外的不利局面，从而拥有了在现代教育体系中培养国学专业人才的一席之地。其次，他们煞费苦心反复调整课程设置，力求既照顾国学浩繁之特点，同时又兼顾新学的课程。到 1918 年改为四川公立国学专门学校时，校方不仅参照大学规程，将本科分为哲学科、国文学科、历史学科三个专业，而且开设的课程已经今非昔比。以哲学科为例，设置了中国哲学（经、子）、中国哲学史、西洋哲学、印度哲学概论、国文、伦理学、心理学、论理学、生物学、社会学、美学①。当时《教育部公布大学规程》规定：大学文科分为哲学、文学、历史学、地理学四门。其中哲学门下的中国哲学开设课程为：中国哲学（《周易》、《毛诗》、《仪礼》、《礼记》、《春秋》公、穀传、《论语》、《孟子》、周秦诸子、宋理学）、中国哲学史、宗教学、心理学、伦理学、论理学、认识论、社会学、西洋哲学概论、印度哲学概论、教育学、美学及美术史、生物学、人类及人种学、精神病学、言语学概论②。两相对比，不难看出国学学校积极融入新式教育的努力。另外他们在改革完善学校的规章制度方面也做了大量工作，从而推动了一所现代意义的大学的真正建立。这正是刘师培回顾该校的发展时所言："矩则所沿，颇有改易；叙经志业，相承无改。"③确实如此，"研究国学，保存国粹"的办学宗旨没有改变，但在制度层面却发生了很多变化，以期适应新学制的要求。其难能可贵之处也在于此：他们凭借不懈努力，开辟出一条国学在新教育体系下的发展路径。并且通过不断改革与调整，使国学学校名正言顺地成为了一所现代意义的大学，从而为 1927 年与其他四所专门学校联合组建公立四川大学提供了可能。

---

① 《四川公立国学专门学校章程（附各项规则）》（时间不详）［A］，国学档，第 7 卷-12，第 57 页。

② 《教育部公布大学规程》（1913. 1. 12）［G］，周远清主编；刘志鹏，别敦荣，张笛梅分册主编：《20 世纪的中国高等教育·教学卷》下，北京：高等教育出版社，2006 年第 1 版，第 128、129 页。

③ 刘师培：《〈国学学校同学录〉序》［M］，《刘师培全集》第 3 册，北京：中共中央党校出版社，1997 年第 1 版，第 598 页。

据《四川教育史》记载："清末民初，四川成立的专门学校很多，但到后来，或因内容空疏，或因不合章制而多停办了。到 1915 年教育部统计，全国省立（不含国立）专门学校 22 所，而四川即有 6 所，占 27%，其中又以四川公立国学专门学校最有特色，并与四川公立法政专门学校、四川公立农业专门学校、四川公立工业专门学校、四川公立外国语专门学校并称'五大专门学校'。"① 应该说，国学学校成立之初，外部环境于它是极端不利的，然而最终能幸存下来，并赢得如此声誉，与它坚守特色并不断调整完善自己是密不可分的。

然而，过去对国学院在教育方面的努力与贡献，认识是非常不足的，对其评价也往往偏负面②。但是，试问：近代以来，在以西方学术体系全面取代"中学"的洪流中，探求现代教育体制下如何保存国学传统，这种努力是否毫无意义？蒙文通曾就当时的学科划分发表过一种意见："自清末改制以来，昔学校之经学一科遂分裂而入于数科，以《易》入哲学，《诗》入文学，《尚书》、《春秋》、《礼》入史学，原本宏伟独特之经学遂至若存若亡，殆妄以西方学术之分类衡量中国学术、而不顾经

---

① 涂文涛主编：《四川教育史》上册［M］，成都：四川教育出版社，2007 年第 1 版，第 331—332 页。

② 《四川教育史》论及四川公立国学专门学校时，肯定了它在研究工作方面取得的成绩，但对其教育工作评价偏负面，认为该校"虽然有保存传统文化、倡明蜀学之功，但内容陈腐，对社会进步具有消极作用"。这种认识在学界具有一定代表性。参见涂文涛主编：《四川教育史》上册［M］，成都：四川教育出版社，2007 年第 1 版，第 332—333 页。

学在民族文化中之巨大力量、巨大成就之故也。"① 此话道出了强以西学体系拆分中学的弊端所在，那就是造成面目全非，学术传承难以为继。如果回顾百年来，传统学术的遭遇，学人的凋零，也许今日可以更冷静地认识四川国学院当年探索的意义。

另外，还应指出，国学院及其学校汇集了许多"名师宿儒"，使这里成为了四川国学人才的聚集地，避免了全国其他地区普遍出现的人才流失现象。地方人才的流失与民国初年废除高等学堂，改立大学预科的政策有重要关系，时任教育总长的蔡元培后来也认识到这项政策的弊端："我那时候，鉴于各省所办的高等学堂，程度不齐，毕业生进大学时，甚感困难，改为大学预科，附属于大学……后来我的朋友胡君适之等，对于停办各省高等学堂，发见一种缺点，就是每一省会，没有一种吸集学者的机关，使各省文化进步缓慢。"② 从结果看，这项改革造成地方优秀人才缺少了深造之所，只能纷纷前往全国最高学府——北京大学，相应地，教学、研究人员也流向北京，导致地方出现文化学术的"空心化"。就四川而言，其高等学堂自然也属关停之列，但由于那时四川并无大学，而根据《大学令》要求——"大学预科须附属于大学不得独立"③，因而实际上一

① 蒙文通：《论经学遗稿三篇》［M］，《蒙文通文集》第 3 卷：《经史抉原》，成都：巴蜀书社，1995 年第 1 版，第 150 页。

② 蔡元培：《我在教育界的经验》（1937. 12）［M］，高平叔编：《蔡元培教育论集》，长沙：湖南教育出版社，1987 年第 1 版，第 616 页。

③ 教育部：《大学令》（1912. 10. 24）［G］，周远清主编；刘志鹏，别敦荣，张笛梅分册主编：《20 世纪的中国高等教育·教学卷》下册，北京：高等教育出版社，2006 年第 1 版，第 120 页。

旦停办，便意味着没有后续。所以四川方面对此项政策是颇为抵触的，但迫于压力还是在1916年彻底关闭了学堂①。不过，幸而有国学院及其学校的存在，吸引了诸如谢无量、刘师培、廖平、吴之英、骆成骧、宋育仁、杨赞襄、曾瀛、曾学传、黄镕、季邦俊等一大批在川的学者在此讲学著述，从而使成都的学术氛围浓厚，成为当时的国学重镇，弥补了废除高等学堂对地方文化发展造成的不利影响，其对蜀学发展的意义将在下文详细论述。

四、近代蜀学复兴的推进器

清末，以尊经书院开办为标志，蜀学走出沉寂，重新崛起，也自此进入了近代蜀学复兴的第一个阶段，时间从19世纪80年代到20世纪30年代②。而四川国学院正是这个阶段中的一个重要代表，其影响是很大的。

桑兵教授《民国学界的老辈》一文中指出："在四川，晚清以来的存古学堂一脉相承，入于民国，改国学校，由宋育仁、廖平等人主持……在学界乃至社会上影响极大。"③ 这种影响首

---

① 参见四川大学校史编写组：《四川大学史稿》［M］，成都：四川大学出版社，1985年第1版，第32—34页。

② 粟品孝教授在《蜀学研究回眸》（未刊稿，2007年6月）中将100多年来蜀学研究的发展划分为三个阶段：第一阶段为蜀学研究的开始复兴和初步发展（19世纪80年代至20世纪30年代）；第二阶段为蜀学研究的缓慢发展（20世纪40年代至80年代）；第三阶段为蜀学研究的明显发展（20世纪90年代至今）。胡昭曦先生在《浅议蜀学与巴蜀哲学》一文中对此表示认可。参见胡昭曦：《浅议蜀学与巴蜀哲学》［G］，《旭水斋存稿》，成都：四川大学出版社，2012年第1版，第176—177页。

③ 桑兵：《民国学界的老辈》［J］，《历史研究》，2005年第6期，第6页。

先体现在对其代表人物学术成就的认可上。1923 年，南社成员胡朴安历数清末国学研究中的佼佼者，共 13 位，廖平名列第三，居孙诒让、俞樾之后，胡氏评价他"时多怪诞之言，好为新奇之论，然而持之有故，言之成理，虽非通才，足树一帜"①。1925 年，支伟成出版《清代朴学大师列传》后，又准备编写《近三十年学术史》，意在对"戊戌维新"至"新文化运动"期间的重要学人加以论述，他在"经学类"栏目下收入廖平，与康有为同属"今文学"，"古文家"则列孙诒让、章炳麟、刘师培三位②。1934 年，王森然写成《近代二十家评传》，廖平也位列其中③。此前，1933 年，钱基博的《现代中国文学史》正式出版，该书论述 1911 年至 1930 年间中国的代表作家及作品，廖平被列于王闿运条目之下有详细介绍。1936 年再版时钱氏又作《识语》"郑重申叙"其对近代学术的新观察："疑古非圣，五十年来，学风之变，其机发自湘之王闿运；由湘而蜀（廖平），由蜀而粤（康有为、梁启超），而皖（胡适、陈独秀），以汇合于蜀（吴虞）；其所由来者渐矣，非一朝一夕之故也。"④ 显然，他对四川学人在维新变法及新文化运动这两大历史节点上的作用和意义都给予肯定。上述情况基本反映了当时学界对于以廖

① 胡朴安：《文录：民国十二年国学之趋势》[J]，《国学汇编》，1923 年第 1 集，第 18 页。

② 杜春和，韩荣芳，耿来金编：《胡适论学往来书信选》上册 [M]，石家庄：河北人民出版社，1998 年第 1 版，第 321—322 页。

③ 详见王森然：《近代二十家评传》[M]，北京：书目文献出版社，1987 年第 1 版，第 61—76 页。

④ 钱基博：《现代中国文学史》[M]，长沙：岳麓书社，1986 年第 1 版，第 509—510 页。

平为代表的蜀学的认可，并且，这种认可还并不仅局限于国内。1920 年代末，日本京都学派主帅之一的狩野直喜曾建议在华设立中国文化研究所，拟聘请经学、史学、金石学等方面的中国学者参与合作，其拟定的名单中"今文学派"下便单列廖平一人①。应该说，这种来自学界的关注于四川的意义非同寻常：前清时期，四川学术经历了 200 余年的沉寂，无论在江藩的《国朝汉学师承记》还是阮元主编的《皇清经解》中，都没有四川人的身影。因此，当以廖平为代表的蜀学重回学术界视野时，其对于四川学人信心之提振所起作用是毋庸置疑的。

除廖平之外，四川国学院还汇集了一批学者，他们于四川学术文化的发展也作出了自己的贡献。其中，杨赞襄精通历史，从存古学堂到国学院，他一直担任史学教员，从这时起，"经史词章并列为三科"②，历史学正式成为了一门学科，这被视为四川大学历史专业的源头③，而杨氏则是开创之人。同时，这批学者还普遍热衷于编修史书，尤其是地方志。如宋育仁主编《四川通志》、续修《富顺县志》；曾学传撰《温江县乡土志》、《温江县志》；罗元黼协同他人编写《崇庆县志》；林思进撰写《华阳人物志》、主编《华阳县志》；李思纯翻译《史学原论》，又

① 京都大学人文科学研究所：《人文》第 46 号［N］，1999 年 11 月 18 日，第 43—45 页。转引自桑兵：《民国学界的老辈》［J］，《历史研究》，2005 年第 6 期，第 4 页。

② 《国学馆办法简明章程》（1912）［A］，国学档，第 3 卷-1，第 2 页。

③ 王东杰：《学术"中心"与"边缘"互动中的典范融合：四川大学历史学科的发展（1924—1949）》［J］，《四川大学学报》（哲学社会科学版），2006 年第 4 期，第 9 页。

撰有《元史学》、《中国民兵史》、《成都史迹考》、《大慈寺考》等，为中国民兵史、成都城市史方面的开拓者。此外，吴之英、龚道耕治经学，曾学传治理学，都颇有建树。而吴之英、宋育仁、林思进、李思纯的诗词创作也很有影响，他们互相唱和，闻名全国，"极一时之冠"①。总之，学者们群聚于此，研讨学问、著书立说、培养学生，营造了较为活跃的学术气氛，推动了蜀学的复兴。并且，随着国学学校的后续发展，其影响并未中断。

1927 年 8 月，成都的五大专门学校联合组建公立四川大学，国学学校遂更名中国文学院。向楚为院长，蒙文通任教务主任，聘任的教师来自国专的有龚道耕（经学），李思纯、刘恒如（哲学），李永庚、谭焯（国文），陈希虞（心理、伦理），徐炯（论理），余舒（诸子），朱青长（词学），林思进（文学史），蒙文通（古文），曾宇康（词章）等②。几乎都是"蜀学宿儒"，对川大学风影响甚巨。《四川大学史稿》论及这批老师时给予高度评价："龚道耕博极经史，擅长音律昆曲，精通古籍版本和目录校勘，著作甚富，是全国数一数二的古文经学家"；"朱青长精通诗词，酷好老庄哲学，讲课备受欢迎"；余舒"讲诸子百家，专攻孟、荀哲学和佛学，精通书法，对学生学好书法影响

① 傅宇斌：《现代词学的建立：〈词学季刊〉与 20 世纪三四十年代的词学》[M]，北京：商务印书馆，2013 年第 1 版，第 59—60 页。
② 何域凡：《存古学堂嬗变记》[G]，四川省政协文史资料委员会编：《四川文史资料集粹》第 4 卷，成都：四川人民出版社，1996 年第 1 版，第 426 页。

大，中国文学院学生一般都会书法"①。

应该说，国学院及其学校所倡导的治学方法、学术路径对四川学界的影响是深远的。蒙文通回顾学术经历时便指出：国学学校提倡抄书，因为抄书比读书印象深刻。这种学习方式给他很大影响。后来他教授蒙季甫、蒙默习经，都采用此法②。这在当时乃至后来的川大学人中绝不是个别现象。20世纪七八十年代，任教于四川大学的徐中舒向霍大同等学生传授治学门径时依然要求："你们从认字开始。"③ 1990年代，川大历史系的魏启鹏、景蜀慧等教授仍反复告知学生研究经学须从《白虎通义》入手④。正是在学人们的传承和努力下，蜀学走出了沉寂，散发出勃勃生机。国学院当年培养的学生如向宗鲁、彭云生、杨雁南、蒙文通、李源澄等后来都陆续成为蜀学的中坚力量，为蜀学的发展作出了重要贡献。

另外，还需特别指出，在这场重建蜀学的历史进程中，国学院诸君体现出一种非常明确且强烈的自觉。这在他们为自己确立的主要工作任务（审定乡土志、搜辑乡贤遗书、续修《四

---

① 四川大学校史编写组：《四川大学史稿》［M］，成都：四川大学出版社，1985年第1版，第147—148页。

② 郭书愚：《蒙默老师采访记录》，2003年4月11日。转引自郭书愚：《官绅合作与学脉传承：民初四川国学研究和教学机构的嬗替进程（1912—1914）》［J］，《四川大学学报》（哲学社会科学版），2011年第5期，第19页。

③ 霍大同口述：《我的学术生涯》，朱晶进、李贤文采写。转引自郭书愚：《官绅合作与学脉传承：民初四川国学研究和教学机构的嬗替进程（1912—1914）》［J］，《四川大学学报》（哲学社会科学版），2011年第5期，第19页。

④ 郭书愚：《官绅合作与学脉传承：民初四川国学研究和教学机构的嬗替进程（1912—1914）》［J］，《四川大学学报》（哲学社会科学版），2011年第5期，第17页。

川通志》、编纂本省光复史）上得到了集中展现，此外，还有几件事情也值得注意。首先，早在1886年，主讲井研来凤书院的廖平便拟定《十八经注疏》凡例，谓："予创为今古二派，以复西京之旧，欲集同人之力，统著《十八经注疏》，以成蜀学。"①虽然该书后来并未完成，但折射出的恰是廖平重振蜀学的决心。后来，《四川国学杂志》创刊，开辟"蜀略"一栏，连载谢无量的《蜀易系传（蜀学系传之一）》，之后又刊载《蜀学原始论》，分别论述四川学术以及蜀中《周易》研究的发展情况，被认为是开启近代"蜀学"研究的代表作之一②，这背后的寄托不言而喻。此后，蒙文通又作《议蜀学》，推崇其师廖平，认为："自为一宗，立异前哲，岸然以独树而自雄也！"③ 这些材料看似分散，但却无不反映出一个共同的主题，就是这批学人在重建蜀学问题上的自觉与共识，而这正是蜀学复兴的动力所在。

陈以爱在《中国现代学术研究机构的兴起——以北大研究所国学门为中心的探讨》中认为："大学、研究机构、图书馆、学术期刊这些现代学术发展所依赖的学术媒介，或可统称之为'现代学术体制'。在现代学术体制中，每个学术媒介都具有促进学术发展的不同功能，成为整个体制中环环相扣的部分。在

---

① 廖幼平编：《廖季平年谱》［M］，成都：巴蜀书社，1985年第1版，第33—34页。

② 胡昭曦：《浅议蜀学与巴蜀哲学》［G］，《旭水斋存稿》，成都：四川大学出版社，2012年第1版，第177页。

③ 蒙文通：《议蜀学》［M］，廖幼平：《廖季平年谱》，成都：巴蜀书社，1985年第1版，第178页。

资金比较充裕、组织比较复杂的学术机构内，往往会包含着好几种学术媒介，以致它能兼具多种学术功能，在学术界发挥较大的影响力。虽然很少机构能同时具备所有学术媒介的功能，但一个机构与其他学术媒介的联系越紧密，学术资讯的获得越容易，研究成果的传播也越迅速，这使该机构不但能成为当时学术发展的重心，同时也往往能带动学术发展的潮流，而具备了构成一个学术中心的外在条件。[①]"若以此为标准衡量四川国学院，会惊喜地发现，早在1912年，一所大型的现代国学学术机构已经在成都诞生，它不仅具备了现代学术机构的诸多功能，而且完全出自原创，应当是20世纪初中国大型综合性国学机构的开山。

---

① 陈以爱：《中国现代学术研究机构的兴起——以北大研究所国学门为中心的探讨》[M]，南昌：江西教育出版社，2002年第1版，第328页。

# 结　语

　　四川国学院成立于 1912 年，结束于 1927 年。此前，1911
年爆发的辛亥革命以摧枯拉朽之势，终结了漫长的王权统治，
震惊中外。而 1919 年后，新文化运动登上历史舞台，掀起对中
国传统文化的大反思大批判，翻开了近代思想文化史的新篇章。
从时间段看，国学院大致处于这两大高峰之间的低谷地带，其
长期以来不受重视，似乎也在情理之中。

　　不过，当全面认识四川国学院的历史后会发现，它在历史上
的真实情况与后人设想的“边缘”位置之间还是存在较大差距的。

　　在论述这个问题之前，可以先再留意一下国学院成立的时
代背景以及初衷。1911 年，对于四川人是刻骨铭心的。他们首
倡义举，率先爆发保路运动，随着“成都血案”的发生，省内
武装起义风起云涌，天下响应，最终一举推翻清政府的腐朽统
治，结束了中国数千年的专制王权制度。从四川保路同志会成
立到四川宣布独立，前后不到半年，其时间之短、速度之快、
成果之伟大，令世人震惊。国学院正是出现在这样一个天翻地

覆的时代，而创立者就是尹昌衡、张培爵这些曾经的革命党人①。这实在是一件耐人寻味的事：大革命之后，在革命的发源地，一个以"提倡国学，发扬国粹"相号召的机构破壳而出，这在不少人看来似乎不可思议，毕竟以国学保存会为代表的国粹派奋斗的目标——"排满革命"实际上业已完成，《国粹学报》也已停刊。那么如何看待此时成立的四川国学院呢？那些曾经的革命者这时成立国学院的初衷又是什么呢？

然而令人遗憾的是，目前所见资料中尚未发现尹昌衡、张培爵等创办人对于第二个问题的任何表述。当然，川内要求保存国学的声音一直不绝于耳，他们肯定也是对这些呼声的回应。不过，关键点还在于为什么是这时？如果回到历史现场，是否可以做这种推测：在血雨腥风之后，在社会发生颠覆性的巨变之后，兴办国学院的行动，也蕴藏着时人重建文化，引领社会重回正轨的愿望，体现出百废待兴之时，寻求思想精神支柱的努力。这其实也并非凭空臆造，如果考察国学院设定的任务，无论是审定乡土志、搜辑乡贤遗书，还是续修通志、编纂本省光复史，无一不表现出保护、传承、建构文化的强烈意愿。应该说，这样的努力不宜一概予以否定。然而后人在论述国学院的历史时，往往有意无意戴上了有色眼镜，其结论不免与真实情况有一定距离，下面就其中的几个问题略加阐述。

---

① 1912年4月，尹昌衡出任中华民国军政府四川大都督，张培爵为副都督。7月，尹昌衡西征，胡景伊代管都督，张培爵改任民政长。国学院的组建工作主要由张培爵负责，吴之英的书信中有相关记载："张列五议开国学，延及老朽"，"张列五苦相逼促，娄传驲问。"张培爵，字列五。见吴洪武等校注：《吴之英诗文集》[M]，成都：四川大学出版社，2008年第1版，第249、261页。

一、保守派也是时代的同路人

四川国学院作为国粹派的殿军，总体表现出较为保守的特点。在近代中国人的观念里，保守就等同于反动、落后，是非常负面的形象。然而，这与实际情况并不完全相符。

首先，国学院诸君虽然提倡保存国学，但他们并不反对向国外学习。其中，宋育仁早年出使欧洲，撰《泰西采风记》，对世界大局、欧洲各国政治情况都有透彻了解，是较早主张向西方学习的学者。除他以外，有国外学习、生活经历的院员、教师也不乏其人：谢无量、骆成骧、林思进、陈希虞、吴虞等曾留学日本；李思纯则留学法国、德国；楼黎然、刘师培也曾前往日本考察、生活。而廖平虽无此经历，不过他将日本人丹波元简的《脉学辑要》加注评语后，由存古书局出版发行，并在《国学荟编》登载新书广告。另外，他担任国学学校校长期间，开始聘任留学回国人员任教师，这其实也是一种态度的体现。

其次，国学院院员大部分参与或支持辛亥革命，是共和制度的拥护者，对旧制度并不留恋。楼黎然、李尧勋都是直接参与辛亥革命者。吴之英、廖平也通过不同方式，支持革命。廖平在保路运动期间，受川汉铁路公司总理曾培邀请，担任《铁路月刊》主笔，为运动摇旗呐喊①。革命成功后，四川修建辛亥秋保路死事纪念碑，吴之英受邀题写碑名，他谢绝润笔费，说："烈士们热血可流，我吴某何惜这点力！"谢无量更是早年便从事反清活动，在川时，又与张澜等人参加保路运动，之后追随

---

① 廖幼平编：《廖季平年谱》［M］，成都：巴蜀书社，1985年第1版，第70页。

孙中山的革命事业,"始终站在历史进步的前沿"①。

因此,他们在当时实际上很受推崇,时人对他们的评价与后世的论述颇不相同。以廖平为例,他1932年去世后,国立四川大学颁布的《为井研廖季平先生追悼大会征文启》称:"国丧隽老,人亡准维;五经无师,百身曷赎。"②另外,谢持、熊克武等15位国内知名人士联名请求国民政府中央执行委员会给予廖平"褒扬公葬","并宣付史馆立传,以昌国学而示来兹"。署名者包括:谢持、孙镜亚、于右任、陈嘉佑、蔡元培、熊克武、经亨颐、石青阳、杨庶堪、戴传贤、程潜、居正、张知本、叶楚伧、黄季陆。其建议书云:

> 窃吾国治经之士,自明清以来,各标汉宋,聚讼纷纭,其能会通百家,冠冕诸子,摧马郑之藩篱,窥周孔之堂奥,而独标新帜,扶堕起衰者,则唯近代经师廖季平氏焉……综氏生平经术文章之懿,既已师表人伦,而操行雪亮,立志千古,尤足以挽颓风而振靡俗。且氏首倡通经致用之学,终以大同至道为归,不仅为国学之绝伦,抑实具时代之特质③。

---

① 彭华:《谢无量年谱》[J],《儒藏论坛》第3辑,2009年,第138页;冯其庸:《怀念国学大师谢无量先生——谢无量文集序》[M],谢无量:《谢无量文集》第1卷,北京:中国人民大学出版社,2011年第1版,第10页。

② 《国立四川大学为井研廖季平先生追悼大会征文启》[M],中国人民政治协商会议乐山市委员会文史资料委员会编:《乐山文史资料》第7辑——《廖季平史料专辑》,1989年第1版,第122页。

③ 《谢持、熊克武等请予褒扬公葬建议书》[M],中国人民政治协商会议乐山市委员会文史资料委员会编:《乐山文史资料》第7辑——《廖季平史料专辑》,1989年第1版,第116—118页。

他们的建议在行政院 118 次会议上获得通过，决定对廖平"明令褒扬"、"宣付史馆立传"，并且"给予治丧费二千元"、"派省政府委员一人前往致祭"①，该决议最后以《国民政府令》的规格颁布②。

而四川设立的廖平治丧委员会成员更是多达 70 人，基本涵盖川内政学界名流，包括刘文辉、邓锡侯、田颂尧、刘湘、杨森、刘存厚、蒲殿俊、尹昌衡、刘咸荥、林思进、王兆荣、向楚、龚道耕、吴虞、周太玄、徐炯等③。当时收到的挽联、祭文、诔词等不计其数，蒋中正、龙云、吴佩孚、于右任、孙科、宋子文等都以不同方式表达了哀思④。其中，刘节、侯堮、顾颉刚作《祭井研廖公季平文》，云："我公奋起，夺席湘潭。廓清瘴疠，星辰皎然。尊经不迁，存古不腐。"⑤ "尊经"即尊经书院，"存古"即存古学堂。文章对廖平的学术成就大加赞赏，这也从一个侧面体现出新旧学人间的鸿沟并没有后世描述的那样显著，对老辈学人的贡献，时人也多能给予正面评价。

---

① 《行政院 118 次会议决案》[M]，中国人民政治协商会议乐山市委员会文史资料委员会编：《乐山文史资料》第 7 辑——《廖季平史料专辑》，1989 年第 1 版，第 120 页。

② 《国民政府令》[M]，中国人民政治协商会议乐山市委员会文史资料委员会编：《乐山文史资料》第 7 辑——《廖季平史料专辑》，1989 年第 1 版，第 121 页。

③ 《为井研廖季平先生开追悼大会启事》[M]，中国人民政治协商会议乐山市委员会文史资料委员会编：《乐山文史资料》第 7 辑——《廖季平史料专辑》，1989 年第 1 版，第 125—126 页。

④ 中国人民政治协商会议乐山市委员会文史资料委员会编：《乐山文史资料》第 7 辑——《廖季平史料专辑》，1989 年第 1 版，第 130—165 页。

⑤ 刘节、侯堮、顾颉刚：《祭井研廖公季平文》[M]，中国人民政治协商会议乐山市委员会文史资料委员会编：《乐山文史资料》第 7 辑——《廖季平史料专辑》，1989 年第 1 版，第 134 页。

虽然他们中间确有个别立场不坚定者，如刘师培、宋育仁①，但总体而言，国学院的学者也是时代的同路人，并且还是那个时代的社会主流。

二、保守派也在不断革新

四川国学院并未故步自封，从它的发展历程看，实际上一直处于不断变革中，一直在寻求新的时代条件下的发展之道。

当初，国学馆刚并入国学院，便遭遇民国临时政府教育部颁布的《大学令》，令其处境极为尴尬。在这异常艰难的情况下，国学院没有放弃，而是经过一次又一次的改革，在学制、科目、教材、学校管理等各方面进行了反复调整，从而使其名正言顺地成为现代教育体制中的一员，为后来组建公立四川大学做好了准备。应该说，在国学院历史上，教学工作方面的改革是最突出、最重要、历时最长的，其成效也显而易见。

此外，在研究工作方面，国学院也卓有成效。建院之初，院长吴之英便拟定了工作计划："遂以开院之初，略张大例。嗣复集会，再酌缓亟之叙。造端所由，咸为平议。编辑庶务，理不宜阙。考镜保存留其名，不必遽设其任。调查视事为限，无常职诸科。自杂志始与方土志相维，先责其成，渐及其次。司专科者给薪饩，属平议者赠舆资。佥谓可行，以是定论。规模

---

① 1908年，刘师培投靠两江总督端方，背叛革命。1911年，端方被杀，刘师培辗转前往成都，进入四川国学院。离川后，1915年，参加筹安会，为袁世凯复辟作理论鼓噪。宋育仁1913年投入张勋幕府，不过为时较短。此后，1916年，他则多次拒绝为袁世凯称帝说项。虽然程度不一，但二人确实存在一定污点。

仅具，徐俟贤劳。"① 从其话语中不难体会出对国学院的期望。国学院后来的发展果不负众望，在较短的时间内各项工作相继展开，成果迭出，虽然此后由于经费紧张，一些工作被迫中止，但刊行杂志、校勘出版书籍等项目却长期保持，为保存、传播文化作出了贡献。

较之过去，其研究工作也呈现出诸多亮色：四川国学院是民国时期国内兴办的第一所大型学术机构，其工作面广，人员众多，集研究、出版、发行、宣传等功能于一体，在当时的学术界是颇为领先的。而且他们为了搜辑全省各地的文物、文献，安排采访员实地调查了解核实，从研究方法而言，已经具有了田野调查的性质。另外，他们系统整理四川本土文献、审定乡土志、编撰省志，其实质可谓近代四川以政府之力启动的第一次全面的文化整理工程，对于推动蜀学发展功不可没。同时，他们创办的《四川国学杂志》还是近代四川第一份由高等教育机构出版的学术刊物。等等，不一而足。总之，就研究工作而言，四川国学院也并非因循守旧，反而在一些领域还颇具新意，而这层面相却往往为今天的学界所忽视。

三、保守派只是不激进

国学院诸君基本为保守派，他们于激进派的做法往往并不赞同，当然更谈不上支持，这也令其常常被视为激进派的对立面，不过，如果深入了解他们的立场、态度，会发现他们较为

---

① 吴之英：《辞国学院院正致尹昌衡、张培爵书》［M］，吴洪武等校注：《吴之英诗文集》，成都：四川大学出版社，2008 年第 1 版，第 264 页。

复杂的一面。

1923 年，胡适发表《国学季刊发刊宣言》，宋育仁随即撰写文章，逐一征引胡文加以批评，这遂成为其污点而遭到诟病，但宋氏对胡适的批评实有三个层次：

（一）肯定胡适的观点①

宋文开篇连续引用胡适原文，对其观点表示认同，如：

（原）甚至于有人竟想抄袭基督教的制度来光复孔教。（评）此固可笑。

（原）有些人还以古文古诗的保存就是古学的保存了，所以他们至今还想压语体文字的提倡。至于那些静坐伏乱，逃向迷信里去自寻安慰，更不用说了。在我们看起来，这些反动都只是旧式学者破产铁证，这些行为不但不能挽救，反增加国中少年对于古学的藐视。如果这些举动可以代表国学，国学还是沦亡了更好。（评）此数语是真正不错。

（原）眼前，国内国外的学者研究中国学术现状，我们不能抱悲观，并且还抱乐观。（评）我亦云然。但非到底只是多读几卷线装书，能翻书本，便算学问。

（原）清朝学者好古的风气，不限于古书一项。风气所被，遂使古物的发现收藏都成了时髦的嗜好。（评）只能谓之嗜好，又只能谓之时髦嗜好。赝鼎甚多。

（原）最近卅年来甲骨文字的发现竟使殷商一代的历史

---

① 以下引文均源自宋育仁：《评胡适〈国学季刊宣言书〉》［J］，《国学月刊》，1924 年第 16 期，第 38—44 页。"原"为胡适原文，"评"为宋育仁的批评。

有了地底下的证据。（评）此件是真物，有神研究古文。

（原）专攻本是学术进步的一个条件，但清儒狭小研究的范围却不是没有成见的分功。（评）此言却是。

（原）学问的进步有两个重要方面，一是材料的积聚与剖解，一是材料的组织与贯通。（评）贯通二字却是要言。

由上可见，在关于孔教、保存古学的方式、国学研究前景、新材料的价值与使用等方面，宋育仁对胡适的观点还是颇为认可的。

## （二）指出胡适的问题

宋育仁还指出了胡适文中欠妥之处，如：

（原）所以他们力排郑樵、朱熹，而迷信毛公、郑玄。（评）比拟不伦。

（原）打倒宋朝的道士《易》，跳过了魏晋人的道家《易》。（评）并非道家《易》。

（原）却回到两汉的方士《易》。（评）硬安是染梁启超陋习。

## （三）表明与胡适的分歧

宋育仁也明确表达了不认同胡适的一些观点。其中一些批评今天看来确实不免浅陋，如：胡文认为"子书的研究之渐渐脱离经学羁绊而独立"，指出了子学的独立性问题，但宋氏却坚持"九家皆经传之分流"。但这并不是他批评的重点，二人的分歧还主要体现在另外两个方面。一是如何看待用西学方法治中学的问题，宋育仁对"觅得西洋显微镜"的做法表示了质疑。论述如下：

（原）宋明的人戴了佛书的眼镜望着《大学》、《中庸》，便觉得明明德、正心诚意、率性之谓道等等话头都有哲学的意义了。（评）就如此譬，看见的是长几分的光，不是本光。

（原）清朝的学者深知戴眼镜的流弊，决意不配眼镜，却不知道近视而不戴眼镜同瞎子相差有限。（评）如此比喻，须要治眼病，如治近视，自有插香法，不能靠眼镜，明矣。

（原）说《诗》的回到《诗序》，说《易》的回到方士易，说《春秋》的回到《公羊》，可谓陋之至了，（中略）没有高明的参考资料。（评）回到本位，就是治眼，原来近视，本光固在，即应由此循步而进。如治近视，移步插香，还须由本地本光本视线，移远再看再看，不可再觅显微镜把眼光弄坏，就不可医了。今人如是如是，此所谓资料，就是觅得西洋显微镜之比。

二是对治学目的的看法不同，宋育仁不赞成纯学术的研究，依然强调学术的社会功用，这体现了中国传统的治学理念。原文如下：

（原）提倡古学的研究应该注意博采参考比较的资料。（评）古学是书中有学，不是书就为学，所言皆是认书作学，真真庄子所笑的糟粕矣乎。今之自命学者流多喜盘旋于咬文嚼字，所谓旁搜博采，亦不过是类书目录的本领，尚不知学为何物，动即斥人以陋，殊不知自己即陋。纵使其所谓旁搜博采非目录类书的本领，亦只可谓之书籍而已。

学者有大义，有微言，施之于一身，则立身行道，施之于世，则泽众教民。故子夏曰："贤贤易色，事父母能竭其力，事君能致其身，与朋友交，言而有信，虽曰未学，吾必谓之学矣。"今之人必欲盘旋于咬文嚼字者，其故何哉。盖即所谓古之学者为己，今之学者为人，此病种根二千年，于今而极。是以西人谓中国之学，多趋于美术。美术固不可不有，不过当行有余力，乃以学文也。今之人不揣其本，而齐其末，不过欲逞其自炫之能力，以成多徒，惑乱视听。既无益于众人，又无益于自己。凡盘旋于文字脚下者，适有如学道者之耽耽于法术，同是一盅众炫能的思想，乌足以言讲学学道，适足以致未来世之愚盲子孙之无所适从耳。吾甚为此辈惜之。

之所以在这里详细分析这篇文章，是因为，当时，老辈学者中很少有人像宋育仁这样，公开正面批评胡适等人关于整理国故的主张，因而此文一出，则被视为保守派的一面旗帜饱受诟病。但是显而易见，宋育仁于胡适的观点并非全然否定，他所提意见还是属于学术领域中的正常讨论，不宜就此将他们认定为是社会前进的对立面，而且宋氏提出的一些问题也有其合理性，比如如何恰当地运用西方学术思想研究中国学问，在今天看来，恰恰是非常值得思考的。

由此反观国学院诸君，他们在学术立场上大多并不激进，但不应简单将他们视为反动、落后之流。长期以来，"保守"在中国人的观念里往往都意味着诸多负面印象，受此影响，一些真实的历史面相常常被有意无意地忽略了。如果能抛弃这种僵硬的、教条化的认识，重返历史现场，应该承认四川国学院作为 20 世纪初中国国学研究机构的开山，对于推动近代国学运动、发展国学教育、建构学术机构、促进蜀学复兴等方面都发挥了重要作用，其意义和价值是应当肯定的。

# 参考文献

## 一、专著、文集等

1. 成都市地方志编纂委员会编纂：《成都市志·总志》［M］，
   成都：成都时代出版社，2009 年第 1 版。

2. 成都市社会科学院编：《成都市志·哲学社会科学志》［M］，
   成都：巴蜀书社，2006 年第 1 版。

3. 陈恩林等主编：《金景芳学案》［M］，北京：线装书局，
   2003 年第 1 版。

4. 重庆市政协文史资料研究委员会编：《重庆文史资料选辑》
   第 23 辑［G］，重庆：重庆市政协文史资料研究委员会，1984
   年第 1 版。

5. 曹顺庆等主编：《濯锦录——名宿与旧事中的百年川大》第
   2 卷［G］，成都：四川大学出版社，2016 年第 1 版。

6. 陈廷湘主编：《川大史学·专门史卷（一）：中国文化史》
   ［M］，成都：四川大学出版社，2006 年第 1 版。

7. 崔向东主编：《历史与社会论丛》第 3 辑〔G〕，长春：吉林大学出版社，2010 年第 1 版。

8. 陈以爱：《中国现代学术研究机构的兴起——以北大研究所国学门为中心的探讨》〔M〕，南昌：江西教育出版社，2002年第 1 版。

9. 杜春和，韩荣芳，耿来金编：《胡适论学往来书信选》〔M〕，石家庄：河北人民出版社，1998 年第 1 版。

10. 丁文江，赵丰田编：《梁启超年谱长编》〔M〕，上海：上海人民出版社，1983 年第 1 版。

11. 戴执礼编：《四川保路运动史料》〔G〕，北京：科学出版社，1959 年第 1 版。

12. 傅德岷等主编：《巴蜀人文天下盛——近代巴蜀散文选读》〔M〕，北京：中国文史出版社，2004 年第 1 版。

13. 方克立等编：《中国哲学史论文索引》（第 1 册）（1900—1949 年）〔M〕，北京：中华书局，1986 年第 1 版。

14. 傅宇斌：《现代词学的建立：〈词学季刊〉与 20 世纪三四十年代的词学》〔M〕，北京：商务印书馆，2013 年第 1 版。

15. 冯友兰：《三松堂自序》〔M〕，北京：三联书店，1989 年第 2 版。

16. 冯自由：《革命逸史》第 3 集〔M〕，北京：中华书局，1981 年第 1 版。

17. 广东炎黄文化研究会，顺德市政府文体局编：《岭峤春秋：黄节研究论文集》〔G〕，广州：中山大学出版社，2003 年第 1 版。

18. 郭建荣:《涵容博大守正日新——我眼中的北京大学》[M],北京:社会科学文献出版社,2013年第1版。

19. 高平叔编:《蔡元培教育论集》[M],长沙:湖南教育出版社,1987年第1版。

20. 高平叔编:《蔡元培论科学与技术》[M],石家庄:河北科学技术出版社,1985年第1版。

21. 甘孺辑述:《永丰乡人行年录(罗振玉年谱)》[M],南京:江苏人民出版社,1980年第1版。

22. 龚向农编著:《旧唐书札迻》[M],成都:四川大学出版社,1990年第1版。

23. 郭院林:《清代仪征刘氏〈左传〉家学研究》[M],北京:中华书局,2008年第1版。

24. 贺昌盛主编:《再造文明》[M],杭州:浙江教育出版社,2014年第1版。

25. 黄宗凯等:《宋育仁思想评传》[M],成都:西南交通大学出版社,2007年第1版。

26. 胡昭曦:《四川书院史》[M],成都:四川大学出版社,2006年第1版。

27. 胡昭曦:《旭水斋存稿》[G],成都:四川大学出版社,2012年第1版。

28. 《近代巴蜀诗钞》编委会:《近代巴蜀诗钞》[M],成都:巴蜀书社,2005年第1版。

29. 姜亮夫:《姜亮夫文录》[M],昆明:云南人民出版社,1999年第1版。

30. 晋阳学刊编辑部编：《中国现代社会科学家传略》第 2 辑〔G〕，太原：山西人民出版社，1982 年第 1 版。

31. 梁启超：《饮冰室合集·文集》〔M〕，北京：中华书局，1989 年第 1 版。

32. 李思纯：《川大史学·李思纯卷》〔M〕，成都：四川大学出版社，2006 年第 1 版。

33. 吕顺长：《清末中日教育文化交流之研究》〔M〕，北京：商务印书馆，2012 年第 1 版。

34. 林思进：《清寂堂集》〔M〕，成都：巴蜀书社，1989 年第 1 版。

35. 刘师培：《刘师培全集》〔M〕，北京：中共中央党校出版社，1997 年第 1 版。

36. 刘绍唐主编：《民国人物小传》第 4 册〔M〕，上海：上海三联书店，2014 年第 1 版。

37. 李学通：《书生从政——翁文灏》〔M〕，兰州：兰州大学出版社，1996 年第 1 版。

38. 龙显昭主编：《巴蜀佛教碑文集成》〔G〕，成都：巴蜀书社，2004 年第 1 版。

39. 廖幼平编：《廖季平年谱》〔M〕，成都：巴蜀书社，1985 年第 1 版。

40. 李耀仙主编：《廖平选集》〔M〕，成都：巴蜀书社，1998 年第 1 版。

41. 李耀仙主编：《廖平学术论著选集》〔M〕，成都：巴蜀书社，1989 年第 1 版。

42. 罗振玉：《罗振玉自述》［M］，合肥：安徽文艺出版社，2013 年第 1 版。

43. 蒙默编：《蒙文通学记（增补本）》［G］，北京：生活·读书·新知三联书店，2006 年第 1 版。

44. 蒙文通：《经学抉原》［M］，上海：上海人民出版社，2006 年第 1 版。

45. 蒙文通：《蒙文通文集》［M］，成都：巴蜀书社，1987 年第 1 版。

46. 绵阳市志编纂委员会编：《绵阳市志（1840—2000）》下［M］，成都：四川人民出版社，2007 第 1 版。

47. 庞朴主编：《20 世纪儒学通志·纪年卷》［M］，杭州：浙江大学出版社，2012 年第 1 版。

48. ［清］顾炎武著，陈垣校注：《日知录校注》（中）［M］，合肥：安徽大学出版社，2007 年第 1 版。

49. 全国政协文史资料委员会编：《中华文史资料文库》第八卷：政治军事编［G］，北京：中国文史出版社，1996 年第 1 版。

50. 钱基博：《现代中国文学史》［M］，长沙：岳麓书社，1986 年第 1 版。

51. 荣县政协文史学习委员会，荣县档案馆：《荣县文史资料选辑》第 15 辑［G］，1999 年。

52. 桑兵：《晚清民国的国学研究》［M］，上海：上海古籍出版社，2001 年第 1 版。

53. 四川大学历史文化学院编：《蒙文通先生诞辰 110 周年纪念

文集》［G］，北京：线装书局，2005 年第 1 版。

54. 四川大学校史编写组：《四川大学史稿》［M］，成都：四川
大学出版社，1985 年第 1 版。

55. 四川省崇庆县志编纂委员会：《崇庆县志》［M］，成都：四
川人民出版社，1991 年第 1 版。

56. 四川省崇州市政协文史学习委员会编：《崇州文史资料》第
20 辑［G］，2006 年第 1 版。

57. 四川省地方志编纂委员会编：《四川省志·教育志》［M］，
北京：方志出版社，2000 年第 1 版。

58. 四川省地方志编纂委员会编：《四川省志·人物志》［M］，成
都：四川人民出版社，2001 年第 1 版。

59. 四川省井研县志编纂委员会编纂：《井研县志》［M］，成
都：四川人民出版社，1990 年第 1 版。

60. 四川省彭山县地方志编纂委员会：《彭山县志（1986—
2000）》［M］，呼和浩特：远方出版社，2002 年第 1 版。

61. 四川省彭山县志编纂委员会：《彭山县志》［M］，成都：巴
蜀书社，1991 年第 1 版。

62. 四川省政协文史资料委员会编：《四川文史资料集粹》第 4
卷［G］，成都：四川人民出版社，1996 年第 1 版。

63. 四川省政协文史资料研究委员会、四川省文史馆编：《四川
近现代文化人物》［M］，成都：四川人民出版社，1989 年第
1 版。

64. 舒大刚，杨世文主编：《廖平全集》［M］，上海：上海古籍
出版社，2015 年第 1 版。

65. 舒大刚主编：《巴蜀文献》第 2 辑 ［G］，成都：四川大学
出版社，2015 年第 1 版。

66. 沈兼士著，葛信益，启功整理：《沈兼士学术论文集》
［M］，北京：中华书局，1986 年第 1 版。

67. ［宋］计有功撰，王仲镛校笺：《唐诗纪事校笺》第 8 册
［M］，北京：中华书局，2007 年第 1 版。

68. 孙文杰：《中国图书发行史》［M］，武汉：武汉大学出版
社，2015 年第 1 版。

69. 释惟静著，释圆乘校：《佛教历史》［M］，扬州：江苏广陵
古籍刻印社，1996 年第 1 版。

70. 舒新城编：《中国近代教育史资料》上册［M］，北京：人
民教育出版社，1979 年第 1 版。

71. 商衍鎏：《清代科举考试述录及有关著作》［M］，天津：百
花文艺出版社，2004 年第 1 版。

72. 沈云龙主编：《近代中国史料丛刊》第 37 辑［M］，台北：
文海出版社，1969 年影印。

73. 涂文涛主编：《四川教育史》［M］，成都：四川教育出版
社，2007 年第 1 版。

74. 唐振常：《章太炎吴虞论集》［M］，成都：四川人民出版
社，1981 年第 1 版。

75. 汤志钧编：《章太炎政论选集》［M］，北京：中华书局，
1977 年第 1 版。

76. 吴洪武等校注：《吴之英诗文集》［M］，成都：四川大学出
版社，2008 年第 1 版。

77. 吴剑杰：《张之洞年谱长编》［M］，上海：上海交通大学出版社，2009年第1版。

78. 文丕衡编：《蜀风集——文守仁先生遗著》（内部资料）［M］，新津县政协文史资料委员会审定，1998年。

79. 王培生，张昌禄主编：《绵竹文史资料选辑》第17辑［G］，1998年。

80. 王荣国、王清原编：《罗氏雪堂藏书遗珍》第6册［G］，北京：中华全国图书馆文献缩微复制中心，2001年第1版。

81. 万仕国：《刘师培年谱》［M］，扬州：广陵书社，2003年第1版。

82. 王森然：《近代二十家评传》［M］，北京：书目文献出版社，1987年第1版。

83. 隗瀛涛主编：《四川近代史稿》［M］，成都：四川人民出版社，1990年第1版。

84. 吴虞：《吴虞日记》［M］，成都：四川人民出版社，1984年第1版。

85. 中国人民政治协商会议四川省资中县委员会文史资料委员会编：《资中文史资料选辑》第11辑［G］，1989年。

86. 谢桃坊：《四川国学小史》［M］，成都：巴蜀书社，2009年第1版。

87. 谢无量：《谢无量文集》［M］，北京：中国人民大学出版社，2011年第1版。

88. 许啸天编：《国故学讨论集》［G］，上海：上海书店影印，1991年。

89. 杨世文：《近百年儒学文献研究史》［M］，福州：福建人民出版社，2015年第1版。

90. 余英时：《现代儒学的回顾与展望》［M］，北京：生活·读书·新知三联书店，2012年第1版。

91. 朱光潜：《朱光潜全集》［M］，合肥：安徽教育出版社，1993年第1版。

92. 中国人民政治协商会议成都市金牛区委员会文史资料研究委员会编：《金牛文史资料选辑》第4辑［G］，1987年。

93. 中国人民政治协商会议成都市委员会文史资料研究委员会编：《成都文史资料》第19辑［G］，1988年第1版。

94. 中国人民政治协商会议乐山市委员会文史资料委员会编：《乐山文史资料》第7辑——《廖季平史料专辑》［M］，1989年第1版。

95. 中国人民政治协商会议四川省巴县委员会文史资料委员会编：《巴县文史资料》第5辑［G］，1989年第1版。

96. 中国人民政治协商会议四川省崇庆县委员会编：《崇庆文史资料选辑》第4辑［G］，1986年。

97. 中国人民政治协商会议四川省广元市委员会文史资料委员会编：《广元市文史资料》第4辑［G］，1991年。

98. 中国人民政治协商会议四川省绵竹县委员会编印：《绵竹文史资料选辑》第6辑［G］，1987年。

99. 中国人民政治协商会议四川省委员会文史资料研究委员会编：《四川文史资料选辑》第20辑［G］，成都：四川人民出版社，1980年第1版。

100. 中华书局编辑：《蔡元培选集》［M］，北京：中华书局，1959年第1版。

101. 诸暨县地方志编纂委员会：《诸暨县志》［M］，杭州：浙江人民出版社，1993年第1版。

102. 章开沅主编：《辛亥革命辞典》［M］，武汉：武汉出版社，1991年第1版。

103. 张枬，王忍之编：《辛亥革命前十年间时论选集》第一卷［G］，北京：生活·读书·新知三联书店，1960年第1版。

104. 赵启霖：《赵瀞园集》［M］，长沙：湖南出版社，1992年第1版。

105. 赵清，郑城编：《吴虞集》［M］，成都：四川人民出版社，1985年第1版。

106. 郑师渠：《晚清国粹派：文化思想研究》［M］，北京：北京师范大学出版社，1997年第2版。

107. 朱维铮校注：《梁启超论清学史二种》［M］，上海：复旦大学出版社，1985年第1版。

108. 张远东，熊泽文：《经学大师廖平》［M］，上海：上海书店出版社，2015年第1版。

109. 朱有瓛等编：《中国近代教育史资料汇编：教育行政机构及教育团体》［G］，上海：上海教育出版社，2007年第2版。

110. 周余姣：《郑樵与章学诚的校雠学研究》［M］，济南：齐鲁书社，2015年第1版。

111. 周远清主编；刘志鹏，别敦荣，张笛梅分册主编：《20世纪的中国高等教育·教学卷》下［G］，北京：高等教育出版社，2006 年第 1 版。

112. 曾业英，周斌编：《尹昌衡集》第 1 卷［M］，北京：社会科学文献出版社，2011 年第 1 版。

113. 张之洞：《张文襄公全集》［M］，北京：中国书店，1990年第 1 版。

114. 张志哲主编：《中华佛教人物大辞典》［M］，合肥：黄山书社，2006 年第 1 版。


## 二、论文、报纸等


1. 陈来：《近代"国学"的发生与演变——以老清华国学研究院的典范意义为视角》［J］，《清华大学学报》（哲学社会科学版），2011 年第 3 期。

2. 邓实：《湖海青灯集（丙午上）：国粹学报第一周年纪念辞（并叙）》［J］，《政艺通报》，1906 年第 5 卷第 2 期。

3. 邓实：《湖海青灯集（戊申上）：国粹学报第三周年祝典叙》［J］，《政艺通报》，1908 年第 7 卷第 1 期。

4. 邓实：《上编政事门：粹论：国学无用辨》［N］，《广益丛报》，1907 年第 147 期。

5. 邓实：《上编政事门：粹论：国学真论》［N］，《广益丛报》，1907 年第 141 期。

6. 邓实：《社说：古学复兴论》［J］，《国粹学报》，1905 年第 1卷第 9 期。

7. 邓实：《下编：文章门：短品：国学讲习记》［N］，《广益丛报》，1906 年第 120 期。

8. 邓实：《政学文编卷七：鸡鸣风雨楼独立书·人种独立》[J]，《政艺通报》，1903 年第 2 卷第 23 期。

9.《附编：国学保存会小集序（政艺通报）》[N]，《四川学报》，1905 年第 6 期。

10. 郭书愚：《官绅合作与学脉传承：民初四川国学研究和教学机构的嬗替进程（1912—1914）》[J]，《四川大学学报》（哲学社会科学版），2011 年第 5 期。

11. 郭书愚：《四川存古学堂的兴办进程》[J]，《近代史研究》，2008 年第 2 期。

12. 国学讲习会发起人：《来稿：国学讲习会序》[N]，《民报》，1906 年第 7 期。

13. 郭勇，张丽萍：《四川存古学堂及四川国学学校考略》[J]，《蜀学》，2008 年第 3 辑。

14. 黄节：《国粹学报叙》[J]，《国粹学报》，1905 年第 1 卷第 1 期。

15. 黄节：《政法片片录：爱国心与常识之关系》[J]，《译书汇编》，1902 年第 2 卷 9 期。

16. 胡朴安：《文录：民国十二年国学之趋势》[J]，《国学汇编》，1923 年第 1 集。

17. 洪式间：《东方学术之将来》[N]，《晨报五周年纪念增刊》，1923 年 12 月 1 日。

18. 胡适演讲，陈政记录：《教务长胡适之先生的演说》[N]，《北京大学日刊》，1922 年 12 月 23 日。

19. 胡适演讲，叶维笔记：《讲演：再谈谈整理国故》［N］，《晨报附刊》，1924 年 2 月 25 日。

20. 《纪闻：国学研究会成立》［N］，《广益丛报》，1909 年第 197 期。

21. 《教育：教育部订定专门学校令》［G］，《政府公报分类汇编》，1915 年第 13 期。

22. 刘长荣，何兴明：《谢无量年谱》［J］，《文教资料》，2001 年第 3 期。

23. 刘冠雄：《命令：教育部部令第六号（中华民国二年二月二十四日）：高等师范学校规程》［N］，《政府公报》，1913 年第 291 期。

24. 雷玲：《民国初年的〈四川国学杂志〉》［J］，《文史杂志》，2001 年第 5 期。

25. 廖平：《中小学不读经私议》［J］，《国学荟编》，1914 年第 11 期。

26. 刘师培：《四川国学会序》［J］，《四川国学杂志》文苑，1912 年第 1 期。

27. 罗元黼：《四川国学院附存古书局设张缘起暨补板记（附价目）》［J］，《四川国学杂志》，1913 年第 10 期。

28. 李尧勋：《国学学校教育学（弁言）》［J］，《四川国学杂志》，1913 年第 9 期。

29. 毛子水：《国故和科学的精神》［J］，《新潮》，1919 年第 1 卷第 5 期。

30. 潘博：《国粹学报叙》［J］，《国粹学报》，1905 年第 1 卷第

1 期。

1 期。

31. 彭华：《谢无量年谱》[J]，《儒藏论坛》第 3 辑，2009 年。

32. 桑兵：《民国学界的老辈》[J]，《历史研究》，2005 年第 6 期。

33. 桑兵：《晚清民国时期的国学研究与西学》[J]，《历史研究》，1996 年第 5 期。

34. 史少博：《论日本国学的历史发展》[J]，《理论学刊》，2015 年第 12 期。

35. 《社说：拟设国粹学堂启（附表）》[J]，《国粹学报》，1907 年第 3 卷第 1 期。

36. 宋育仁：《评胡适〈国学季刊〉宣言书》[J]，《国学月刊》，1924 年第 16 期。

37. 宋育仁：《问琴覆函》[J]，《国学月刊》，1924 年第 18 期。

38. 王川：《李源澄先生年谱》[J]，《儒藏论坛》第 3 辑，2009 年。

39. 王东杰：《学术"中心"与"边缘"互动中的典范融合：四川大学历史学科的发展（1924—1949）》[J]，《四川大学学报》（哲学社会科学版），2006 年第 4 期。

40. 王天优：《国学研究会宣言书》[J]，《国学丛刊（北京）》，1914 年第 1 期。

41. 许守微：《社说：论国粹无阻于欧化》[J]，《国粹学报》，1905 年第 1 卷第 7 期。

42. 谢桃坊：《国学是什么》[J]，《文史杂志》，2012 年第 1 期。

43. 谢桃坊：《四川国学运动述评》［J］，《西华大学学报》（哲学社会科学版），2008 年第 27 卷第 6 期。

44.《新闻：本省近事：四贤立祠》［N］，《四川官报》，1910年第 2 期。

45.《新闻：教育开会》［N］，《四川官报》，1909 年第 7 期。

46. 许之衡：《社说：读国粹学报感言》［J］，《国粹学报》，1905 年第 1 卷第 6 期。

47. 英森：《论说：恢复祭孔有感》［J］，《西北》，1935 年第3 期。

48. 杨正苞：《四川国学院述略》［J］，《西华大学学报》（哲学社会科学版），2009 年第 28 卷第 1 期。

49. 杨赞襄等记：《附蜀学开会记》［N］，《蜀学报》第 1 册，1898 年 5 月 5 日。

50. 杨赞襄：《书刘申叔〈南北考证学不同论〉后》［J］，《四川国学杂志》通论二，1912 年第 3 期。

51.《中华民国四川国学院杂志简章》［J］，《四川国学院杂志》，1912 年第 3 期。

52. 张凯：《"今""古"之争：四川国学院时期的廖平与刘师培》［J］，《四川大学学报》（哲学社会科学版），2009 年第2 期。

53. 赵启霖：《公牍：华阳县士绅朱华国等禀开国学研究会公呈一案》［N］，《四川教育官报》，1910 年第 2 期。

54. 赵启霖：《公牍：批高等兼工业学堂教习曾学传等禀拟立国粹学会文》［N］，《四川教育官报》，1910 年第 4 期。

55. 曾学传：《通论二：国学鉤元》［J］，《四川国学杂志》，1912 年第 1 期。

56. 曾学传：《〈国学杂志〉义例》［J］，《四川国学杂志》，1912 年第 1 期。

# 后 记

　　这部书稿之所以能够顺利完成，是因为得到了各方面人士的大力支持。借此机会，要首先感谢谢桃坊老师，是谢老师提出了这个研究方向，并鼓励我下定决心开始了这项工作，之后他一直关心课题的进度，时时询问，每每叮咛，是压力，更是动力。在研究中遇到困惑，向谢老师请教时，他也总是不厌其烦娓娓道来，令我茅塞顿开，受益良多。谢老师还早早帮我题写了书名……谢老师对后进的关心与提携，令人没齿难忘。

　　其次，要深深感谢四川大学档案馆陈玉峰老师，四川国学院档案属于内部资料，而我是外单位人员，这个调阅量又非常大，她本来是有理由拒绝的，然而她却给予我非常热情的帮助。每天到楼下资料库提取那些百年前的老档案，这让陈老师原本繁忙的日常工作又平添了许多麻烦，可她却从无怨言，令我非常感动。

　　另外，本书是 2017 年度教育部人文社会科学研究规划基金西部和边疆地区项目《20 世纪初中国国学研究机构的开山——

四川国学院的兴办与影响研究》（项目编号：17XJA770001）的最终成果，在此特别感谢参与项目评审的相关机构和各位专家学者：这是我的第一个教育部项目，现在都还记得当初查阅立项结果时的忐忑与激动。正是你们的信任与认可，坚定了我从事这项研究的信心与决心。

同时，还要诚挚感谢四川师范大学历史文化与旅游学院的王川院长。当年，王院长了解到我准备开展"成都尊经书院"研究时，便积极鼓励与支持。这些年来，王院长在百忙之中，还一直关心我的相关研究，给予了许多无私的帮助和支持，这份深情厚谊令我感激不尽！

此外，我供职的机构——成都大学文学与新闻传播学院的各位领导也都一如既往关注并支持我的工作，尽其可能提供了各方面的帮助，使相关研究能够得以顺利进行。学院汉语言文学品牌专业还给予了经费支持。我还得到了学院众多老师的帮助，在此，向给予大力支持与帮助的各位领导与所有同仁表示衷心感谢！

本书能顺利出版，还缘于获得以下机构资助：教育部省属高校人文社会科学重点研究基地四川师范大学巴蜀文化研究中心、四川省教育厅人文社会科学重点研究基地地方文化资源保护与开发研究中心。同时，本书稿还荣获国际儒学联合会、北京纳通公益基金会、四川大学国际儒学研究院授予的纳通国际儒学奖·优秀征文奖一等奖。在此也诚挚感谢相关机构和各位专家学者的认可与支持。

另外，还要感谢成都市图书馆，特别是古籍部的陈一贤老师，热情协助查阅相关资料。

最后要感谢我的先生，谢谢他一直以来的理解和宽容，还包揽解决电脑、网络的各种问题，为研究提供了全方位的技术支持，也谨以此书作为我们携手 20 年的纪念。

由于学识有限，书稿肯定也还存在诸多不足，恳请各位师友不吝指正！

2018 年 8 月 8 日于蓉城